Robert Jay Lifton

Terror für die Unsterblichkeit

Erlösungssekten proben den Weltuntergang

Aus dem Amerikanischen von
Udo Rennert und Ursula Gräfe

Carl Hanser Verlag

Titel der Originalausgabe:
Destroying the World to Save It. Aum Shinrikyō,
Apocalyptic Violence, and the New Global Terrorism
Metropolitan Books – Henry Holt and Company, New York 1999

1 2 3 4 5 04 03 02 01 00

ISBN 3-446-19879-2

Satz: Satz für Satz. Barbara Reischmann, Leutkirch
Druck und Bindung: Franz Spiegel Buch GmbH, Ulm
Printed in Germany

Für Natasha

Inhalt

Einleitung: Ende und Anfang

Es stimmt nicht, daß es nie jemals Neues unter der Sonne gebe. Zwar quälen uns immer noch älteste menschliche Impulse, doch sie tun dies unter neuen Bedingungen und mit neuen Techniken. Und das ändert alles.

Am 20. März 1995 setzten Mitglieder von Aum Shinrikyō (»Aum Höchste Wahrheit«), einer fanatischen japanischen Sekte, während des morgendlichen Berufsverkehrs in fünf U-Bahnzügen in Tokio das tödliche Nervengas Sarin frei. Jeder Zug wurde von je einem Mann bestiegen, der zwei oder drei kleine, in Zeitungspapier eingewickelte Plastikbeutel mit sich führte, diese zu einem vereinbarten Zeitpunkt auspackte, auf den Boden legte und mit der geschliffenen Spitze eines Regenschirms durchbohrte. In den Zügen selbst, auf den Stationen, an denen sie hielten, und an den Ausgängen begannen die Passagiere zu husten und zu würgen, wurden von Krämpfen geschüttelt und brachen zusammen. Elf Menschen wurden getötet, nahezu fünftausend wurden verletzt. Wäre es Aum gelungen, eine reinere Form des Gases zu produzieren, hätte die Zahl der Todesopfer in die Tausende oder gar Hunderttausende gehen können. Denn Sarin, zuerst von den Nazis produziert, gehört zu den tödlichsten chemischen Waffen. Die Täter, die das Nervengas freisetzten, verstanden sich als Beauftragte ihres Gurus, als Vollstrecker seines allumfassenden Plans, die Menschheit zu erlösen.

Aum und ihr Anführer Shōkō Asahara waren von Weltuntergangsvisionen besessen, die wahrscheinlich so alt sind wie der Tod selbst. Asahara teilte überdies mit vielen heutigen christlichen Propheten eines biblischen Weltuntergangs die Überzeugung, daß Armageddon mit solchen ganz und gar weltlichen »endzeitlichen« Massenvernichtungsmitteln wie Atomsprengköpfen oder chemischen und biologischen Waffen gekoppelt sei.

Doch seine Sekte ging noch einen Schritt weiter. Er bemühte sich angestrengt, diese Waffen als Teil des von ihm selbst beanspruchten Projekts, ein Armageddon herbeizuführen, zu erwerben und zu produzieren. Zum ersten Mal in der Geschichte verband sich ein eschatologischer religiöser Fanatismus mit Waffen, die es potentiell möglich machten, die Welt zu zerstören, und zum ersten Mal setzte sich eine Gruppe das irrsinnige Ziel, genau dies zu tun. Glücklicherweise unterliefen ihr zahlreiche Pannen. Schließlich ist es nicht so einfach, die Welt zu zerstören. Aber allein schon dieser Versuch gibt uns sehr viel zu lernen auf.

Die Impulse, von denen Asahara und Aum getrieben wurden, sind keineswegs nur für ihn und seine Gruppe charakteristisch. Nein, Aum war vielmehr Teil einer lose untereinander verbundenen und sich immer weiter ausdehnenden weltweiten Subkultur, die apokalyptische Gewalt predigt – eine Gewalt, die in grandiosen Begriffen als Läuterung und Erneuerung der Menschheit durch die totale oder nahezu totale Zerstörung des Planeten verstanden wurde. Man kann diese Neigungen bei den verschiedensten Gruppen auf allen Kontinenten beobachten. Die für sie typischen Erneuerungsprojekte lassen sich religiös oder politisch verstehen, die Gewalt, die mit ihnen verbunden ist, kann nach außen gerichtet oder selbstmörderisch oder beides sein. Bestimmte psychologische Parallelen zu Aum Shinrikyō finden sich etwa bei jenen jüdischen Fundamentalisten, welche die Ermordung des israelischen Ministerpräsidenten Itzhak Rabin begrüßt haben, ebenso wie bei den Selbstmordkommandos der palästinensischen Hamas-Bewegung oder den Hindu- und Muslimfundamentalisten, die sich bei ihren Gewalttaten auf Ansprüche auf alte geheiligte Stätten auf dem indischen Subkontinent berufen. Doch meine eingehende Beschäftigung mit Aum hat mich insbesondere zu den apokalyptischen Neigungen amerikanischer Gruppen geführt wie der Charles Manson Family, Heaven's Gate und Peoples Temple sowie den Bombenlegern von Oklahoma City, arischen »Suprematisten« und paramilitärischen Anhängern der Survivalist-Bewegung auf der radikalen Rechten. So wie wir inzwischen die Verflechtung des weltwirtschaftlichen Systems als etwas Selbstverständliches ansehen, so müssen wir auch lernen, dieselbe Verflochtenheit beim wachsenden weltweiten System apokalyptischer Gewalt als eine Tatsache zu akzeptieren. Ausbrüche dieser Gewalt rufen, wo immer sie geschehen, ein vielfaches Echo hervor.

Bei ganz normalen Menschen verbreitet sich zunehmend das Gefühl, daß die Dinge so sehr aus den Fugen geraten sind, daß nur noch extreme Aktionen Tugend und Rechtschaffenheit in der Gesellschaft wiederherstellen können. Wenn die Welt als hassenswert und zugleich als etwas Totes oder Absterbendes empfunden wird, kann ein visionärer Guru sich solcher absoluten Empfindungen bemächtigen und darüber hinaus versprechen, sie durch eine ebenso absolute Liebe und Lebenskraft zu ersetzen. Und auch von uns ist niemand vollkommen frei von diesen inneren Kämpfen. Die Empfindungen, aus denen Aum Shinrikyō hervorgegangen ist, sind ein Bestandteil der spirituellen und psychischen Umwelt, in der sich jeder von uns tagtäglich bewegt.

In der zweiten Hälfte des zwanzigsten Jahrhunderts hat sich überall auf der Welt ein apokalyptisches Gewaltpotential aufgebaut. Mir, der ich mich mit einigen der destruktivsten Ereignisse unseres Jahrhunderts eingehend beschäftigt hatte, war vieles von dem, was Aum getan hat, als Widerhall totalitärer Glaubenssysteme und endzeitlicher Bestrebungen vertraut, denen ich in anderen Versionen des fundamentalistischen Ichs begegnet war. Allmählich erkannte ich darin die verstörten Reaktionen auf die Offenheit und die potentiellen Verwirrungen des »proteischen« Ichs, das die Geschichte uns vermacht hat. Ich hatte mich seit Mitte der fünfziger Jahre mit diesen Fragen befaßt, als ich erstmals die »Denkreform«, die »Gehirnwäsche« im kommunistischen China und dann innerhalb amerikanischer religiöser Kultgruppen untersuchte. Ich erkannte mit der Zeit das Potential einer vollständig von der Außenwelt abgeschirmten Sphäre zur Mobilisierung individueller Leidenschaften zur Erzeugung heftiger, häufig zutiefst befriedigender Entladungen einer kollektiven Energie.

Aums Besessenheit von Kernwaffen und insbesondere der atomaren Zerstörung Hiroshimas stand in logischem Zusammenhang mit Interviews, die ich Anfang der sechziger Jahre in dieser Stadt geführt hatte, um die psychischen Auswirkungen der Atombombe und die Psychologie der Überlebenden zu erforschen. In späteren Studien hatte ich die Gefahren eines »Nuklearismus« untersucht, die bereitwillige Hingebung an Kernwaffen bis hin zu deren Vergötzung, so daß potentielle Mittel einer Massenvernichtung zu einer Quelle der Sicherheit, der Lebenskraft, ja, manchmal sogar der Erlösung werden können. Eines der Themen meiner Arbeit zu Beginn der siebziger Jahre mit Veteranen des Vietnamkriegs, die davon sprachen, sie hätten ein Dorf – sagen wir ruhig den größten Teil eines Landes – zerstört, um es zu retten, klang in den neunziger Jahren in dem allerdings viel weiter gesteckten Ehrgeiz von Aum wieder an: eine ganze Welt zu zerstören, um sie zu erlösen. Es gab verblüffende Parallelen im Verhalten von Aum zu dem Verhalten, dem ich in den siebziger und achtziger Jahren begegnet bin, als ich den Einsatz von Berufsmördern und von mörderischen Akademikern – in diesem Fall Ärzten – durch die Nazis untersuchte. Auch innerhalb von Aum spielten Ärzte bei der Umkehrung von Heilen und Töten durch die Sekte eine zentrale Rolle. Sie waren Mittäter bei individuellen Morden und gemeinsam mit anderen Wissenschaftlern maßgeblich daran beteiligt, tödliche chemische und biologische Waffen zu produzieren und dann auch einzusetzen.

Aum gilt heute auf der ganzen Welt als Paradebeispiel für die riesigen Gefahren, die von privaten terroristischen Gruppen ausgehen, die sich mit Versionen der »Atombombe des kleinen Mannes« bewaffnen. Denn Aum war eine kleine staatsfeindliche Gruppe, die behauptete, zehntausend Mitglieder in Japan zu haben, von denen etwa eintausendvierhundert als »Entsagende«, als Mönche in dreißig Einrichtungen überall in Japan lebten, außerdem dreißigtausend Anhänger in Rußland (eine Zahl, die bestritten wurde) sowie eine Handvoll in Westdeutschland, Sri Lanka und den Vereinigten Staaten. Dennoch gelang es dieser vergleichsweise kleinen Organisation, das tödliche Nervengas Sarin herzustellen, zu lagern und freizusetzen, zum ersten Mal in der Stadt Matsumoto nordwestlich von Tokio und danach in Tokio selbst. Außerdem züchteten sie den nicht weniger tödlichen Milzbrand- und den Botulismuserreger und setzten beide mehrmals in Tokio und Umgebung frei (darunter auch in der Nähe von zwei amerikanischen Militärstützpunkten), zwar weitgehend ohne Erfolg, doch die Auswirkungen sind bis heute nicht restlos geklärt. Zwischen 1990 und 1995 verübte die Sekte mindestens vierzehn unterschiedlich schwere chemische und biologische Anschläge. Darüber hinaus holte Aum vor allem in Rußland Erkundigungen über die Möglichkeit ein, Kernwaffen zu produzieren oder zu kaufen. Es war der größenwahnsinnige Plan von Shōkō Asahara, diese Waffen einzusetzen, um den Dritten Weltkrieg einzuleiten, einen globalen Holocaust von beispiellosen Ausmaßen, der seinerseits ein erhofftes Armageddon auslösen würde. In seinen Phantasien sah er die Vereinigten Staaten als einen bedeutenden militärischen Akteur bei diesem apokalyptischen Projekt.

Doch Pläne und Phantasien, mögen sie noch so ernst gemeint und weit gediehen sein, sind noch keine Taten. Deshalb steht hinter der vorliegenden Untersuchung eine einfache, aber furchtbare Frage: Wie kam Aum Shinrikyō dazu, die entscheidende Schwelle von einer bloßen Imaginierung Armageddons zu aktiven Schritten zu dessen Realisierung zu überschreiten?

Meine Methode zur Beantwortung dieser Frage bestand wie immer darin, mit Menschen zu reden – mit den beteiligten Personen Interviews zu führen. Ich bin schon seit Jahrzehnten so verfahren, um auf historische Probleme ein psychologisches Licht zu werfen. In diesem Fall konnte ich im Verlauf von fünf Reisen nach Japan zwischen 1995 und 1997 mit zehn ehemaligen Aum-Mitgliedern, acht Männern und zwei

Frauen, eingehende Gespräche führen, die durchschnittlich jeweils über fünf Stunden dauerten. Da der Guru selbst und die meisten seiner führenden Jünger sich in Haft befanden und ein Kontakt nicht möglich war, gehörten meine Interviewpartner eher den unteren oder mittleren Rängen dieser stark hierarchisch strukturierten Organisation an. Nur ein privilegierter innerer Kreis aus den höchstrangigen Jüngern Asaharas war über die gewalttätigeren Aspekte der visionären Pläne ihres Meisters informiert und selbst dann häufig nur unvollständig. Die meisten der von mir Befragten hatten wenig oder überhaupt keine Ahnung von den vielfältigen Formen der Gewalt, die von Aum ausging. Doch in der Zeit, in der sie der Sekte angehörten, mußten sie eine beträchtliche psychische Energie aufbringen, um trotz der unübersehbaren Anzeichen von Gewalt in ihrer Umgebung solche Kenntnisse abzuwehren.

Darüber hinaus konnte ich mit zwei weiteren ehemaligen sowie einem aktiven Mitglied und zahlreichen nahen Beobachtern von Aum eher beiläufige Gespräche führen. Ich verbrachte mehrere besonders aufschlußreiche Tage mit einem der Menschen, die sich besonders dafür einsetzten, ehemaligen Aum-Mitgliedern dabei zu helfen, sich psychisch aus der Sekte zu befreien und nach alternativen Formen ihrer Spiritualität zu suchen. Da meine Japanischkenntnisse begrenzt sind, war ich bei allen diesen Gesprächen auf Dolmetscher angewiesen. Ich hatte das große Glück, bei diesem Projekt eng mit Manabu Watanabe, einem hervorragenden Kenner der japanischen Religion, zusammenarbeiten zu können. Er fungierte bei vielen Interviews und Gesprächen als Dolmetscher und beriet mich in den verschiedensten Fragen im Zusammenhang mit gegenwärtigen und vergangenen Mustern der japanischen Religion, Geschichte und Psychologie. Fast alle Interviews wurden auf Band aufgenommen und anschließend von jungen zweisprachigen Wissenschaftlern transkribiert und rückübersetzt, was eine weitere Möglichkeit bot, Bedeutungsnuancen nachzuspüren.

Mit mehreren ehemaligen Aum-Mitgliedern, mit denen ich gesprochen habe, wurde ich durch Wissenschaftler und Journalisten bekannt gemacht, die mit ihnen in Verbindung standen. Nachdem sich die Interviews auch für sie selbst als aufschlußreich erwiesen hatten, machten mich diese ehemaligen Mitglieder der Sekte mit Freunden bekannt, die ihr ebenfalls angehört hatten. Ihre Motive hingen zu einem großen Teil mit ihrem Bedürfnis zusammen, besser zu verstehen, was mit ihnen innerhalb der Sekte geschehen war, warum sie sich so weit auf eine Gruppe eingelassen hatten, die inzwischen von ihnen und anderen als verbrecherisch angesehen wird, und wie sie sich aus ihrer Bindung an einen

Guru befreien könnten, der noch immer eine beträchtliche psychische Macht über sie ausübte. Ich empfand ein gewisses Mitgefühl für ihre Anstrengungen, konnte jedoch ebensowenig wie die meisten von ihnen selbst die Augen davor verschließen, daß sie während ihrer Zeit in der Sekte moralische Komplizen von Aum waren. Um ihre Anonymität zu wahren, habe ich bei den Interviewten Pseudonyme für ihre Familiennamen verwendet. Außerdem habe ich bestimmte Details verändert, die Aufschlüsse über ihre Identität geben könnten, ohne dadurch etwas am Inhalt unserer Gespräche zu ändern.

Ergänzt habe ich die Interviews durch den Versuch, möglichst viel über die historischen und kulturellen Hintergründe von Aum zu erfahren – durch die Lektüre wissenschaftlicher Veröffentlichungen und Gespräche mit Kennern der japanischen Religion und Gesellschaft, mit japanischen Journalisten, die selbst über die Sekte berichtet oder deren Geschichte verfolgt haben, und mit Europäern und Amerikanern, die mit dem religiösen Klima Japans vertraut sind. Ich nutzte das japanische und amerikanische Internet, um Informationen über die Anfänge von Aum und die laufenden Gerichtsverfahren gegen seine Führer und vor allem gegen den Guru selbst zu erhalten. Und schließlich konnte ich mich auf meine früheren Arbeiten über Japan stützen, darunter Untersuchungen über die japanische Jugend und prominente Persönlichkeiten der letzten Jahrzehnte.

Mein Hauptinteresse galt dem Innenleben der Aum-Mitglieder und vor allem der außerordentlichen Komplexität der Beziehung zwischen dem Meister und seinen Jüngern. Die meisten der grenzenlos zerstörerischen Visionen von Aum gingen von ihrem Guru aus, doch dieser war seinerseits vollkommen von seinen Jüngern abhängig, um diese Visionen weiter nähren und sich danach richten zu können – seine ganze psychische Aktivität konnte nur durch sie aufrechterhalten werden. Man wird von Aum kaum etwas verstehen, ohne in den Extremismus dessen einzudringen, was man als »Guruismus« bezeichnen könnte, und dieser Guruismus verhilft uns dazu, bestimmte wesentliche Aspekte der Wechselbeziehung zwischen Anführer und Anhänger zu erfassen, die bei einem Großteil extremer Verhaltensweisen in anderen Ländern eine Rolle spielt. Zum Guruismus von Aum gehörte beispielsweise eine bizarre Berufung auf die Wissenschaft, um die religiösen Wahrheiten von Aum zu »beweisen« und Asahara Waffen von jener extremen Zerstörungskraft zu verschaffen, mit denen sich solche »Wahrheiten« möglicherweise konkretisieren ließen.

Im Mittelpunkt aller Aum-Dogmen stand das Prinzip, daß die Erlösung der Welt nur erreicht werden könne, wenn man fast jedem auf der Erde den Tod brachte. Die Jünger schilderten ihr Bekenntnis zu dieser Vision und ihr Wissen um deren Herkunft aus der hinduistischen, buddhistischen und christlichen Lehre, wie sie diese verstanden, doch dabei unterstellten sie stets, daß die zum Weltuntergang führende Gewalt von anderen, nicht aber von der Sekte selbst ausgehen würde. Doch Asaharas ganz persönliche Version dieser Traditionen konzentrierte sich schließlich auf den buddhistischen Begriff *poa,* der in Sinnentstellung bedeutete, andere zu ihrem eigenen Heil zu töten, das hieß, ihnen zur Wiedergeburt auf einer höheren spirituellen Stufe zu verhelfen. Man kann demnach von einer waffensüchtigen Sekte und ihrer Doktrin des altruistischen Mordes sprechen – eines Mordes, der vorgeblich den Zweck verfolgte, die Unsterblichkeit eines Opfers zu steigern. Die Lehre heiligte nicht nur Gewalt gegen die Welt insgesamt, sondern auch die Ermordung zahlloser Menschen, die den Bestrebungen des Gurus im Wege standen.

Im Zentrum der Gewalt von Aum – und ihrer Gewaltphantasien von einem Weltuntergang – stand die Wechselwirkung zwischen einem größenwahnsinnigen Guru und extremsten Massenvernichtungswaffen. Solche Waffen waren höchst attraktiv, gerade weil sie ihm das Gefühl vermitteln konnten, er allein verfüge über die Macht, die Welt zu vernichten. Die Existenz solcher Waffen verwischt somit die jahrtausendealten Unterscheidungen zwischen der Phantasie einer Weltvernichtung (ob von paranoiden Schizophrenen, religiösen Visionären oder auch von ganz normalen Menschen in ihren Träumen) und der Fähigkeit, diese Phantasie Wirklichkeit werden zu lassen. Diese Verwischung von Grenzen zwischen den Kategorien wurde innerhalb weniger Monate nach dem Abwurf der ersten Atombomben auf Hiroshima und Nagasaki von Edward Glover, einem aufmerksamen Psychoanalytiker, entdeckt. Für ihn war die Atombombe »weniger eine Kriegswaffe als eine Vernichtungswaffe und deshalb besonders geeignet für die blutrünstigeren Phantasien, die den Menschen bei besonders schmerzhaften Enttäuschungen heimlich quälen«. Er schloß seine Überlegungen mit den Worten: »Die von normalen Menschen so mühsam erworbene Fähigkeit, zwischen Traum, Sinnestäuschung, Halluzination und der objektiven Wirklichkeit des Lebens im Wachzustand zu unterscheiden, ist zum ersten Mal in der Geschichte der Menschheit ernsthaft beeinträchtigt worden.«

Bei der Aufrechterhaltung seiner Bindung an die extremsten Vernichtungswaffen kamen Asahara höchst unterschiedliche und scheinbar unvereinbare Persönlichkeitsmerkmale zu Hilfe: echte religiöse Begabung, eine Form der Paranoia, die ihn befähigte, auf ziemlich hohem intellektuellen Niveau zu agieren, hochstaplerisches Gebaren, zu dem eine anhaltende Unwahrhaftigkeit gehörte (bewußte Lügen ebenso wie Selbsttäuschung), Erhabenheit des moralischen Anspruchs, die selbst einen grenzenlosen Massenmord rechtfertigte, und eine Tendenz, sobald er seine Kontrolle über seine Umgebung bedroht sah, in eine paranoide Psychose zu verfallen. Abgesehen von seiner Obsession durch Massenvernichtungswaffen hatte Asahara kaum etwas Einzigartiges an sich. Die Persönlichkeit aller größenwahnsinnigen Gurus ist in der einen oder anderen Weise aus solchen psychologischen Merkmalen zusammengesetzt – von daher erklärt sich die Verwirrung von Beobachtern, die sich nur auf einen oder zwei dieser Charakterzüge konzentrieren. Zweifellos waren sie alle in Aum wirksam, als es dem Guru und seinen nächsten Jüngern im Kampf gegen innere und äußere Krisen gelang, eine gewaltige, auf Massentötungen abzielende Energie zu mobilisieren, bis sie eine Schwelle überschritten, hinter der es für sie kein Zurück mehr gab.

Aum ist einerseits ein spezifisch japanisches Phänomen, weist aber auch allgemeinere Züge auf. Wenn wir versuchen wollen, seine Entstehung zu erklären, müssen wir uns mit verschiedenen psychologischen und historischen Strömungen im neuzeitlichen und heutigen Japan beschäftigen, die durchsetzt sind von Gewalt, nationalem Guruismus und apokalyptischer Anfälligkeit. Aber wir haben es natürlich nur mit einer japanischen Ausdrucksform unseres universellen psychischen Repertoires zu tun, mit Gefühlen, die heute überall empfunden werden, am stärksten vielleicht in den Vereinigten Staaten. Wir alle müssen uns der Bedeutung von Aum für die menschliche Zukunft stellen und über die Frage nachdenken, wie wir ihrer Vision einer apokalyptischen Gewalt begegnen und welche Alternativen sich anbieten könnten.

Denn bei Aum geht es um den Tod im Atomzeitalter, um eine entstellte Leidenschaft für das Überleben und um einen immer verzweifelteren Drang nach Unsterblichkeit. Und es geht darum, daß man die Welt so sehr verachtet, daß man sich getrieben fühlt, sie zu zerstören. Auf diese Weise vereinigte Aum in sich die zerstörerischsten Kräfte des Jahrhunderts, das gerade zu Ende gegangen ist.

1. Der Guru und seine Sekte

Man kann den Guru einer fanatischen neuen Religion oder einer Sekte* unter zwei entgegengesetzten Perspektiven betrachten: Einmal ist er alles und dann wieder nichts. Im ersten Fall gerät ins Blickfeld, daß der Guru seine Anhängerschaft und deren Glaubenssystem selbst geschaffen hat und darüber ständig die Kontrolle behält. Unter diesem Blickwinkel ließe sich das bizarre Verhalten von Aum Shinrikyō in der Hauptsache als eine Widerspiegelung von Shōkō Asaharas eigenen bizarren Vorstellungen und Gefühlen verstehen. Im zweiten Fall erscheint der Guru einfach als eine Schöpfung der Bedürfnisse seiner Schüler oder Jünger; er hat keine von ihnen losgelöste Existenz, jede Kultur kann psychologische Typen wie ihn hervorbringen, kurzum: ohne Jünger kein Guru. Beide Sichtweisen haben etwas Wahres für sich, doch die tiefere Wahrheit erkennen wir erst, wenn wir beide miteinander verknüpfen und die Herausforderung des Paradoxons annehmen.

Gurus und ihre Anhänger sind zwangsläufig die Produkte ganz konkreter historischer Umstände. Sie repräsentieren eine bestimmte Zeit und einen bestimmten Ort, auch wenn sie uralte psychologische und theologische Themen aufgreifen. Als unsere Zeitgenossen sind sie ebenso wie alle anderen psychisch an ältere Wertesysteme und Traditionen nicht gebunden und stehen ihnen sogar häufig ratlos und ohne Orientierung gegenüber. Dieser bindungslose Zustand ist von großer Bedeutung. Hier möchte ich lediglich betonen, daß die vollkommene strukturelle und psychische Ungebundenheit durch eine traditionelle kulturelle

* Ich bin mir bewußt, daß der Gebrauch des Begriffs »Sekte« (*cult*) wegen seines abschätzigen Beiklangs im Unterschied zum neutraleren Begriff »neue Religion« umstritten ist. Ich gebrauche in diesem Buch beide Termini, doch ebenso wie in meinen früheren Arbeiten verwende ich den Begriff »Sekte« nur für Gruppen, die folgende drei Merkmale aufweisen: totalitäre Praktiken oder Formen der Gehirnwäsche, statt einer Verehrung spiritueller Prinzipien die Verehrung eines Gurus oder Führers und eine Verbindung aus spiritueller Suche von unten und – zumeist ökonomischer und/oder sexueller – Ausbeutung von oben.

Institution – im Fall Asaharas eine etablierte Religion – dem Guru die Möglichkeit verschafft, in seiner Theologie wie in seinem persönlichen Verhalten ganz nach Belieben zu improvisieren und ein »freischwebender Guru« zu werden. Die Jünger sind ihrerseits offen für jede fremde Richtung, in die er sie führen mag, und tragen ihre eigenen ungebundenen Phantasien bei, ohne daß diese durch eine religiöse oder institutionelle Hierarchie gezügelt würden.

Die persönliche Geschichte des Gurus bleibt stets vage. Der Guru erscheint in fix und fertiger Gestalt und erregt unsere Aufmerksamkeit durch das, was er gemeinsam mit seinen Jüngern getan hat – zumal wenn dabei Gewalt oder gar Massenmord im Spiel ist. Erst dann interessieren wir uns für seine Lebensgeschichte, um seine Rolle bei dieser extremen Tat zu verstehen. Doch während wir soviel wie möglich über ihn in Erfahrung bringen müssen, dürfen wir nicht der irrigen Vorstellung erliegen, seine Kindheit – oder seine Vergangenheit überhaupt – könne uns eine vollständige Erklärung für diese Tat liefern.

Kein erwachsener Mensch ist das bloße Produkt seiner Kindheit. Es gibt immer einen Drang hin zum individuellen Ich, der keinem einfachen Prinzip von Ursache und Wirkung unterliegt. Jedes Ich wird zu einer Konstellation oder einer Collage, die sich fortwährend verändert, zu einem »Ich-System« oder »Ich-Prozeß«. Natürlich gibt es machtvolle frühe Einflüsse auf dieses Ich, doch das Ergebnis hängt im einzelnen von sich entwickelnden Kombinationen aus Erfahrung und Motivation ab, die niemals vollständig prognostizierbar sind. Das wird besonders an herausragenden Persönlichkeiten deutlich: Es dürfte sehr schwerfallen, die außergewöhnlichen Werke und Taten eines Picasso oder eines Hitler einzig aus ihren Kindheitserlebnissen zu erklären. Bei jedem einzelnen Individuum können wir bestenfalls diese Kindheit mit späteren Neigungen, Haltungen oder Leidenschaften in eine Beziehung setzen und auf bestimmte Kontinuitäten einer Begabung oder destruktiven Neigung oder von beidem stoßen. Doch gerade die Eigenschaft, die hier unser Interesse gefangennimmt – das, was wir gewöhnlich als Charisma bezeichnen –, entschlüpft in der Regel der Lebensgeschichte und schafft sich ihr eigenes Reich.

Dem englischen Psychoanalytiker Anthony Storr verdanken wir eine hilfreiche Definition des Gurutyps: ein spiritueller Lehrer, dessen intuitives Wissen auf einer persönlichen Erleuchtung beruht, häufig in Form einer Vision, deren Quelle unmittelbar einer Gottheit zugeschrieben wird. Zu der Offenbarung, die sein Leben verändert hat, kommt es im allgemeinen nach einer Phase eines Kummers oder einer Krankheit im dritten oder vierten Lebensjahrzehnt. Der Betreffende hat plötzlich das Empfinden einer Gewißheit, als habe er »die Wahrheit« gefunden. Diese verleiht ihm eine allgemeine Aura des *»er weiß es«*. Der künftige Guru ist demnach in der Lage, wie Asahara es getan hatte, »neue Methoden der Selbstentfaltung, neue Wege zur Erlösung zu verheißen, wobei er stets die eigene Erfahrung verallgemeinert«.

Doch der Guru ist seinerseits auf Jünger angewiesen, nicht nur, um ein Guru zu werden und sich in dieser Rolle zu behaupten, sondern um seine psychische Integrität zu bewahren. Denn das Guru-Ich bewegt sich häufig am Rand einer inneren Spaltung, Paranoia und eines allgemeinen seelischen Zusammenbruchs. Wir werden eine besonders bizarre und gewalttätige Version davon bei Asahara kennenlernen, vor allem die Form seines inneren Zerfalls, als sich seine nächsten Jünger von ihm abwandten. Jünger und Schüler sind auf eine Weise, die in den seltensten Fällen vollständig begriffen wird, für alle Dimensionen der psychischen Kämpfe eines Gurus von größter Bedeutung.

Was bislang ebenfalls nur unzureichend erkannt wurde, ist die Dimension von Leben und Tod, die das Band zwischen Guru und Jünger als Strang durchzieht, eine Dimension, die ich in allen meinen Studien hervorgehoben habe. In Abkehr vom klassischen Freudschen Modell der überwiegend sexuellen Triebe und der Abwehr, zumeist in der Form der Verdrängung, betone ich unsere Auseinandersetzungen mit der Kontinuität des Lebens sowie unsere Weisen, für Leben und Tod Symbole zu finden. Auf einer unmittelbaren Ebene zählen hierzu Erfahrungen der Vitalität im Gegensatz zum Empfinden einer betäubenden inneren Leere. Daneben gibt es aber auch eine letzte Ebene eines universellen Bedürfnisses, mit anderen Menschen verbunden, in eine unendliche Kette des Seins eingegliedert zu sein, die von der eigenen, begrenzten Lebensspanne aus tief in die Vergangenheit zurückreicht und sich endlos in die Zukunft hinein erstreckt. Dieses Gefühl der Unsterblichkeit umfaßt Vorstellungen vom Fortleben in unseren Kindern und Kindeskindern, in unseren Einflüssen auf andere Menschen, in unseren »Werken«, in einem bestimmten System spiritueller oder religiöser Überzeugungen, in dem, was wir als ewige Natur wahrnehmen, oder in Transzendenzerfahrungen einer Einheit mit dem Kosmos.

In der Sekte wird der Guru zu einem Schmelztiegel für Lebenskraft. Diese Lebenskraft wird als Einströmen einer vitalen Kraft oder »Energie« empfunden, wie sie in Aum bezeichnet wurde. Das bislang leere Leben eines Individuums ist jetzt erfüllt von Stärke und Zielstrebigkeit, auch wenn diese vom Guru geborgt sind. Diese Lebenskraft wird mit größeren spirituellen Kräften verknüpft, das heißt mit dem deutlichen Empfinden einer dem Tod trotzenden Unsterblichkeit. Dieser Aspekt verlieh Asahara die meiste Macht über seine Jünger. Das Charisma, das man allen Gurus zuschreibt, wird gewöhnlich mit Begriffen wie »magnetische Anziehungskraft« oder »bloße Fähigkeit, Zustimmung zu wecken« bezeichnet. Doch im Zentrum des Charismas steht die Fähigkeit des Führers, Gefühle von Lebenskraft und Unsterblichkeit einzuflößen, die bis ins Innerste des vielfach verletzten, stets auf der Suche befindlichen Ichs dringen, während sie dieses Ich über sich selbst hinaus treiben. Solche Gefühle können ebenso labil sein, wie sie psychologisch brisant sind.

In diesem Buch wird Asahara, der Guru, allgegenwärtig sein und vor allem selbst in den Nachwehen der Gewalttaten von Aum das Bewußtsein der Anhänger besetzen, die ich interviewt habe. Gleichzeitig wird er aber auch nirgendwo sein, und sein Gurutum wird sich als eine chimärische Kraft erweisen, hin und her taumelnd zwischen einer Überrealität und dem Nichts.

Einäugiges Kind

Die Kindheit Shōkō Asaharas erinnert an das Sprichwort: »Unter den Blinden ist der Einäugige König.« Doch dieses besondere einäugige Kind war offenbar ein seltsamer und wenig glücklicher König. 1955 in einer Provinz der Insel Kyūshū, der südlichsten der japanischen Hauptinseln, als Sohn eines verarmten Tatamiflechters geboren, war er das sechste von sieben Kindern und der vierte von fünf Brüdern. Chizuo Matsumoto (Asaharas eigentlicher Name), der mit einem angeborenen Glaukom (grüner Star) zur Welt kam, hatte auf einem Auge überhaupt keine und auf dem anderen nur eine stark verminderte Sehkraft. Da er immerhin noch über ein gewisses Sehvermögen verfügte, hätte er eine normale Grundschule besuchen können, doch seine Eltern schickten ihn auf eine spezielle Blindenschule. Das hatte für sie den Vorteil, daß sie kein Schulgeld und auch nichts für die Verpflegung bezahlen mußten, und außerdem ging bereits sein vollkommen blinder älterer Bruder auf diese Schule.

Da er, anders als seine Schulkameraden, noch etwas sehen konnte und zudem größer und stärker war als die meisten von ihnen, konnte er in dieser Institution, die er bis zu seinem zwanzigsten Lebensjahr besuchte, eine herrische, manipulierende, tyrannisierende und manchmal auch gewalttätige Rolle spielen. Er zwang beispielsweise seine Zimmergenossen, sich gegenseitig mit Schlägen zu traktieren, was er als »Profi-

Wrestling« bezeichnete, und wenn ihre Anstrengungen ihm nicht genügten, führte er vor, wie es richtig gemacht werden mußte. Er konnte so aufsässig werden, daß er gelegentlich sogar die Lehrer bedrohte, doch wenn man ihm entgegentrat, machte er einen Rückzieher und bestritt, daß es überhaupt einen Grund für Streit gegeben habe. Stets hatte er eine Anzahl völlig blinder Anhänger um sich geschart, denen gegenüber er sich gelegentlich äußerst freundlich zeigen konnte, und wie seine Lehrer beobachteten, war er auch in der Lage, für seinen älteren sowie einen jüngeren Bruder, der später ebenfalls diese Schule besuchte, große Zärtlichkeit aufzubringen. Doch für gewöhnlich verhielt er sich tyrannisch, zeigte Anzeichen von Wut darüber, daß man ihn gezwungen hatte, diese Sonderschule zu besuchen, und war äußerst wechselhaft in seinen Haltungen und Ansprüchen.

In den Anfängen seines »Proto-Gurutums« hatte dieser einäugige »König« keine große Gefolgschaft. Er kandidierte mehrmals für das Amt des Klassensprechers, wurde jedoch nie gewählt und war danach jedesmal deprimiert. Als ihn seine Klassenkameraden trotz seiner Versuche, sie mit Süßigkeiten zu bestechen, wieder einmal nicht gewählt hatten, beschuldigte er einen Lehrer, dieser habe die Wahl beeinflußt, indem er ihn verleumdet habe, doch der Lehrer erwiderte, die übrigen Schüler hätten einfach Angst vor ihm.

War seine tatsächliche Herkunft schon bescheiden genug, so gab es zudem noch Gerüchte über einen weiteren Makel – daß seine Angehörigen den *burakumin* (wörtlich »Dörfler«), einer gemiedenen Gruppe angehörten oder sogar Koreaner waren, in Japan ebenfalls eine verächtlich behandelte Gruppe. Diese Gerüchte, die nicht der Wahrheit entsprachen, verraten etwas über die Einstellung anderer Schüler ihm gegenüber. Später machte er allerdings selbst gelegentliche Andeutungen, daß er von *burakumin* abstammte, um sich so mit einer verachteten und verfolgten Gruppe gleichzusetzen und einen außergewöhnlichen Sieg über das Unglück seiner angeblichen Herkunft für sich zu reklamieren.

Die meisten Schilderungen der frühen Jahre Asaharas heben die große Bedeutung hervor, die Geld für ihn hatte. Er ließ andere Schüler dafür bezahlen, wenn er ihnen einen Gefallen erwies, zu dem er aufgrund seines restlichen Sehvermögens imstande war, und er bestand darauf, daß sie ihn einladen müßten, wenn er sie zu Lebensmittelläden oder Restaurants führte. Angeblich hatte er auf diese Weise bis zu seinem Examen eine beträchtliche Summe angehäuft. Doch unabhängig von diesen Aspekten seines Schullebens hatte er als Schüler ziemlich gute Noten und brachte es im Judo zu einem schwarzen Gürtel.

Eine Seite in Asaharas Kindheit wird weniger oft erwähnt. Er fühlte sich vom Theater in jeder Form angezogen. Schon früh sah er sich Melodramen im Fernsehen an, später wirkte er mehrfach im Schülertheater mit, und in der Oberstufe schrieb er ein eigenes Stück über den Prinzen Genji, einen großen japanischen Romanhelden, wobei er die Rolle der Hauptperson sich selbst vorbehielt. Es war sein erklärter Ehrgeiz, japanischer Ministerpräsident zu werden. (Einer seiner Lehrer erinnerte sich, daß er begierig eine Biographie von Kakuei Tanaka, dem 1972 neugewählten Ministerpräsidenten Japans verschlang.) Angeblich hatte er damals auch gesagt, er wolle »das Oberhaupt eines Roboterreichs« werden (obwohl diese Phantasie vor dem Hintergrund der populären SF-Kultur seiner Entwicklungsjahre weniger abstrus gewesen sein dürfte, als sie uns heute erscheint). Seine Lehrer hielten ihn für einen Menschen, der den Wunsch hatte, »sich als besonders stark oder heldenhaft zu sehen«. Einer seiner ehemaligen Klassenkameraden machte die interessante Beobachtung, bereits die Blindenschule sei eine geschlossene Gesellschaft gewesen, und deshalb habe Asahara in Aum versucht, »dieselbe Art einer geschlossenen Gesellschaft zu schaffen, in der er an der Spitze stehen konnte«.

Nichts von alledem kann zu einer Erklärung für das, was er später getan hat, beitragen. Außerdem laufen nachträgliche Rekonstruktionen stets Gefahr, die Vergangenheit selektiv im Lichte des späteren Verhaltens wiederzubeleben, vor allem, wenn es sich um extremes Verhalten handelt. Doch jeder Guru beginnt irgendwo. Asaharas Kindheit und Jugend hat zweifellos zu seinem Gefühl des Fremdseins, des Andersseins, zu seinem verallgemeinerten Haß auf die Welt beigetragen, zu seiner Neigung zu Paranoia, zu seiner späteren ständigen Gewaltbereitschaft, seiner Pflege der Bühnenkunst und seinem Streben nach Heldentum und Transzendenz. Alles in allem entwickelte er in seinen Kinder- und Jugendjahren eine Neigung, andere zu beherrschen und zu manipulieren, und vielleicht auch die Anfänge einer Identität als »blinder Seher«.

Der Mythos des Gurus: die Anfänge

Der Lebenslauf des Gurus – ja, des religiösen Gründers überhaupt – läßt sich als eine Version des Mythos vom Helden verstehen. Zu diesem Mythos gehören geheimnisvolle Geburt und frühe Kindheit, Berufung zur Größe und eine Reihe von Heimsuchungen und Prüfungen, die in einer heroischen Tat ihren Höhepunkt finden. Für mich besteht dieser Höhepunkt nicht, wie Freud angenommen hat, in der Lösung des ödipalen Konflikts und der symbolischen Versöhnung mit dem Vater, sondern darin, daß der Held ein besonderes Wissen vom Tod erlangt oder dessen Meisterung erreicht, was wiederum der Lebenskraft seines Volkes zugute kommt. Im Fall des religiösen Helden – des Gurus – müssen die bestandenen Prüfungen moralischer und spiritueller Art sein; der Höhepunkt in der Biographie des Gurus ist demnach die Überwindung eines moralischen Versagens durch spirituelle Wiedergeburt.

Asahara folgte bereitwillig dem Muster dieses Mythos, teils durch bewußte Manipulationen und teils durch unbewußte Neigungen. Nachdem er 1975 an der Blindenschule einen speziellen Zusatzkurs abgeschlossen hatte, zog er nach Kumamoto auf der Insel Kyūshū, wo er mit zwanzig Jahren den Beruf eines Akupunkteurs und Masseurs ausübte (das letztere ist in Japan ein traditioneller Beruf für Blinde). Doch 1976 wurde er von einem Gericht in Kyūshū der Körperverletzung für schuldig befunden (nach einem Bericht hatte er seine Judokenntnisse mißbräuchlich angewandt) und zu einer Geldbuße von 15 000 Yen (etwa 270 Mark) verurteilt. Hauptsächlich aufgrund dieses Vorfalls zog er ein Jahr später nach Tokio. Wie es hieß, hatte er einmal seine Absicht geäußert, die juristische oder die medizinische Fakultät der Universität Tokio, der elitärsten Bildungsanstalt Japans, zu besuchen. Nach seiner Lebensgeschichte (deren Einzelheiten überwiegend von ihm selbst stammen) war ein wesentlicher Grund für diesen Umzug sein Wunsch, eine Schule zu besuchen, die auf die extrem schwierigen Zulassungsprüfungen an der Universität vorbereitete, die er dann doch nicht bestand. Da es jedoch keine eindeutigen Unterlagen für seinen Besuch einer solchen vorbereitenden Schule oder die Teilnahme an den Aufnahmeprüfungen gibt, ist es gut möglich, wie manche Beobachter vermutet haben, daß Asahara diese Episode als Teil seiner mythischen Erzählung selbst erfunden hat.

Wie auch immer, in Tokio nahm er seine Tätigkeit als Akupunkteur und Masseur wieder auf und versenkte sich gleichzeitig in die revolutionären Schriften Mao Zedongs. 1978 lernte er seine spätere Frau Tomoko Ishii kennen, mit der er zunächst eine Tochter hatte, der noch fünf weitere gemeinsame Kinder folgen sollten. Im selben Jahr eröffnete er mit finanzieller Unterstützung durch die Familie seiner Frau eine chinesische Kräuterapotheke, die ihm sehr viel Geld einbrachte. Doch 1982, im Alter von 27 Jahren, wurde er verhaftet, weil er gefälschte chinesische Arzneimittel verkauft hatte, und zu einer Geldbuße von 200 000 Yen (etwa 3600 Mark) und einer kurzen Haftstrafe verurteilt. Er machte bankrott, fühlte sich zutiefst gedemütigt und vertiefte sich noch weiter in das bereits früher begonnene Studium verschiedener Formen traditioneller Wahrsagerei, taoistischer Medizin und verwandter Formen der Divination und Mystik.

Dieser Werdegang vor der Gründung von Aum läßt vermuten, daß Asahara (damals noch Matsumoto) zwischen Phantasien einer Macht in etablierten Bahnen (Besuch der Universität Tokio, Aufstieg zum Ministerpräsidenten) und einer radikalen Rebellion (Verstöße gegen das Gesetz, Faszination durch Mao) hin und her schwankte. Dasselbe galt für sein Interesse am Heilen: An die Stelle der Vision eines Besuchs der medizinischen Fakultät an der Universität traten esoterische Formen eines spirituellen Heilens, die sich auf betrügerische Methoden stützten. Seine Bahn verlief von grandiosen Plänen, die Gesellschaft von innen heraus zu erobern, über ein Scheitern, das ihn erbitterte, zu wirren Abenteuern als Heilkundiger.

Später sollte er alle seine Erfahrungen in einem Gurumythos unterbringen. Er sagte von sich, er sei »seelisch labil« und voller »Zweifel an meinem Leben« gewesen. Im Zusammenhang mit solchen Zweifeln schilderte er einen »inneren Kampf zwischen Selbstvertrauen und einem Minderwertigkeitskomplex«. Dann erfolgte seine heroische spirituelle Suche: »Eines Tages hörte ich auf, mir sinnlos den Kopf zu zerbrechen, und dachte: ›Wozu lebe ich? Gibt es etwas Absolutes, gibt es wirklich ein wahres Glück auf der Welt, und wie kann ich es finden?‹ Ich habe damals nicht erkannt, daß das, wonach meine Seele gesucht hat, Erleuchtung war. Aber ich konnte nicht untätig bleiben. Von dieser Rastlosigkeit getrieben, begann ich eine ziellose Suche. Es war ein intensives Gefühl; es war ein Glaube.«

Viele Menschen in einer solchen Lage, erklärte er weiter, würden sich eben eine neue Stelle suchen oder »einfach verschwinden«. In ihm dagegen »erwachte ... der Wunsch, mich auf die Suche nach dem Letzten, dem Unwandelbaren zu machen, und ich begann, tastend nach einer Antwort zu suchen«. Seine spirituelle Reise, so erfahren wir von ihm, bedeutete, »alles aufzugeben, ... alles, was ich hatte«, und erforderte »großen Mut und Glauben und große Entschlußkraft«. Der künftige Guru hatte eine Methode gefunden, sich selbst zu heilen, und stand vor »einer langen und beschwerlichen Zeit acht Jahre währender Übungen« auf dem Weg zur Erleuchtung.

1981, im Alter von 26 Jahren, während seiner unruhigen Zeit in Tokio, schloß er sich Agonshū an, einer der erfolgreichsten »neuen Religionen« Japans. (Der Begriff bezieht sich auf religiöse Sekten, die seit dem

Ende des 19. Jahrhunderts aufkamen und häufig von der Vision eines einfachen Menschen ausgingen, dem Sektengründer, und deren Lehre aus Versatzstücken verschiedener traditioneller Religionen bestand.) Obwohl er sich später abschätzig über Agonshū äußerte und sogar behauptete, seine dreijährige Mitgliedschaft habe ihm spirituell geschadet, spricht alles dafür, daß er von dieser Sekte viele seiner späteren religiösen Grundsätze bezog. Er fand dort sogar ein beeindruckendes Guruvorbild, den sechzigjährigen Seiyū Kiriyama, eine überaus charismatische Persönlichkeit. Wie der Religionswissenschaftler Ian Reader schreibt, behauptete Kiriyama von sich, er habe »wunderbare und außergewöhnliche Ereignisse, Heimsuchungen und andere Dinge erlebt, was die Religion und ihren Führer mit einer Sphäre spannungsvoller Kraft und Erwartung umgab, ihnen eine Legitimität verlieh und den Eindruck erweckte, daß sie etwas Besonderes, Auserwähltes seien«. Diese drei Jahre waren für Asahara praktisch eine Lehrzeit, um am Ende in die Reihen der »dynamischen, charismatischen ... religiösen Persönlichkeiten« einzutreten, die nach Reader »häufig allein durch die von ihnen ausgehende Wirkung die soziale Harmonie und die sozialen Normen (Japans) umgestoßen oder in Frage gestellt haben«.

Von Kiriyama und Agonshū bezog Asahara außerdem eine Vielfalt von Ideen und Praktiken, die in Aum eine Bedeutung erlangen sollten: Versionen eines esoterischen Buddhismus, mystische Formen des Yogas sowie Rituale einer Selbstreinigung mit dem Ziel, sich von schlechtem Karma zu befreien. Außerdem wurde er stark durch die von Agonshū verwendeten New-Age-Elemente aus dem *human-potential movement*, der Individualpsychologie und der angewandten Neurologie beeinflußt. Hier machte er auch zum erstenmal Bekanntschaft mit den Schriften des Nostradamus, jenes französischen Astrologen, Mathematikers und Arztes aus dem 16. Jahrhundert, der für das Jahr 2000 den Weltuntergang prophezeit hatte. Asahara, der diese Einflüsse radikal modifizieren, ergänzen und zu einem einheitlichen Ganzen zusammenfassen sollte, zeigte sehr bald die Merkmale eines künftigen Gurus und hatte zu der Zeit, als er Agonshū verließ, bereits einige Jünger um sich geschart.

Ein angehender Guru kann eine ganze Reihe von Visionen haben, doch eine einzige unter ihnen dient in der Regel als entscheidende Erleuchtung und als heiliger Auftrag für eine besondere spirituelle Mission. Das darf man nicht als eine reine Angelegenheit der Berechnung und des Betrugs mißverstehen: Für den Erfolg eines Gurus ist eine starke innere Überzeugung unerläßlich. Doch diese kann durch grandiose Ziele und eine Neigung zur Manipulierung anderer beträchtlich gesteigert werden, der wiederum durch eindrucksvolle Demonstrationen übernatürlicher Fähigkeiten nachgeholfen werden kann. In der Zeit vor seiner entscheidenden Vision behauptete Asahara, er habe während seiner ersten Monate bei Agonshū eine »Erweckung der Kundalinī« erlebt – eine Vorstellung des mystischen Yogas, bei der man von kosmischer Energie durchströmt wird, die normalerweise als eingerollte Schlange am unteren Ende der Wirbelsäule »schläft«. Als perfekter Praktiker eröffnete er um diese Zeit in Tokio eine Yogaschule und konnte aufgrund der von ihm demonstrierten Fähigkeiten viele frühe Anhänger gewinnen.

1984 gründete Asahara Aum shinsen no kai. Aum (im Deutschen »Om« gesprochen), eine Silbe aus dem Sanskrit, die für die im Universum waltenden Urkräfte der Schöpfung und der Vernichtung steht, wird im Buddhismus häufig als Teil eines Mantras oder einer persönlichen Anrufung gesungen. Shinsen no kai bedeutet »Kreis göttlicher Eremiten« oder »Zauberer« und hat starke Anklänge an eine esoterische übernatürliche Kraft. Außerdem gründete Asahara einen kommerziellen Verlag, die Aum Corporation. Ihm sollte die wichtige Aufgabe zukommen, seine Bücher zu veröffentlichen.

1985 erlangte Asahara Berühmtheit, als die populäre esoterische Zeitschrift *Twilight Zone* ein Foto von ihm bei einer »Levitation« veröffentlichte und ihn als einen »Vertreter der Aum-Gesellschaft« bezeichnete. Die Fähigkeit zu einer Levitation gilt als besonders hohe Stufe auf dem Weg zur spirituellen Vollkommenheit. In diesem Fall wurde sein scheinbares Schweben in der Luft offensichtlich in der Weise simuliert, daß er für einen Augenblick aus seiner Lotushaltung vom Boden hochschnellte, wobei vielleicht auch Retuschen mit im Spiel waren. Die Plazierung seines Fotos an einer so exponierten Stelle war ein frühes Beispiel für Asaharas hochentwickelten Sinn für die Propagandawirkung der Massenmedien.

Im selben Jahr, er war mittlerweile dreißig geworden, hatte Asahara seine zentrale Vision, die sein Selbstverständnis prägte. Während er als »heimatloser Mönch« in Nordjapan in der Nähe des Meeres wanderte, erschien ihm eine Gottheit und weihte ihn zu Abiraketsu no Mikoto, »zum Gott des Lichtes, der die Heere der Götter anführt«, in einem letzten großen Krieg zur Vernichtung der Finsternis und zur Verwirklichung des Shambhala-Reichs – in der tibetischen und in anderen buddhistischen Traditionen eine utopische Gesellschaft aus spirituell verwirklichten Menschen. Die Vision wurde der Welt im Rahmen eines

Interviews mit Asahara in einer japanischen New-Age-Zeitschrift bekanntgegeben.

In der ursprünglichen Schilderung der Vision war der Gott, der sich Asahara gezeigt hatte, namenlos, doch in späteren Versionen identifizierte der Guru ihn als Shiva, als die Hindugottheit, die inzwischen seine höchste spirituelle Autorität (oder *sein* Guru, wie er gelegentlich selbst sagte) geworden war. Es war etwas eigenartig, daß Asahara sich auf einen Hindugott berief, während er im Begriff stand, eine letztlich buddhistische Gruppe zu gründen, auch wenn sich der esoterische Buddhismus, auf den er sich stützte, eng an seine Ursprünge im Hinduismus anlehnte. Seine Entscheidung für Shiva (im Unterschied zu Vishnu oder Brahma, der beiden anderen Götter der Hindutrinität) hatte vermutlich zwei wichtige Gründe. Erstens gilt Shiva als Herr der Yogis, und zweitens verkörpert er ganz besonders den Aspekt der Erlösung durch Auflösung und Zerstörung. Asahara sollte später behaupten, Aum Shinrikyō sei unmittelbar aus dieser Vision entstanden, aber seit er ein Jahr zuvor Aum shinsen no kai gegründet hatte, schrieb er seine Geschichte immer wieder um. Im Jahre 1987, zwei Jahre nach seiner Vision, benannte er die Gruppe um in Aum Shinrikyō, »Aum Höchste Wahrheit«. In dieser Änderung kam sehr wahrscheinlich sein Wunsch nach einem Namen zum Ausdruck, der weniger dunkel, verständlicher und absoluter war als »Kreis göttlicher Eremiten«.

Der Kontext, in den Asahara seine Vision stellte, entschied über das, was man als Aums New-Age-Buddhismus bezeichnen könnte. Aum verwendete keine traditionellen Begriffe des japanischen Buddhismus, die in China aufkamen und mit chinesischen Schriftzeichen geschrieben werden, sondern frühbuddhistische Begriffe aus dem Sanskrit, dem Tibetischen und Pali und drückte sie in Katakana aus, einer japanischen Silbenschrift, die für ins Japanische übernommene Fremdwörter benutzt wird. Diese Begriffe wurden mit solchen der amerikanischen New-Age-Bewegung verknüpft wie etwa *empowerment* (in Katakana als *empawamento* wiedergegeben). Diese Anwendung eines New-Age-Gefühls auf eine alte buddhistische und hinduistische Mystik sollte auf zahlreiche junge Menschen eine starke Anziehungskraft ausüben.

1986 reklamierte Asahara eine weitere transzendente religiöse Erfahrung für sich, eine »höchste Erleuchtung«, während er im Himalaja meditierte – vielleicht der ideale Ort auf der Erde für solche Visionen. Ein frommer Mann aus Neu Delhi, den Asahara gelegentlich als seinen Meister und einen »großen Heiligen« bezeichnete, erzählte später einem japanischen Reporter, er habe Asahara auf dessen Bitten an Mönche im

Himalaja weiterempfohlen und sei »überrascht« gewesen, als dieser vier oder fünf Tage später erneut erschien und behauptete, er habe eine Erleuchtung gehabt – bisher hatte der Meister stets angenommen, daß eine solche spirituelle Erfüllung ein ganzes Leben erfordere. Doch Asahara war anscheinend zumindest in einem Teil seines Bewußtseins davon überzeugt, daß er tatsächlich erleuchtet worden sei und daß seine spirituelle Großtat ihn berechtigte – ja, nachgerade verpflichtete –, ein großer Guru oder gar eine Gottheit zu werden.

Bald darauf sollte Asahara diese spirituelle Größe und sein Geschick als Organisator und Finanzier mit einer endlosen Selbstdarstellung verbinden. Es wurde für ihn immer wichtiger, mit prominenten buddhistischen Persönlichkeiten auf der ganzen Welt zusammenzukommen – vor allem mit dem Dalai Lama in Indien – und sich mit ihnen fotografieren zu lassen; die Fotos erschienen dann in Aum-Publikationen zusammen mit einem Text, in dem seine Gastgeber ihm und seiner spirituellen Suche überreichlich Lob spendeten. Hier hat sich der künftige Guru offenbar erlaubt, spirituelle Gastfreundschaft in Eigenwerbung umzumünzen.

»Guru« ist als Titel in der japanischen religiösen Praxis eigentlich wenig gebräuchlich. Das Wort kommt aus dem Sanskrit, wo es »schwer« bedeutet und eine Person von besonderem Gewicht bezeichnet. Die Autorität des Gurus ist so beschaffen, daß er gelegentlich als »Vater-Mutter« beschrieben wird. In der ursprünglichen Hindutradition hat er für den Brahmanen (Angehöriger der Hindu-Priesterkaste) eine größere Bedeutung als dessen leibliche Eltern, da diese ihn lediglich »ins Dasein entlassen«, aber »die Entlassung eines Brahmanen in den Veda (heiliges Wissen) dauert ewig«. *Das Tibetanische Totenbuch* beschreibt drei Typen von Gurus: gewöhnliche religiöse Lehrer, die ein Teil der »menschlichen Reihe« sind, höchstentwickelte Menschenwesen, die über besondere spirituelle Kräfte verfügen, und »rein übermenschliche« Wesen der »himmlischen (oder ›göttlichen‹) Reihe«. Asahara sollte gleich alle drei Eigenschaften für sich reklamieren.

Doch der Guru steht »von Anfang an für eine ambivalente Tradition«, schreibt die Indologin Wendy Doniger. Stets befindet er sich in einem Konflikt im Hinblick auf den Einflußbereich seines Gurutums und die Jüngerschaft, von der es umgeben ist. Etwas von dieser Ambivalenz hat Asahara selbst zum Ausdruck gebracht, als er zu einem seiner Schüler sagte: »Wenn jemand sein ganzes Leben lang vorgibt, ein Heiliger zu sein, dann ist er auch ein Heiliger.« Dem könnte man hinzufügen, daß man ein Mindestmaß an Glauben an die eigene Heiligkeit haben muß, um überhaupt den äußeren Anschein dazu erwecken zu können.

Die Entstehung von Aum Shinrikyō

Um die Mitte der achtziger Jahre war aus dem ganz gewöhnlich klingenden Chizuo Matsumoto Shōkō Asahara geworden, ein wesentlich klangvollerer und ungewöhnlicherer Name. Shōkō bedeutet »helles Licht«, und die Schriftzeichen, die Matsumoto für Asahara wählte, verweisen auf ein Hanffeld, eine Pflanze, die mit der buddhistischen Idee der Verbundenheit zusammenhängt. Der geachtete Yogi und Yogalehrer (oder *sensei*) wurde zum charismatischen Guru mit langem Haar und ungestutztem Bart. Mit der Zeit legte er sich auch die lang wallenden roten Gewänder zu, wie Hinduheilige sie trugen. Asahara betrieb einen geschickten Eklektizismus, nahm in seine Lehre auch das aus dem Mahayānā-Buddhismus stammende Thema der Erlösung aller Wesen auf – Erlösung hier im Sinne von Glück, Wohlergehen, Befreiung und Erleuchtung – und entwickelte einen »Shambhala-Plan« zur friedlichen Erlösung ganz Japans, indem überall im Land Aum-Kommunen errichtet würden.

In seiner Zeit vor der Gründung von Aum hatte Asahara sich auf nichtreligiöse Methoden zur Erlangung übernatürlicher Kräfte konzentriert und die Ausbeutung von Sexualpartnern sowie häufige Masturbation als Mittel zur Erlangung von Transzendenz und Erleuchtung angepriesen. In Aum predigte er statt dessen sexuelle Enthaltsamkeit, während er weiterhin betonte, daß es möglich sei, übernatürliche Kräfte zu erlangen, nunmehr jedoch durch spirituelle Übungen. Er berief sich auf seine »Levitation« als Beweis dafür und behauptete, fortgeschrittene Aum-Jünger seien imstande, bis zu fünfzehn Minuten unter Wasser auszuharren, in einer wasserdichten Kiste sogar bis zu zwölf Stunden. Als Guru hielt Asahara zudem in einer ansonsten prinzipiell zölibatären Gemeinschaft an seinen eigenen sexuellen Privilegien fest, lebte weiterhin mit seiner Frau und seinen Kindern zusammen, hielt sich Geliebte, die er unter den Aum-Jüngerinnen auswählte, und bot mehreren weiblichen Anhängern tantrische sexuelle Initiationen oder »Energieübertragungen« an.

Bereits in den ersten Jahren ließ Aum Shinrikyō Anzeichen eines extremen Guruismus, einer ausgeprägten Apokalyptik und das beidem innewohnende Gewaltpotential erkennen. Wurde Asahara angesprochen oder war von ihm die Rede, dann sagte man stets *Shonshi*, »Ehrwürdiger Meister« oder »Erhabener«, ein ehrerbietiger Titel, der im japanischen Buddhismus nicht alltäglich ist. Die Jünger sollten allesamt zu der Erkenntnis gelangen, daß ohne den Guru nichts möglich war, während sich mit ihm ein Weg zur Vollkommenheit und zur Wiedergeburt auf höheren Stufen auftat. Man erwartete, daß der Jünger sich dem Guru nicht nur auslieferte, sondern sich mit diesem sogar »vereinigte« oder mit ihm »verschmolz«. Er sollte zu etwas werden, was Asahara in einer seiner Predigten einmal als einen »Klon« des Gurus bezeichnet hatte. Bereits 1986 erklärte Asahara in einer anderen Predigt, Japan werde im Meer versinken, es werde ein Dritter Weltkrieg ausbrechen und die Welt werde untergehen. Anfänglich behauptete er, wenn Aum dreißigtausend erleuchtete Wesen erschaffe, könne sie Armageddon verhindern, doch später betonte er die Unvermeidlichkeit der Katastrophe und die Bedeutung von Aum in der letzten Schlacht.

Ganz besonders war Asahara daran gelegen, Wissenschaftler für seine Sekte anzuwerben. Seine Begeisterung für die Wissenschaft hing zweifellos mit seinem heftigen Verlangen nach todbringenden Waffen zusammen. Darüber hinaus wollte er sich als Wissenschaftler verstanden wissen und erklärte einmal: »Eine Religion, die nicht wissenschaftlich bewiesen werden kann, ist Humbug.« Er interessierte sich insbesondere für Gehirnwellen und behauptete, durch deren Erforschung könne Aum eine wissenschaftliche Grundlage für die Abstufungen spiritueller Vollkommenheit schaffen, wie sie von früheren buddhistischen Heiligen beschrieben wurden. Mit Hilfe von Hideo Murai, seinem Chefwissenschaftler, führte Aum den Gebrauch einer mit Elektroden ausgerüsteten Kopfmontur ein, die angeblich die Gehirnwellen des Meisters enthielt, die dieser auf den Jünger übertrug. Dieses als »Perfekte Seelenrettungs-Initiation« oder PSI bezeichnete Verfahren wurde in Aum sehr hochgeschätzt und sollte das erwünschte »Klonieren« des Gurus mit technischen und wissenschaftlichen Methoden bewerkstelligen. Auf diese Weise verkam die Wissenschaft schnell zur Pseudowissenschaft oder zu schlichter Phantasie. Daneben enthielten PSI und andere Aum-Projekte, immer wieder angeregt durch entsprechende Sendungen im Fernsehen, ein Element von Science-fiction. Auf diese Weise vermischten sich in Aum Wissenschaft, Okkultismus und Science-fiction, und Fiktion und Wirklichkeit wurden kaum noch voneinander unterschieden.

Zu den wichtigsten frühen Entscheidungen Asaharas gehörte die Einführung eines spirituellen Standes von *shukke*, von »Entsagenden«. *Shukke* bedeutet »Fortgehen von zu Hause« und bezeichnet traditionell Mönche oder Nonnen, die der Welt entsagen. Die Botschaft Aums lautete, wenn man wirklich den Wunsch habe, dem Guru zu folgen und sich seinem vollen spirituellen Projekt anzuschließen, müsse man *shukke* werden, sich vollständig von der eigenen Familie und vom Arbeits- oder

Studienplatz trennen und alle persönlichen Ressourcen – Geld, Eigentum und die ganze Person – an Aum und ihren Guru übergeben. Selbst der eigene Name sollte aufgegeben und durch einen Sanskritnamen ersetzt werden. Eine solche Entsagung gegenüber der Welt zugunsten eines Lebens in einer kleinen, geschlossenen Gesellschaft ist die Antithese zur diesseitigen Orientierung des größten Teils der japanischen religiösen Praxis und eine Absage an die nach wie vor große Macht der japanischen Familie über ihre Mitglieder. Als familienähnliche Alternative zu den Konflikten und Verwirrungen innerhalb einer herkömmlichen Familie erwies sie sich jedoch für viele junge Menschen als starke Attraktion.

Während sie in Aum-Einrichtungen lebten, unterzogen sich die *shukke* harten asketischen Übungen, die Ehelosigkeit und das Verbot der Ejakulation bei Männern, Fasten, ausgedehnte Meditationssitzungen, intensive Atemübungen sowie Demonstrationen heftiger Demütigungen einschlossen, verbunden mit mühevollen Arbeitsaufträgen und unregelmäßigem Schlaf (häufig nur wenige Stunden in der Nacht). Ihre Lebensweise war spartanisch – zwei Mahlzeiten am Tag aus einer äußerst einfachen »Aum-Diät« (Reis und Gemüse), winzige Schlafzellen und keinerlei persönliche Habseligkeiten. Die inbrünstige Atmosphäre wurde verstärkt durch die Einführung immer neuer Initiationsriten. Außer PSI gab es das *shaktipat*, wobei der Guru die Energie eines Jüngers aktivierte, indem er dessen Cakrapunkte, die Kraftzentren auf der Stirn oder auf dem Scheitel, berührte; es gab eine *bardo*-Initiation (benannt nach dem Zwischenstadium zwischen Tod und Wiedergeburt), bei der der Initiand vor den »Höllenfürsten« gebracht wurde und sich Anklagen wegen seiner lebenslangen Schlechtigkeit anhören mußte (diese wurden gelegentlich durch Informationen konkretisiert, die man zuvor durch die Verabreichung von Rauschmitteln erhalten hatte); eine »Christus-Initiation«, bei der der Guru oder ein hochstehender Jünger dem Initianden persönlich eine Flüssigkeit überreichte, die LSD enthielt und zu Visionen anregen sollte; eine »Narko-Initiation«, bei der dem Initianden durch die Verabreichung von »Wahrheitsdrogen« ein Sündenbekenntnis entlockt werden sollte; und schließlich eine »Guter-Vorsatz-Initiation«, bei der vom Initianden, nachdem man ihn unter Drogen gesetzt hatte, gefordert wurde, in psalmodierendem Tonfall zu gestehen, er sei nicht imstande, Aums ganze Botschaft in sich aufzunehmen, habe jedoch den festen Vorsatz gefaßt, sich in Zukunft noch mehr anzustrengen, bis ihm dies gelinge.

Die totalitäre Gemeinschaft

Die Welt von Aum war die eines tiefverwurzelten ideologischen Totalitarismus, in der alle Dinge unter dem Blickwinkel des Alles-oder-nichts wahrgenommen wurden. Eine solche Umgebung ist durch einen Set von psychologischen Mustern gekennzeichnet. Besonders wichtig ist die Milieukontrolle, bei der jede Kommunikation bis hin zu den Selbstgesprächen der einzelnen Individuen in einer Weise monopolisiert und gleichgeschaltet ist, daß die Wirklichkeit zum ausschließlichen Besitz der Gruppe wird. Aums geschlossene Subkultur aus Guru und Jüngern bot sich für eine allumfassende Form der Milieukontrolle an, auch wenn eine solche Kontrolle niemals vollständig oder absolut sicher sein kann. Ein weiteres Merkmal einer totalitären Umwelt ist eine mystische Manipulation, systematische verdeckte Manöver zur Legitimierung der verschiedensten Täuschungen und Lügen im Dienste höherer mystischer Wahrheiten. In Aum gab es eine ganze Hierarchie von mystischen Manipulatoren, die bis hinauf zum Guru reichte.

In einer solchen geschlossenen Welt besteht häufig ein Bedürfnis nach Reinheit, ein Beharren auf einer absoluten Trennung zwischen rein und unrein, gut und böse in der Welt überhaupt und im Innern jedes einzelnen. In Aum konnte allein der Guru als völlig rein gelten. Selbst die höchstrangigen Jünger befanden sich in einem unablässigen vergeblichen Ringen um Reinheit, wobei die Mechanismen ihrer Schuld- und Schamgefühle von der Sekte, wenn nicht sogar vom Guru selbst übernommen wurden. Ein Ethos der Selbstanklage kann als dauerhafter Mechanismus für eine negative Selbsteinschätzung wirken. In Aum wurden unterwürfige Selbstbezichtigungen zu einer Form des gemeinsamen Gruppendünkels im Gewand einer Bescheidenheit – so daß jedes Mitglied (und Aum insgesamt) mit den Worten von Albert Camus zum professionellen Büßer wurde, um einmal zum Richter befähigt zu sein, denn je mehr man sich selbst anklage, um so mehr sei man berechtigt, über andere zu richten.

Heutige totalitäre Gemeinschaften wie Aum beanspruchen für sich einen besonderen Zugang zu einer heiligen Wissenschaft, so daß sogenannte letzte spirituelle Wahrheiten zugleich zu einem Bestandteil einer höchsten Wissenschaft vom menschlichen Verhalten werden. Es gibt eine Aufladung der Sprache, wobei bestimmte Wörter den Mitgliedern vorbehalten bleiben, welche die dominierenden ideologischen Ansprüche vertreten (die Aum-»Wahrheit« gegenüber der äußeren »Beflecktheit«). Gleichzeitig erfordert ein Prinzip Lehre geht über die

Person, daß alle persönlichen Wahrnehmungen diesen ideologischen Ansprüchen unterzuordnen sind. In Aum bedeutete dies, daß jegliche Zweifel am Guru selbst oder an seinen oder Aums Überzeugungen oder Handlungen der noch nicht abgebüßten Unreinheit des betreffenden Jüngers zugeschrieben wurden.

Schließlich neigen totalitäre Welten in ihren strengsten Formen dazu, über das Daseinsrecht zu entscheiden, eine absolute Trennung vorzunehmen zwischen Menschen mit einem Recht auf ihre Existenz und Menschen, die kein solches Recht besitzen. Diese Scheidung kann rein urteilend oder ideologisch bleiben, sie kann aber auch mörderisch werden wie bei Aum, die einer solchen »Zuteilung« ein altruistisches Mäntelchen umhängte, indem sie ihren Mordopfern eine »höhere Existenz« nach dem Tod verhieß. Aum gelangte letztlich zu der Überzeugung, niemand außerhalb der Sekte habe ein Recht zu existieren, da alle übrigen ohne jede Beziehung zum Guru moralisch hoffnungslos verkommen blieben.

Innerhalb dieses Totalitarismus konnten die Aum-Jünger sich entfalten. Sie konnten die extreme Askese der Sekte als eine mit Stolz erfüllende Disziplin akzeptieren, die ihr Leben mit neuem Sinn erfüllte. Vor allem konnten sie wiederholt Bewußtseinsveränderungen an sich erleben, die von den Betroffenen als »mystische Erlebnisse« bezeichnet wurden. Auch diese wiesen ein charakteristisches Muster auf: leichte Benommenheit, gefolgt vom Empfinden, der Geist verlasse den Körper, der Erscheinung von weißen oder farbigen Lichtern und manchmal Bildern vom Buddha oder vom Guru. Solche veränderten Zustände resultierten aus intensiven Formen religiöser Übungen – vor allem aus dem Mangel an Sauerstoff bei speziellen Yoga-Atemtechniken – und später aus der Einnahme von Drogen wie LSD. Doch sie wurden allesamt der einzigartigen spirituellen Kraft des Gurus zugeschrieben und damit als Indikatoren für den eigenen spirituellen Fortschritt angesehen. Den Jüngern waren diese mystischen Erlebnisse so wichtig, daß sie sich gegenüber Fällen von Gewalt in ihrer unmittelbaren Umgebung blind und taub stellten oder sich an dieser Gewalt sogar selbst beteiligten.

Selbst die Übungen, denen die Jünger unterworfen werden konnten, wiesen ein beträchtliches Maß an Gewalt auf: längeres Verweilen in extrem heißem oder kaltem Wasser, stundenlanges Hängen an den Füßen mit dem Kopf nach unten oder tagelanges Eingeschlossensein in einem winzigen, zellenartigen Zimmer ohne sanitäre Einrichtungen, in dem es unerträglich heiß werden konnte. Obwohl sich der Unterschied zwischen Übung und Strafe häufig verwischte, wurden diese Prozeduren mit der Notwendigkeit für den Jünger gerechtfertigt, das schlechte Karma zu überwinden, das er mitgebracht hatte, oder, wie es in der Sekte hieß, »das Karma abzuwerfen«.

Um weitere Gewalttaten zu rechtfertigen, berief sich Asahara auf militante, von ihm entstellte Formen des tibetischen Buddhismus. Er war ein Anhänger des Vajrāyana-Buddhismus (»Diamantfahrzeug«), der den Vorrang des Lehrers hervorhob und dessen Schriften für ihn nützliche Parabeln enthielten, in denen die Adepten im Namen ihres Gurus Gewalt anwenden. Dem fügte er Elemente des Tantrismus hinzu, der den Gott Shiva verehrt. Asahara verknüpfte beides zu einer lockeren, stark personalisierten Mischung, die er als Tantra Vajrāyana bezeichnete.

Dem Vajrāyana entnahm Asahara außerdem die Vorstellung vom *poa*. Im esoterischen Buddhismus ist *poa* eine spirituelle Übung, die ausgeführt wird, wenn jemand im Sterben liegt, manchmal unter Anleitung eines Lehrers, eine »Übertragung des Bewußtseins« von der körperlichen, »irdischen Stufe« auf die »Stufe nach dem Tod«, die den Gläubigen befähigt, bei der nächsten Wiedergeburt eine höhere Stufe oder sogar den Übergang in das Reine Land zu erreichen, der letzte Schritt vor dem Nirvana. Im Lauf der Zeit setzte Asahara Morde mit einer höchst eigenwilligen Auslegung des *poa* gleich, in der der Mörder dem Opfer zu einem Gewinn in Form einer höheren Wiedergeburt verhilft. *Poa* wurde für Asahara zu einem weltanschaulichen Grundprinzip, ein theologisches Werkzeug zur Aufhebung jeglicher Existenz.

Asaharas Neigungen zum Größenwahn erhielten durch die grenzenlose Verehrung, die seine Jünger ihm entgegenbrachten, immer neue Nahrung und waren gleichzeitig auf diese angewiesen. Für die Jahre, in denen diese Wechselwirkung bestand, kann man von einem funktionalen Größenwahn des Meisters sprechen. Er präsentierte sich der Welt als größte spirituelle Persönlichkeit der Zivilisation – eine gleichzeitige Verkörperung von Shiva, Buddha und Jesus Christus – und als ein Genie auf praktisch allen Gebieten menschlicher Bestrebungen. Darüber hinaus wurde behauptet, er verfüge über nirvanaartige Gehirnwellen, sein Blut habe besondere Eigenschaften, die sich auf die Jünger, die davon tranken, übertragen würden, und seine DNS habe eine einzigartige, unverwechselbare Struktur. Innerhalb der Sekte äußerte sich sein Größenwahn in seinem Anspruch auf spirituelle Allwissenheit und auf seine Macht über das schlechte Karma aller seiner Anhänger. Dieser Größenwahn führte Asahara am Ende zu Waffen von extremer Vernichtungskraft, deren Besitz ihn wiederum in seinen Phantasien bestärkte.

Die Hohen Jünger

Obwohl viele Aum-Mitglieder der mittleren Altersstufe zugehörten und nicht besonders gebildet waren, hatte die Sekte einen höheren Anteil von Studenten und jungen Hochschulabsolventen als alle übrigen neuen Religionen in Japan, deren Zahl in die Tausende geht. Einigen japanischen Journalisten war aufgefallen, daß viele Verbrechen der Sekte von jungen Studenten und Absolventen führender japanischer Universitäten begangen wurden, so daß sie diese als »die Besten und Intelligentesten« bezeichneten. Doch diese Charakterisierung ist etwas irreführend. Während einige Führer von Aum hochqualifizierte Akademiker waren, bestand die Mehrzahl der hochrangigen Jünger aus intelligenten Leuten mit einseitiger akademischer Ausbildung, die im Grunde genommen nur halbgebildet waren, ohne Bewußtsein von der Bedeutung dessen, was sie gelernt hatten, und bei ihrer ersten Bekanntschaft mit Aum Shinrikyō über den Wert ihrer beruflichen Tätigkeit unsicher waren. Die von mir interviewten Personen (die innerhalb der Sekte weniger hohe Ränge bekleidet hatten) waren ihrer Gesellschaft tendenziell entfremdet, bis zu einem gewissen Grad von anderen isoliert, fühlten sich von okkulten Formen der religiösen Erfahrung angezogen und waren angestrengt bemüht, sich aus ihren Gefühlen einer starken Abhängigkeit von der Familie zu befreien. Häufig befanden sie sich in einem verwirrenden Übergangsstadium ihres Lebens.

Die obersten Jünger von Shōkō Asahara waren ebenfalls während einer spirituellen Suche auf die Sekte gestoßen, wurden dabei jedoch auf einen Weg zu kriminellem Verhalten geführt. Einige von ihnen möchte ich hier kurz vorstellen, da sie in den späteren Kapiteln eine wichtige Rolle spielen werden.

Hideo Murai trat 1987 im Alter von neunundzwanzig Jahren in Aum ein. Er hatte an der Universität Osaka Astrophysik studiert und war in der Forschungsabteilung eines großen Stahlunternehmens beschäftigt. Seit langem befaßte er sich mit der Möglichkeit einer Überwindung der gewöhnlichen menschlichen Existenz und war ein besonders fanatischer Schüler Asaharas, der ihn zu seinem »Minister für Wissenschaft und Technik« machte und ihm die Leitung der Produktion und des Einsatzes von tödlichen Kampfstoffen übertrug. Er wurde eine Art verrückter Professor in seinen eifrigen Bemühungen, die wildesten wissenschaftlichen und technischen Phantasien seines Lehrers in die Tat umzusetzen. Im April 1995, einen Monat nach dem Sarinanschlag auf die Tokioter Untergrundbahn, wurde er von einem Mitglied der Yakuza, der japanischen Mafia, erstochen. Man nahm allgemein an, daß Asahara den Befehl zu diesem Mord gegeben hatte.

Kiyohide Hayakawa, sechs Jahre älter als Asahara, schloß sich der Sekte 1986 im Alter von siebenunddreißig Jahren an. Er unterschied sich von den meisten übrigen Aum-Novizen darin, daß er schon früher ein Anführer gewesen war, und zwar in der linken japanischen Studentenbewegung. Er sollte in den Augen der meisten zur zweitmächtigsten Person innerhalb Aums aufsteigen. Er hatte Architektur und Bauingenieurwesen studiert, fühlte sich jedoch aufgrund einer Leidenschaft für Science-fiction zu Aum hingezogen und wurde der »Bauminister« der Sekte. Zuständig für den aggressiven Ankauf von Baugrundstücken und den Bau von Gebäuden, war er hauptsächlich als eine geheimnisvolle Figur bekannt, die ein starkes Interesse an Massenvernichtungsmitteln hatte, und unternahm ausgedehnte Reisen nach Rußland, wo er mit allen Mitteln bis hin zur Bestechung militärische und wissenschaftliche Kontakte anknüpfte und ABC-Waffen und die für ihre Produktion und ihren Einsatz erforderliche technische Ausrüstung erwarb. An mehreren Morden, die von der Sekte begangen wurden, war er unmittelbar beteiligt. Gegenwärtig befindet er sich im Gefängnis, wo er sich wie die meisten übrigen hochrangigen Aum-Jünger gegen den Guru gestellt hat. Gegen ihn ist zudem ein Gerichtsverfahren anhängig, das sich nach japanischem Recht über mehrere Jahre erstrecken kann und in dem ein Angeklagter mehrfach zur Sache gehört werden und als Zeuge in anderen Prozessen, die mit seinem eigenen zusammenhängen, aussagen kann.

Ikuo Hayashi war Aums hervorragendster Arzt, ein Herzchirurg, der ein Jahr zur Ausbildung in den USA verbracht hatte. Nachdem er sich lange Zeit zu verschiedenen Formen eines New-Age-Buddhismus hingezogen fühlte und dem Agonshū beigetreten war, gab Hayashi eine gutdotierte Stelle in einem staatlichen Krankenhaus auf und trat 1988 mit zweiundvierzig Jahren in die Sekte ein. Mit der Begründung, die in Aum gepflegte Askese sei der ärztlichen Behandlung spirituell überlegen, brachte er seine Familie und eine Geliebte in die Sekte mit und wurde deren »Minister für Heilung«. Er war beteiligt an medizinischen Menschenversuchen verschiedenster Art – darunter der Verabreichung von Drogen an Aum-Mitglieder und zu Feinden erklärte Außenstehende –, die in mehreren Fällen tödlich verliefen. Auch er war an dem Sarinanschlag in Tokio beteiligt. Er wurde wegen Mordes verurteilt, doch wegen der von ihm gezeigten Reue und seines rückhaltlosen Geständnisses der von Aum, Asahara und ihm selbst begangenen Verbrechen erhielt er anstelle der Todes- eine lebenslange Freiheitsstrafe.

Tomomasa Nakagawa war der zweite prominente Arzt der Sekte. Noch während seines Medizinstudiums in Kioto schloß er sich Aum an und wurde der Leibarzt des Gurus. In seiner Unterwürfigkeit gegenüber dem Meister zeigte er so viel Begeisterung, daß er bereits zwei Monate nach seiner Initiation als Mönch einem Mordkommando zugeteilt wurde. Nakagawa war in größerem Umfang als Hayashi an direkten Morden sowie an der Produktion des beim Gasanschlag in Tokio eingesetzten Sarins beteiligt. Als Leiter des sogenannten Palastamts (in Anlehnung an die offizielle Bezeichnung einer kaiserlichen Behörde), auch »Sekretariat des Heiligen Herrschers«, einer eigenen, dem Guru besonders nahestehenden Gruppe, wurde er zu einem visionären Planer von Massentötungen. Auch er befindet sich im Gefängnis und muß sich vor Gericht verantworten.

Yoshihiro Inoue verdankte seine Ausbildung im wesentlichen der Aum-Sekte selbst und verschrieb sich ihren Lehren 1988 noch als achtzehnjähriger Schüler. Er galt vielen als der dem Meister am nächsten stehende Jünger und erwarb mit der Zeit eine eigene starke mystische Ausstrahlung, die ihn befähigte, zahlreiche Novizen für Aum anzuwerben. Ein früheres Mitglied erzählte mir ehrfürchtig, daß die Glühbirnen erloschen seien, als Inoue sein Zimmer betreten habe. Als »Spionageminister« war er an zahlreichen Entführungen und Morden ebenso beteiligt wie an mehreren Versuchen von Industriespionage, um an Informationen über die Herstellung von Waffen zu gelangen. Auch er befindet sich zur Zeit in Untersuchungshaft und steht unter Anklage. In seiner Aussage gegen seinen früheren Meister hat er eine eindringliche Schilderung der Aktivitäten von Aum gegeben.

Hisako Ishii, die Agonshū gemeinsam mit Asahara verlassen hatte, war seine langjährigste und vielleicht fanatischste Schülerin. Sie galt als Asaharas erste *shukke* (Nonne). Nach dem Abschluß eines Junior College hatte sie in einem Büro gearbeitet, erlangte jedoch innerhalb von Aum als »Finanzministerin« eine beträchtliche Machtstellung, die gleich hinter der des Gurus rangierte. Sie wachte energisch über den Reichtum, den Aum mit der Zeit erwarb: die der Sekte übereigneten Besitztümer von Mitgliedern und deren Angehörigen, von Patienten der Aum-»Krankenhäuser« und anderen erpreßte Gelder oder illegal erworbener Grundbesitz. Darüber hinaus verhalf sie Aum-Mitgliedern nach dem Sarinattentat zur Flucht. Im Mai 1997 legte sie vor Gericht ein verspätetes Geständnis ab, das von vielen allerdings als halbherzig empfunden wurde, auch wenn sie sich über Asaharas Unfehlbarkeitsanspruch abschätzig geäußert hatte. Auch sie befindet sich in Untersuchungshaft und sieht ihrer Verurteilung entgegen.

Seiichi Endō trat 1989 als Achtundzwanzigjähriger in Aum ein. Er war Tierarzt und hatte an der Universität Kioto als Virenforscher gearbeitet. Zwar war auch er an der Herstellung von Drogen für die Sekte beteiligt, doch seine Hauptaufgabe als »Minister für Gesundheit und Soziales« bestand in der Herstellung und dem Einsatz biologischer und chemischer Kampfstoffe. Seine wissenschaftlichen Schnitzer und Fehlkalkulationen waren der Grund, warum Aum seine biologischen und wahrscheinlich auch chemischen Waffen nicht wirksamer einsetzen konnte. Während seiner jahrelangen Mitgliedschaft in der Sekte teilte er die Obsession Asaharas im Hinblick auf diese Waffen, was ihn freilich nicht daran hinderte, nach seiner Verhaftung den Guru zu verurteilen, »Sühne« zu versprechen und die religiösen Erfahrungen der Aum-Mitglieder abzuqualifizieren, weil sie überwiegend durch Drogen ausgelöst worden seien. Auch er wartet in der Untersuchungshaft auf sein Urteil.

Im Unterschied zu Endō war Masami Tsuchiya ein begabter Chemiker, der 1989 mit vierundzwanzig Jahren in die Sekte eintrat, kurz nachdem er an der renommierten Tsukuba-Universität promoviert hatte. Tsuchiya war ein besessener und effektiver Arbeiter in Aum, und ihm gelang dort als erstem die Herstellung von Sarin. Er hegte wilde apokalyptische Phantasien und schrieb in sein Tagebuch, eines nicht mehr fernen Tages werde Aum sich an die Stelle des japanischen Staates setzen und ihren Weg nach Jerusalem machen. Gelegentlich war er so sehr in seine spirituellen Meditationen versunken und möglicherweise psychisch so sehr entrückt, daß er für eine Arbeit an den Massenvernichtungsmitteln der Sekte nicht mehr verfügbar war. Im Gefängnis gehörte er zu den wenigen Aum-Anführern, die der Sekte und ihrem Guru auch weiterhin die Treue hielten, indem er die Vollendung des »großen, vollkommenen, absoluten Gurus Sonshi Asahara« pries und von sich selbst sagte, er habe die spirituelle Welt des Nirvanas betreten.

Fumihiro Jōyū hatte mit sechsundzwanzig Jahren eine Stellung in der japanischen Raumfahrtbehörde aufgegeben (er hatte Fernmeldetechnik studiert) und war 1989 in Aum eingetreten, um seiner Yogaleidenschaft leben zu können. Asahara ernannte ihn zum »Außenminister« und übertrug ihm die Leitung der ausgedehnten Aum-Aktivitäten in Rußland, wo er angeblich selbst zu einer Art Guru wurde. Nach seiner Rückkehr übernahm er die Rolle eines offiziellen Sprechers von Aum und bewies Kaltblütigkeit beim Verbreiten von Lügen und Geschick in der Manipulation der Medien. Mit seinem ansprechenden Äußeren wurde er bald das Matinee-Idol vieler japanischer Frauen und Mädchen. (Als ich einige Monate nach dem Sarinanschlag einen Aum-Buchladen aufsuchte, schien dort sein Foto den größten Absatz zu finden.) Da es ihm gelungen war, sich aus den Gewalttaten der Sekte herauszuhalten, wurde er nur wegen Betrugs beim Erwerb von Grundbesitz zu einer kurzen Gefängnisstrafe verurteilt, womit er das erste und vermutlich einzige führende Aum-Mitglied war, das damit rechnen konnte, innerhalb weniger Jahre nach dem Giftgasanschlag das Gefängnis als freier Mann zu verlassen. Aus diesem Grund und weil er auch weiterhin Asahara als einen »spirituellen Führer und Erlöser« bezeichnet, nimmt man allgemein an, daß Jōyū das neue Oberhaupt von Aum Shinrikyō sein wird.

Die Geografie von Aum

Gemessen an den neuen Religionen Japans war Aum keine große Sekte. Dennoch schien sie überall präsent, überall aktiv zu sein. Ihre Zentrale befand sich in Fujinomiya, einer Kleinstadt in der Nähe des Bergs Fuji, etwa hundert Kilometer von Tokio entfernt; ihr Hauptgebäudekomplex lag nur wenige Kilometer entfernt in einem Dorf namens Kamikuishiki. Es gab insgesamt zwanzig weitere Gebäude und Produktionsanlagen der Sekte in großstädtischen Regionen Japans, zumeist in der Nähe von Tokio, Yokohama und anderen Großstädten in Zentral-Honshū, der japanischen Hauptinsel.

Ein großer Teil der Mönche und Nonnen von Aum lebte in den zehn Gebäuden in Kamikuishiki und zwei in Fujinomiya, die als Satyam (Sanskrit: »Wahrheit«) bekannt waren. In den Gebäuden befanden sich große Schlafsäle, in denen die Aum-Jünger schliefen, jeder in einer kleinen Schlafzelle, kaum groß genug für einen Menschen in Bauchlage, außerdem ausgedehnte Säle, die sogenannten *dōjō* (wörtlich »Hallen des Weges«), ein Begriff, der für Räumlichkeiten gebraucht wird, in denen Zen- oder andere spirituelle Übungen praktiziert werden. Diese Wohnräume befanden sich ständig in einem schmutzigen Zustand, zum Teil, weil es zur buddhistischen Philosophie von Aum gehörte, keine Lebewesen zu töten, auch keine Kakerlaken, Wanzen oder Ratten; zum Teil aber auch, weil Aum an keinem dieser Orte polizeilich gemeldet war, so daß der in den Gebäuden anfallende Müll nicht abgeholt wurde, und schließlich auch als Ausdruck radikaler Spiritualität, zu der eine Verachtung von so äußerlichen, bürgerlichen Dingen wie Sauberkeit oder gewöhnliche körperhygienische Pflege gehörte. Der Wohnraum des Gurus war größer und enthielt Zimmer für seine Frau und seine Kinder und eine eigene Küche sowie einen Bezirk für religiöse Übungen, war jedoch nur im Vergleich zu den Schlafzellen für einfache Aum-Mitglieder luxuriös zu nennen.

Unter den übrigen Baulichkeiten der Sekte befand sich auch Satyam 7, ein großes, dreistöckiges Gebäude aus Fertigbetonteilen für die »Geheimarbeit« des Ministeriums für Wissenschaft und Technik, zu dem gewöhnlichen Mitgliedern der Zutritt verboten war. Das Gebäude enthielt die wichtigsten Laboratorien und Anlagen zur Herstellung biologischer und chemischer Kampfstoffe. Daneben gab es in einem Komplex auf Zentral-Kyūshū ein geheimes Labor zur Züchtung des Botulismuserregers und im obersten Stockwerk eines achtstöckigen Hauses in Tokio, das der Sekte gehörte, ein Speziallabor samt Produktionsanlage zur Züchtung von Milzbrandbazillen. In diesen Laboratorien und Anlagen befanden sich technische Geräte im Wert von mehreren Millionen Dollar, die in verschiedenen Teilen der Welt, zumeist in den Vereinigten Staaten, gekauft worden waren.

Im Frühjahr 1995 war Satyam 7 der Schauplatz von Vorfällen, die einiges über Aums Vermischung von Religion und Vernichtungswaffen verraten. Alarmiert durch Zeitungsberichte über Spuren von Sarin im Erdboden in der Umgebung der Anlage von Kamikuishiki und aus Furcht vor einer drohenden Entdeckung, befahl Asahara, die Labors und Produktionsanlagen zu schließen und dem Ganzen den Anschein zu geben, als diente es rein religiösen Zwecken. Am Eingang zum bisherigen Sarinlabor wurden eine große Shivastatue und eine kleinere goldene Buddhastatue aufgestellt. Aum verwies gegenüber Besuchern stolz auf diese beiden Statuen als Beweis für die Harmlosigkeit der Sekte, ohne ihnen jedoch zu erlauben, die verschlossenen Räume hinter den Statuen zu betreten, wo noch immer genügend Gerätschaften von ihrem ursprünglichen Zweck zeugten. In einem bekanntgewordenen Fall wurde ein Tokioter Professor, der Aum und anderen neuen Religionen im allgemeinen wohlwollend gegenüberstand, von einer Zeitschrift gebeten, eine »Inspektion« durchzuführen, und nachdem man ihm die beiden Statuen gezeigt hatte, war er zu dem Schluß gelangt, Aum sei lediglich eine religiöse Organisation. Als sich später herausstellte, daß Aum hinter dem Giftgasanschlag steckte, war die öffentliche Empörung so groß, daß der Professor sich gezwungen sah, seinen Abschied von der Universität zu nehmen.

Eine weitere Geheimfabrik von Aum zur Herstellung von Vernichtungswaffen lag in der Nähe eines Flusses, nur wenige Kilometer von dem Gebäudekomplex am Fuß des Bergs Fuji entfernt. Sie unterstand dem Ministerium für Wissenschaft und Technik und nannte sich »Tempel am klaren Fluß«, wurde jedoch auch als Höchstes Wissenschaftliches Institut bezeichnet. Seine Hauptaufgabe bestand in der Produktion von sowjetischen AK-74-Sturmgewehren, aber daneben wurden dort auch die benötigten Teile für die Anlage in Satyam 7 produziert, Zerstäuber für das Sarin sowie potentielle Prototypen späterer Waffen.

Getrennt von allen übrigen Gebäudekomplexen war das sogenannte Astralhospital-Institut der Sekte, eine kleine Suite mit neun Betten im zweiten Stock eines vierstöckigen Geschäftshauses an einer belebten Straße Tokios. Die hier untergebrachten Patienten wurden nicht geheilt, sondern statt dessen mißhandelt und erpreßt. Auch in den übrigen Wohn- und Produktionsanlagen von Aum gab es ärztliche Behandlungsräume sowie winzige Zellen mit Tatami-Boden, sogenannte »Schutzräume«, manchmal auf einem eigenen Stockwerk oder in kleinen Gebäuden außerhalb der Haupthäuser, wo Aum-Mitglieder und andere Personen, die man unter Drogen gesetzt hatte, untergebracht und von ärztlichem Personal festgehalten wurden. In diesen Zellen und benachbarten größeren Räumen, zu denen gewöhnliche Sektenmitglieder keinen Zutritt hatten, wurden zahlreiche Morde begangen.

Es gab viele Methoden für Aum, das Netz über die eigenen Stützpunkte hinaus zu spannen. Es war nicht schwer, Näheres über die Sekte zu erfahren, da Asahara innerhalb kurzer Zeit zu einer allgemein bekannten Medienpersönlichkeit wurde. Seine engsten Mitarbeiter wandten sich regelmäßig an TV-Sender, um Auftritte zu vereinbaren, und an Zeitschriften wegen Interviews und Artikeln. Asahara verstand es, sich nicht nur im Fernsehen, sondern auch in esoterischen Publikationen blendend in Szene zu setzen. Aum verfügte über eine wichtige, wenngleich komplizierte Möglichkeit, ihre Ideen über den Rundfunk zu verbreiten. Seit dem Frühjahr 1992 mietete Aum von Radio Moskau Sendezeit für zwei täglich ausgestrahlte dreißigminütige Programme zu einem Preis von schätzungsweise 700 000 Dollar im Jahr. Von Moskau wurden die Worte des Gurus ausgestrahlt und mit Hilfe eines weiteren Senders in Wladiwostok nach Japan übertragen, wo sie auf bestimmten Frequenzen gehört werden konnten. Auf diese Weise konnte sich »Radio Aum Shinrikyō« regelmäßig Gehör verschaffen. Darüber hinaus mietete Aum Sendezeit im russischen Fernsehen und ließ von diesen Sendungen Videobänder herstellen, die in Japan zu Werbezwecken vorgeführt werden konnten.

Asahara war ein überaus produktiver Autor, auch wenn viele der Bücher und Broschüren, die unter seinem Namen erschienen, zweifellos von seinen Jüngern verfaßt waren. Diese Schriften, die in Aum-Buchläden und gewöhnlichen Buchhandlungen vertrieben wurden, übten mit ihren Behauptungen und Versprechungen eine große Wirkung auf die Leser aus. Aum verschaffte sich außerdem eine große Publizität, indem sie für die Parlamentswahlen 1990 eigene Kandidaten aufstellte. Obwohl Asahara und andere Führungspersönlichkeiten von Aum dabei eine schmähliche Niederlage hinnehmen mußten und wegen ihrer Wahlkampfmethoden vielfach verspottet wurden – Aum-Mitglieder hatten sich Masken ihres Gurus aufgesetzt und auf den Straßen getanzt und Lieder der Sekte gesungen –, konnte Aum im Verlauf des Wahlkampfs Millionen Flugblätter verteilen und fand bei vielen jungen Menschen, die sich auf spiritueller Suche befanden, starkes Interesse.

Aum pflegte nicht nur den Kontakt zu den Medien, sondern auch zu Universitäten, von denen Asahara zu Vorträgen eingeladen wurde. Mehrere ehemalige Studenten, die ich befragt habe, erzählten mir, ihr erstes Interesse an Aum sei durch einen Auftritt des Gurus auf ihrem Campus geweckt worden. Aum fand Anklang, weil man darin sehr bald eine der interessanteren neuen Religionen sah mit ihrem intellektuellen Anspruch, ihrer Betonung eines Rückzugs aus der Welt und dem Auftreten ihrer Mitglieder, das viele Beobachter an die Hippies der sechziger Jahre erinnerte. Gelegentlich machte Aum sich auch die Vorliebe vieler Japaner für Gruppen zunutze und organisierte kleine »Gesprächskreise« für Menschen, die an Themen wie »indische Philosophie« interessiert waren, ohne zunächst darauf hinzuweisen, wer hinter diesen Veranstaltungen steckte.

Zu den Anwerbemethoden von Aum gehörten auch erotische Verheißungen. Werbebroschüren zeigten Bilder von attraktiven Frauen mit seelenvollem Gesichtsausdruck und schönen langen Haaren. Wenn ein Mann bei einem der Aum-Büros anrief und nähere Informationen erbat, konnte es sein, daß er von einer beschwingten oder auch koketten weiblichen Stimme begrüßt wurde. Das nach außen hin vermittelte Bild eines weiblichen Aum-Mitglieds, häufig verkörpert durch Hisako Ishii, schien eine Mischung aus früherem japanischen Schönheitsideal, einer reizvollen Version weiblicher Spiritualität und einer zart erotischen Verheißung persönlicher Tröstung und intimer neuer Bindungen auszustrahlen. Wie irreführend dieses weibliche Bild auch sein mochte – da sich dahinter eine aggressive Militanz verbarg, die in Frauen wie Ishii entfesselt wurde –, so trug es doch zweifellos dazu bei, junge Männer für Aum zu interessieren.

Innerhalb von Aum bestand eine strikte spirituelle Hierarchie. Alle Neuankömmlinge waren zunächst ein *zaike*, ein Laienmitglied; sehr bald wurde auf sie jedoch Druck ausgeübt, *shukke* – ein Mönch oder eine Nonne – zu werden. Es gab einen besonderen »*poa*-Lehrgang« für Mitglieder, die nicht *shukke* werden konnten, aber den Status eines Bodhisattva erlangen wollten, eines Menschen, der sich in dieser Welt spirituelle Verdienste erwirbt und dadurch einer Buddhaschaft in einem späteren Leben näherkommen kann. Doch nur als *shukke*, sagte man den Mitgliedern von Aum, könne man wahrhaft mit dem Guru einswerden und die tiefen Befriedigungen erleben, die er zuteil werden lasse, ob in Form übernatürlicher Kräfte, einer mystischen Verzückung oder unsterblich machender Verheißungen einer Wiedergeburt auf höherer Stufe. Die Energien von Aum kamen hauptsächlich von den *shukke*, von denen es in der Blütezeit der Sekte zwar nur etwa vierzehnhundert gab, die jedoch diese Energien auf so eindringliche und mannigfaltige Weise zum Ausdruck brachten, daß ihre Zahl weit größer erschien. Als Gründer und Guru von Aum, der die höchste Erleuchtung erlangt hatte, stand Asahara natürlich an der Spitze. Nur er galt als »Sieger der Wahrheit«, wie man es in Aum ausdrückte (abgeleitet aus der buddhistischen Vorstellung »einer, der auf dem Weg zur Wahrheit höchste Erleuchtung erlangt hat«). Die nächstniedrige spirituelle Stufe war die des »Großen Meisters« (*seitaishi*), eine Kategorie, zu der Asaharas Frau Tomoko Matsumoto, seine dritte Tochter Ācharii, Hideo Murai, Fumihio Jōyū und Hisako Ishii gehörten. Unter diesen standen die »wahrhaft erleuchteten Meister« (*seigoshi*), zu denen unter anderen Endō und Hayakawa gehörten. Diese spirituellen Kategorien, deren Zugehörigkeit der Meister persönlich bestimmte, wurden in Aum sehr ernst genommen. Die Aussicht, innerhalb dieser Ränge aufzusteigen, konnte einen Adepten dazu bringen, fast alles zu tun, was von ihm verlangt wurde.

Was die Führer von Aum ebenfalls sehr ernst nahmen, war ihre leitende Funktion in sogenannten »Ministerien« und »Ämtern«, als handelte es sich bei Aum um einen Verwaltungsapparat. Diese organisatorischen Aufteilungen dienten angeblich der Vorbereitung auf die Welt nach Armageddon. Manche Beobachter haben jedoch auf die weitgehende Ähnlichkeit dieser Organisationsstruktur mit der Verwaltung und dem Tennosystem in Japan nach dem Zweiten Weltkrieg hingewiesen, wozu auch ein kaiserliches Palastamt gehörte. Während jedes der Ministerien und Ämter Asaharas seine eigenen Aufgaben hatte, kann man sie psychologisch als grandiose Projektionen eines individuellen und kollektiven Größenwahns auffassen.

Ein weiterer Ausdruck dieses Größenwahns war die Ausweitung von Aum zu einem Wirtschaftsimperium. Die Sekte verdiente Unsummen mit der Vermarktung ihrer Religion, an sich nichts Ungewöhnliches für japanische neue Religionen, nur daß hier eine besonders ausgeprägte Gewinnsucht am Werke war. Über einen eigenen Verlag mit angeschlossener Druckerei mit Sitz in Fujinomiya produzierte und verkaufte Aum am laufenden Band Bücher, Zeitschriften, Broschüren, Videos, *manga* (Comics und Bildgeschichten, die in Japan äußerst populär sind) sowie religiöse Bilder und Gegenstände. Die religiöse Erfahrung war nicht umsonst zu haben. Ein *shaktipat* (die Übertragung von Energie vom Guru auf den Jünger) kostete fünfhundert Dollar für alle mit Ausnahme der Mönche und Nonnen (die bereits ihr ganzes Vermögen der Sekte vermacht hatten); der Preis für einen Liter Badewasser des Gurus, das man trinken mußte, um seiner besonderen Kräfte teilhaftig zu werden, betrug tausend Dollar, die Miete einer PSI-Elektrodenkappe für einen Monat lag bei zehntausend Dollar, und ebenso teuer war eine »Blutinitiation« (bei der man vom Blut des Gurus trank).

Aum dehnte die Geschäftstätigkeit sehr bald auch auf höchst irdische Bereiche aus. Eine der einträglichsten Unternehmungen war die Montage und der Verkauf von Computern; die lächerlich geringen Lohnkosten der Sekte gaben ihr die Möglichkeit, alle Konkurrenten in Japan zu unterbieten. Zu ihren breitgestreuten geschäftlichen Unternehmungen gehörten Gaststätten und Schnellrestaurants in vielen japanischen Großstädten, ein Fitneß-Studio, die Vermittlung von Babysittern und ein Partnerservice, Reisebüros, Immobiliengeschäfte sowie eine Vielzahl von Handelsfirmen unter falschem Namen, die nicht als Aum-Unternehmen erkennbar waren und chemische, pharmazeutische und technische Geräte der verschiedensten Art verkauften und häufig als Fassade für den Erwerb von Material dienten, das zur Herstellung von Kampfstoffen benötigt wurde.

Auch im Ausland war die Sekte aktiv; sie besaß eine Teeplantage in Sri Lanka, ein Import-Export-Unternehmen in Taiwan und eine riesige Schafzucht in Australien (die sie hauptsächlich zur Erprobung ihrer biologischen und chemischen Waffen und wegen möglicher Uranlagerstätten auf dem Gelände erworben hatte). Selbst in New York City war Aum mit einer Dependance vertreten, die 1987 in der Absicht eröffnet wurde, Fachliteratur und High-Tech-Ausrüstung zur Produktion von Kampfstoffen zu kaufen.

Erst das enorme Vermögen und die kommerziellen Einkünfte von Aum machten die verbrecherischen Taten der Sekte möglich. Angeblich betrug ihr gesamtes Vermögen im Jahr 1995 rund eine Milliarde Dollar. Ob diese Zahl der Wirklichkeit entspricht oder nicht, die ganze Geschichte der Finanzen von Aum muß erst noch erzählt werden. So gingen beispielsweise Gerüchte um, die Sekte habe mit Hilfe der japanischen Mafia ihre illegal produzierten Drogen auf dem schwarzen Markt verkauft und auch an diesem Geschäft enorme Summen verdient.

Gesetzesbrüche und Gewalt

Die Verstöße von Aum gegen Gesellschaft und Recht begannen schon sehr früh. In stärkerem Maße als die meisten anderen Sekten rekrutierte sie sehr junge Menschen – manchmal sogar Halbwüchsige –, die als Mönche und Nonnen in den Produktionsbetrieben von Aum verschwanden. Besorgte Eltern und Elterngruppen wurden auf jede erdenkliche Weise abgewimmelt. Beim Erwerb von Grundstücken bediente Aum sich betrügerischer Methoden und fälschte Urkunden und die Identität der Käufer. Das alles konnte von Außenstehenden so verstanden werden, als sei es lediglich das Verhalten einer dynamisch expandierenden religiösen Gruppe. Doch seit dem Spätjahr 1988 wurden in Aum Menschen getötet.

Der erste Todesfall wird allgemein als ein »Unfall« dargestellt, doch dieses Wort ist irreführend. Ein Adept kam im Verlauf einer der gewaltsamen »Erziehungsmaßnahmen« von Aum ums Leben: das Eintauchen in eiskaltes Wasser mit anschließendem Schock. Solche Maßnahmen wurden vom Guru vorgeschrieben, wenn der Jünger in seinen Augen schlechtes Benehmen zeigte – mangelnde sexuelle Selbstbeherrschung, mangelnde Unterwürfigkeit oder wie in diesem Fall der Wunsch, die Sekte zu verlassen. Die Prozedur wurde als therapeutische Maßnahme hingestellt: als gewaltsame Befreiung des Betroffenen von schlechtem Karma.

Als nächstes folgte der eindeutige Mord an Shūji Taguchi, einem Freund des Opfers, der durch dessen Tod und die Absicht von Aum, ihn zu vertuschen, völlig aus der Fassung geraten war. Er verkündete seine Absicht, aus der Sekte auszutreten, und gab auf aggressives Befragen zu, daß ihm der Gedanke gekommen sei, den Guru umzubringen. Als Asahara das erfuhr, befahl er für Taguchi ein *poa*. Der Mord wurde im Februar 1989 in einer kleinen Zelle von Hideo Murai und vier Jüngern begangen, die ihr Opfer mit einem Strick erwürgten. Asahara war entschlossen, zu verhindern, daß irgendwelche Informationen nach außen drangen, die eine staatliche Anerkennung von Aum als Religionsgemeinschaft vereiteln könnten. Diese Anerkennung, die infolge der mit ihr verbundenen Steuererleichterungen für die wirtschaftliche Lage und das öffentliche Ansehen der Sekte äußerst wichtig war, wurde noch im selben Jahr erteilt.

Schätzungen zufolge begingen Aum-Mitglieder im Lauf der Jahre etwa achtzig Morde. Ein junger Rechtsanwalt namens Tsutsumi Sakamoto, seine Frau und ihr vierzehn Monate alter Sohn wurden Anfang November 1989 von mehreren Aum-Mitgliedern in ihrer Wohnung umgebracht. Sakamoto, der die Eltern von jungen Sektenmitgliedern und Gruppen von Anwälten vertrat, die gegen die Methoden von Aum protestierten, stand kurz davor, betrügerische Behauptungen über die Einzigartigkeit des Bluts und der DNS des Gurus aufzudecken. Asahara gab Anweisungen, lediglich Sakamoto zu töten, doch als die Mörder, unter ihnen auch Dr. Nakagawa, den Anwalt nicht allein in der Wohnung vorfanden, erwürgten sie ihn und seine Frau und erstickten seinen kleinen Sohn. Anschließend vergruben sie die Leichen an abgelegenen Orten, so daß die ganze Geschichte erst sechs Jahre später ans Tageslicht kam, obwohl von Anfang an ein Verdacht auf Aum gefallen war.

Dr. Nakagawa war auch an dem im Januar 1994 begangenen Mord an Kōtarō Ochida beteiligt, einem Apotheker und ehemaligen Mitglied der Sekte, der diese verlassen hatte und später versuchte, eine kranke Frau aus der Gewalt von Aum zu befreien, die von ihr bereits eine große Summe erpreßt hatte. Ochida hatte den Sohn der Frau, ebenfalls ein Aum-Mitglied, für seine Rettungsaktion als Helfer angeworben. Die geplante Aktion scheiterte, und Asahara stellte den Sohn vor die Wahl, Ochida umzubringen oder selbst getötet zu werden.

Ende Februar 1995 begingen Mitglieder der Sekte einen Mord, der schließlich katastrophale Folgen für Aum haben sollte. Kiyoshi Kariya, ein älterer Notar, hatte sich geweigert, Aum den Aufenthaltsort seiner Schwester preiszugeben, die aus der Sekte geflohen war. Sie hatte Aum bereits mehrere hunderttausend Dollar vermacht, doch die Aum-Leute wollten aus der vermögenden Frau noch weit mehr Geld herauspressen. Ursprünglich war anscheinend lediglich geplant, Kariya ein Thiobarbiturat, ein »Wahrheitsserum« zu spritzen, um auf diese Weise den Aufenthalt seiner Schwester zu erfahren. Doch irgend etwas ging schief – wahrscheinlich war die Dosierung zu stark –, und Kariya starb. Asahara befahl, den Leichnam im Kellergeschoß von Satyam 2 zu verbrennen, wo eigens zu diesem Zweck ein Mikrowellen-Verbrennungsofen installiert war. Inzwischen lagen ausreichende Verdachtsgründe gegen Aum vor, und die Untersuchung dieses Mordfalls gab den Anlaß zu umfangreichen Polizeirazzien am 22. März in den Gebäuden von Aum. Inzwischen war die Polizei zu dem Schluß gelangt, daß Aum wahrscheinlich auch hinter dem Giftgasanschlag in Tokio steckte.

Im Lauf der Jahre waren Asahara und seine engsten Jünger zunehmend dazu übergegangen, in Aum eine militärische Organisation zu sehen. Sie bemühten sich um die Beschaffung von Waffen jeder Art, um den Visionen des Gurus von einem triumphalen Armageddon oder einem diesseitigen politischen und militärischen Staatsstreich, der eine Machtübernahme in Japan ermöglichen sollte, gerecht zu werden. Im Frühjahr 1990 nahm Aum die Produktion der ersten Massenvernichtungsmittel auf. Es waren zunächst biologische Kampfstoffe. Im April desselben Jahres versuchte die Sekte, Botulismuserreger von Lastwagen aus zuerst im Zentrum Tokios, dann in der Nähe amerikanischer Flotteneinrichtungen in Yokohama und Yokosuka und schließlich auf dem Narita-Flughafen, dem größten Flughafen Japans, freizusetzen. Doch biologische Kampfmittel sind leichter herzustellen als zu verbreiten; aufgrund wiederholter technischer Probleme wurden die Bakterien vorzeitig abgetötet, und die Aktionen blieben weitgehend folgenlos. Drei Jahre später leitete Endō einen weiteren Versuch zur Verbreitung von Botulismuserregern, diesmal in der Nähe des Kaiserpalasts zur Zeit der Hochzeit des japanischen Kronprinzen und Masako Owada. Wieder passierte nichts. Drei Wochen darauf setzte Aum vom Dach ihrer Niederlassung in Tokio Milzbrandbazillen frei, und wieder wurde niemand getötet und – soweit bekannt ist – niemand infiziert. Im März 1995 unternahm Aum einen weiteren Versuch zur Verbreitung von Botulismuserregern, diesmal in einer großen U-Bahnstation und mit Aktenkoffern, in denen sich Zerstäuber befanden. Wie sich herausstellte, befanden sich jedoch keine Botulismuserreger in den Zerstäubern.

Die Geschichte mit dem Sarinattentat verlief völlig anders. Obwohl Aum anscheinend erst 1993 ernsthaft die Produktion dieses Kampfstoffs aufgenommen hatte, kam es von Anfang an zu Unglücksfällen, zunächst unter Aum-Mitgliedern in Kamikuishiki als Folge von Lecks in den Produktionsanlagen. Danach unternahm Aum zwei Testversuche zur Freisetzung des Gases. Der erste Versuch erfolgte an Schafen auf der großen Schafranch in Australien. Ein zweiter Versuch im Juni 1994 von einem Lkw aus in der Stadt Matsumoto, etwa einhundertsiebzig Kilometer von Tokio entfernt, galt speziell dem Wohngebäude von drei Richtern, die den Vorsitz in einem Prozeß hatten, in dem es um das betrügerische Verhalten von Aum in Verbindung mit Grundstückskäufen ging. Alle drei trugen mehr oder weniger schwere Vergiftungserscheinungen durch das Gas davon, sieben Menschen wurden getötet. Das Attentat unterbrach den Prozeß und verschob das von Aum befürchtete negative Urteil auf unbestimmte Zeit. Es war der erste größere nichtmilitärische Einsatz eines Nervengases auf der Erde. Die Polizei hegte keinen Verdacht gegen die Sekte als Urheber des Anschlags.

Das Attentat in der Tokioter U-Bahn vom 20. März 1995 war eine Reaktion auf Informationen über bevorstehende umfangreiche Polizeirazzien, die zu Aum durchgesickert waren. Der Anschlag sollte die Polizei verwirren und davon überzeugen, daß jemand anderer verantwortlich und daß Aum selbst Ziel von Anschlägen sei. Das in aller Eile produzierte Gas für dieses Attentat war verunreinigt und seine Wirksamkeit infolgedessen stark beeinträchtigt. Das endgültige Sarinprojekt von Aum war für November 1995 geplant; man hatte hierfür eigens einen Hubschrauber in Rußland gekauft, und ein führendes Aum-Mitglied war in den USA als Pilot dafür ausgebildet worden. Da dieser Anschlag Armageddon auslösen sollte, hatte der Guru Murai die grandiose Anweisung erteilt, »siebzig Tonnen Sarin« zu produzieren.

Aum experimentierte auch mit Möglichkeiten, Sarin und andere Kampfgase gezielt gegen einzelne Personen einzusetzen. Zweimal versuchten Aum-Mitglieder erfolglos, Daisaku Ikeda, das Oberhaupt der größten der neuen Religionen Japans, Sōka Gakkai, und Asaharas verhaßtester Rivale, mit Sarin zu töten. Vier Anschläge wurden mit VX verübt (ein noch tödlicher wirkendes Nervengas als Sarin), bei denen ein junger Mann, angeblich ein Polizeispitzel, getötet und der Sprecher einer gegen Aum vorgehenden Elterngruppe verletzt wurde; dieser war in ein Koma gefallen, konnte aber gerettet werden. Ein weiteres Attentat erfolgte im September 1994 mit Phosgen (ein im Ersten Weltkrieg eingesetztes Gas, das zu schweren Reizungen der Atemwege führt) auf die Journalistin Shōko Egawa, die schärfste Kritikerin von Aum; sie mußte ein Krankenhaus aufsuchen. Bis zu diesem Zeitpunkt hatte die Polizei mehrere Anzeigen erhalten, in denen Aum der Entführung und des Drogenmißbrauchs beschuldigt wurde, und hatte in der Umgebung des Hauptsitzes der Sekte Bodenproben genommen, die Spuren von Verbindungen enthielten, die beim Zerfall von Sarin entstehen. Um weitere Informationen zu beschaffen, hatte sie angeblich die verhängnisvolle Maßnahme ergriffen, einen V-Mann in die Sekte einzuschleusen, der spurlos verschwand und vermutlich von Aum umgebracht wurde.

Asahara war fasziniert von den Möglichkeiten hochentwickelter Laserwaffen (die es noch gar nicht gab), die er gern als »Todesstrahlen« bezeichnete, und er befahl seinen Wissenschaftlern, solche Waffen zu entwickeln. Sein »Spionageminister« warb einige Industriespione an, die sich Zugang zur Laserforschungsabteilung von NEC (eine große Computer- und Elektronikfirma) und zu den Labors von Nippon Oil, Mitsubishi und anderer Elektronik- und Chemieunternehmen verschafften. Mehrmals wurden Aum-Mitglieder erwischt und festgenommen, ohne daß die Polizei hinter den Zweck dieser abenteuerlichen Spionage kam. Aum führte tatsächlich einen Lasertest durch, bei dem ein Rotlichtstrahl von Satyam 5 zum Hauptsitz von Aum projiziert wurde, doch dieses Experiment hatte kaum etwas mit dem Einsatz von Laserstrahlen als Waffe zu tun.

Aums Wissenschaftler fanden heraus, daß Laser die Entwicklung von Kernwaffen unterstützen konnten, da sich mit ihrer Hilfe natürlich gefördertes Uran anreichern ließ – und Kernwaffenproduktion war die Technik, die Aum sich für die Zerstörung der Welt vorstellte. Asahara und seine Sekte bemühten sich unablässig um die Ausgangsstoffe zur Herstellung von spaltbarem Material – ob in Japan, im uranreichen Australien oder in Rußland, wo Hayakawa in sein Notizbuch eine Frage eintrug, die mittlerweile in Japan zu einem geflügelten Wort wurde: »Ein Atomsprengkopf – kostet?«

Nach dem Sarinanschlag auf den Tokioter U-Bahnhof befahl der Guru seinen Anhängern, Terrorakte durchzuführen, um seine Verhaftung zu verhindern. Am 30. März verübten Aum-Mitglieder ein Attentat auf Takaji Kunimatsu, den Chef der nationalen Polizeibehörde und Leiter der Ermittlungen gegen Aum, bei dem dieser verletzt wurde, aber am Leben blieb. Am 15. April wurde in ganz Tokio Alarm ausgelöst, da Asahara angekündigt hatte, an diesem Tag werde sich eine schwere Katastrophe ereignen. Am 5. Mai deponierte ein Aum-Kommando mehrere Plastiktüten mit Blausäure in der stark belebten U-Bahnstation Shinjuku, und nur dank der Aufmerksamkeit von einigen Aufsichtsbeamten konnte eine größere Katastrophe verhindert werden. Am 16. Mai – rein zufällig derselbe Tag, an dem Asahara verhaftet wurde – schickte die Sekte eine Briefbombe an Yukio Aoshima, den Gouverneur von Tokio, der erklärt hatte, er werde die Anerkennung von Aum als religiöse Gemeinschaft widerrufen; der Brief wurde von einem städtischen Bediensteten geöffnet, der bei der Explosion einen Finger verlor. Die Sekte hatte einen Weg zurückgelegt, der mit einem »nicht beabsichtigten« Mord begonnen und mit Terroranschlägen geendet hatte. Auch diese erweckten den Eindruck, die kleine Sekte sei allgegenwärtig.

Die Kultur der Gewalt

Aum schuf eine spirituelle Atmosphäre der Gewalt, die sich auf alle ihre Mönche auswirkte, selbst auf diejenigen unter ihnen, die kaum etwas über ihre gewalttätigen Absichten oder Handlungen wußten. Abgeschirmt von der übrigen Gesellschaft, nahmen sie die Botschaft ihres Gurus in sich auf, ihr Lebenssinn bestehe darin, in dieser oder jener Form an der höchsten Gewalttat der Zerstörung der Welt teilzuhaben. Sie machten sich Asaharas Botschaft zu eigen, daß extreme Maßnahmen erforderlich sein könnten und daß ihre eigenen gewalttätigen Impulse etwas ebenso Edles wie Wünschenswertes seien, weil sie im Dienst einer Mission der spirituellen Erlösung ständen. Indem sie sich ganz auf ihren inneren Bewußtseinszustand konzentrierten, auf die »Wahrheit« ihrer »mystischen Erfahrungen«, konnten sie ihre Einfühlung in die äußere Welt aufgeben. Was in ihren eigenen Köpfen – und in dem ihres Gurus – vorging, war das einzige, das jetzt noch zählte.

Doch die gespannte Energie der Aum-Mitglieder war ständig mit einem Gefühl des Drucks verbunden. Der Guru und seine Jünger konnten diesen Druck der Außenwelt zuschreiben, die durch die heimlichen Machenschaften der größten Feinde der Sekte, die Asahara in Freimaurern und Juden erkannt haben wollte, böse gemacht und vergiftet worden war. Doch auch die innere Welt von Aum erzeugte ein hohes Maß an Angst, Frustration und Wut. Der Guru selbst war in der Tretmühle seiner unablässigen, aber unerreichbaren Visionen gefangen und hatte zunehmend Schwierigkeiten, seine unumschränkte Herrschaft über die von ihm selbst geschaffene Welt aufrechtzuerhalten. Deshalb geriet er in Wut über den beabsichtigten Austritt von Sektenmitgliedern, in dem er sein unvermeidliches Scheitern erkannte. Die Jünger fühlten sich ihrerseits frustriert, weil sie nicht in der Lage waren, den absoluten Zustand der Unterwerfung unter den Meister zu erreichen, der die Voraussetzung für vollkommene Klone war. Lehrer und Schüler transformierten gleichermaßen diese inneren Konflikte in eine Wut gegen die erklärten Feinde von Aum – nicht nur Freimaurer und Juden, sondern auch die japanische und die US-amerikanische Regierung und ihre militärischen und Spionageapparate.

Das erste, was die japanische Öffentlichkeit vom Guru hörte, als dieser zu dem Sarinanschlag Stellung nahm, war seine Behauptung, seine Feinde hätten diesen Kampfstoff eingesetzt, um ihn und seine Anhänger zu bekämpfen. Diese Behauptung klang für Aum-Mitglieder sehr glaubwürdig, und vielleicht glaubte er sogar selbst daran, denn sie stand im Einklang mit ihrem Gefühl, eine edle spirituelle Enklave in einer ansonsten bösen Welt zu sein. Und Mitglieder der Sekte hatten tatsächlich unter der Wirkung von Sarin zu leiden – durch das unbeabsichtigte Austreten des Gases und höchstwahrscheinlich auch durch absichtliche Freisetzungen, um die Bösartigkeit ihrer Feinde zu »beweisen«. Auf einer Pressekonferenz im Frühjahr 1995 behauptete Aum, japanische oder US-amerikanische Flugzeuge hätten ihre Gebäudekomplexe mit Sarin besprüht, eine Form der religiösen Verfolgung, und die Sekte habe unter ihren Mitgliedern Tote und Verletzte zu beklagen gehabt. Bei dieser Gelegenheit führte Aum ein Video vor mit dem Titel »Geschlachtete Lämmer«, in dem Dr. Hayashi zu sehen war, wie er sarinvergifteten Sektenmitgliedern als Gegenmittel Atropin spritzte. Asahara behauptete häufig von sich, dem Tode nahe zu sein – manchmal als Folge von Sarin, manchmal von Senfgas, dann wieder von Q-Fieber oder einem Herzleiden. Und immer wieder warf er der japanischen Regierung vor, sie »unterdrücke« einen »Propheten«.

Die einzig mögliche Antwort war »Krieg«, eine unbestimmte Vorstellung, die alles enthalten konnte, vom Mord an Einzelpersonen bis zur aktiven Herbeiführung von Armageddon, das in frühen jüdischen Schriften als »das Erzwingen des Endes« bezeichnet wird. Um diesen Krieg zu überleben, mußte Aum seine Feinde vernichten. So erklärte ein 95seitiges »Handbuch der Furcht« in der Januarausgabe der Aum-Veröffentlichung *Vajrāyana* den Juden den Krieg, deren »Weltschattenregierung« angeblich »unzählige Menschen« gemordet hatte. Gewalt ließ sich natürlich mit den verschiedenen Elementen buddhistischen, hinduistischen und christlichen Gedankenguts rechtfertigen, die Asahara miteinander verknüpft hatte, vor allem seine Version des *poa*, die es Aum ermöglichte, Gewalt auf allen Ebenen auszuüben und ihren Krieg zu führen und zugleich an einer Tugend der Gewaltlosigkeit festzuhalten.

Als die Paranoia und die Projektion sich verstärkten, ging Aum allmählich zu einer Strategie über, das Ende herbeizuzwingen. Immer verzweifelter darum bemüht, seine Verheißungen wahrzumachen, befahl Asahara den Sarinanschlag auf die Tokioter U-Bahn nicht nur, um die Polizei auf eine falsche Fährte zu lenken, sondern auch, um sich von der seelischen Belastung zu befreien, in der Falle zu sitzen, um einen Schlag gegen die Gesellschaft als ganze zu führen und um die Energie der Weltvernichtung freizusetzen.

2.
Die Vision vom Weltende

Im Hinblick auf das von ihm prophezeite unvermeidliche Eintreten eines dritten Weltkriegs und von Armageddon erklärte Shōkō Asahara einmal: »Ich verpfände meine religiöse Zukunft für die Wahrheit dieser Prophezeiung.« Wir dürfen annehmen, daß er sich der Ironie in diesen Worten nicht bewußt war. (Wer würde schließlich noch da sein, um seine »religiöse Zukunft« zu bestätigen?) Doch nach des Gurus eigenen theologischen Begriffen hatte diese Behauptung eine gewisse Logik für sich. Wie er es sah, konnte Armageddon, der vernichtende Weltenbrand, nur von ihm selbst und einer kleinen Schar seiner engsten Jünger überlebt werden, die anschließend die »religiöse Zukunft« der Welt schaffen würden. Seine religiöse Stellung – sein Status als Guru – war untrennbar mit dieser Vision verbunden. Da alles von ihr abhing, konnte der Schluß nur der sein, daß jedes Mittel – auch Gewalt – gerechtfertigt war, um das gewünschte Ergebnis herbeizuführen.

Aums Versuche einer Vernichtung der Welt lassen sich allerdings nicht einfach auf den Wunsch reduzieren, die Prophezeiung des Gurus wahr werden zu lassen (auch wenn dies ein wichtiger Faktor war). Die wechselnden Prophezeiungen Asaharas und seine düsteren Schilderungen der Abfolge von Ereignissen, die das Ende der Welt bezeichnen würden, wurden zur leitenden Geschichte für Aum, zu einer Erzählung, die alles übrige in sich aufnahm und in die jeder Kampf eingepaßt werden mußte. Die Erzählung konnte mit ihrer besonderen Dynamik Hoffnungen, Angst und Paranoia nähren, während sie gleichzeitig weder den Guru noch seine Anhänger auch nur für einen Augenblick zur Ruhe kommen ließ.

Die Erzählung von Armageddon

Zweifellos stand Asahara nicht allein mit seiner Faszination durch eine Endzeitkatastrophe, wie sie in der christlichen Vorstellung von Armageddon in der Apokalypse Gestalt angenommen hat. Ein solches Ereignis ist nicht nur ein verbreitetes Leitthema für religiöse und politische Gruppen von heute, eine Version davon hat es anscheinend schon seit den Anfängen überlieferter Geschichte gegeben. Indem sie eine Läuterung der Welt und einen Neuanfang entwirft, läßt sie den Tod weniger furchtbar und zugleich bedeutungsvoller erscheinen. Aum konnte in dieser Erzählung eine Welt sehen, die so hoffnungslos vergiftet, so sehr vom Bösen durchdrungen war, daß Halbheiten hier nichts mehr ausrichten konnten.

Die Schriften des Nostradamus, von denen Asahara so besessen war, hatten seit langem auch andere in ihren Bann gezogen, vor allem Autoren des New-Age in den Vereinigten Staaten. Freie japanische Übersetzungen durch Ben Gotō hatten seit 1973 über 400 Auflagen erlebt und Millionen von Käufern gefunden. Ebenso wie mehrere andere Führer von neuen Religionen in Japan zog Asahara aus diesen Übersetzungen den Schluß, daß nach Armageddon ein Erlöser »aus dem Osten« kommen werde. Um seinen Anspruch, er selbst sei dieser Erlöser, zu untermauern, schickte Asahara sogar eine »Übersetzergruppe« nach Frankreich, die sich mit den Originaltexten beschäftigen sollte.

Asahara bediente sich bei seiner persönlichen Interpretation von Armageddon großzügig aus Nostradamus und dem biblischen Buch der Offenbarung (dem bereits Nostradamus seine apokalyptischen Prophezeiungen entnommen hatte) sowie aus buddhistischen und hinduistischen Texten, in denen das Weltende beschrieben wird. Er wurde zu einem so faszinierenden Erzähler endzeitlicher Szenarien, daß man als Zuhörer in den Worten eines seiner Schüler das Gefühl haben konnte, »als stehe man ganz oben auf einem Felsvorsprung und blicke in den Abgrund – und jemand stößt einen hinunter«. Doch viele Jünger des Meisters hatten sich wohl schon von sich aus auf den Weg zu diesem Felsen gemacht. Tief versunken in die apokalyptische Bilderwelt, die in der Massenkultur Japans nach dem Krieg so verbreitet war, warteten manche von ihnen vielleicht schon auf einen Asahara, der ihnen diesen Stoß versetzen würde. In einer Gesellschaft, die nur wenige Jahrzehnte zuvor eine Art Weltuntergang erlebt hatte in der schmachvollen Niederlage im Krieg und der Erfahrung, daß zwei Städte von Atombomben vollständig ausradiert wurden, gab es einen breiten Strom apokalyptischer Erzählungen. Die meisten Aum-Mitglieder hatten beispielsweise als Kinder und Jugendliche täglich die verschiedensten futuristischen Trickfilme im Fernsehen gesehen und *manga* gelesen, in denen es hauptsächlich um die drohende Vernichtung der Welt und um dramatische Rettungsaktionen ging, die von heldenhaften Japanern unternommen wurden. Die beliebteste dieser Sendungen trug den Titel *Die Reise des Raumschlachtschiffs Yamato*, in der es um ein großes, nach einem riesigen kaiserlichen Schlachtschiff benannten Raumschiff ging, das in den letzten Tagen des Zweiten Weltkriegs einen letztlich selbstmörderischen Befehl zu einem Einsatz gegen die Amerikaner erhielt. Die Geschichte dieser Serie spielte im Jahr 2199, als die Erde, nach einem atomaren Holocaust mit radioaktiver Strahlung verseucht, mit Meteoren bombardiert und von bösen Außerirdischen vom geheimnisvollen Planeten Gamalus angegriffen wird. Die einzige Hoffnung der Erde liegt darin, daß das Raumschiff »Yamato« und seine Mannschaft in den Weltraum vorstoßen, um einen »Kosmo-Sauger« zu besorgen, ein technisches Wundergerät zur Bekämpfung der radioaktiven Strahlung. In einer letzten, armageddonartigen Schlacht besiegen sie die Streitkräfte vom Gamalus, finden den Kosmo-Sauger und kehren im Triumph zur Erde zurück, um sich dort an einen Neubeginn zu machen.

Solche überaus beliebten Geschichten trugen zu einem psychischen Klima bei, in dem Asahara sich in seinem Krieg gegen das Böse zum tugendhaften Helden stilisieren konnte. Aum ging so weit, sogar die Bezeichnung »Kosmo-Sauger« für Entgasungsgeräte zu verwenden, mit denen die Mitglieder der Sekte vor Angriffen mit biologischen und chemischen Waffen geschützt werden sollten.

Die »Verunreinigung«, die von Asahara jedoch am vehementesten bekämpft wurde, war spiritueller Art und nahm die Form von »schlechtem Karma« an, von dem angeblich fast alle Erdenbewohner, auch die Aum-Mitglieder, befallen waren. Große Katastrophen wie das Erdbeben in Kobe 1995, bei dem ein Großteil der Stadt zerstört wurde und fünftausend Menschen umkamen, waren lediglich »Vorzeichen« des nahenden Endes und Hinweise darauf, daß der dritte Weltkrieg bereits begonnen hatte; auch die Rezession der japanischen Wirtschaft war ein Vorzeichen. Asahara legte seinen Shambhala-Plan vor, dem zufolge eine üppige Ausbreitung von Aum-Kommunen oder »Lotusdörfern« die friedliche Erlösung Japans (und letztlich der ganzen Menschheit) bewerkstelligen würde, doch in dieses Wunschbild einer religiösen Utopie schob sich im Lauf der Zeit das Bild einer vorhergehenden Zerstörung der Welt. Der Religionswissenschaftler Manabu Watanabe hat dazu bemerkt, diese Lotusdörfer »würden erst dann möglich sein, wenn es keine anderen Menschen mehr gab außer denen, die an Aum glaubten«.

1990, als Aums Versuch, Asahara und andere Kandidaten als Abgeordnete ins Parlament zu bringen, kläglich scheiterte, berief Asahara die meisten Mitglieder von Aum nach Ishigaki, eine kleine südliche Insel vor Okinawa, zu einem sogenannten »Armageddon-Seminar«. Während dieser Veranstaltung sprach er unablässig von der Unvermeidlichkeit und dem baldigen Ende der Welt angesichts des zunehmenden Bösen; alle Aum-Mitglieder müßten ihren Meister verteidigen und sich seinem ritterlichen Kampf gegen das Böse anschließen, indem sie Nonnen und Mönche würden. Die beständige Befürchtung des Gurus, daß noch viel zuwenig Mitglieder der Sekte zu diesem Schritt bereit waren, hatte zweifellos einen wesentlichen Anteil daran, daß er das Thema Armageddon mehr und mehr ins Zentrum seiner Rhetorik rückte. Im Anschluß an das Seminar stützte sich Asahara immer mehr auf seine religiösen Quellen und die darin enthaltenen Schilderungen vom Weltuntergang, versetzte sich fast buchstäblich in die Offenbarung des Johannes und nahm für sich die Rolle des »blinden Erlösers ... mit langem Bart und langem Haar« in Anspruch, der nach seiner Auslegung des Textes zur Zeit von Armageddon erscheinen werde. Während Asahara in den kommenden Jahren seine Erzählung von Armageddon lediglich intensivieren sollte, hatte er schon seit langem innerlich darauf hingelebt.

Eine besondere Faszination durch das Thema Weltuntergang einschließlich der Erwartung eines Atomkrieges war in seinen Lehren fast schon von Anfang an festzustellen, als Asahara Zusammenhänge zwischen den gewalttätigsten und unheildrohendsten Elementen der Weltreligionen und konkreten Ereignissen herstellte. All das schlug sich in einem *manga* nieder, das von Aum 1989 veröffentlicht wurde und den Titel »Der Tag des Untergangs« trug. Die Bildgeschichte beginnt damit, daß mehrere Jünger eine dringende Aufforderung des Meisters erhalten, in sein Zimmer zu kommen, wo er ihnen erklärt: »Mein Guru, der Gott Shiva, hat mir unvermittelt gesagt: ›Jetzt ist die Zeit gekommen, das Buch der Offenbarung zu entschlüsseln, seine Botschaft zu empfangen und das Erlösungswerk von Aum zu beginnen.‹« Der Asahara der Bildgeschichte zitiert sodann eine Stelle aus der Offenbarung über die Erscheinung eines göttlichen Wesens, das auf einem Thron sitzt und dem »Menschensohn« gleicht, und setzt hinzu: »Als ich das las, stellte ich zu meiner Überraschung fest, daß dieser ›Menschensohn‹ genau dem Gott Shiva gleicht, dem ich in der Astralwelt begegnet bin.« Der Asahara im *manga* interpretiert anschließend – genau wie der wirkliche Asahara – einen Teil der rätselhafteren Bilder dieses rätselhaften Textes und konstruiert einen Zusammenhang zwischen dem »Öffnen« mehrerer »Siegel«, die in der Offenbarung erwähnt werden, und irdischen Ereignissen. So bedeutet beispielsweise das Öffnen des sechsten Siegels den Ausbruch von Vulkanen, und er weist darauf hin, daß der Berg Fuji wieder aktiv geworden sei. Des weiteren sagt er, es werde eine Zeit kommen, da solche Naturkatastrophen »das schlechte Karma der Menschheit« nicht mehr läutern könnten und Gott »unser Karma durch das ›künstliche Feuer‹ von Atomkriegen läutern läßt«, die möglicherweise Armageddon seien. Die weitere »Entschlüsselung« der Texte durch den Guru enthüllt, daß die Menschen Gottes, deren Stirn von Engeln mit einem Siegel gekennzeichnet wird, die Anhänger von Aum sind; daß die Siegel selbst mit dem *shaktipat* der Hindus zusammenhängen, das innerhalb der Aum-Religion die Übertragung von Energie vom Guru auf den Jünger bedeutete, und daß das Tränken der Gewänder mit Blut die »Blutinitiation« von Aum bedeutet, das Trinken vom Blut des Gurus.

In dem *manga* sagt Asahara, Armageddon komme unausweichlich, jedoch könnten die Anhänger von Aum durch spirituelle Übungen die Zahl der Opfer verringern. Danach kommt er auf das *Tibetische Totenbuch* zu sprechen, in dem zwischen »Göttern des Friedens« und »Göttern des Schreckens« unterschieden wird, wobei er die letzteren mit dem Hinduzeitalter des Kali-Yuga oder der Zerstörung des Kosmos in Verbindung bringt und erklärt: »Unsere Zeit ist die Zeit, in der die Erlösung von Göttern des Schreckens kommt.« Die Menschen würden so stark von ihren Begierden beherrscht, daß die meisten keiner Erlösung mehr fähig seien, und wenn in den Menschen das schlechte Karma immer mehr zunehme, würden nach dem Gesetz des Karmas die Götter des Schreckens die Menschen zur Erkenntnis dieser Wahrheit zwingen: »Ihr strenges, zorniges Urteil ist in Wirklichkeit eine Bekundung der Liebe.« Schließlich spricht er eine konkrete Prophezeiung aus: »Der 1995 amtierende US-Präsident und das sowjetische Staatsoberhaupt werden die Welt nach Armageddon führen.«

In dieser einen auf der Apokalypse beruhenden Erzählung brachte Asahara es fertig, Armageddon nicht nur mit seinem Hindugott Shiva, dem Alten und dem Neuen Testament und der Gestalt des Menschensohns zu verknüpfen, sondern auch mit religiösen Märtyrern überhaupt, dem nuklearen Holocaust und dem *Tibetischen Totenbuch*. Das war ein bemerkenswertes religiöses und profanes Potpourri, selbst für eine eklektizistische japanische neue Religion. Doch in diesem Szenario aus dem Jahr 1989, das ein in jeder Hinsicht gewaltsames und furchtbares Weltende heraufbeschwor, hatte Aum mit dieser Gewalt noch nichts zu tun.

»Armageddon« wurde demnach innerhalb der Aum-Sekte von einem Namen für ein letztes Schlachtfeld, der aus der christlichen Eschatologie stammte, in ein Symbol für eine Vernichtungserwartung umgewandelt, die von allen großen Religionen genährt wurde. Asahara hob ganz besonders hervor, daß wir in jener Epoche leben, die von den Hindus als Kali-Yuga bezeichnet wird, das Weltzeitalter der Göttin Kali, das vom Bösen beherrscht wird und vor über 5000 Jahren begonnen hat. Es sei zugleich das buddhistische *mappō*, eine Zeit des starken spirituellen Niedergangs, die nach der Überlieferung im 12. Jahrhundert begonnen hat, fünfzehnhundert Jahre nach dem Tod Buddhas.

Kali-Yuga und *mappō* wurden ursprünglich vorgestellt als allmählich voranschreitendes, aber am Ende verheerendes Zeitalter eines wachsenden moralischen Verfalls, wenn auch nicht eines letzten entscheidenden Kampfes zwischen Gut und Böse, auch wenn das Kali-Yuga gelegentlich so dargestellt wurde, daß es in die Vernichtung der Welt mündete. Doch in der Vorstellung Asaharas und seiner Anhänger verschmolzen diese beiden divergierenden Traditionen mit der christlichen Eschatologie zu einer grimmigen psychologischen Erwartung des Endes. Asahara nährte diese Erwartung mit immer neuen apokalyptischen Belegstellen aus dem Alten Testament und dem Zoroastrismus und selbst mit Aussprüchen eines dubiosen japanischen Propheten der Jahrhundertwende, dessen Endzeitvision sich auf eine wenig plausible Verbindung von Shintoismus und Christentum stützte.

In der Welt von Aum wurde Asaharas Besessenheit vom Thema Weltuntergang immer übermächtiger. Seine schillernde Vision eines Armageddons war das einzige Prisma, durch das die Welt betrachtet werden und das ihr einen Sinn geben konnte, und sie verband sich zunehmend mit Aums unmittelbaren und immer größer werdenden Problemen. Armageddon wurde zum Mittelpunkt eines Teufelskreises. Das Gefühl eines bald bevorstehenden Weltendes trieb Aum in mehrfacher Hinsicht in ein immer extremeres Verhalten und rechtfertigte dieses in den Augen ihrer Mitglieder auch; dieses extreme Verhalten führte zu inneren Konflikten und manchmal zu Widerstand, wodurch das Leben der Sekte bedroht wurde; das hatte wiederum zur Folge, daß die Prophezeiung eines Weltendes von Aum zunehmend als ein Strafgericht aufgefaßt wurde.

Asaharas wachsende Endzeitmanie sowie sein innerer Aufruhr kamen in den Erfahrungen der Sektenmitglieder zum Ausdruck. Unter seinen Jüngern befanden sich viele, für die die Erwartung eines Armageddons der überzeugendste Aspekt ihrer Sektenmitgliedschaft war. Einige von ihnen hatten allerdings unter dem Druck immer extremerer Empfindungen und Handlungen mit verwirrenden Impulsen, aus Aum auszutreten, zu kämpfen. Doch selbst bei denen, die in dieser Weise schwankten, hielt ihre Bindung an den Guru die Erwartung eines Weltendes wach.

Der freundliche Armageddonist

Matsui ist ein großgewachsener, aber feingliedriger, einnehmender junger Mann, der eine Aura der Sanftheit, ja, der Verlorenheit um sich verbreitet. Als er 1993 in Aum eintrat, hatte er gerade das unterste Examen an einer der führenden Universitäten auf Honshū bestanden, war jedoch an der Aufnahmeprüfung für die nächste Stufe gescheitert und ohne Arbeit. Er war, wie er es ausdrückte, nicht nur ein *rōnin* (ursprünglich ein Samurai ohne einen Herrn, heute ein Student ohne Hochschule), sondern auch ein *takurō* (ein *rōnin*, der zu Hause bleibt). Er war zu Aum gestoßen, weil er sich für einen Yogakurs interessierte, den die Sekte angeboten hatte, doch was ihn an Aum wirklich angezogen hatte, war ihre innere Vorbereitung auf Armageddon.

Seit seiner Zeit auf einer weiterführenden Schule fühlte sich Matsui von den unterschiedlichsten Prophezeiungen eines Weltuntergangs angezogen, die ihn ängstigten und zugleich erregten, vor allem den Prophezeiungen des Nostradamus und des amerikanischen Mystikers Edgar Cayce, eines Volksheilers und »spiritistischen Diagnostikers« zu Beginn des zwanzigsten Jahrhunderts, dessen Schriften von amerikanischen Wortführern der New-Age-Spiritualität wiederentdeckt wurden. Matsui hatte sich mehrfach für New-Age-Versionen von Paracelsus interessiert, jenem Schweizer Arzt und Alchemisten aus dem 16. Jahrhundert, dem trotz seiner extravaganten okkultistischen Behauptungen bedeutende medizinische Erkenntnisse zu verdanken sind, sowie für unterschiedliche Formen westlicher und östlicher Spiritualität. Einmal hatte er es mit Zeugen Jehovas zu tun, jener missionierenden Sekte pazifistischer Christen, bei denen Zusammenkünfte und Studiengruppen zum Thema Armageddon eine große Rolle spielen. Jahrelang hatte Matsuis religiöse Suche demnach aus der Verbindung eines chiliastischen Interesses mit dem Bedürfnis einer absoluten spirituellen Wahrheit bestanden.

Auf beides fand er bei Aum überzeugende Antworten. Noch als Heranwachsender begann er Ende der achtziger Jahre die Broschüren und Schriften von Aum zu lesen und stellte fest, daß in Aum »von Anfang an« die Begriffe *katasutorofu* (»Katastrophe«) und *shūmatsu* (»das

Ende«) eine zentrale Rolle spielten. Matsui fühlte sich durch Asaharas apokalyptischen Eklektizismus zutiefst angesprochen, ihm sagte die Mischung aus Christentum und Buddhismus zu und vor allem, daß Aum »sehr New-Age« war.

Alles, was Matsui in Aum in Verbindung mit dem Weltende empfand, verband sich mit seinen transzendenten Erfahrungen und seiner Beziehung zum Meister. Als er zum ersten Mal das Hauptgebäude von Aum betrat, verspürte er sogar »etwas Physiologisches, ... eine Empfindung, wie ich sie noch nie hatte«. Er sah »deutliche weiße Lichter«, und als er das Bildnis Asaharas auf einem Altar erblickte, »fiel mir das Wort Guru ein. Ich fühlte, wie eine Kraft von ihm ausging, ... die vom Altar kam, und in dem ganzen Raum waren außergewöhnliche Schwingungen«. Fortgeschrittene Aum-Mitglieder erklärten ihm, dies sei eine »normale« Reaktion auf den Guru oder sein Bild und hänge damit zusammen, daß »die Seele die Wahrheit sucht«.

In den Monaten nach seinem ersten Yogakurs, in denen er einen immer größeren Teil seiner Zeit und seines Lebens für Aum opferte, schienen die asketischen Übungen der Sekte (Yoga, Meditation, Atemübungen) Matsui viel zu geben. Gleichzeitig fühlte er sich bedroht durch das von ihm empfundene Aufgehen in Aum. Als er gedrängt wurde, Mönch zu werden, wurde er schwankend und erkannte zögernd, daß »das keine gute Idee war«. Gleich einigen anderen versuchte er, die Wohnquartiere der Sekte zu verlassen, nachdem man ihm das Einverständnis abgerungen hatte, sich für eine befristete Zeit dort aufzuhalten, doch sogleich wurde er von Aum-Mitgliedern abgefangen, die ihn unter Anwendung von Gewalt und »Überredung«, wie er es nannte, zurückbrachten. Da ihm klar war, daß sie »ihre Anweisungen von oben erhielten«, also von Asahara, hatte Matsui das Gefühl, daß es für ihn keinen Ausweg gebe. Er wurde schließlich Mönch, und bald war seine Begeisterung von neuem entfacht. Für ihn wie für viele andere war diese Begeisterung etwas Geheimnisvolles, wie sich an seiner Reaktion auf seine »Christus-Initiation« zeigte. Er mußte eine Droge (wahrscheinlich LSD) einnehmen, »und ich hatte heftige Halluzinationen, und mein Körper hüpfte«, und was er erlebte, war »wirklicher als ein Traum«. Der erste Teil davon mündete in das Geheimnis der Wiedergeburt:

»Ich hatte eine Vision, in der ich selbst eine Wiedergeburt durchlebte. Ich hatte bis dahin keine Vorstellung davon, was eine Wiedergeburt wirklich war. Ich habe das wahre Wesen des eigenen Ichs nicht verstanden. Jetzt glaubte ich, daß etwas wie [das Ich, das eine Wiedergeburt durchlebte] mein wahres Ich ist. Es ist etwas Geliehenes, Vergängliches.

Nicht dieser physische Körper, den ich jetzt verabscheue. Mein wahres Ich ist etwas Reines, Kindliches, wirklich wie ein Baby.«

Im zweiten Teil seiner Vision erlebte er eine buchstäbliche Verschmelzung mit dem Guru. Als Asahara in der Vision erschien, fühlte Matsui sich »in einer Trance und vollbrachte plötzlich bestimmte Übungen, die ich nie gelernt hatte, und sang verrückte Mantras«. Der letzte Teil der Vision konkretisierte die Verschmelzung:

»Die Verbindungen, die ich zu Asahara hatte – in Aum sprechen wir von einer spirituellen Leitung – wurden in dieser Vision konkret. Es gab mehrere andere Individuen, und im Mittelpunkt stand Asahara, der hell erstrahlte ... Ich befand mich unten auf dem Boden, doch die Menschen auf dem Boden wurden hochgezogen, und dann wurde ich hochgezogen. Es war eine Kraft, der man nicht widerstehen konnte. Während es mich nach oben zog, wurde die Umgebung langsam heller. Ich fragte Asahara: ›Was bin ich?‹ Während meiner Auffahrt in die Höhe wurde ich eins mit Asahara – alle die Ketten und Leitungen, die mich mit ihm verbanden, verschwanden plötzlich, und ich war von Licht umgeben. Alles wurde strahlend weiß.

Schließlich verschwand die Halluzination, und es blieb nichts. Da war nur noch Leere. Ich verlor jedes physische Körpergefühl und hatte nur noch mein Bewußtsein, ein wunderbares Gefühl. Und dann gab es merkwürdigerweise Dinge, nach denen ich Asahara fragen wollte. Und sobald ich die Frage gedacht hatte, kam schon die Antwort. An diesem Punkt war ich Asahara. Dann fragte ich, zugleich Asahara: ›Ist es das, was man als Nichts bezeichnet?‹ Darauf antwortete er, also ich: ›Ja, du erlebst das zum ersten Mal, nicht wahr?‹ Er antwortete ganz ungezwungen.«

Matsui folgte hier der Praxis der Aum-Sekte, die beiden Begriffe des Nichts und der Leerheit (die im ostasiatischen Buddhismus häufig austauschbar sind) zu einer einzigen Vorstellung von einem leeren Bewußtsein zu verbinden, das alles vom Guru empfängt. Wie so viele andere Jünger Asaharas erlebte er physisch und spirituell ein Aufgehen des eigenen Ichs im Ich des Gurus. Diese Verschmelzung, die er besonders anschaulich schilderte, die jedoch nicht durch das LSD hervorgerufen wurde, zog Matsui noch tiefer in die Projektionen des Gurus vom Weltende hinein.

Für Matsui war die »Denkweise« Asaharas »äußerst wertvoll«, da sie für ihn seinen Platz in einer Welt klärte, die dem Untergang geweiht war. Besonders überzeugend empfand er die Neigung des Gurus, seine Prophezeiungen an die reale Welt zu richten: »Er verstand das Buch der Offenbarung politisch, als einen Teil der wirklichen Geschichte. Demnach war der Erste Weltkrieg so, der Zweite Weltkrieg war so, und der dritte Weltkrieg wird so und so sein.« Immer wenn es eine einschneidende politische Änderung oder einen Umbruch gab wie den Golfkrieg, »hielt er viele Reden und sprach mehr über seine Prophezeiungen«; er »agitierte« seine Anhänger und unterstrich, daß angesichts des bevorstehenden Weltuntergangs »die Zeit knapp war«.

Als Matsuis Denken zunehmend von Armageddon bestimmt wurde, ging es bei seinen Vorbehalten nur noch um die Frage, wann das Ereignis voraussichtlich eintreten werde. Asahara verlegte in seinen Reden den Zeitpunkt für den Beginn des dritten Weltkriegs immer weiter nach vorn, bis er sich schließlich endgültig festlegte und behauptete, Armageddon werde sich 1997 ereignen und tatsächlich habe »das Ende bereits begonnen«. Matsui war damals skeptisch: »Ich war der Meinung, daß all das seine Zeit brauchte, daß kein Grund bestehe, jetzt schon nervös zu werden, daß die Welt nicht von einem Augenblick auf den nächsten einstürzen und zu einem furchtbaren Ort werden würde.« Auch hatte Matsui nicht die Vorstellung von einem zwangsläufig katastrophalen Ende. Der Gedanke an Armageddon wirkte auf ihn sogar angenehm und erregend, »weil ich in einem so großartigen Zeitalter geboren war«. Er kontrastierte die »relativ friedlichen Jahre [zwischen 1950 und 1989] mit der gegenwärtigen Zeit und ihren chaotischeren Ereignissen. Ich finde diese Situation spannender. Es ist eine Zeit, in der keiner weiß, wie es weitergeht.«

Matsui war überzeugt, daß das Ende »in der Hand der Götter und Buddhas« lag. Asahara spielte für ihn eine große Rolle nicht nur als Guru, »der Anleitung und Schutz durch die Religion bietet«, sondern auch, weil er anscheinend »einen gangbaren Weg« plante, um für Armageddon gerüstet zu sein, »eine praktische Methode des Überlebens«, auch wenn er noch keinen »klaren, soliden Plan« entwickelt hatte. Auch waren Matsui und andere Jünger beeindruckt vom Grundsatz ihres Lehrers, sich auf den entscheidenden Tag durch spirituelle Übungen vorzubereiten. In der Überzeugung, daß solche welterschütternden Ereignisse »nicht einfach dadurch beeinflußt werden können, daß ein paar Leute um sich schlagen«, wollte Matsui sich »friedlich und ruhig vorbereiten, um nicht in Panik zu geraten, ich wollte einen klaren Kopf behalten und mich ganz den Übungen widmen«. Er war bewegt, als sein Guru verkündete: »Wir wollen einen Tod willkommen heißen, den wir nicht bedauern müssen« – eine Erklärung, die in ihrer Bekräftigung des Prinzips der Wiedergeburt und in ihrem Eintreten für die richtige Form eines Todes am Tag von Armageddon Tiefe zu verraten schien. Weder Matsui noch andere ehemalige Aum-Jünger, mit denen ich gesprochen habe, schienen verwirrt durch die widersprüchlichen Inhalte der Erklärungen Asaharas zu Armageddon, die einmal ein Überleben verhießen und dann wieder hervorhoben, daß alle sterben würden.

Wahrscheinlich komme es auf das individuelle Karma an, dachte Matsui, aber er erwog beide Möglichkeiten. Er und andere könnten »in einem Augenblick verschwinden«. Doch sein grenzenloses Vertrauen zu Asahara führte dazu, daß er fest, wenngleich auf eine unbestimmte Weise von seinem eigenen Überleben überzeugt war. Das kam in einer Vision während seiner Zeit in der Sekte zum Ausdruck, an die er sich bis heute erinnern kann:

»Anscheinend tobt ein Krieg, und von dem Krieg, der in der Ferne geführt wird, sieht man große Feuersbrünste. Alles steht in Flammen, und Teile der Erde versinken im Meer. Es ist keine städtische Szenerie. Ich glaube, es ist ein Berg. Anscheinend führe ich das Leben eines Eremiten. Ich sehe mich, wie ich meinen spirituellen Übungen nachgehe, und ich sehe Gefährten, die dasselbe tun.«

Er schilderte Szenen großer Leiden und hatte die furchtbare Zerstörung »ganzer Städte« vor Augen, »die vom Meer verschluckt wurden. Es gab nicht nur einen Krieg, es gab viele. Wenn der eine aufhörte, gingen die anderen weiter.« Gelegentlich stellte er sich eine absolute und totale Vernichtung vor (»ein Lichtblitz, und alles ist aus«), dann wieder einen eher stufenweise Prozeß, bei dem »nur einige der Städte zerstört werden«.

Asahara war in diesen Visionen nicht immer unmittelbar gegenwärtig, aber an seiner Anwesenheit bestand dennoch kein Zweifel. Als ich ihn fragte, was nach Armageddon geschehen werde, schilderte Matsui eine Vision, die er hatte, nachdem er wieder eine der Drogen von Aum genommen hatte. In ihr führte der Guru eine Art Exodus an: »Wir gingen alle irgendwohin in eine Art Unterseeboot«, in dem sich Aum-Mitglieder und einige Fremde befanden. Als ich ihn fragte, wohin das U-Boot gefahren sei, erzählte er, daß andere Sektenmitglieder ähnliche Visionen hatten und das Boot in den meisten Fällen nach Australien gefahren sei – »jedenfalls blieb es nicht in Japan«. (Tatsächlich war innerhalb der Sekte gegen Ende darüber gesprochen worden, in einer Art Unterseeboot zu fliehen.)

Die eigenen Visionen Matsuis von einer Zeit nach Armageddon waren im allgemeinen Bilder voller Leiden und Chaos, gefolgt von »einer Art Ordnung«, zu der eine Herrschaft westlicher Sieger und »eine Versklavung Asiens durch den Westen« gehörten. Angesichts der japanischen Niederlage im Zweiten Weltkrieg und der anschließenden Besetzung des Landes durch amerikanische Truppen war dies eine Projektion vergangener Erfahrungen in die Zukunft – und es war ein Ergebnis, vor dem Asahara seine Jünger gewarnt hatte. Doch Matsui übernahm auch die Sichtweise seines Gurus von Armageddon als einer großen »Lehre« für die Menschheit, die die Menschen zwingen werde, tief über sich nachzudenken und »so rein wie möglich zu leben«. (Hier beschwor er insbesondere jene Selbstbesinnung herauf, die den Japanern nach dem Zweiten Weltkrieg auferlegt worden war.)

Wie immer die Leiden in seinen Visionen erschienen, Matsui war überzeugt, daß Armageddon im Dienste einer Erneuerung stehen würde, einer Erneuerung, die eine konkrete, materielle Vorbereitung erforderte – »dafür sorgen, daß ich meine Schuhe, meine Kleidung, mein Essen und mein Obdach habe« –, und dennoch in erster Linie spirituell war: »Aus diesem Zustand der Zerstörung der materiellen Welt bauen wir die Dinge wieder auf. Wir dürfen nicht vergessen, daß wir ganz von vorn anfangen, und an diesem Punkt muß sich Aum Shinrikyō einschalten. Asahara wird ein neues Fundament für die Zivilisation, ein neues Paradies erschaffen.«

Zum Teil aufgrund seiner eigenen starken Reaktionen auf die Prophezeiungen des Gurus wurde Matsui wieder von Furcht befallen und war sich unsicher, ob er weiter in der Sekte bleiben sollte oder nicht. Seine Ambivalenz blieb nicht verborgen, und eine Zeitlang wurde er in eine kleine Zelle gesperrt und einer Initiation unterworfen, die die Form einer gewaltsamen Wahrheitsprüfung annahm:

»Sie machen mit einem eine Gehirnwäsche, indem sie ein Präparat spritzen, das bei Operationen verwendet wird [vermutlich Thiopental]. Danach verliert man das Bewußtsein ... nicht vollständig, aber man erinnert sich nicht mehr an das, was man gesagt hat. Und wenn sie einem dann Fragen stellen, kommen die Antworten wie von selbst. Sie wollen überprüfen, ob das, was [von Aum] an Input eingegeben wurde, das Gesamtbewußtsein beeinflußt hat, ob es sich eingeprägt hat und ob irgendwelche Bindungen an die Außenwelt zurückgeblieben sind. Ob man wirklich ein Mönch werden will oder nicht. Deshalb fragen sie nach allen diesen Dingen. Und dann braucht man sie nur wahrheitsgemäß zu beantworten. Anscheinend habe ich wirklich die Wahrheit gesagt. Danach sollte ich fortfahren, meinen ›guten Vorsatz‹ aufzusagen – daß noch nichts [von den Aum-Wahrheiten] gespeichert war, daß es noch nicht in mein Unbewußtes eingeprägt war.«

Das war zugleich eine »Narko-Initiation« (das Entlocken eines Geständnisses) und eine »Vorsatz-Initiation«, bei der Matsui unablässig seine Unzulänglichkeiten und seine guten Vorsätze herunterbeten mußte, sein Unvermögen, die ganze Botschaft des Gurus in sich aufzunehmen, zu überwinden. Obwohl er dazusagte, »ich wußte, daß das, was sie da machten, eine Gehirnwäsche war, aber ich hatte keine Wahl«, waren zu diesem Zeitpunkt seine vorherrschenden Empfindungen wahrscheinlich ein schlechtes Gewissen, weil er den Guru enttäuschte, und starke Angstgefühle. Er akzeptierte die Beschuldigungen seiner Befrager und war sich ihrer absoluten Macht über ihn bewußt. Doch selbst nachdem er sich der Autorität von Aum unterworfen und erneut seinen Wunsch ausgesprochen hatte, sein spirituelles Niveau innerhalb der Gruppe zu verbessern, sagte ihm ein hochrangiger Aum-Jünger: »Ich glaube nicht, daß du dich auf dieser Stufe befindest, weil deine Cakras Energie verlieren.«

In den Wochen und Monaten unmittelbar vor dem Sarinanschlag in Tokio war Asahara wieder besonders stark von apokalyptischen Visionen besessen, und erneut stellte sich bei Matsui Verwirrung ein. Wie er sich erinnerte, erschien ihm der Guru »angespannt oder vielleicht auch verrückt«. Immer wieder behauptete dieser, Aum werde mit Giftgas angegriffen und Armageddon stehe bevor, und erklärte sich selbst zum »größten Propheten des zwanzigsten Jahrhunderts«. Laut Matsui sagte er zu seinen Anhängern: »Seht ihr denn nicht, daß das ein Krieg ist?« Doch der Guru beruhigte seine Anhänger auch gleich wieder mit den Worten, er werde »Armageddon mit offenen Armen empfangen, denn die Menschheit muß durch diese Prüfung gehen, um einen spirituellen Wandlungsprozeß durchzumachen«, wobei er Aum eine besondere Rolle zuwies: »Um [die Menschen dabei] anzuführen, müssen wir Aum-Mitglieder überleben.« Während Matsui das unbestimmte Gefühl hatte, bei Asahara sei nicht alles in Ordnung, stand er noch immer im Bann der Prophezeiung des Gurus und befürchtete, wenn er Aum verlasse, werde er bei dem bevorstehenden Weltuntergang nicht zu den Überlebenden zählen.

Als er zum ersten Mal von dem Sarinanschlag auf die Tokioter U-Bahn erfuhr, nahm Matsui an, Freimaurer und Juden, die Feinde von Aum, hätten ihn verübt und damit Aum treffen wollen. Die großangelegte Polizeirazzia in den Räumlichkeiten der Sekte, die zwei Tage später begann, schien nur zu bestätigen, daß der ganze Vorfall »ein Komplott gegen uns« war, das zur Verhaftung Asaharas und zum Untergang Japans führen würde. »Damals konnte ich nicht glauben«, sagte er, »daß Aum diese verbrecherische Tat begangen haben sollte.« Das große

Aufgebot an Polizeikräften (»eine so große Zahl von so schwerbewaffneten Männern«) erschien ihm unangemessen gegenüber »einer kleinen Organisation«, und es gab einen weiteren, typisch japanischen Grund, warum er sich durch diese Aktion brüskiert fühlte: »Die Polizisten drangen ein, ohne vorher ihre Schuhe auszuziehen, so daß der ganze Fußboden beschmutzt wurde, und wir dachten, jetzt ist alles verschmutzt, und so ging es tagelang weiter.« Obwohl Aum nicht gerade berühmt war für seine Sauberkeit, war dieses Verhalten in seinen Augen und in denen anderer Jünger die Besudelung ihrer spirituellen Räume durch eine befleckte Außenwelt. Er rechnete damit, daß die Angriffe gegen Aum eskalieren würden: »Ich dachte, daß die Vereinigten Staaten im Golfkrieg heimlich Sarin eingesetzt hätten und daß dieses Gas jetzt erneut heimlich gegen Aum Shinrikyō eingesetzt würde, so wie der Meister es gesagt hatte. Aum Shinrikyō mußte offenbar unterdrückt werden, bevor der Krieg [der dritte Weltkrieg] beginnen konnte.« Mit anderen Worten, er und andere Jünger deuteten diese Ereignisse im Kontext von Asaharas Erzählung vom Weltuntergang. Armageddon ereignete sich wirklich und begann mit der Vernichtung von Aum.

Doch in einem anderen Teil seines Bewußtseins hegte Matsui Zweifel, die durch seine eigenen unmittelbaren Wahrnehmungen verstärkt wurden. Während der Razzien beobachtete er »mit meinen eigenen Augen«, daß die Polizei im Hauptsitz der Sekte eine große Menge verbotener Drogen entdeckte, so daß er sich als »eine Art Zeuge« empfand. Er hatte zuvor schon den Verdacht gehegt, Aum habe »zur Selbstverteidigung« Waffen gehortet, doch jetzt »verstärkte sich mein Verdacht, daß sie nicht zur Selbstverteidigung dienten, sondern dazu, gegen andere eingesetzt werden zu können, für irgendwelche Terroranschläge, für Dinge, mit denen ich nicht einverstanden war«. Er »entkam« der Sekte einige Wochen später, veranlaßt nicht nur durch diesen Argwohn, sondern auch durch das wachsende Gefühl, daß Aum »keine strahlende Zukunft« bevorstehe. Er blieb unsicher in der Frage, wer für den Sarinanschlag verantwortlich war, bis einige Monate später die ersten Geständnisse von Aum-Führern in der Presse veröffentlicht wurden.

Matsui fühlte sich weiterhin unbehaglich und versuchte in unseren Interviews seine Gefühle zu erklären, indem er auf meine Arbeiten über Hiroshima zu sprechen kam, von denen er einige gelesen hatte. Nachdem ich erwähnte, daß ich bei Überlebenden »schlechte Gefühle gegenüber den Umgekommenen« festgestellt hatte, räumte er ein, ähnliche Gefühle zu haben und gegenüber Aum-Mitgliedern, die inhaftiert waren, Schuld und Scham zu empfinden. Er fühlte sich schuldig, weil Menschen, die er wegen ihrer hohen spirituellen Reife geachtet hatte, jetzt im Gefängnis saßen und er nicht, und er war der Überzeugung, daß er mit seinem Verlassen der Sekte Asaharas große Mission einer universellen Erlösung auf dem Weg über Armageddon verraten habe.

In unserem letzten Interview fragte ich Matsui, warum seiner Meinung nach Aum Sarin gelagert und schließlich eingesetzt hatte. Zuerst nannte er Asaharas »Machtgier« und sein Ressentiment (er benutzte das japanische Wort *rusanchiman*). Doch sogleich schwächte er dieses Urteil ab und verkehrte es fast in sein Gegenteil, indem er den Anschlag trotz seiner ganzen Destruktivität mit einem echten Erlösungsprojekt in Verbindung brachte: »Im Innersten seines Herzens hegte Asahara vielleicht den Gedanken, alle Mittel einzusetzen, die für eine wirkliche Erlösung notwendig waren, weil Asahara letztlich die Menschen erlösen wollte.« Später stellte er Bilder der Gewalt und einer heiteren Gelassenheit in einer Weise nebeneinander, die vermuten ließ, daß er sich noch immer von Asaharas Vision eines Armageddons und einer spirituellen Erneuerung angezogen fühlte:

»Letztlich würde es die Form eines Religionskrieges annehmen, und aus den drei großen Weltreligionen und anderen Religionen wie dem Kommunismus würde vielleicht eine andere Idee geboren, und es würde eine neue Weltreligion geben. Diese neue Lehre würde alle religiösen Kriege überwinden ... Diese [Universalreligion] wird notwendig sein, damit die Menschen darüber nachdenken, wie die Welt in diesen [verdorbenen] Zustand geraten ist.«

Er faßte dieses Gefühl eines völligen Neuanfangs in den Worten zusammen: »Vielleicht würden wir Kinder werden.« Als wir auf diesen Punkt näher eingingen, sagte Matsui spontan, es sei inzwischen sehr schwierig für ihn, über seine Ideen vom Weltuntergang zu diskutieren. Dieses Thema »ist etwas, über das ich nicht sprechen möchte«, sagte er und fügte sogleich hinzu: »oder genauer, ich rede nicht oft genug darüber«. Für ihn war es »wirklich schwierig zu erklären«. Mein Eindruck war, daß sein Schmerz mit einem Schuldgefühl zusammenhing, weil seine früheren inneren Bilder von einem Weltende sich mit der apokalyptischen Vision Asaharas vermischt und zu dieser beigetragen hatten – um so mehr, als er von diesen Bildern heimgesucht wurde, vor allem wie sie von einem Guru gepredigt wurden, mit dem er sich noch immer bis zu einem gewissen Grad eins fühlte.

Matsui wies insofern eine Ähnlichkeit mit einigen anderen ehemaligen Aum-Mitgliedern auf, die ich interviewt hatte, als im Zentrum seiner Verbindung mit Aum seine verzehrende Sehnsucht nach Armageddon stand. Zum Teil in der Nachfolge seines Gurus betonte er die Verbindung zwischen Aum – den »Antifreimaurern« – und den Freimaurern selbst. Das heißt, für Aum und für ihren Feind gleichermaßen blieb das höchste Ziel die Apokalypse selbst. Diese Denkweise konnte Jünger in hohem Maße für das wachsende Gefühl Asaharas anfällig machen, »daß wir uns«, wie Matsui es ausdrückte, »in Bälde aktiv in Armageddon einschalten müßten«.

3.
Das Ende erzwingen

Jedes Armageddon, das man imaginiert, ist ein Gewaltdrama, doch die Gewalt ist tendenziell weit entfernt und mythisch und wird von bösen Kräften entfesselt, die Gott keine andere Wahl lassen als eine totale Reinigung dieser Welt. Bei Aums Armageddon war die Gewalt ganz nahe und mit Händen zu greifen. Aum war stets ein Akteur im eigenen Armageddon-Drama, ob als Ziel und Opfer weltzerstörerischer Feinde oder als kämpfende Truppe in einer großen Schlacht, die bald beginnen würde oder bereits im Gange war. Im Lauf der Zeit sah Aum sich zunehmend selbst als den Initiator, den Auslöser des entscheidenden Ereignisses.

Von Anfang an berief sich Shōkō Asahara auf die gewalttätigsten Bilder aus den Traditionen, die er zu vertreten behauptete. Von der tibetischen Tradition des tantrischen Buddhismus (die er auch als Vajrāyana oder als Tantra Vajrāyana bezeichnete) übernahm er ein wesentliches, dreifaches Prinzip: Der Guru kann Gewalt auslösen, wenn er es für richtig hält, die Gewalt muß von seinen loyalen Jüngern ausgehen, und die Opfer dieser Gewalt werden davon einen Nutzen haben. Bereits im Juli 1987 predigte er seiner seit drei Jahren bestehenden Sekte diese Konstellation der Gewalt: »Die Lehren des esoterischen buddhistischen Tibets waren ziemlich blutrünstig. Wenn beispielsweise ein Guru einem Jünger befahl, einen Dieb zu töten, dann führte der Jünger diesen Befehl als eine verdienstvolle Tat aus. In meinem früheren Dasein habe ich selbst einmal auf Befehl meines Gurus einen Menschen getötet. Wenn ein Guru euch befiehlt, einem anderen das Leben zu nehmen, so ist das ein Hinweis darauf, daß die Zeit des Betreffenden abgelaufen ist. Mit anderen Worten, ihr tötet diese Person genau zur rechten Zeit und ermöglicht ihr auf diese Weise, ihr *poa* zu haben.«

Die unmißverständliche Botschaft war schon damals, daß ein loyaler Jünger für seinen Guru tötet und auf diese Weise für alle etwas Gutes tut. So lag es nahe, daß Asahara, der in der Hindugottheit Shiva sowohl seinen persönlichen Gott als auch seinen Guru sah, diese Gottheit mit den vielen Aspekten primär als einen Gott der Zerstörung auffaßte (wie ich von mehreren seiner früheren Jünger erfuhr). Und in mindestens einer autoritativen Darstellung der Hindutradition zeigt Shiva große Ähnlichkeit mit Asahara: »Um die Welt zu retten, tanzt Shiva in seiner bösen Macht die Welt unter wildem Gelächter in den Abgrund und verstreut Asche von seinem Körper, damit die Welt sich erneuern kann.« Asaharas frühe Identifikation mit diesem Aspekt von Shiva bot ihm ein wichtiges Modell für das, was man als sein »Weltuntergangs-Gurutum« bezeichnen könnte. Daneben stützte er sich auf heilige japanische Texte zur Gewalt in Verbindung mit der kaiserlichen Religion in der Zeit des Zweiten Weltkriegs und rief sich zu einem »göttlichen Kaiser« aus, obwohl er den regierenden Kaiser und die japanische Staatsmacht überhaupt verurteilte.

Einen weiteren Beleg für kosmische Gewalt konnte Asahara in der astrologischen Lehre des New-Age sehen. Im Zusammenhang mit einem normalerweise als friedlich dargestellten astrologischen Übergang sprach Asahara vom Beginn des Zeitalters des Wassermanns als einer Reinigung vom Bösen des Zeitalters der Fische. Nach seiner Interpretation standen die Energien der beiden spirituellen Weltzeitalter einander so sehr entgegen, daß sie »sich gegenseitig verzehren« würden, »und in diesem Augenblick wird es viele Opfer geben«. Gleichzeitig brachte Asahara den Göttern der Wissenschaft und Hochtechnologie eine gewisse Verehrung entgegen, vor allem im Hinblick auf Vernichtungswaffen, so daß sie in seiner Vorstellung Seite an Seite mit Shiva und dem *poa*-Prinzip des Vajrāyanas existierten.

Armageddon wurde nach und nach zum Fundament aller Bestrebungen von Aum – ob theokratischer, mystischer, politischer oder militärischer Natur. Da Armageddon gleichzeitig gleichbedeutend war mit dem dritten Weltkrieg, der für Asahara, wie er immer wieder predigte, bereits begonnen hatte, befand sich die Sekte nach eigenem Verständnis fortwährend in einem »Kriegszustand«. Auch wenn ein Unterschied gemacht wurde zwischen einfachen Jüngern, bei denen die Mahnung des Gurus vom Kriegszustand »ein Gefühl der Krise und die Erwartung [auslöste], daß etwas Furchtbares passieren werde«, und vertrauenswürdigen hochrangigen Jüngern, von denen die Mahnung so verstanden wurde, daß sie »an diesem Krieg teilnehmen müßten und Aum den Krieg gewinnen müsse«, war diese Unterscheidung alles andere als eindeutig. Einfache Jünger haben in den Interviews erklärt, sie hätten den Kriegsrausch von Aum geteilt. Obwohl sie nichts von der Herstellung, der Beschaffung und dem geplanten Einsatz gewöhnlicher Waffen und furchtbarer Massenvernichtungsmittel ahnten, verstanden sie sich gleichwohl als Fußsoldaten in der letzten Schlacht.

Allen Aum-Mitgliedern war eingehämmert worden, daß ein Krieg und Armageddon unausweichlich seien, um das schlechte Karma zu überwinden, von dem die Menschheit zunehmend befallen war. 1992 sprach der Guru vom Ende des Jahrhunderts als einer Zeit des gewaltsamen Übergangs, den er mit einem chemischen Prozeß verglich, der unter Druck, dem Einsatz eines Katalysators und Wärme ablief. Der Druck war die »unvernünftige« Opposition der Gesellschaft, der Katalysator »der Guru oder die Lehre der Höchsten Wahrheit« und die Wärme »die Anhäufung von gutem Karma durch die Aum-Gläubigen«. Durch diese Kräfte, predigte er, »werden chemische Phänomene auftreten, die wir uns nicht vorstellen können ... Es wird eine neue Form der Materie entstehen.« Die Erzeugung dieser »neuen Materie« wurde als ein noch extremerer Prozeß dargestellt als die Schaffung »neuer Menschenwesen«, der nicht nur eine spirituelle Evolution erforderte, sondern eine gewalttätige Explosion.

In der Dynamik einer mörderischen Erlösung lebten Asahara und seine Jünger eine dreifache Interaktion aus, an der eine Ideologie der Gewalt, die gewalttätigen psychischen Impulse des Gurus selbst (im Lauf der Zeit von vielen seiner Anhänger geteilt) sowie äußere Faktoren beteiligt waren. Zu den letzteren gehörten Medienberichte über zahlreiche betrügerische und möglicherweise gewalttätige Aktivitäten von Aum sowie über ein juristisches Vorgehen von Elterninitiativen und engagierten Anwälten gegen die Sekte, wodurch Aum zunehmend unter Druck geriet. Dazu gehörten aber auch gewaltsame Ereignisse im Ausland wie der Golfkrieg von 1990. Der Guru identifizierte sich nicht nur mit dem irakischen Diktator Saddam Hussein, in seinen Augen das Objekt der US-amerikanischen Heimtücke, er sah zudem in den mit modernster Elektronik ausgerüsteten Waffen, von denen Saddam besiegt wurde, einen Vorboten von Armageddon.

Die demütigende Niederlage Aums bei den japanischen Parlamentswahlen 1990 wird häufig als Ursache der anschließenden Gewalttätigkeit der Sekte angeführt. Doch Aums Eintritt in die Politik und ihre grotesken Wahlkampfmethoden waren nur ein Ausdruck jener Degeneration in Asaharas Persönlichkeit, die bereits zu den Morden innerhalb der Sekte und zur Gier nach Waffen geführt hatte. Ganz allgemein trieb die Verbindung von Paranoia, Größenwahn und einer Ideologie der Gewalt innerhalb von Aum die Gruppe in die verschiedensten Konfrontationen mit der umgebenden Gesellschaft – wo sie Angst, Wut und eine erbitterte gerichtliche Verfolgung auslösten. Die Sekte hatte in den Worten eines Beobachters die Neigung, »Probleme zu schaffen und dann zu versuchen, sie zu lösen«. Durch die Interaktion einer Ideologie der Gewalt, eines gewaltbereiten Gurus und einer sozialen Konfrontation leistete Aum einer Dynamik Vorschub, die mehr und mehr auf eine letzte Gewalt, eine Verschmelzung von Prophetie und Wirklichkeit und auf die Konkretisierung eines phantasierten weltzerstörerischen Ereignisses zutrieb.

Aggressionsgurutum und Aktionsprophetie

Zunehmende Paranoia verwandelt ein so extremes Gurutum wie das von Aum häufig in ein Aggressionsgurutum. Es gibt paranoide Menschen, die ihr Gefühl des Verfolgtwerdens und ihren Groll gegen die Welt für sich behalten. Es gibt aber einen anderen Typus des Paranoiden, der, wenn er sich angegriffen fühlt, auf die Welt oder bestimmte Gruppen oder Einzelpersonen losgeht, in denen er seine Feinde sieht.

Immer wenn Aum öffentlich kritisiert, bloßgestellt oder gerichtlich belangt wurde, ging Asahara sogleich zum Angriff (oder Gegenangriff) auf den Feind über. Der Angriff erfolgte über die Medien oder die Gerichte, durch Drohungen und Schikanen, durch Entführen, das Injizieren von Drogen oder durch Mord und am Ende durch eine versuchte Massenvernichtung. Der Impuls Asaharas zum Angriff war stets von der polarisierenden Ideologie der Sekte untermauert: Jede Kritik war per definitionem böse und ein Zeichen von schlechtem Karma; jeder Angriff auf den Meister ließ die Mission einer Welterlösung durch Aum noch dringlicher erscheinen. Asaharas oberster Jünger und Spionageminister Yoshihiro Inoue erwähnte später die Paranoia und die daraus erwachsende Form des Gurutums, als er von Asaharas »Wutgefühlen« sprach, »die aus seinen Lastern rührten, die er als den Willen des Gurus bezeichnete«, und davon, daß er »Jüngern wie uns den Befehl gab, im Namen von *poa* zu töten, um diesen Willen auszuführen«.

Die aggressive Auseinandersetzung mit anderen wurde tatsächlich zu einem so starken psychischen und ideologischen Bedürfnis, daß die Realität häufig umdefiniert werden mußte, um Aums Version ihrer eigenen Reinheit gegenüber einem schändlichen Verhalten der Außenwelt nicht Lügen zu strafen. Die von Asahara ständig wiederholten Behauptungen, die Sekte und er selbst würden von anderen mit Sarin angegriffen, waren so eklatant falsch, daß man hätte versucht sein können, ihn einfach als Lügner zu bezeichnen. Doch angesichts seines Verfolgungswahns und seines Bedürfnisses, andere anzugreifen, gelangte er möglicherweise nach und nach in seinem Innersten (oder zumindest in einem Teil davon) zu der Überzeugung, daß er das Opfer von Angriffen sei. Denn komplizierte Vorrichtungen zur Abwehr von Anschlägen mit biologischen und chemischen Kampfmitteln, die von Wissenschaftlern und Technikern der Sekte in seinen Wohnräumen angebracht wurden, lassen den Schluß zu, daß Asahara wirklich an die Realität solcher Anschläge glaubte. Auch wenn man die Möglichkeit, daß diese Schutzvorkehrungen ihrerseits im Dienst einer Täuschung standen, nicht ausschließen kann, so scheint es doch wahrscheinlicher, daß sie Bestandteil einer verinnerlichten Verfolgungsgeschichte, des fortdauernden Dramas der Verfolgung Aums durch eine »befleckte« Welt waren.

Ein ähnliches Muster läßt sich in Asaharas immer angestrengteren Versuchen beobachten, »Spione« in der Sekte aufzuspüren und unschädlich zu machen, ob durch den Einsatz von Horoskopen, Verhören unter Drogen, der Verbindung von harten spirituellen Übungen mit Strafen oder schließlich Mord. Asahara konnte Zweifel oder Zweifler nicht ertragen, da er ständig darum bemüht war, entgegen seinen eigenen Zweifeln eine Umwelt – geradezu ein Universum – aufrechtzuerhalten, die er uneingeschränkt beherrschen konnte. Soweit ihm dies gelang, war Aum eine Welt ganz für sich, was der Grund dafür war, warum ein ehemaliges Mitglied Aum als »exterritorial« bezeichnen konnte – eine nach außen abgeschirmte Enklave, die nur ihren eigenen Gesetzen, Regeln und gewaltsamen Lösungen unterworfen war. Aums aggressive Haltung war darauf gerichtet, diese Exterritorialität nicht nur zu wahren, sondern auf die ganze übrige Welt auszudehnen, und die einzige Möglichkeit dazu bestand darin, sie zu zerstören.

Innerhalb von Aum war das Aggressionsgurutum Asaharas in der sogenannten *mahāmudrā* verankert. Im tibetischen Buddhismus bezeichnet der Begriff einen Zustand, in dem ein inbrünstiger Gläubiger »die Einheit von Leerheit und Leuchten erlangt« und damit »die Reinigung ... [von den] vergänglichen Verunreinigungen der Verwirrung«. Dieser Begriff wurde zeitweilig in Aum in dieser Bedeutung gebraucht, und einige der engsten Jünger Asaharas wurden als Personen beschrieben, die die *mahāmudrā* erlangt hatten. Doch im Kontext der in der Sekte herrschenden Atmosphäre bedeutete die Erlangung dieses Zustandes hauptsächlich die Überwindung aller Widerstände gegen eine absolute und vorbehaltlose Hingabe an den Guru selbst. *Mahāmudrā* wurde somit zu einer Prüfung oder einem »Test«, den der Guru anordnete, um herauszufinden, ob seine Jünger fähig waren, die höchste innere Bedingung für ein Aggressionsgurutum zu erfüllen. Die ergebensten seiner Jünger wurden unausgesetzt von dem Wunsch getrieben, das Ideal einer vollkommenen und unbedingten Hingabe – eine vollkommene Verschmelzung mit dem Guru – zu erreichen und haderten fortwährend mit sich, weil dieses Ideal nicht zu verwirklichen war. Wenn der Guru eine besonders bizarre oder unmögliche Forderung stellte, dann hatten sie zwar das Gefühl, daß mit ihr (oder mit dem Guru) etwas nicht stimmte, gelangten jedoch sofort zu dem Schluß, es handle sich um eine *mahāmudrā*, eine Herausforderung durch den Guru, gerade *weil* sie so absurd oder unerfüllbar war, und daß jede negative Beurteilung der Forderung nichts anderes sei als ein Ausdruck ihrer noch unvollkommenen spirituellen Hingabe an den Guru. Und dann bemühten sie sich mit aller Kraft, die unsinnige Forderung innerlich zu akzeptieren und äußerlich zu erfüllen. Gleichzeitig waren sie zutiefst darum bemüht, ihre hohe Stellung innerhalb der Sekte zu behaupten, ihre geschätzte Nähe zum Guru, und einer schweren Bestrafung bis hin zu ihrer Ermordung zu entgehen.

Wir dürfen vermuten, daß Asahara selbst einen ähnlichen psychischen Prozeß durchlaufen hat, bei dem er seine eigenen Bedenken, seine Forderungen seien unangemessen oder »verrückt«, abwehrte, indem er sie zu *mahāmudrās* für andere machte, die die spirituelle Loyalität wahrer Jünger stärken und die Unzulänglichkeiten der übrigen enthüllen würden. Auf diese Weise schien er in den Worten eines nahen Beobachters »den Punkt zu erreichen, an dem er jede eigene unsinnige oder widersprüchliche Handlung zu einer *mahāmudrā* erklären konnte«. Diese Interpretation der *mahāmudrā* stärkte Asaharas Aggressionsgurutum, während er seine Jünger auf die Beteiligung an dem Projekt einer kosmischen Vernichtung vorbereitete.

Asaharas Aktionsprophetie funktionierte weitgehend nach demselben Muster – das heißt, er bemühte sich aggressiv-aktiv darum, seine Prophezeiungen Wirklichkeit werden zu lassen. In gewisser Hinsicht waren es Musterbeispiele einer »sich selbst erfüllenden Prophezeiung«, ein eher wohlwollender sozialwissenschaftlicher Fachbegriff, mit dem empirische Methoden bezeichnet werden, von denen man annimmt, sie seien so angelegt, daß sie zwangsläufig das beweisen, was sie beweisen wollen. Es wäre jedoch exakter, wenn wir sagten, daß Asaharas düsterste Prophezeiungen seinen psychischen und ideologischen Triebkräften entsprachen. Er prophezeite Ereignisse, deren Eintreten er sich wünschte. Und sein höchster und letzter Wunsch war die Vernichtung der Welt.

Diese Zerstörung war für ihn als Bestätigung seiner Prophezeiung zweifellos notwendig, doch die Prophezeiung war selbst wieder eine Aktion, die auf einer bewußten Ebene zu einem allgewaltsamen Resultat beitragen sollte. Was Asahara zu einem Aktionspropheten machte, war die Untrennbarkeit von Prophetie und Aktion, von Wunschbild und Tat.

Der aus dem Alten Testament stammende Begriff des »Herbeizwingens des Endes« bezeichnet aktive menschliche Bestrebungen, schon vor dem von Gott bestimmten Zeitpunkt jene Zerstörung herbeizuführen, die der ersehnten Ankunft des Messias vorausgehen muß. Das traditionelle jüdische Denken steht dieser »Ungeduld« kritisch gegenüber und besteht darauf, daß Gott sein eigenes Zeitmaß hat und für diese Aufgabe keine Hilfe benötigt. Asahara unterschied sich von den meisten alten und neueren Propheten, die sich bis heute damit begnügt haben, eine Mischung aus Befürchtung und Erwartung im Hinblick auf eine Endzeitkatastrophe zu formulieren, auch wenn sie zugleich davon überzeugt sind, daß eine Vielzahl menschlicher Handlungen (von einem moralischen Niedergang im allgemeinen bis zu einem Atomkrieg im besonderen) auf die eine oder andere Weise zu dem Prozeß beitragen können, der in die Katastrophe mündet.

Asahara war anscheinend von Anfang an ein Aktionsprophet. Wie Yoshihiro Inoue, sein ihm an nächsten stehender Jünger, aussagte, bestand das Fundament von Aum in der Prophezeiung des Gurus von einem Armageddon. »Es war unsere praktische Aufgabe [als seine Jünger], seine Prophezeiung wahrzumachen, und unter seiner Lenkung wurde Aum Shinrikyō militarisiert, um auf diese Weise seine Prophezeiung zu erfüllen.« Inoue hätte auch sagen können, daß die Prophezeiung selbst den Zweck verfolgte, diese Militarisierung mit dem Ziel einer Weltzerstörung herbeizuführen.

Zumindest einige der führenden Jünger Asaharas verließen die Sekte, als ihnen bereits 1990 klar wurde, daß der Guru seine Prophezeiungen in die Tat umsetzen wollte und aggressive Schritte in diese Richtung unternahm. Es gab eine Art Selektionsautomatismus, der sicherstellte, daß diejenigen, die in Aum verblieben, sich einzig der Aufgabe widmeten, diese Prophezeiungen durch eigene Aktionen zu verwirklichen. Indem sie zu »Klonen« des Gurus wurden, lebten sie mit der Zeit psychisch und spirituell innerhalb seiner Prophetien. Asahara hatte einmal erklärt: »Shiva will, daß die Tantragläubigen die Staaten beherrschen«, und: »Wenn ich der geweissagte Christus bin, kann der dritte Weltkrieg [und Armageddon] für mich und Aum Shinrikyō ein Sprungbrett sein.« Je mehr die Sekte sich bemühte, solche Vorhersagen »Wirklichkeit« werden zu lassen, desto mehr wurde Aum als ein einheitliches Gebilde zu einem kollektiven Ausdruck der Aktionsprophetie.

Mord an der Welt: *poa* für jeden

Man könnte sagen, daß die Gewalt Aums mit dem Zufügen von Leid begonnen hat: Ihre Theorie und Praxis der Beseitigung von schlechtem Karma rechtfertigte Exerzitien, die so streng waren, daß sie in Folter und Mord ausarteten. Fast unmittelbar nach den beiden ersten Morden wurden in der Sekte Prinzipien zur Rechtfertigung von Morden als Vajrāyana-Lehren aktiv verbreitet. Nicht nur war das Töten einer Person, in der sich viel schlechtes Karma angesammelt hatte, eine Möglichkeit, ihr Leben »umzuwandeln«, es konnte unter bestimmten Bedingungen sogar als »ein Akt der Liebe« aufgefaßt werden. Der Guru oder der hochrangige Jünger, der einen anderen tötete, brachte sozusagen ein persönliches Opfer, indem er das schlechte Karma des Getöteten auf sich nahm.

Als Aum diese Vorstellung auf auserkorene Feinde übertrug (etwa die Familie des Rechtsanwalts Sakamoto), wurde der Begriff des *poa* zunehmend als eine Rechtfertigung in Dienst genommen. Der Guru erläuterte mehrfach, was *poa* innerhalb von Aum bedeutete: »Angenommen, es gibt jemanden, der schlechtes Karma angehäuft hat und in die Hölle käme, wenn er weiterleben dürfte. Und nehmen wir an, ein Erleuchteter kommt auf den Gedanken, daß es besser wäre, das Leben dieser Person zu beenden, und er gibt ihr *poa* ... Objektiv gesehen ist es die Vernichtung von Leben ... Doch im Rahmen der Gedankenwelt des Vajrāyana ist es nichts anderes als verdienstvolles *poa*.« Auch wenn sie sich ganz unterschiedlich auslegen lassen, so kann man doch behaupten, daß die tibetisch-buddhistischen Parabeln, aus denen Asahara seine Version bezog, mit der allgemeineren buddhistischen Achtung vor dem Leben in jeder Form gänzlich unvereinbar sind. *Poa* wird überdies in der Regel als ein Akt geschulter Meditation verstanden, der durch die Anwesenheit des Gurus beträchtlich gefördert wird. Es gibt Erzählungen von Gurus, denen man die Fähigkeit nachsagte, »eine menschliche Seele oder ein Tier« in höhere Sphären zu »verlegen«. In manchen Überlieferungen des tibetischen Buddhismus gibt es auch Gleichnisse, in denen Tötungen auf Geheiß eines Gurus vorkommen, etwa jene Geschichte, in der ein begabter Jünger einen tödlichen Hagelsturm auf die Bewohner eines

Dorfes herabbeschwört, weil diese sonst die Schüler des Meisters beraubt hätten. Obgleich derartige Parabeln nicht in Verbindung mit der Vorstellung des *poa* standen, berief sich Asahara auf sie ebenso wie auf Geschichten von spirituell fortgeschrittenen Individuen, die scheinbar gegen buddhistische Verbote verstoßen, indem sie Fische fangen, töten und verspeisen oder Tiere jagen und töten – bis erläutert wird, daß der Protagonist das schlechte Karma dieser Geschöpfe auf sich nimmt und so ihr Leben im Tod erhöht. Eine weitere von Asahara gern erzählte Geschichte handelte vom Buddha selbst, der auf einem Schiff einen Juwelendieb (in manchen Versionen einen Mörder) tötete und dadurch andere Personen auf dem Schiff schützte und den Bösewicht daran hinderte, durch weitere Untaten noch mehr schlechtes Karma auf sich zu laden und in seinem nächsten Leben noch schlimmer dafür büßen zu müssen.

Solche traditionellen Gleichnisse dienten Asahara als Material, das er durch eine Verknüpfung mit dem Begriff des *poa* entstellte, um daraus die Zwangsvorstellung von einem altruistischen Mord ableiten zu können. Wesentlich für diesen Schritt war die Erweiterung seines schrankenlosen Gurutums durch das *poa*-Prinzip, die er so formulierte: »Wenn euer Guru euch befiehlt, das Leben eines anderen zu nehmen ..., dann tötet ihr diesen Menschen genau zur richtigen Zeit, so daß ihr ihm die Möglichkeit gebt, sein *poa* zu haben.« In solchen Situationen, erklärte er in einer seiner Predigten, »wird jeder Erleuchtete sofort erkennen, daß sowohl dem Täter als auch dem Opfer aus dieser Tat etwas Gutes erwächst«. Auf diese Weise wurde *poa* zu einem Tötungsprinzip, das dem Mörder ebenso wie dem Opfer zu einer Art Lebenskraft verhalf. Vor allem wurde für beide der Weg zur Unsterblichkeit verkürzt. Damit ging Shōkō Asahara begrifflich sogar noch einen Schritt weiter als die Nazimörder im Dritten Reich. Die Nazis behaupteten von sich, sie töteten die Juden, um ihr eigenes Volk, die »nordische Rasse«, zu heilen und dadurch wesentlich zur Unsterblichkeit ihrer Rasse beizutragen. Daß sie den Juden damit zu einem spirituellen Gewinn verhelfen würden, behaupteten sie nicht. Für die Anhänger von Aum schloß das »Heilen« sowohl die Täter als auch deren Opfer ein: Sie wurden durch den Mord allesamt dem gemeinsamen Ziel der Unsterblichkeit nähergebracht.

Um einem anderen Menschen *poa* zu geben, brauchte man in der Aum-Sprache »ein heiliges, sorgloses Bewußtsein«, eine besonders radikale Form des buddhistischen Losgelöstseins. Für die Aum-Jünger bedeutete es die vollkommene Aufgabe jedes Gedankens an die Außenwelt und eine ebenso vollkommene Konzentration darauf, den Willen des Gurus auszuführen. Praktisch war dieses heilige sorglose Bewußtsein eine Art psychische Betäubung, in der man sich freudig von allen moralischen Fesseln befreite. Ein naher Beobachter drückte es so aus: »Es bedeutete, daß es nichts ausmacht, wenn du mich verletzt oder ich dich verletze.« In Aum war das »wenn ich dich verletze« der bedeutsamere Teil dieser spirituellen Gleichung, eine der vielen Weisen, in denen die Aum-Jünger der Welt außerhalb ihrer selbst ihre Empathie entzogen.

Beobachter der Sekte in Japan haben mit Recht darauf hingewiesen, daß das *poa*-Konzept eine bequeme Rationalisierung für mörderische Akte lieferte und daß es bewußt manipuliert wurde, um Aums immer häufigere Morde zunächst an den eigenen Mitgliedern und dann an ausgesuchten äußeren Feinden zu rechtfertigen. Doch *poa* war mehr als ein bloßer Vorwand oder eine Rationalisierung. Wie in anderen Fällen von Massenmord waren die psychischen Pendelschwünge zwischen einer mörderischen Weltanschauung und mörderischen Handlungen so intensiv, daß es praktisch unmöglich war, eine bewußte Rationalisierung von einer tiefen weltanschaulichen Überzeugung zu trennen. Die Sozialisierung in ein Milieu des Tötens, die sich in allen Formen des Massen- oder Völkermords beobachten läßt, verwischte diese Unterscheidung noch mehr, doch ausschlaggebend für die Morde war die zugrundeliegende Vorstellung von *poa*.

Denn Aum tötete nicht nur, um zu heilen, sondern auch, um zu überleben. Die anhaltende Phantasie, den Anschlägen von Feinden ausgesetzt zu sein, war natürlich Teil einer um den Guru zentrierten Paranoia, doch diese selbst war mit dem Gefühl verknüpft, daß das Leben der Sekte aufs höchste bedroht sei. Wie Inoue später aussagte, hatte Asahara im Frühjahr 1995 zwei Erklärungen nebeneinander gestellt: »Der Keim der Höchsten Wahrheit wird in der gegenwärtigen Situation eingehen« und: »Wir müssen siebzig Tonnen Sarin versprühen«. Auf die Frage nach dem Zusammenhang zwischen beiden Erklärungen antwortete Inoue: »Na ja, Aum wird das Opfer eines Nervengasanschlags, und Asahara wird sterben, und die führenden Mitglieder von Aum werden ebenfalls sterben, so daß die Lehren von Aum Shinrikyō nicht überdauern werden ... Wenn wir also die Höchste Wahrheit schützen wollen, müssen wir den Verfolgern *poa* geben.« Als der Guru im Februar 1994 in einer in China gehaltenen Predigt von einer Vision erzählte, in der ihm die Götter geweissagt hätten, er werde ab 1997 als Kaiser von Japan herrschen, setzte er hinzu: »Deshalb müssen wir so bald wie möglich alle töten, die der Höchsten Wahrheit ablehnend gegenüberstehen.« Psychologisch von

Bedeutung ist hier, daß die mörderische Paranoia des Gurus seine tiefe Angst vor seiner persönlichen Vernichtung überdeckte.

Der Schritt vom *poa* für einzelne Personen, die als Feinde ausgemacht wurden, zum *poa* für eine ganze böse Welt hatte eine gewisse ideologische Plausibilität für sich. Trotzdem war es ein gewaltiger Schritt. Ermöglicht wurde er zu einem Teil dadurch, daß der Guru wieder und wieder die zunehmende Ansammlung von schlechtem Karma durch gewöhnliche Menschen hervorhob. In diesem Zusammenhang machte er immer wieder Andeutungen und äußerte gelegentlich auch unverblümt, daß extreme Maßnahmen gerechtfertigt seien. Anfangs gebrauchte Asahara den Begriff *poa* nicht in Verbindung mit Massenmord, noch bekundete er jemals öffentlich die Absicht Aum Shinrikyōs, wahllos solche Morde zu begehen oder zu Mitteln der Gewalt zu greifen, die einen dritten Weltkrieg und Armageddon nach sich ziehen sollten. Doch nachdem Asahara einmal erklärt hatte, alle Menschen außerhalb von Aum seien Träger von schlechtem Karma, konnte die Vorstellung vom *poa* für jede Art von Massenmord als Rechtfertigung herangezogen werden. Asahara konnte sogar – nach den Zeugenaussagen ranghoher Jünger – zur Überzeugung gelangen, das schlechte Karma gewöhnlicher Menschen habe seinen Grund in ihrem Mangel an »Verbindung« zu ihm, und wenn er ihnen *poa* gebe, also sie töte, werde dies doch noch die notwendige Verbindung herstellen.

Auf diese Weise wurde das oberste Ziel einer »Erlösung« mit der Idee einer massenhaften Gewalt verknüpft. In Aum wurde Erlösung im allgemeinen mit Begriffen wie »vollkommene Glückseligkeit«, Befreiung und Erbarmen verknüpft. Doch bei mehreren Anlässen machte Asahara gegenüber seinen Jüngern die irritierende, um nicht zu sagen kryptische Bemerkung, in der Wahl der Mittel der Erlösung habe man keine freie Hand. Er sprach auch von »durchgreifender Erlösung«, die unter extremen Bedingungen nötig werden könne. Asaharas Vision einer Erlösung konnte tatsächlich so »durchgreifend« werden, daß es in den Worten des Religionswissenschaftlers Manabu Watanabe »keinen Platz für Menschen außer Shōkō Asahara gab in einer Welt, in der Aum Shinrikyō regiert[e]«. Das war so, weil alle Anhänger von Aum seine Klone werden und alle »übrigen« auf der Welt einem *poa* überantwortet werden sollten.

Innerhalb der häufig willkürlich wechselnden Welt von Aum gab es keinen sorgfältig ausgearbeiteten und durchgeführten Plan. In der Rückschau glauben Menschen, die Asahara einst nahestanden, er sei weltfremd und widersprüchlich und sich über seine eigenen Absichten unsicher gewesen. Aber wir haben viele Hinweise darauf, daß er den November 1995 als das entscheidende Datum für die Gewalt anvisierte, die einen dritten Weltkrieg und Armageddon entfesseln würde. Das hing zum Teil damit zusammen, daß er erwartete, bis dahin werde eine phantastische »Laserwaffe« zur Produktionsreife entwickelt sein. Inoue hat von einer Sitzung im Frühjahr 1995 berichtet, an der Asahara und vier seiner führenden Jünger teilnahmen und auf der einer von ihnen die Frage gestellt hatte: »Wann können wir den Kampf ernsthaft aufnehmen, und was wird das bedeuten?« Der Guru nannte in seiner Antwort den kommenden November. Wie Inoue aussagte, verstand er das »als einen Kampf mit dem Menschengeschlecht und mit Japan, über das Aum die Herrschaft und die Regierung erlangen wollte«. Während wir hier ein besonders komplexes Reich der Phantasie betreten, bietet uns diese Aussage einen Einblick in die Neigung von Aum, die Vision von einer völkermordenden Erlösung mit der Suche nach Waffen, die zu einer Verwirklichung dieser Vision beitragen könnten, zu verknüpfen.

Je näher der November 1995 rückte, desto mehr fürchteten die Aum-Mitglieder um ihr Leben, falls sie irgendwelche Anzeichen einer Illoyalität erkennen ließen. Ein hochrangiger Jünger schilderte, wie er die Gruppe verlassen hatte, jedoch von anderen Aum-Mitgliedern zurückgeholt wurde und der Guru ihm nicht nur sagte, er kenne zu viele Geheimnisse von Aum, als daß er ihm erlauben könne, in die gewöhnliche Gesellschaft zurückzukehren, sondern auch, daß er den Wunsch habe, zusammen mit ihm zu sterben. Asahara sprach häufig von seinem Tod, und man hat das Gefühl, daß in seinem Inneren die Vorstellung einer Götterdämmerung herrschte, einer Weltzerstörung, die auch ihn, den Guru-Gott, in der höchsten Erfahrung der Erlösung vernichten würde. Doch gleichzeitig hegte Asahara, wie wir wissen, auch den starken Wunsch zu überleben, selbst wenn er danach strebte, eine Kettenreaktion des Todes auszulösen. Von daher erklärt sich auch eine Radioansprache, die er drei Tage nach dem Sarinanschlag auf die Tokioter U-Bahn und einen Tag nach den ersten umfangreichen Polizeirazzien hielt und in der er erklärte, diese Ereignisse seien ein Schritt auf dem Weg zur Verwirklichung »des Erlösungsplans von Aum Shinrikyō« gewesen. Er forderte alle Hörer auf, sie sollten »erwachen und mir helfen, ... zu meiner Hand, meinem Fuß, meinem Kopf werden, um meinen Erlösungsplan zu unterstützen. Laßt uns jetzt den Plan zur Erlösung ausführen – und dem Tod ohne Bedauern entgegentreten.«

Eine Verteidigerin von *poa*

Iwai war eine intensive spirituelle Sucherin, die gleichzeitig stolz war auf ihre Rationalität. Sie hatte es mit mehreren neuen Religionen versucht, die allesamt ihren Ansprüchen nicht genügten, bis sie bei Asahara und in Aum eine tiefe intellektuelle wie spirituelle Befriedigung gefunden hatte. Als sie Asahara zum ersten Mal begegnete, so erinnerte sie sich, war sie beeindruckt von seiner Fähigkeit, »die Dinge zu analysieren, die Dinge zu beurteilen«. Bei der Lektüre seiner Bücher fühlte sie sich besonders von seiner Erörterung der »Leerheit« angesprochen, vor der andere buddhistische Sekten anscheinend zurückschreckten. »Ich brauchte jemanden, der den Buddhismus selbst praktizierte und dessen Prinzipien in verständlicher Form vermitteln konnte.« In dieser rationalistischen Haltung »gelangte ich zu einem Verständnis der Regeln des Karmas – sie sind keineswegs überirdisch«.

Doch bald stellte sie an sich fest, daß sie über ihre Neigung hinausging, »die Dinge unter dem Gesichtspunkt der Logik zu verstehen und meine Gefühle zurückzuhalten«. So schilderte sie ihre Erfahrung, als sie sich einer »Perfekten Seelenrettungs-Initiation« (PSI) unterzog, mit folgenden Worten:

»Sie strichen mir Gel auf die Kopfhaut, legten einen Schwamm darauf und leiteten vermittels Elektroden elektrischen Strom in meinen Kopf. Es waren keine richtigen Stromstöße, sondern die Gehirnwellen, die bei einem ankommen – unterschiedliche Muster von Gehirnwellen, von denen eines, ein deutlich unterscheidbares Muster, von Asahara kam. Ich dachte, dieser Mann könne wirklich seine Gehirnwellen steuern.«

Sie empfand ein tiefes Behagen beim »Absorbieren der Gehirnwellen« des Gurus.

In mehreren Nächten nach dieser bei Tag erfolgten Initiation hatte sie immer wieder denselben Traum:

»Ich ging mit meiner Mutter in den Kindergarten. Es war ein sehr großer Kindergarten. Wir nahmen einen Aufzug in den dritten oder vierten Stock. Dort befand sich ein Vorhang, und hinten lag ein Zimmer mit drei Statuen von Buddhas, die auf einer Tatamimatte saßen. Ich saß vor dem Vorhang. Plötzlich erhob sich der mittlere Buddha und ging auf mich zu. Dabei sagte er: ›Du bist falsch angezogen.‹«

Sie verstand den Traum als eine bedeutsame religiöse Erfahrung. Vielleicht empfand sie unbewußt seinen Hinweis, daß sie im Begriff stand, ihre »falsche« Existenz vor ihrer Zeit in Aum durch die »richtige« (Aum-)Weise, sich »anzuziehen« oder zu leben, zu ersetzen. Der Besuch des Kindergartens gemeinsam mit ihrer Mutter legt die Deutung nahe, daß sie wieder ein abhängiges Kind wurde, um ihrer religiösen Suche nachzugehen, oder vielleicht auch, daß sie an die Stelle der elterlichen Autorität die von Aum setzte. Jedenfalls sagten ihr die Menschen in ihrer Umgebung nach der eine Woche dauernden Initiation, sie habe sich »wirklich verändert«.

Ein Großteil dieser Veränderung hing mit ihren aufkommenden Gefühlen für den Guru zusammen: »Ich hatte eine noch größere Achtung vor ihm als einem Mentor, einer Person, die mir weit voraus und in seinen spirituellen Übungen sehr weit fortgeschritten ist. Ich hatte den Eindruck, daß er eine wunderbare Person war. Ich empfand Glückseligkeit. Er kam mir näher.« Von der gesamten Initiationserfahrung sagte sie:

»Man kann es nicht mit Worten ausdrücken. Nachdem ich die Elektroden wieder abgenommen hatte, blieb noch immer etwas zurück – etwas, das diesen Punkt noch berührte. Und immer, wenn ich diese Wahrnehmung hatte, mußte ich unwillkürlich an *Shonshi* denken. Vor der [Initiation] war mir noch etwas unbehaglich dabei, im *dōjō* zu leben. Nachdem ich sie eine ganze Woche lang mitgemacht hatte, wurde ich sehr ruhig. Ich war entschlossen, in Aum zu leben, da die Seele *Shonshis* und meine eigene Seele nunmehr tief drinnen miteinander verbunden waren und auch *Shonshi* stets um mich besorgt war und sich um mich kümmerte.«

Sie erläuterte dann, daß die Seelen gewöhnlicher Menschen – ihre eigene, meine und die des Dolmetschers – »mit Schmutz bedeckt [sind]. Sie sind vergiftet. Doch die Seele *Shonshis* ist anders als unsere. Sie ist offen, von keinerlei Schmutzschicht bedeckt.«

Sie betonte, wie glücklich sie sich fühlte, als sie das Aum-Gebäude betrat, wie sie sich in Aum »ganz frei« fühlte. Sie brachte diese Empfindung von Freiheit mit Dingen in Verbindung wie dem Fehlen jeglicher Diskriminierung von Frauen, der Möglichkeit, die wütenden Auseinandersetzungen in ihrer Familie und am unbefriedigenden Arbeitsplatz hinter sich zu lassen, doch ganz besonders mit der Chance, ihrer spirituellen Suche ohne Hemmungen nachgehen zu können. Sie wurde die standhafteste Verteidigerin des *poa*-Konzepts, der ich begegnen sollte.

Was sie dazu bewogen hatte, *poa* als Lebensprinzip zu übernehmen, war die Intensität ihrer Reaktion auf den Guru, ihr Gefühl einer mystischen Verbindung und eines Einsseins mit ihm. Hinter dieser Reaktion stand das Muster eines Einverständnisses wider Willen, eines Widerstands mit anschließender völliger Unterwerfung, ein Muster, in dem sich ihre eruptiven Kämpfe zwischen den Polen Abhängigkeit und Autonomie niederschlugen. Bei einem »Wettschreien« sagte sie zu einem Aum-Mitglied, sie könne »sein dummes Geschwätz nicht mehr hören«, unterwarf sich jedoch bald darauf vollkommen, wurde Nonne und verlangte von ihren Eltern Geld für die Sekte.

Sowohl ihre Wut als auch ihr Bedürfnis nach »Logik« und rationalen Erklärungen trugen dazu bei, daß sie sich Aums gewalttätige Wahrnehmungen von schlechtem Karma zu eigen machte. Sie erzählte von einem Zwischenfall, bei dem sie als Leiterin eines kleinen Arbeitsprojekts mit einer lethargischen Frau zu tun hatte, deren Widerstand gegen die Arbeit sich darin äußerte, daß sie sich in einen großen Karton verkroch. Iwai versuchte, sie mit Gewalt daraus zu vertreiben, doch als sie die Frau anfaßte, spürte sie fast sogleich »hohes Fieber« und fühlte sich krank. Das geschah bei mehreren Gelegenheiten, und obwohl sie wegen des Fiebers jedesmal ans Bett gefesselt war, fand sie ihre Reaktion für sich selbst von Vorteil. »Es war ein Glück, daß das schlechte Karma brannte«, meinte sie, um so mehr, als sie glaubte, ihr Karma mache sie anfällig: »Ich bin mit schlechtem Karma aus früheren Leben belastet. Es wird in meinem Inneren in einer Art Gleichgewicht gehalten. Aber wenn ich etwas von einem anderen Karma in mich aufnahm, wurde ich damit nicht fertig. Deshalb brannte es und wurde zu Fieber.«

Sie lebte Asaharas Vorstellung vom Karma als einer tiefsitzenden Schlechtigkeit aus, gefährlich ansteckend und von einer Person auf die andere übertragbar, die gelegentlich gewaltsam bekämpft werden muß und auch den Körper angreifen und physiologische Gegengewalt – hohes Fieber – erfordern kann, um sie »auszubrennen«. Iwai äußerte in unseren Gesprächen häufig das allgemeine Bedürfnis der Jünger, »Karma abzuwerfen«, ein Prozeß, der Aums wirksamste Übungen erforderte, darunter auch Atemübungen, und sie konnten wiederum mit den von ihr geschilderten Fieberanfällen verbunden sein. Ein großer Teil ihrer Aum-Übungen hatte etwas damit zu tun, daß sie sich von ihrem schlechten Karma befreien wollte, das sie an sich selbst als inneren Widerstreit oder gewalttätige Impulse erlebte.

Iwai erklärte zunächst, sie habe »kein Interesse« an den Prophezeiungen des Gurus gehabt, und brachte ihre Verachtung für viele Jünger von Aum zum Ausdruck, weil »die Männer an solchen Dingen sehr stark interessiert waren«. Besonders verächtlich sprach sie über die Männer, die wegen des erwarteten Armageddons Mönche geworden waren: »Meiner Meinung nach war es dumm von ihnen, sich von dieser Logik leiten zu lassen.« Außerdem behauptete sie, daß das immer stärker werdende Beharren der Sekte auf einem bevorstehenden Armageddon »weit übertrieben« gewesen sei. In unerschütterlicher Loyalität gegenüber ihrem Guru stellte sie es so dar, als habe dieser seine eigenen endzeitlichen Prophezeiungen heruntergespielt. »Ob Armageddon kommt oder nicht, ist für uns von geringer Bedeutung – ob es in zehn Jahren oder in einem Jahr kommt, wir müssen so oder so sterben«, mit diesen Worten charakterisierte sie seine Einstellung. Außerdem hatte sie nichts dagegen, daß ihr Guru solche Prophezeiungen benutzte, um seine Jünger zu manipulieren: »Ich habe lediglich gedacht, daß die Idee von Armageddon ganz praktisch war, um die Anhänger zu organisieren, und ich hatte so etwas wie Mitgefühl mit dem Meister, der mit so vielen Anhängern umgehen mußte.«

Doch wie sich herausstellte, teilte Iwai wesentlich mehr von der prophetischen Gewaltvision ihres Gurus, als ihr bewußt war. Auf die Frage nach Armageddon selbst verfiel sie auf ihre ganz persönliche Geschichte von einem Ende nach dem Muster von Armageddon. Seit ihren Jahren in der Mittelstufe der High-School sei sie dem Bildungssystem des Landes äußerst kritisch gegenübergestanden, da es auf »die Erziehung von Sklaven« ausgerichtet sei. Infolgedessen können Japaner »nicht selbständig denken«, und dieses Unvermögen wirkt sich auf alle ihre Beziehungen aus, vor allem solche mit Menschen aus anderen Ländern. Daraus ergab sich für sie der Schluß, daß Japan einen Verfall erleben werde, ob durch einen großen Krieg, ob durch eine Übernahme durch ein anderes Land oder durch den Zusammenbruch der japanischen Wirtschaft. Auf diese oder jene Weise werde Japan sich selbst zerstören. Unter diesem Blickwinkel konnte sie die »analytische Fähigkeit und Kühnheit« ihres verehrten Gurus bewundern, wenn dieser von einem bevorstehenden Untergang Japans sprach. Anders ausgedrückt, ihre ausgeprägte Frontstellung gegenüber der japanischen Gesellschaft fand einen überzeugenden Ausdruck in den endzeitlichen Prophezeiungen ihres Gurus, welche Vorbehalte gegenüber Prophezeiungen im allgemeinen sie auch sonst äußern mochte.

Die Idee von einem Armageddon wurde für sie »wirklicher« – »die Geschichte von Armageddon beschäftigte mein ganzes Denken« –, unmittelbar nachdem der Sarinanschlag auf die Tokioter U-Bahn erfolgt war. Sie und andere Aum-Mitglieder glaubten, Aum werde fälschlich des Anschlags von einer Gesellschaft beschuldigt, die »offenbar kein Gefühl für Menschenrechte hatte« und deren Einsatz polizeilicher Macht – das heißt die Razzien in den Gebäuden der Sekte – »nicht mehr war als eine Wiederbelebung der Geheimpolizei [*tokkō keisatsu*] aus der Zeit des Zweiten Weltkriegs. Die wirtschaftlichen und sozialen Probleme

Japans hatten das Land ihrer Überzeugung nach dazu gebracht, sich »auf einen Krieg [gegen Aum] zu verlegen«, in dem die Sekte »mehr und mehr zu einem gejagten Wild würde«. Sie konnte sich sogar eine massenmörderische staatliche Aktion gegen Aum vorstellen: »Alle noch verbleibenden Anhänger von Aum würden irgendwohin gehen müssen, wahrscheinlich zum Berg Fuji. Danach würde Sarin auf uns versprüht, und später würden sie behaupten, wir hätten einen Massenselbstmord begangen, während es in Wirklichkeit Mord war.«

Als ihr ganzes Denken von Armageddon beherrscht wurde, hatte sie eine zweite Vision, diesmal von einer gewaltsamen Aum-Läuterung. »Nehmen wir einmal an, Armageddon kommt nicht, aber Aum wird zerschlagen«, sagte sie. »Die Menschen, die zu Aum kamen, weil ihnen die Gesellschaft nicht gefiel und sie ihr entrinnen oder weil sie übernatürliche Kräfte erlangen wollten – es gab viele solche Leute, die aus falschen und irregeleiteten Gründen zu Aum kamen –, sie alle würden verschwinden. Dann würden nur die großen spirituellen Eingeweihten [*subarashii jōjusha*] übrigbleiben. Mit oder ohne Aum würden sie gemeinsam ihre Übungen machen und als eine kleine Gruppe die Wahrheit suchen.« Sie äußerte sich nicht eindeutig darüber, ob »Verschwinden« Vernichtung und Tod bedeutete oder lediglich den Austritt aus der Sekte, weil diese verfolgt wurde, doch es bestand wenig Zweifel an dem Gewaltcharakter dieser Vorstellung. Iwai gefiel sie sehr gut, und sie sagte, »es war kein schlechtes Bild«, es war sogar ein »Wunschbild« einer willkommenen »Zeit der Auslese«. Besonders aufschlußreich ist hier die ausschließliche Natur der von ihr phantasierten Gewalt – entweder das absolute Martyrium von Aum durch böse äußere Mächte oder ein Läuterungsprozeß, der nur einer Handvoll der ergebensten Jünger Asaharas (sie selbst eingeschlossen) das Überleben erlauben würde.

Wenn ihre eigenen gewalttätigen Wutausbrüche, diese Mischung aus Wut und Abhängigkeit sie auf der psychischen Ebene mit den endzeitlichen Projektionen des Gurus verbanden, dann verbanden diese sie auch mit der von ihm vorgetragenen Gewalttheorie. Hier erwähnte Iwai insbesondere die Wiedergabe einer Parabel durch den Guru, die ihrem Verständnis nach den Schriften des tantrischen Buddhismus entnommen war: »Es gibt eine Geschichte von einer spirituell sehr hoch entwickelten Person, die am Flußufer einen Fisch briet und verspeiste und gefragt wurde: ›Wie kommt es, daß Ihr, ein so erleuchtetes Wesen, einen lebendigen Fisch tötet und eßt?‹ Der Angesprochene erwiderte, indem er einen lebenden Fisch esse, gebe er diesem *poa* und verhelfe ihm so zu einer besseren Welt im nächsten Leben.« Wie sie sagte, wurde dieses

Gleichnis in Aum immer wieder erörtert, und sie zweifelte nicht daran, daß es als Rechtfertigung für Mord gemeint war.

Den Predigten und Schriften des Gurus hatte Iwai entnommen, daß dieser das Prinzip lehrte, »daß diejenigen, die ein höheres Stadium erreicht haben, die anderen, die sich in einem niedrigeren Stadium befinden, emporheben und erlösen [indem sie sie töten]. Wenn nur wenig Zeit bleibt [für die Erlösung], ist es notwendig auszuwählen, wer erlöst werden soll.« Die indirekte Schlußfolgerung daraus lautete, daß diejenigen, die »ausgewählt« wurden, um getötet zu werden, Glück hatten, weil sie eine Erlösung erlangen würden. Sie wurde bewegt und überzeugt durch die Lehren des Gurus, eine Tötung auf diese Weise bedeute, ein Leben zu »verwandeln« und dem Getöteten zu ermöglichen, in einer menschlichen Welt wiedergeboren zu werden und nicht in der niedrigeren tierischen Welt, die ein schlechtes Karma ihm sonst bestimmt hätte. Iwai erinnerte sich lebhaft an mehrere Gleichnisse aus den Predigten ihres Gurus, in denen erleuchtete Menschen anderen Menschen, die »schlechtes Karma anhäufen«, *poa* geben, weil diese andernfalls »in der Hölle enden« würden.

In ihrer hermetischen, ganz auf den Guru bezogenen Welt verinnerlichten Iwai und andere Jünger diese Vorstellung von einem verdienstvollen Morden, das sowohl den Täter als auch sein Opfer der Unsterblichkeit näher brachte. Für Iwai war Asahara die unfehlbare Verbindung zwischen mythischer Erzählung und Mordtat. Nachdem sie allmählich eingesehen hatte, daß die Sarinanschläge von Aum selbst verübt worden waren, trug sie eine entschlossene theologische Rechtfertigung auf der Grundlage der Predigten ihres Gurus vor. »Man kann«, sagte sie, »die Sache von zwei Seiten sehen.« Auf der einen Seite »wurden die Opfer des Sarins um spirituell hochentwickelter Wesen willen getötet, wodurch sie Verdienste erworben haben. Diese Opfer haben ihr Leben für die weitere Entwicklung spirituell hochstehender Wesen gegeben, und ihr Tod durch das Sarin war ein Opfer zum Schutz von Aum. Ohne daß sie es wollten, haben sie Aum beschützt.« Auf der anderen Seite »haben die Menschen, die dem Gas ausgesetzt waren, Verletzungen erlitten. Aber es waren Menschen, die nicht glücklich waren – oder vielleicht ist glücklich kein gutes Wort. Menschen, die sich auf einer niedrigen spirituellen Stufe befinden, führen ein wertloses Dasein und leben auf eine Weise dahin, die anderen Schwierigkeiten macht. An einem bestimmten Punkt haben sie vielleicht viel erlitten, aber sie sind jetzt über das Leiden hinausgelangt und haben eine höhere Stufe der Spiritualität erreicht und können auf diese Weise [in späteren Leben] anderen Menschen zu größeren Verdiensten verhelfen anstelle der Leiden, die ihnen selbst widerfuhren.«

Diese beiden Versionen von *poa* – Opfer, die zur weiteren Entfaltung spirituell hochstehender Wesen beitragen, und Opfer, die selbst spirituell auf eine höhere Stufe gelangen – verschmolzen in Asaharas Prinzip, daß »die Schaffung eines entwickelten spirituellen Wesens eine wunderbare Sache [ist]. Denn es heißt, daß das erworbene Verdienst sich über sieben Generationen erstrecken wird. Wird jemand für ein solch wunderbares Ergebnis geopfert, so wird dieser Person gewiß das Verdienst vergolten.« Das gute Karma, setzte Iwai hinzu, wächst an und tilgt zugleich schlechtes Karma. »Wenn das hochentwickelte Wesen Fische ißt, werden diese zu seinem Fleisch und Blut, nähren ihn und nützen ihm. Das erzeugt gutes Karma, das schlechtes Karma überwindet ... Das Karma des Fisches verbessert sich, wenn er dem entwickelten Wesen nützlich ist.« Sodann zitierte sie einen anderen Vergleich, den Asahara zur Erläuterung der Karmaströme angeführt hatte: »Nehmen wir an, Sie haben eine Million Yen Schulden. Wenn Sie fünfhunderttausend Yen sparen – oder Gutes tun –, dann verringert sich Ihre Schuld auf fünfhunderttausend Yen. Oder angenommen, sie haben fünfhunderttausend Yen Schulden. Wenn Sie dann eine Million Yen sparen, dann wird Ihre Schuld getilgt, und Sie haben Ersparnisse von fünfhunderttausend Yen.«

Es gab allerdings etwas an den Sarinmorden, das Iwai beunruhigte. In den ersten Tagen nach dem Anschlag wohnte sie außerhalb der Aum-Gebäude zusammen mit Mitgliedern des Aum-Ministeriums für Wissenschaft und Technik und war »entsetzt« über ihr »heruntergekommenes spirituelles Verhalten«. Statt ein asketisches Aum-Leben zu führen, lebten sie ein in ihren Augen vergeudetes Leben, »aßen schüsselweise Nudeln, plauderten stundenlang über unwichtige Dinge und schliefen, statt sich religiösen Übungen hinzugeben« – mit anderen Worten, sie »führten ein Leben, das sich in keiner Weise von dem gewöhnlicher Menschen unterschied«. Das hatte zur Folge, daß »ich mir beim besten Willen nicht erklären [konnte], warum Menschen um dieser [zügellosen] Individuen willen durch Sarin getötet wurden«.

Diese Erfahrung war für sie zutiefst verwirrend, weil die betreffenden Jünger zu dem »Ministerium« gehörten, das für die Herstellung, Lagerung und in manchen Fällen den Einsatz von Kampfmitteln verantwortlich war. Wenn diejenigen, die andere töteten (oder um deretwillen andere getötet wurden), sich auf einer niedrigen spirituellen Stufe befanden, dann hatte – nach Iwais moralischer Verrechnung – »Aum einfach Menschen umgebracht«, gerade so wie eine Person auf einer niedrigen spirituellen Stufe, die Fisch aß, »lediglich etwas Schlechtes tat«. Doch indem sie diese Unterscheidung traf, bekräftigte sie ihren Glauben an eine richtige Version des *poa*-Prinzips. Sie wies darauf hin, daß »praktizierende Aum-Mitglieder sich sehr anstrengenden Übungen hingaben, was bedeutete, daß die Menschen, die sie töteten, besondere Verdienste erlangen konnten. Unsere Übungen waren viel härter als der Tod.« Mit anderen Worten, erleuchtete Aum-Jünger hatten ihr Recht, andere zu töten, verdient.

In unseren Gesprächen hatte Iwai immer wieder Mühe, zwischen verdienstvoller Verwandlung und blanker Ermordung von Menschen zu unterscheiden. Zu dem Sarinanschlag sagte sie, ihrer Überzeugung nach sei es Unrecht gewesen, die Fahrgäste in der U-Bahn zu töten, doch sie verteidigte ihren Guru mit dem Argument, er sei »in Panik geraten, weil er sich so gejagt fühlte«. Und den Aum-Mitgliedern sei keine andere Wahl geblieben, als ihm zu folgen, denn »jeder wollte dem Meister glauben«. Das alles sagte sie während unseres letzten Interviews, zum Teil in dem Versuch, die Härte ihrer Position zu *poa* abzumildern. Auch die Worte Asaharas versuchte sie abzuschwächen, indem sie eine Äußerung wiedergab, die angeblich von ihm stammte (obwohl sie von keinem der übrigen von mir interviewten Aum-Anhänger erwähnt wurde und weder zu Asahara paßte noch mit dem *poa*-Prinzip in Einklang stand): »Angenommen, eine Seele im Himmel blickt auf Seelen in der menschlichen Welt und sagt: ›Ihr solltet keine solchen schlechten Taten begehen, ihr solltet lieber sterben‹, und sie tötet sie. Diese [himmlische] Seele ist schlecht, ihr Zorn ist unangebracht, und sie weicht von der Wahrheit ab.« Sie bemühte sich, mit ihrem Guru verbunden zu bleiben, indem sie behauptete, er habe zu seinen Erklärungen über *poa* und zu seinen eigenen mörderischen Aktionen eine humane Alternative angeboten. Danach sagte sie: »Was Asahara getan hat, war falsch nach dem, was er selbst gesagt hat«, und setzte zuversichtlich hinzu: »Asaharas Denken hat sich in diesem Punkt möglicherweise geändert.« Sie konnte auch über Ungewißheiten oder Widersprüche im Hinblick auf das *poa*-Prinzip sprechen und sagte in diesem Zusammenhang: »Physisch hat er Menschen ermordet. Das ist falsch.« Doch das Wort »physisch« war ein Schlupfloch, da man den Satz so verstehen konnte, daß Asahara spirituell etwas anderes getan hatte. Dieser Punkt war bei ihr zweifellos noch längst nicht geklärt.

Asahara war nach ihrem Urteil bestrebt, das [schlechte] Karma von Jüngern und Jüngerinnen wie sie selbst »aufzuheben«, so wie er auch glaubte, »*poa* werde das Karma der Ermordeten verändern«, doch tatsächlich unterstand auch »Asahara selbst dem Gesetz des Karmas. Er kann sich nicht darüber stellen.« Wie sie es jetzt sah, bestand der eigentliche Irrtum Asaharas – und auch ihr eigener – in dem Drang, Menschen in einer Weise »vollkommen« zu machen, die deren Karma nicht zureichend berücksichtigte, das eherne Gesetz von Ursache und Wirkung, das ihr Leben bestimmen mußte.

Ein Jahr nach dem Sarinanschlag hatte sie schließlich genügend Distanz zu Aum gewonnen, um Empfindungen auszudrücken, die sie mit »Verantwortung« verband, die aber auch etwas mit Schuldgefühlen zu tun hatten. Erstens erkannte sie jetzt, daß sie »hart gearbeitet hatte, um Geld für sie zu verdienen, damit sie das Sarin herstellen konnten«. Zweitens »habe ich versucht, das Karma zu leugnen, das mir als Japanerin und einem menschlichen Wesen, das meinen Eltern geboren wurde, mitgegeben wurde«. Und drittens zeigte sie »eine Schwäche des Ichs«. Diese Schwäche hatte ihrer Überzeugung nach dazu geführt, daß sie ein übertriebenes Bedürfnis nach einem Guru und in Aum starke Unterstützung durch andere und eine »Schutzmauer« gesucht hatte.

Sie ging auch auf ein allgemeineres Problem der japanischen Gesellschaft insgesamt ein, »das durch mich, ein schwaches Wesen, zum Vorschein kam«, und bot eine Analyse der Attraktivität von Aum für die jüngere Generation an, die keineswegs ohne Mitgefühl oder Scharfblick war. Nachdem ihre Eltern, mittlerweile in den Siebzigern, das Scheitern aller Versuche eines konstruktiven gesellschaftlichen Wandels in den sechziger Jahren erlebt hatten, orientierten sie sich nur noch an materiellen Dingen und wirtschaftlichem Erfolg und zogen sich ins Privatleben zurück; Iwais eigene Generation war unzufrieden mit rein wirtschaftlichen Privilegien, und zu einer Zeit, da die Familie und andere Institutionen zu zerfallen schienen, »sehnte ich mich nach dem idealen Vater oder der idealen Mutter«. Sie sprach von der »Kluft zwischen der Art und Weise, wie die Gesellschaft tatsächlich funktioniert, und der Weise, wie sie von einem unreifen Bewußtsein wahrgenommen wird«, die wesentlich zum Aufstieg einer Sekte wie Aum beigetragen habe. Sie zählte eine lange Reihe aktueller sozialer Probleme Japans auf, von denen die meisten in den Medien thematisiert worden waren: das Mobbing unter Kindern (das in Japan gewalttätig sein und verheerende psychische Folgen haben kann und als gravierendes Problem gilt), Morde, die von höheren Schülern begangen werden, die Weigerung von Kindern, zur Schule zu gehen, eine vergleichbare, unvermittelte Weigerung von Männern über vierzig, zur Arbeit zu gehen, und Ausbrüche von Gewalt in Familien, zum Beispiel das Totprügeln eines Kindes durch die Stiefmutter oder Kindesmißhandlung durch die Eltern. Angesichts dieser gesellschaftlichen Probleme sollten sich die Japaner lieber fragen, »warum wir in Aum eingetreten sind, und nicht, wie in Aum Gehirnwäsche betrieben wurde«.

Doch ihre sensible Wahrnehmung sozialer Mißstände führte sie lediglich zu ihrer moralischen Unklarheit über Aum und die Morde zurück:

»Es ist sinnlos zu sagen, daß der Aum-Zwischenfall nicht hätte passieren dürfen. Ein Löwe tötet ein Zebra, oder auf einer Wiese wachsen Bäume und schließlich ganze Wälder, die eines Tages vielleicht wieder absterben – das alles folgt dem Gesetz des Karmas. Ohne den Aum-Zwischenfall wäre das Problem des Bewußtseins, das Problem des individuellen japanischen Bewußtseins vielleicht noch virulenter geworden ... Ich weiß nicht, ob den Japanern das klar ist oder nicht, aber Japan hat diesen kritischen Punkt erreicht. Wenn Sie sich erkälten, ohne es zu merken, und sie bekommen Fieber, dann können Sie Ihr Fieber messen oder weiterarbeiten, das Fieber nicht beachten und später vielleicht an Krebs erkranken. So ähnlich ist es auch hier. Ob die Menschen es einsehen oder nicht, die Zeichen in Japan lassen erkennen, daß dieser kritische Punkt erreicht ist.«

In unserer abschließenden Diskussion über *poa* und ihre Beurteilung von Aums mörderischem Weg der Erlösung sagte sie:

»Es ist sehr schwierig zu erklären oder zu beschreiben. Die tötende Seele und die getötete Seele sind irgendwie im Rahmen eines größeren Ichs miteinander verbunden. Ein Individuum namens Matsumoto [Asahara] hatte wahrscheinlich unrecht, doch was die Gesamtgesellschaft angeht, war Aum unvermeidlich. Der ganze Aum-Zwischenfall hatte durchaus seine Gründe ... Asahara wurde auf eine Stufe erhoben, auf der er verehrt wurde. Er hat diese Position mißverstanden und diese Dinge getan. Es ist traurig für ihn, aber es kam, wie es kommen mußte. Nehmen wir an, eine Seele wie Asahara erscheint erneut und tut dieselben Dinge wieder. Ich hätte nicht den Wunsch, mich ihm anzuschließen, aber solche Taten hätten ihre Bedeutung. Nicht daß ich mir wünschen würde, daß eine große Seele erscheint und anderen *poa* gibt ...«

Gewaltsame Erlösung

Die meisten Nonnen und Mönche von Aum erlebten heftige Gefühlsturbulenzen, als es darum ging, das Erlösungsprojekt ihres Gurus gegen mächtige und erbarmungslose Feinde zu verteidigen. Dieser emotionale Aufruhr bewog sie dazu, sich die Vorstellung von einer gewaltsamen Erlösung zu eigen zu machen, die zwar unbestimmt, aber umfassend und leidenschaftlich war.

Harada, die zum Zeitpunkt unserer Gespräche in den Endzwanzigern war, hatte über fünf Jahre als *shukke* oder Aum-Nonne zugebracht. Als geschätzte und vertrauenswürdige Gläubige, die dem Guru vorbehaltlos ergeben war, hatte sie dennoch nie dem inneren Kreis Shōkō Asaharas angehört. In unseren Gesprächen kam sie immer wieder zurück auf Asaharas Endzeitpredigten während seines Armageddon-Seminars auf der Insel Ishigaki und dem dort vor Anker liegenden Boot. Sie schilderte eine Art Narrenschiff, eine Szene des Schreckens, der Erwartung und der Ausgelassenheit, »wie auf einer großen Party«. Die Jünger, die wegen der starken Schaukelbewegungen des Schiffs nicht mehr in bester körperlicher Verfassung waren (»alle waren seekrank«), wurden vom Guru gewarnt, »dies [sei] ihre letzte Chance«, da »eine große Katastrophe« die Erde vernichten werde. »Wir haben nicht mehr viel Zeit, und ihr müßt mir folgen, wenn ihr überleben wollt.« Gleich anderen Aum-Anhängern an Bord war Harada besorgt über ihr Karma, denn »wenn Sie ein schlechtes Karma haben, dann sterben Sie. Es war wie eine Zeit der Auslese.« Sie hatte eine Empfindung, als legte sie ihr Leben in die Hand des Gurus. »Der Meister war für uns wie ein Anwalt vor Gericht.«

In den Jahren, die folgten, entging ihr nicht, daß die Worte des Gurus immer unheildrohender wurden. Sie verstand seine Botschaft so, daß es »zu schwer [sei], allen Menschen zu helfen, deshalb müssen wir manchmal Gewalt anwenden, um die Erlösung zu beschleunigen ... Es ist in Ordnung, einige Menschen zu opfern, zu stehlen, zu töten, Ehebruch zu begehen oder zu lügen, weil das eine Abkürzung zur Erlösung sein kann.« Nach ihrem Verständnis hatte er gepredigt: »Wir haben kein menschliches Gewissen, da das menschliche Urteil anders ist als das Gottes oder eines höheren Wesens.«

Es gab eine entsprechende Rechtfertigung für die Anwendung von Zwang oder Gewalt gegenüber Aum-Mitgliedern. Sie erinnerte sich, wie sie mit angesehen hatte, daß ein Aum-Mönch (der anscheinend das Verbot sexueller Betätigung in Aum verletzt hatte) »mit Handschellen gefesselt in eine Einzelzelle« gesperrt wurde, und sie hatte Geschichten über Aum-Mitglieder gehört, die an den Beinen mit dem Kopf nach unten aufgehängt wurden – was sie sich jeweils damit erklärte, daß »der Meister versuchte, ihr schlechtes Karma durch eine strenge Behandlung abzuwaschen«. Eine ähnliche Erklärung gab sie sich, nachdem man sie eine ganze Woche lang in extremer Sommerhitze in eine winzige Zelle gesperrt hatte, wo sie Tag und Nacht über Tonband und Videogerät dem Bild und den Predigten des Gurus ausgesetzt war. Man begründete diese Maßnahme damit, sie sei notwendig, um sie von »ausländischen Einflüssen« zu reinigen, denen sie zuvor ausgesetzt war. Damals entwickelte sie eine psychische Abwehr gegen von außen zusammengetragene Beweise und ihre innere Stimme, wenn es um Unrecht ging, das von Aum begangen wurde. Da alle Zweifel am Verhalten der Sekte als Ausdruck einer »Befleckung« angesehen wurden, griff sie teils bewußt und teils unbewußt zu Mechanismen der psychischen Betäubung und der Leugnung: »Ich habe versucht, diese Gedanken fernzuhalten, zu tilgen oder zu vergessen.«

Sie wußte davon, daß einige Aum-Mitglieder an »Geheimprojekten« arbeiteten, und dachte, das »könnte gefährlich sein«, aber sie rechtfertigte es, indem sie sich sagte: »Der Meister sagt, es ist unser Auftrag, uns auf Armageddon vorzubereiten.« Mit der Zeit erkannte sie, daß diejenigen, die an der Produktion des Sarins und anderer potentieller Waffen beteiligt waren, zugleich diejenigen waren, die sich durch den Gedanken an Armageddon am stärksten unter Druck fühlten. Freimütig räumte sie ein: »Ich bin froh, daß der Meister mich nicht aufgefordert hat, solche Sachen zu machen«, womit sie zum Ausdruck bringen wollte, daß sie jede Anweisung von ihm ausgeführt hätte. »Ich habe versucht«, erklärte sie, »ein unschuldiges Kind zu sein, das in sich aufnahm, was er sagte und tat. Er hat uns versichert, dies sei der schnellste Weg, Erleuchtung zu erlangen.« Bei allem wies der Guru immer wieder darauf hin, daß »ihre Arbeit in ihrer spirituellen Übung bestand«. Was Harada mir unbedingt vermitteln wollte, war die Art und Weise, wie die von Aum ausgeübte Gewalt zu etwas Spirituellem gemacht wurde.

Harada nahm an, daß sie als Jüngerin auf einer der unteren Stufen die Gedanken Asaharas oder deren Bedeutung vielleicht nicht erfaßte, aber sie war überzeugt, daß »er eine tiefe Absicht verfolgen mußte, wenn er diese Dinge sagte oder tat. Selbst wenn es ein Irrtum sein sollte, war es in Ordnung. Oder vielleicht griff er bewußt zu solch extremen Maßnahmen, um die Menschen aufzuwecken.« Sie teilte die grandiosen Projektionen Aums, daß »danach nur wir überleben und den Menschen helfen könnten, weil wir etwas Besonderes waren«. Jünger und Jüngerinnen wie Harada hatten das wenn auch zuweilen nur unbestimmte Gefühl, daß es die heilige Mission der Sekte sei, die Vernichtung und Neuerschaffung der Menschheit anzuführen –, und daß dies nicht nur eine Frage der Prophezeiung sei, sondern daß sie auch Aktionen durchführen müßten. Dieses unvollständige Mitwissen trug seinerseits später bei Harada und anderen dazu bei, daß sie sich an den gewalttätigen Aktionen wie dem Sarinattentat in Tokio mitschuldig fühlten, obwohl sie von deren Planung und Vorbereitung gar nichts wissen konnten.

Damals akzeptierte Harada vollkommen Aums Definition von *poa*. Menschen, die spirituell auf einer hohen Stufe standen, konnten und sollten »um einer Erlösung willen solche Wesen töten, die böse Taten begehen und die [als Aum-Mitglieder] Aum dazu bringen, Böses zu tun … Ein spirituell Hochstehender kann ein anderes Wesen vermittels *poa* in eine höhere Welt versetzen. Das ist der Grund, warum seine Tat richtig ist und er sich mit ihr Verdienste erwirbt.« Andererseits distanzierte sie sich, zum Teil nachträglich, in zweierlei Weise von diesem Grundsatz. Erstens durfte *poa* nur von Personen vorgenommen werden, die kurz vor dem Stadium eines Erlösers standen und über ganz besondere spirituelle Eigenschaften verfügten: »Ich dachte, daß nur ganz auserwählte Heilige, die über übernatürliche Kräfte verfügen, also nur Buddhas dies tun könnten.« Und zum anderen glaubte sie, daß *poa* als rein theoretisches Prinzip verstanden werden müsse und »daß der Meister so etwas in Wirklichkeit nie tun würde«. Doch auch eine solche Distanzierung bot ihr einen Ausweg: »Der Meister ist ein Messias und Gott – Buddha –, und dann kann er wirklich *poa* geben.«

Lange nachdem sie Aum verlassen hatte, fühlte sie sich noch immer zum Guru hingezogen und hatte Schwierigkeiten, etwas zu akzeptieren, dessen Wahrheit sie letztlich nicht bestreiten konnte: daß Aum der Urheber des Sarinanschlags war. Vor allem wollte sie, daß der Guru eine Erklärung für die Morde anbot. »Wenn er wirklich glaubte, er könne Menschen *poa* geben, dann hätte er auch sagen müssen: ›Nach dieser Lehre habe ich diesen Menschen *poa* gegeben.‹ Ich habe erwartet, daß der Meister konkrete Gründe nannte, warum er es getan hat.« Nach und nach trennte sie sich psychisch von Asahara, suchte jedoch noch immer nach einer Möglichkeit, ihn zu entlasten und ihre Verbindung mit ihm zu wiederzubeleben. In gewissem Sinn suchte sie noch immer nach einer Rechtfertigung für das *poa*-Prinzip.

Darüber hinaus kämpfte sie mit einem Schuldgefühl – das sich in immer wiederkehrenden selbstbeschuldigenden Träumen äußerte –, weil sie Aum verlassen und die »Leitung zum Guru« unterbrochen hatte.

Sie stand unter dem starken Eindruck von Briefen von Freunden, die noch immer der Sekte angehörten und ihr erklärt hatten: »Du kannst ein höheres Wesen nicht verstehen. Du kannst nicht jeden Vorfall vom Blickwinkel eines Menschen aus beurteilen. Du kannst die Gedanken Gottes oder die von Gott getroffenen Entscheidungen nicht beurteilen.«

Harada stellte sich in ihrer Phantasie vor, wie sie über den Kopf des Gurus zum Gott Shiva ging, der höchsten Autorität, auf die Asahara sich in der Frage des *poa* berufen hatte. »Ich wollte, ich könnte eine Verbindung zum göttlichen Shiva herstellen und ihn alles fragen.« Manchmal ertappte sie sich bei dem Gedanken: »Wenn der Meister der Messias ist, dann war es vielleicht richtig von ihm, den Menschen *poa* zu geben.« Manchmal verspürte sie den Wunsch, sich gegenüber den vielen Morden von Aum blind und taub stellen zu können, um ihren geliebten Guru zurückzugewinnen. So sagte sie in aller Unschuld: »Wenn man einmal von den Morden absieht, ist er vielleicht doch ein großer Führer, ein wahrer Guru.«

Kuno, ein junger Mann, der sich näher mit dem Buddhismus beschäftigte, glaubte zuerst, in Aum eine einzigartige Verwirklichung dieser Religion gefunden zu haben. Durch intensive spirituelle Übungen hatte er nicht nur nachhaltige mystische Erlebnisse, sondern schien auch eine positive Persönlichkeitsveränderung durchzumachen. In der Vergangenheit ängstlich und von anderen Jungen gequält wegen seines zarten Körperbaus und seiner »weibischen Sprache« (die Worte und der Tonfall einer sanften Unterwürfigkeit, die in Japan von Mädchen und Frauen erwartet werden), fühlte er sich nach einiger Zeit in Aum selbstbewußter und mutiger.

Kuno verstand Armageddon als eine reale militärische Konfrontation, bei der er kämpfen würde: »Ich werde ein Krieger in der Schlacht zwischen Gut und Böse, zwischen der bösen Geheimarmee der Freimaurer und der guten Aum-Armee sein.« Er wollte einen »spirituellen Kampf« mit einem physischen Kampf verbinden, um »böser Energie« entgegenzuwirken. Er hatte eine Vision, in der »unaufhörlich Panzer mit Soldaten anrollen, und ich halte sie mit meiner übernatürlichen Kraft auf«, glaubte jedoch, er werde »am Ende sterben«, allerdings erst, nachdem er ein transzendentes Opfer gebracht habe. Er phantasierte sich als einen »Opferstein« für die Erschaffung nicht nur »neuer Menschenwesen«, sondern von »Übermenschen« – diesen strahlenden Geschöpfen, welche die Gestalt kleiner Kinder von zwei bis drei Jahren annehmen. »Um eine Welt für diese Kinder zu schaffen, würden wir kämpfen.«

An Asahara war Kuno besonders sein »Wunsch nach Zerstörung« und seine beständige Anrufung Shivas als »Gott der Zerstörung« aufgefallen. Doch Kuno akzeptierte das Aum-Prinzip, daß Shiva und somit auch Asahara nur zerstörten, weil »die Welt verdorben [ist]«, und daß Aum »danach eine neue Welt schaffen wird, die gut ist«.

Auf der bewußten Ebene übernahm Kuno während des größten Teils seiner Zeit in Aum begeistert diese Vorstellung: »Ich hielt sie für vollkommen.« Doch sein unbewußtes Aufbegehren dagegen zeigte sich in einer Reihe bizarrer psychischer Erlebnisse, die sein funktionales Aum-Ich erschüttern sollten. Es begann mit einer Episode schwerer Amnesie, während der er »vergaß, daß [er] ein Mitglied von Aum war«, und nicht einmal mehr seinen Namen wußte. Als er zu Asahara gebracht wurde und dieser ihm erklärte: »Ich bin der Guru«, fragte Kuno: »Was ist das?« Danach wurde er zur Teilnahme an verschiedenen Aum-Aktivitäten bewogen, unter anderem dem Wahlkampf, bei dem er eine Asahara-Maske überzog und mit den anderen skandierte: »Stimmt für Asahara.« Doch schon nach kurzer Zeit fühlte er sich unwohl und schwindlig (wie er glaubte von einer chemischen Substanz, mit der die Maske präpariert war) und mußte in den Hauptstützpunkt von Aum zurückgebracht werden. Dort »verlor [er] das Bewußtsein« und erlebte eine intensive Halluzination, die er später als etwas schilderte, das einer Todeserfahrung sehr nahekam: Er betrat einen finsteren Tunnel, sah in einiger Entfernung ein winziges Licht leuchten und begegnete dann »einer riesigen Gottheit mit einer Größe von fast zehn Metern und einer Dreidimensionalität wie bei einem Hologramm, deren Gesicht aussah wie mein eigenes«. Die Göttin zeigte Kuno die wichtigen Ereignisse seiner Kindheit und Jugend und sagte zu ihm: »Das bist du!« Dann versetzte sie ihm einen schweren Schlag mit einer Keule, der ihn so sehr schmerzte, daß er zu sterben glaubte. In diesem Augenblick kehrte ein Großteil seiner Erinnerung zurück.

Er schien immer noch verwirrt über dieses Ereignis, als er vor mir darüber sprach, erklärte jedoch: »Aufgrund meines Gedächtnisverlusts war ich in der Lage, die ganze Situation zu sehen, und Aum kam mir plötzlich fremd vor.« Er stellte fest, daß er ganz allgemein den Lehren und Aktivitäten von Aum kritisch gegenüberstand. Mit Unterstützung von Außenstehenden gelang es ihm, sich schon einige Zeit vor dem Tokioter Sarinattentat aus der Sekte zu lösen. Seine Amnesie hing zweifellos mit seinem inneren Widerstand gegen die absolute Unterwürfigkeit zusammen, die er gegenüber Aum an den Tag gelegt hatte. Seine Vision einer aggressiven Göttin, die möglicherweise auf die Wirkung von LSD oder einer ähnlichen Droge zurückzuführen war, obwohl er dies vehement bestritt, ließ auf seine ambivalente Verschmelzung mit Aum und dem Guru schließen (den die Göttin der Vision zweifellos zumindest partiell repräsentierte) sowie auf die Wahrnehmung von Gewalt beim Guru, bei Aum allgemein und sogar bei sich selbst. Die Vision enthüllte ihm, daß er einerseits ein Opfer von Aum war, aber auch (»ihr Gesicht sah aus wie mein eigenes«) an ihrer Gewalt beteiligt war. Kindheitserfahrungen als Opfer sadistischer Quälereien haben Kuno wahrscheinlich für die Mißhandlungen innerhalb der Sekte sensibilisiert und möglicherweise zur Klarheit seiner Vision beigetragen.

Ogata, ein unermüdlicher Student, der sich seit langem für Seelenwanderung und Wiedergeburt interessierte, war in der Sekte eigens zu einem künftigen »Armageddon-Krieger« ausgebildet worden. Er wurde einer paramilitärischen Einheit von Aum in einer abgelegenen Region Japans in der Nähe der Stadt Gifu zugeteilt. Gleich anderen Angehörigen dieser Einheit wurde ihm gesagt, die militärischen Übungen dienten der Vorbereitung auf einen Film, doch zu der harten Ausbildung gehörten auch intensive Übungen in verschiedenen asiatischen Kampfsportarten. »Man sagte uns, 1997 werde Armageddon kommen, und wenn der Krieg ausbreche, werde unsere Einheit in vorderster Front kämpfen, so daß wir unsere militärische Ausbildung ernst nehmen müßten.« Wie er selbst sagte, mußte er sich »auf den Tod gefaßt machen«. Das würde ein großer Krieg werden, in dem furchtbare Feinde »von den Kräften Aums niedergeworfen werden« müßten.

Die Überlebenden von Armageddon, so hatte Ogata seinen Guru Asahara verstanden, würden jene Aum-Mitglieder sein, welche die höchste spirituelle Stufe erreicht hätten, die *mahāmudrā*. Sie würden wiederum die Gründer der postapokalyptischen utopischen spirituellen Shambhala-Gemeinschaft werden und »Japan ein Aum-Land«. Auf diese Weise wurde die paramilitärische Ausbildung Ogatas verknüpft mit Aums bizarrem Hin und Her zwischen Visionen von immer umfassenderen Tötungen und eines immer vollkommeneren spirituellen Friedens. Wie er sich erinnerte, hatte er sich so tief auf Aum eingelassen und wurde von der Sekte so sehr beherrscht, daß er sich »in einer Situation befand, in der selbst das Nachdenken darüber müßig war. Ich konnte nichts anderes tun als zu gehorchen und das zu tun, was man mir sagte.« Ogatas Einverständnis mit einer Gewalt, die potentiell riesige Ausmaße annahm, war durch Aums Karmatheorie abgesichert: »Wenn sich zuviel schlechtes Karma ansammelt, dann explodiert es [nach Asaharas Lehre] irgendwann, deshalb heißt es in Aum, wir dürften nicht zulassen, daß sich noch mehr Böses ansammelt. Statt dessen müsse man mit Hilfe von *poa* die Welt ein klein wenig besser machen. Im Namen dieser Lehre sind Morde begangen worden.«

Ogata erinnert sich, wie sein Aum-Ich auf Schilderungen von Gewalt innerhalb der Sekte reagierte: »Als ich die Geschichte von der Entführung [von zwei jungen Menschen] von dem Burschen hörte, der den Wagen fuhr und sie zurückbrachte, habe ich gesagt: ›Wenn es nötig war, zu diesem Mittel zu greifen, um sie zu *shukke* zu machen – wenn das notwendig ist –, dann muß es getan werden!‹« Dann fügte er hinzu: »Heute habe ich Angst vor mir selbst, vor dem Mann, der diese Worte gesagt hat. Ich meine, bevor ich in Aum eingetreten bin, waren solche Handlungen unverzeihlich. Doch in Aum habe ich Dinge, die bisher für mich falsch waren, ohne weiteres akzeptiert. Ich befand mich in einem Zustand, als wäre mein Verstand abgeschaltet. Es war Gehirnwäsche.« In unseren Interviews war er beunruhigt und bedrückt darüber, daß seine Verinnerlichung des Aum-Ethos seine moralischen Maßstäbe verkehrt und ihn dazu gebracht hatte, Vorstellungen von individueller und globaler Gewalt nicht nur passiv zu akzeptieren, sondern sich auch aktiv zu eigen zu machen.

Hirota, ein junger Wissenschaftler und spiritueller Sucher, hatte eine erregende Begegnung, die ihn überzeugte, daß der Guru nicht damit rechnete, daß Armageddon »sich spontan ereignen« werde, sondern daß er in Wirklichkeit »bemüht war, es selbst herbeizuführen«. Er hatte Asahara zu den Aufnahmen einer Rundfunksendung begleitet, in der er und andere im Lauf der Sendung den Guru mit Informationen zu seinen Prophezeiungen unterstützen sollten. Während einer kurzen Pause, als die Mikrophone abgeschaltet waren, erklärte der Guru unheildrohend: »Jetzt ist Krieg!« Aufgrund des »Gesichtsausdrucks und der Körpersprache« des Gurus war Hirota überzeugt, daß Asahara sich nicht nur »darauf freute, daß es zu einem solchen Krieg kommen würde – und zwar bald«, sondern daß »er aktiv versuchte, selbst auf den Knopf [für Armageddon] zu drücken.«

Da Asahara seinen Anhängern gesagt hatte: »Wir müssen diesen Krieg vermeiden« und ihn gleichzeitig vorbereitete und sehnlichst herbeiwünschte, fühlte sich Hirota persönlich durch die »grandiose Täuschung« des Gurus »verraten«. Hirota begann sich vor dem Guru zu fürchten, und obwohl er noch immer stark unter seinem Einfluß stand, registrierte er an ihm eine »böse Aura«, eine Beobachtung, die ein wesentlicher Grund für seine spätere Flucht aus der Sekte werden sollte. Wie er es schilderte, fühlte er sich »in die Tiefen der Finsternis [Asaharas] hinuntergezogen« und gezwungen, ihm zu folgen, weil »jeder Zweifel eine unzureichende Anstrengung bei den spirituellen Übungen verriet«. Nach seinen Worten führte Hirota damals »ein Leben halb im Zweifel und halb im Glauben«. Er war verwirrt von der Art und Weise, wie der Guru immer wieder neue Lesarten der Erlösung vortrug, indem er sie einmal mit den traditionellen buddhistischen Prinzipien des Mitleids und Erbarmens und dann wieder mit Bildern einer endzeitlichen Gewalt verknüpfte. Trotzdem teilte er auch weiterhin die für alle Aum-Mitglieder verbindliche Überzeugung, daß Asahara der wahre Erlöser der Welt sei. So erklärte sich, daß »diejenigen, die eigentlich keine Menschen töten wollten, durch den Glauben [an den Guru] getrieben wurden und schließlich dennoch töteten«. In Asaharas *mahāmudrā*-System gefangen, »fühlten sie sich unbehaglich, solange sie ihren Glauben nicht unter Beweis stellen konnten. Der Guru gab ihnen diese Möglichkeit auf eine äußerst radikale Weise.« Die Jünger wurden in der »Finsternis« des Gurus gefangen, die ihrerseits »die Finsternis in unserem Inneren« heraufbeschwor.

Asahara selbst, davon war Hirota schließlich überzeugt, war so stark auf Armageddon fixiert, daß er es sogar für richtig hielt, »sich selbst zu zerstören, solange er möglichst viel von der Welt insgesamt zerstörte«. Der Guru war der Überzeugung, er könne in diesem Leben »nicht alles tun«, aber – so hatte Hirota seine Worte in Erinnerung – »wir müssen alles tun, was wir können«. Für Hirota ergab sich daraus zweifelsfrei, daß im nächsten Leben die Zerstörung wiederaufgenommen werden konnte. Damit »leugnete [der Guru] die Legitimität der Welt und der menschlichen Existenz überhaupt«.

Verwandlung nach Art von Aum

Der engste Jünger des Gurus, Yoshihiro Inoue – der einmal gesagt haben soll, »wenn der Meister mir befehlen würde, meine Eltern zu töten, würde ich es tun« –, schilderte, wie die Jünger durch Beschämung dazu gebracht werden konnten, sich die Gewalt von Asaharas Vision zu eigen zu machen. Da der Guru »der Erlöser der Menschheit« war, galt jede seiner Anordnungen, mochte sie Aum auch noch so sehr gefährden, als »eine *mahāmudrā* für seine Schüler«, eine Prüfung ihres unbedingten Gehorsams; jedes Unvermögen, sie korrekt auszuführen, war »das Ergebnis des schlechten Karmas der Jünger«. Die einzige Möglichkeit zur Überwindung der dadurch ausgelösten Scham bestand darin, sich vorbehaltlos seinem bizarren psychologischen Universum zu überantworten. Nehmen wir den Fall, als Asahara befahl, ein Aum-Mitglied zu erwürgen, das versucht hatte, die Mutter seines Freundes zu befreien, die unter Drogen gesetzt und medizinisch mißhandelt wurde. Als die Beteiligten, darunter auch Inoue, Hemmungen hatten und deshalb den Befehl nicht sogleich ausführen konnten, brüllte der Guru, der anwesend war: »Wenn ihr es nicht tun könnt, dann werde ich es selbst tun.« Die Vorstellung, daß der Guru von seinem göttlichen Podest herabsteigen und das Opfer mit seinen eigenen Händen töten würde, weil seine Schüler seinen Befehl nicht ausführen konnten, war für Inoue so beschämend, daß er »keine andere Wahl hatte, als etwas zu unternehmen«. Also half er mit, das Opfer festzuhalten, das dann mit einem Kissen erstickt wurde. Im Lauf der Zeit ging diese Scham mit tiefer Furcht einher. Da er die Lehre vom *poa* nur allzugut kannte und den Vollzug des *poa* an anderen miterlebt hatte, sprach Inoue von einem »tiefen Erschrecken« bei dem Gedanken, selbst einem *poa* zum Opfer zu fallen, und die loyalen Jünger konnten auch nichts dagegen sagen, falls der Guru sie töten lassen würde. »Diese blinde Ergebenheit gegenüber dem Guru«, wie Inoue später feststellte, »bewirkte beim Guru eine ebensolche Entartung wie bei seinen Schülern.«

Ein ehemaliger Aum-Jünger traf eine wichtige Feststellung über den Wandel in Asaharas Gurutum:

»Im Jahre 1990 versuchte der Guru, Botulismuserreger zu verbreiten, um eine Verbindung mit den damaligen Menschen herzustellen ... [So war es auch] 1993, als er Milzbrandbazillen freisetzen ließ, und selbst beim Sarinanschlag in Tokio. Auf diese Weise wandelte sich die Erlösung des Gurus von einer Erlösung durch Erleuchtung und Befreiung in diesem Leben zu einer Erlösung in der Zukunft durch *poa* und die Herstellung dieser Verbindung.«

Getrieben von seinem Größenwahn, strebte der Guru danach, jeden Menschen auf Erden in sein einzigartig »authentisches« Unsterblichkeitssystem einzuschließen, der einzige Weg zur Unsterblichkeit, der heute der Menschheit offenstehe. Der begriffliche Schlüssel hierzu war *poa*. Indem er jeden in der Welt tötete und diese Taten als *poa* auffaßte, konnte Asahara großzügig die Unsterblichkeit zuteilen, die er allein kontrollierte, während er seine Aufgabe als weltzerstörerischer Guru erfüllte.

Dieses maßlos phantastische Tötungsprojekt erforderte eine intensive innerpsychische Beteiligung durch seine obersten Jünger. Es zwang sie, ein relativ autonomes Aum-Ich zu entwickeln, ein »heiliges, sorgloses Bewußtsein«, das sie in die Lage versetzte, alle Zweifel ihres früheren Ichs hinwegzufegen. Auch sie mußten zu einem Teil der »Verwandlung« werden.

Die Aum-Erfahrung der »Transzendenz« wurde auf diese Weise unmittelbar mit dem Töten verknüpft, eine leidenschaftliche Version der *Vajrāyana Resolution,* einer Broschüre, die an vertrauenswürdige Aum-Mitglieder verteilt und manchmal laut vorgelesen wurde:

»Ich werde allen Missetätern *poa* geben.
Ich werde allen Missetätern *poa* geben.
Ich werde allen Missetätern *poa* geben.
Ich werde alles tun, was für die Erlösung
der Welt notwendig ist ...
Ich werde das gesamte Vajrāyana praktizieren ...
Ich werde mit dieser Praktik nicht aufhören,
auch wenn ich daran sterbe ...
Ich werde Vajrāyana praktizieren,
ohne mir Gedanken zu machen.
Jetzt, wie es in der Bibel steht,
kommt endlich der Tag Armageddons.
Ich werde mich der heiligen Armee anschließen,
um allen Missetätern *poa* zu geben.
Ich werde ein, zwei, vielen bösen Menschen *poa* geben.
Poa ist die Erlösung der Welt.
Poa ist verdienstvoll.
Das Praktizieren von *poa* wird mich in die höchste Welt führen.«

Asahara liebte es, mit Worten zu töten: Der Akt des *poa,* erklärte er, bedeute »das Verwandeln einer Person, die Schlechtes tut«. »Verwandeln« war demnach ein Euphemismus für einen Euphemismus: *poa* hieß morden, und mit einem Mord endet natürlich jede Möglichkeit einer Verwandlung im Opfer – freilich nicht im Mörder selbst.

Aums große Mission wurde die vollkommene Zerstörung »des anderen«. Ein scharfsinniger Beobachter faßte es in diese Worte: »Wenn du den Guru triffst, klone ihn! Wenn du andere triffst, gib ihnen *poa*!« Oder noch anders ausgedrückt, das Töten aller anderen außerhalb eines auserwählten Kreises von Jüngern verhieß, die Mitglieder dieses Kreises in höchstem Maße unsterblich zu machen, exklusiv in ihrem Anspruch auf Reinheit und Leben, allmächtig in ihrer Zuteilung einer Daseinsberechtigung und zu den alleinigen Vermittlern der einzigen »Verbindung«, die für die beschmutzten übrigen in der Welt zählte – die Verbindung, durch die der allmächtige Guru seinen altruistischen Genozid vollbringen würde.

4.
Klone des Gurus

Die von Aum ausgehende Gewalt wurde durch ihren ins Extreme gesteigerten Guruismus möglich gemacht – ein Extrem in menschlichen Beziehungen, das fast jedes Vorstellungsvermögen sprengt. Wohl kaum ein Außenstehender dürfte vergleichbare Erfahrungen gemacht haben. Und Insider – Mitglieder von Aum – können erst anfangen, dieses Extrem innerlich zu verarbeiten, wenn sie begonnen haben, sich von den Ansprüchen und Belohnungen des Systems zu befreien. Das Einssein mit dem Guru, nach dem jeder Jünger gestrebt hat, gleicht auf den ersten Blick der Verbundenheit eines Fötus mit seiner Mutter kurz vor der Geburt. Doch dieses regressive Modell läßt sich nur beschränkt anwenden, weil wir es hier mit Erwachsenen zu tun haben, die eine spezielle Form einer Beziehung zwischen Erwachsenen suchen, die zwar radikal einschränkend ist, aber dennoch als explosiv befreiend erlebt wird. Die Verschmelzung der Jünger mit ihrem Guru konnte zudem in vielfältiger Weise erfolgen.

Der vollkommene Mensch

Kurz und stämmig, ein Mann von Anfang Dreißig, war Isoda mir gegenüber anfangs nervös und mißtrauisch, obwohl er mir von Bekannten vorgestellt worden war, zu denen er Vertrauen hatte. Der äußerst sprachgewandte Mann ließ sich jedoch sehr bald bereitwillig auf unser Gespräch ein. Bei unserer zweiten Begegnung erklärte er, er halte meine Arbeit für potentiell nützlich, um zu verstehen, was die Menschen in Aum erlebt hätten, vor allem in der Beziehung zwischen Guru und Jünger, und um zukünftige vergleichbare Sekten bekämpfen zu können. Im Verlauf unserer insgesamt vier Gespräche erwies sich Isoda als ein Mann von außergewöhnlicher Energie und schonungsloser Selbstprüfung. Er hatte Aum zwar nur sieben Monate lang angehört, kürzer als die meisten ehemaligen Mitglieder, die ich interviewt hatte, doch die Intensität, mit der er in die Sekte »eingetaucht« war, wurde von keinem von ihnen erreicht.

Er paßte gut in das allgemeine Profil, dem ich bei ehemaligen Aum-Anhängern begegnet bin. Dieses entsprach nicht etwa den Dimensionen eines rigiden Persönlichkeitstypus, sondern einem mehr oder weniger gemeinsamen Ensemble von Tendenzen, in deren Zentrum das Gefühl einer Entfremdung von der etablierten Gesellschaft und der Abneigung ihr gegenüber stand. Als ein Mensch mit künstlerischen Neigungen sah er sich als »nutzlos« für diese Gesellschaft und widersetzte sich ihren unnachgiebigen Anpassungsforderungen und ihrem extremen Konformismus. Gleich vielen anderen ehemaligen Aum-Mitgliedern (und überhaupt vielen Japanern) unterstrich er seine starke Abhängigkeit von einer gluckenhaften Mutter, die trotz seines Bedürfnisses, ein »Reformer« oder gar ein »Revolutionär« zu werden, ihn selbst dann noch bemutterte, nachdem er aus der elterlichen Wohnung ausgezogen war. Gleich vielen anderen fühlte er sich von Aum zu einer Zeit angezogen, als es in seinem Leben zu einer schmerzlichen Verunsicherung – er sprach von »Sackgasse« – im Hinblick auf seinen weiteren Werdegang als Künstler und seine unbefriedigten spirituellen Bedürfnisse kam. In der Rückschau bezeichnete er sich als einen Idealisten, der »nicht in die Gesellschaft paßte« und »immer nur Ärger machte«.

Beeindruckt von Aum-Anhängern, die er bei einer kleinen öffentlichen Zeremonie kennenlernte, schloß er sich spontan der Gruppe an und stürzte sich rückhaltlos in ihre religiösen Übungen, denn es war »seine Art, eine Sache ganz zu machen«. Er fühlte sich mit Macht zu der Gruppe und vor allem zu ihrem Guru hingezogen, der scheinbar allwissend und ein außerordentlich wirkungsvoller religiöser Lehrer war. »Ich hatte jemanden gesucht, der wesentlich mehr darstellte als ich selbst, hatte aber noch niemanden gefunden. Ich dachte, er wäre wohl die geeignete Person, die ein Mentor für mich sein könnte.«

Nachdem er an den intensiven Meditationsübungen der Sekte, an ausgedehnten Ritualen des Niederwerfens vor dem Guru und Yoga-Atemübungen teilgenommen hatte, stellten sich bei ihm bald »mystische Erlebnisse« ein; hierzu gehörten Visionen, in denen er weißes und farbiges Licht, den Buddha und den Guru sah, sowie Empfindungen, den eigenen Körper zu verlassen. Diese Erfahrungen hatten für ihn eine große Bedeutung: »Nachdem ich in Aum eingetreten war, erlebte ich diese Körperempfindungen und begann, an Asahara zu glauben.«

Um seine Bindung an den Guru zu festigen, lauschte Isoda ebenso wie die übrigen Aum-Jünger stundenlang über Kopfhörer der Stimme des

Gurus, während gleichzeitig seine Worte vor ihm auf einem Videogerät aufleuchteten. Alle Jünger unter zwanzig Jahren mußten diese Video- und Tonbandsequenzen dreihundertmal am Tag über sich ergehen lassen, die Zwanzig- bis Dreißigjährigen fünfhundert- und die Dreißig- bis Vierzigjährigen tausendmal. Je älter der Jünger war, desto länger war er in seinem Leben den »beschmutzten Daten« der Welt ausgesetzt; diese wurden systematisch von Freimaurern und Juden manipuliert, deren Methode der Sicherung ihrer Herrschaft über die Welt darin bestand, die Menschen zu verdummen. Allein Asahara verfügte über die besondere Macht, »die Daten zu ändern« und sie durch Aums Daten der Höchsten Wahrheit zu ersetzen. Asahara erklärte die Wirkungsweise seiner Methode mit folgenden Worten: »Ihr wiederholt [meine Worte] fünfmal, zehnmal, tausendmal, zehntausendmal, hunderttausendmal. Wenn ihr das tut, gewinnen diese Daten im Innersten eurer Herzen eine zentrale Bedeutung.«

Isoda, der mittlerweile überzeugt war, daß der Guru tatsächlich (wie Asahara selbst erklärt hatte) »der letzte Erlöser dieses Jahrhunderts« war, und ein neues Gefühl personaler Ganzheit und eines Lebens hatte, »das für [ihn] alle Möglichkeiten bereithielt«, hatte seine Verbindung zu Asahara durch mehrere Initiationen weiter verstärkt. Bevor ihm das LSD für seine Christus-Initiation überreicht wurde, mußte Isoda zur Sicherheit gegen eine mögliche Inkontinenz, die sich im Lauf der mehrstündigen Initiation einstellen konnte, eine Windel anlegen. Welche Gründe auch sonst noch für diese Maßnahme sprechen mochten, in jedem Fall stand sie im Einklang mit einer Infantilisierung im Dienste der Beziehung zwischen Guru und Jünger. Isoda mußte außerdem mit seinem Fingerabdruck eine Verpflichtung »unterschreiben«, Aum für nichts haftbar zu machen, was ihm während der Initiation widerfuhr, und über deren Einzelheiten gegenüber Außenstehenden unbedingtes Stillschweigen zu bewahren. Er erinnerte sich, daß er im Lotussitz dasaß und in Erwartung des Erscheinens von Asahara meditierte. Er sprach davon, daß sein Bewußtsein so »extrem erhoben« war, daß er »Lichter zu sehen begann. Ich konnte es kaum erwarten, bis er kam.« Der Guru erschien umgeben von seinen Anhängern, »wie das Gefolge eines *daimyōs* [Feudalherr]«. Isoda spielte mir die Szene vor, wie Asahara auf einem Stuhl saß und mit tiefer Stimme psalmodierte, er – der Guru – und Gott Shiva seien »große Sieger der Wahrheit«. Danach überreichte Asahara ihm ein Weinglas, in dem sich das LSD befand. »Woran ich mich von da an noch erinnern kann, war, daß ich bei der Berührung seines Fingers eine tiefe Befriedigung empfand. Die Berührung bedeutete, daß höhere

Energie über die berührte Stelle zur niedrigeren Energie [Isodas Körper] floß, und als das geschah, war ich tief ergriffen.« Nachdem er das LSD genommen hatte, erlebte er seiner Erinnerung nach nur eine völlige Desorientierung und fühlte sich beschämt – ein Gefühl, daß »dies mein Fehler und nicht der Asaharas war« –, weil es ihm nicht gelungen war, ein weiteres mystisches Erlebnis zu haben. Außerdem hatten sich bei ihm Selbstzweifel geregt, weil er einen strengen Gesichtsausdruck bei Asahara beobachtet hatte, als dieser ihm das Glas mit dem LSD überreichte.

Die Initiation verstärkte Isodas Faszination durch Asahara und Aum. Für ihn war Asahara wie für viele andere »größer als Gott, jenseits von Gott« und ein »vollkommener Mensch«. Isoda fühlte sich eine Zeitlang allein durch das Extreme seiner Guruverehrung äußerst wohl. Er hatte das Gefühl, vom Guru eine außerordentliche Energie zu beziehen, und je größer seine Hingabe, desto größer war die Energiemenge, die ihm zuzufließen schien. Er war überaus erfreut, als Asahara ihm sagte, er sei »in einem früheren Leben ein führender Jünger des Gurus gewesen«, und noch mehr über seinen schnellen Aufstieg innerhalb von Aum, weil das bedeutete, daß er »von Asahara anerkannt wurde«. Er gelangte zur Überzeugung, »wenn ich ihm folgte, würde mein Leben zu etwas Neuem« und das Band zwischen beiden würde unendlich: »Wenn Sie mit dem Guru in dieser Welt verbunden sind, dann können Sie auch in der nächsten Welt bei ihm bleiben.« Als die Gottheit, welche »die Geschichte lenkt«, war Asahara für Isoda mehr als sein »existierender Körper«. Er konnte andere Körper in anderen Dimensionen annehmen, so daß er »Sie immer ansah und Sie beurteilte, wo immer Sie sein mochten«.

Die Unsterblichkeit, die von Asahara verliehen wurde, war kosmisch. Deshalb war der Tod »nichts, was man zu fürchten brauchte, denn man ging ja in eine höhere Welt ein«, wo man durch den Guru auf ewig beschützt wurde. Isoda hatte schließlich das Gefühl, daß sein persönliches Dasein seinen Sitz im Guru hatte, daß »es nur den Guru gab. Er war alles, die einzige wichtige Person im Universum, so daß Sie ihm natürlich folgen wollten, gleichgültig wohin, selbst in die nächste Welt.« Indem er mit Asahara eins wurde, teilte Isoda mit anderen Jüngern das Gefühl, Teil einer letzten, transzendenten Kraft zu sein:

»Er herrschte über alles, und deshalb brauchte er nichts zu erklären. Sie sind hier auf der Erde für sechzig oder achtzig Jahre, aber das Leben Shōkō Asaharas erstreckt sich in die Vergangenheit und in die Zukunft. Wenn ich bei ihm war, empfand ich eine echte Freude darüber, einer Elite anzugehören, ein Gefühl, daß ich anders bin als alle anderen [außerhalb von Aum], daß ich überlegen und einer aus einem auserwählten Volk bin.«

Diese hochgespannte Freude und Befriedigung machte Isoda in höchstem Maße empfänglich für Aums Botschaft, mit dem Guru zu »verschmelzen« und ein »Klon« von ihm zu werden.

Der Prozeß des Klonierens wurde durch Asaharas Armageddon-Predigten dringlicher gemacht. Für Isoda, der ohnedies Japan im Niedergang sah, war diese Prophezeiung zu großen Teilen überzeugend. »Die Welt wurde immer schlechter«, war sein Credo, und näherte sich immer schneller Armageddon mit ihrer zunehmenden Schlechtigkeit und Verderbtheit, vor allem Sex, Sport und Fernsehen. So folgte Isoda bereitwillig dem Vorschlag, an einem speziellen »Armageddon-Seminar« teilzunehmen, in dem nachdrücklich behauptet wurde, daß die Menschen und ihre Waffen die Welt und vor allem sich selbst zerstören würden:

»Immer und immer wieder zeigten sie Videofilme vom Krieg auf der ganzen Welt, von Kämpfen in den entsetzlichsten Formen, von Menschen, die auf eine furchtbare Weise sterben mußten. Sie zeigten jede Katastrophe, und dann sprachen sie über das Star-Wars-Programm, Kernwaffen und Plasmawaffen, die im nächsten Krieg eingesetzt und keine Zerstörungen anrichten, sondern nur Menschen töten würden.«

Isoda empfand nicht nur Furcht, sondern auch Aufregung. Alles paßte zusammen: das bevorstehende Ende des Jahrhunderts und Jahrtausends, die Prophezeiungen des Nostradamus und die Chance zu einer Erneuerung der Menschheit. Armageddon war eine einmalige historische Gelegenheit. »Wenn wir diese Gelegenheit verpassen, wird sie vielleicht nie mehr wiederkommen«, sagte er mir und lachte dann etwas verlegen, weil diese Äußerung ihm inzwischen so absurd vorkam. Armageddon würde ein grandioses Ereignis sein, das man nur überleben konnte, wenn man Asahara folgte. Wie allen anderen Aum-Mitgliedern war ihm zwar eigentlich nicht recht klar, *wie* Asahara seine Anhänger retten würde, »aber«, setzte er hinzu, »ich dachte mir, das wird er schon selber wissen«. Er war überzeugt, daß sein persönliches Überleben davon abhing, durch immer strengere und anspruchsvollere Formen der spirituellen Übung dem Guru näherzukommen. Damals drängte Isoda auch seine Eltern und seine beiden Brüder, in Aum einzutreten, damit auch sie gerettet werden könnten.

Er begann sogar, sich nach einer apokalyptischen Lösung zu sehnen: »Es gab etwas in mir, das darauf hoffte, daß Armageddon eintreten möge, weil es schneller geht, wenn wir zuerst alles zerstören. Dann würde etwas Neues geboren werden.« Isoda erlebte an sich eine »wachsende Vorfreude« in Verbindung mit zwei visionären Phantasien, die er während seiner Zeit in der Sekte hatte. In der ersten ist die Welt untergegangen:

»Der Guru sitzt auf dem Gipfel eines Berges, umgeben von Menschen, die als hochstehende Jünger anerkannt sind, auserwählte Menschen, und ich bin auch dabei. Es war ein sehr heroisches Gefühl. Ich habe mir das ganz lebhaft vorgestellt. Ich werde überleben, habe ich mir gesagt, überleben und die Welt regieren!«

Die zweite Phantasie war bescheidener und privater, aber nicht weniger lebhaft. Er stellte sich vor, mit einer attraktiven und begabten Künstlerin verheiratet zu sein, die ebenfalls Aum-Anhängerin war und die er von weitem bewundert hatte; gemeinsam genossen sie die Ruhe und Harmonie, die auf Armageddon folgen würde. Die Hochzeit würde sogar »vom Guru befohlen« werden.

Wie aus Isodas Schilderung hervorgeht, waren für einen Jünger, der sein Verschmelzen mit dem Guru verabsolutieren, ja sich sogar als ein Klon des Gurus wahrnehmen konnte, die psychischen Belohnungen gleichfalls absolut. Mit dem Guru als seinem Werkzeug zum Überleben konnte Isoda dem Ende der Welt »nicht als einem Schrecken, sondern als einer Wunscherfüllung« entgegensehen. Trotz alledem verspürte er Gefühle der Zwiespältigkeit und des Zweifels. Er empfand bestimmte Übungen als »dumm« und »geisttötend«. Er stellte die Vorstellung in Frage, daß es eine Weltverschwörung von Freimaurern und Juden gebe, vor allem als man ihm sagte, sie sendeten gefährliche »elektromagnetische Ströme« aus. Selbst im Hinblick auf Asahara befand er sich in einem »halb gläubigen und halb zweifelnden« Zustand und fragte sich, ob »das alles nicht vielleicht ein Schwindel war«. Doch um diese Zweifel zu unterdrücken, versenkte er sich noch tiefer in die Übungen und Glaubenssätze der Sekte. Denn noch hatte er das alles bestimmende Gefühl: »Ich brauchte Aum.«

Isoda hatte anscheinend eine Art Verdoppelung vorgenommen: eine Spaltung des Ichs in zwei relativ autonome Gebilde, wobei das frühere Ich zu einem Teil an seinen früheren Maßstäben festhielt und Zweifel hegte, worauf das Aum-Ich reagierte, indem es sich immer stärker der kultischen Erfahrung in der Sekte hingab. Dieses Muster war bei den Jüngern verbreitet, von denen einige, wie Isoda, die größten Schwierigkeiten hatten, auch nur mit dem Gedanken zu spielen, das Leben in Aum aufzugeben. Isoda hatte sich vollkommen in die Gruppe »investiert«, sowohl in einem wörtlichen Sinn, da er ihr sein ganzes Geld und seinen sonstigen Besitz vermacht hatte, als auch in einem viel wichtigeren psychologischen Sinn durch seine »wertvollen mystischen Erfahrungen«, seinen Glauben an die Verheißung eines Überlebens von Armageddon und seine Teilhabe an dem alles verzehrenden Erlösungsprojekt seines Gurus.

Da er selbst in seinem Leben viele Zurückweisungen erfahren hatte, gelangte Isoda zu dem Eindruck, daß es wohl nicht nur die phantasierte Vollkommenheit des Gurus in der Gegenwart war, was ihn zu diesem hingezogen hatte, sondern auch der Umstand, daß auch der Guru in der Vergangenheit die Erfahrung eines fortwährenden Scheiterns gemacht hatte. Er nannte mehrere Beispiele für diese Zurückweisung Asaharas durch die Gesellschaft: daß man ihn in eine Blindenschule geschickt hatte, seine Konflikte mit dem Gesetz, seine Unfähigkeit, zur Universität Tokio zugelassen oder Arzt zu werden, und selbst die Gerüchte über seine Herkunft aus einer verachteten Bevölkerungsschicht. In diesem Punkt brachte Isoda die besondere Anziehungskraft des Gurus auf junge Menschen zum Ausdruck, die sich in der einen oder anderen Weise als Versager oder Außenseiter fühlten.

Isoda teilte auch den Größenwahn, den Asahara aufgrund seiner Fehlschläge ausgebildet hatte. Zwar galt dies auch für andere Aum-Jünger, mit denen ich sprechen konnte, doch keiner brachte es so unverblümt auf den Punkt wie er:

»Um es mit einem Wort zu sagen: Ich bin arrogant. Statt einfach an Asahara zu glauben, glaubte ich an mich selbst. Ich war überzeugt, ein großartiger Mensch zu sein und deshalb auch zu überleben ... Ich glaube, meine Persönlichkeit ist wie die Persönlichkeit Shōkō Asaharas. Wenn ich eine Straße entlanggehe, hänge ich meistens meinen Phantasien nach, und wenn man in Aum auf diese Weise seinen Phantasien nachhing, ging es um Armageddon ... Statt zu denken, daß Asahara über mir stand, hatte ich eher das Gefühl, daß wir ebenbürtig seien. Das ist einer der Gründe, warum ich Aum verlassen habe, weil es keine zwei Führer geben kann.«

Doch diese phantasierte Rivalität wurde mühelos durch seine Identifikation mit dem Allmachtssystem des Gurus neutralisiert: »Ich wollte überleben, und ich wollte ein Held sein. Das hat nichts mehr mit Logik zu tun. Es war fast wie eine Selbsthypnose.« Isodas Selbstverherrlichung war so stark, daß er sich sogar die Schuld an den Schwierigkeiten der Sekte gab, ihr gewaltfreies spirituelles Utopia zu verwirklichen: »Da man uns gesagt hatte, wie sehr uns schlechtes Karma aus unseren früheren Leben behindern konnte, und da ich erst relativ spät eingetreten war, machte ich mir immer wieder Vorwürfe, daß ich nicht früher zu Aum gegangen war. Eine Zeitlang fühlte ich mich schuldig und sagte mir: ›Zu ärgerlich, weil ich erst so spät eingetreten bin, hat sich der Plan zur Erlösung der Menschheit verzögert.‹«

In unseren Interviews konnte er über sich selbst und Asahara wegen ihrer Allmachtsphantasien spotten sowie darüber, daß Asahara »König der Erde, des Universums« sein und »ein Roboterreich mit Robotern als Anhänger errichten« wollte. Solche Einstellungen kamen seiner Überzeugung nach nicht ausschließlich von Asahara, sondern wurden vom Guru und seinen Jüngern »gemeinsam erzeugt«. »Asahara war nur ein Teil davon«, betonte er. Zum Sarinanschlag sagte er: »Ich glaube nicht, daß er allein für den Vorfall verantwortlich ist.« Sich auf eine Studie von mir beziehend, die ich ihm geschickt hatte, sagte er, Aum habe eine totalitäre Organisation und einen ebensolchen Geist. Dieser Geist manifestiere sich in den hochrangigen Jüngern, die Asahara in seinen Exzessen noch bekräftigten, statt ihn zu zügeln. Obgleich Isoda nicht daran zweifelte, daß Asahara mehr als jeder andere zur totalitären Atmosphäre Aums beigetragen hatte, war er der Meinung, der Guru selbst habe sich darin verfangen und nicht mehr daraus befreien können.

Dennoch war Isoda so sehr mit Asahara verbunden, daß er auf den Sarinanschlag psychisch vor allem mit aufgeregter Erwartung reagierte: »Ich dachte, endlich ist der Tag von Armageddon gekommen! Er ist gekommen! Die Menschen in meiner Umgebung waren alle froh darüber. Wir sind Erlöser! Endlich sind wir an der Reihe! Ich habe gar nicht danach gefragt, wer die Täter waren.«

Die drei letzten Monate Isodas in Aum waren intensiv und verwirrend. Als einer von mehreren Sprechern der Sekte mußte er häufig der Presse den Standpunkt von Aum erklären – daß die Vereinigten Staaten, die japanische Regierung oder andere Feinde von Aum hinter dem Attentat steckten. Während er sich noch immer Asahara zutiefst verpflichtet fühlte, befand er sich mit seinen unmittelbar Übergeordneten in Aum in Konflikt. Zunehmend hatte er das Gefühl, daß an der Gruppe irgend etwas »merkwürdig« war. Als andere seine Zweifel bemerkten, wurde er angewiesen, sich einer vierwöchigen Nachschulung mit besonders intensiven Formen von Yoga, Meditation und Sprechgesang zu unterziehen, und danach fühlte er in sich wieder »eine Menge Energie« und ein Wiederaufleben der Begeisterung für Aum. Doch das war nur vorübergehend. Bald schwankte er erneut. Schließlich verließ er Aum, als eine Tageszeitung ihn einstellte und beauftragte, zusammen mit ihren Reportern eine Serie über die Sekte zu schreiben. Noch war er sich unschlüssig, wer den Kampfgasanschlag verübt hatte, doch aufgrund einer ausführlichen Berichterstattung in den Medien, zu denen er Zugang hatte, gelangte er schließlich zu der Überzeugung, daß tatsächlich Aum dahintersteckte. Außerdem übte er heftige Kritik an Asahara und anderen führenden Aum-Mitgliedern nicht nur wegen des Sarinanschlags, sondern auch wegen ihrer sexuellen Heuchelei, vor allem an den »tantrischen Initiationen« des Gurus an jungen Anhängerinnen, während er für alle anderen sexuelle Enthaltsamkeit predigte. In einer für ihn typischen Weise kritisierte Isoda auch seine eigene Heuchelei, womit er in erster Linie seine heftigen sexuellen Begierden während seiner Zeit in der Gruppe meinte.

Noch immer mit der Frage der Verantwortung des Gurus und seiner Macht über ihn beschäftigt, wurde Isoda von der Erkenntnis umgetrieben, daß er bei einem frühzeitigeren Eintritt in Aum einen höheren Rang erreicht hätte und möglicherweise selbst an dem Sarinanschlag beteiligt gewesen wäre. »Ich wäre heute ein Verbrecher. Ich wäre ein furchtbarer Mensch geworden. Das ist der Grund, warum ich mich schuldig fühle.« Das alles lastet auf ihm, weil seine Erfahrungen in Aum ihm seine »wirklich bösen Wünsche in meinem Innern« schmerzhaft bewußt gemacht haben. Damit bezog er sich auf die mit der Bindung an Asahara zusammenhängenden Impulse, die Welt zu zerstören und selbst ein großer Führer oder König zu werden.

Doch obwohl er inzwischen die Aktivitäten von Aum als verbrecherisch erkannte, hatte Isoda gleich vielen anderen ehemaligen Aum-Anhängern beträchtliche Schwierigkeiten, sich psychisch von Asahara zu lösen. Verstärkt wurde das Problem durch sein ungewöhnlich hohes Maß an persönlicher Identifikation mit dem Guru, durch seine Phantasie, wie Asahara zu sein. In unserem letzten Interview, das zwei Jahre nach dem Sarinanschlag stattfand, konnte er noch in einem etwas verwirrten Ton sagen: »Aus irgendeinem Grund habe ich keinen wirklichen Haß auf diesen Menschen. Ich hege sogar eine gewisse Sympathie für ihn. Selbst nachdem ich von dort weggegangen bin, hatte ich das Gefühl, daß er vielleicht ein großer Mensch ist.«

Der Herr über Tod und Wiedergeburt

Ogata, der »Armageddon-Krieger«, war seit früher Kindheit von Gedanken an den Tod besessen. Als mehrere seiner Verwandten gestorben waren, stellte er verwirrte Fragen, wohin Tote eigentlich gehen, erhielt jedoch keine zufriedenstellende Antwort, bis ihm ein anderer Junge sagte, daß »es so etwas gebe wie eine Wiedergeburt«. Zehn Jahre später, als Ogata eine Universität besuchte, nahm dieser Jugendfreund, der inzwischen in Aum eine führende Rolle spielte, Kontakt zu ihm auf und versorgte ihn mit Büchern und Broschüren von Aum zum Thema Reinkarnation, die von Ogata »geradezu verschlungen« wurden. Nachdem er ein Aum-Video mit dem Titel »Tod und Wiedergeburt« angesehen und eindrucksvolle Predigten Asaharas über Reinkarnation gehört hatte und sich davon sehr angesprochen fühlte, beschloß er, in die Sekte einzutreten. Seine Obsession führte Ogata dazu, die in Aum angebotenen spirituellen Übungen – Meditation, Atemübungen, das Psalmodieren von Mantras und wiederholtes Niederwerfen auf den Boden – besonders intensiv zu praktizieren. »Nach den Aum-Lehren«, erläuterte er, »sind solche asketischen Übungen Vorbereitungen auf den Tod, und ich war fest von der Wahrheit dieser Lehren überzeugt.«

Nachdem er tief in die Atmosphäre von Aum eingetaucht war, wurde er der demütigenden Bardo-Initiation unterworfen, in deren Verlauf man ihm die Beine so zusammenband, daß er stundenlang den Lotussitz einnehmen konnte:

»Ich erschien vor einer [verborgenen] Person, die sich als Yama, Herr der Hölle, zu erkennen gab. Er sagte mir, er befinde sich am Fluß Sanzu, der Grenze zwischen den Lebenden und den Toten. Er sagte: ›Ich werde dich auf die Probe stellen, um zu entscheiden, in welche Welt du geboren werden wirst. Je nachdem, wie die Prüfung ausfällt, wirst du in den Himmel eingehen, oder du kannst als Mensch wiedergeboren werden oder als Tier oder als Ungeheuer in der Hölle.‹ Er sprach von sechs verschiedenen Welten und erklärte anschließend zornig: ›Du hast dies getan! Du hast das getan!‹ Und dabei schlug er jedesmal auf eine laute Trommel – bumm! – und schrie: ›Lüg mich nicht an!‹ Danach psalmodierte ich etwa eine Stunde lang ein Mantra.«

Dieser Bardo-Initiation folgte unmittelbar darauf eine Christus-Initiation, doch machte die erstere den größeren Eindruck auf ihn: »Sie war besonders schmerzhaft für mich. Ich dachte, daß eine Wiedergeburt ungefähr so aussehen würde. Eine Reinkarnation war für mich nichts Neues, doch diese Vorstellung gewann [durch die Initiation] für mich an Tiefe.« Jetzt, da er von Furcht erfüllt war, verstärkte sich seine Bindung an Asahara, den Herrn über Tod und Wiedergeburt. »Asahara hat diese Initiation geschaffen. Ich war überzeugt, daß die Reinkarnation, die er predigte, richtig war. Ich hatte den Eindruck, daß die Dinge nach dem Tod genau so passieren würden. Das würde die absolute Wirklichkeit sein.«

Sowohl die Initiation als auch die Lehren des Gurus waren eine »absolute Wirklichkeit«, die aus einer Welt »über uns« kam, und »wenn etwas schwarz war und Asahara sagte, es sei weiß, dann war es weiß«. Nachdem seine angstvollen, lebenslangen Fragen zu Tod und Wiedergeburt durch Asahara beantwortet waren, konnte Ogata mit einem Guru verschmelzen, dem er jetzt eine Allmacht zuschrieb, die sich auch auf die Welt im Jenseits erstreckte.

Der Heiler

Yano war ein erfolgreicher Geschäftsmann von Mitte Dreißig, als er in Aum eintrat. Ebenso wie Ogata hatten ihn Todesfälle in der Familie in seiner Kindheit und Jugend verstört, und zwar so sehr, daß er bei der Nachricht vom dramatischen rituellen Selbstmord des berühmten Schriftstellers Yukio Mishima 1975 einen traumatischen Schock bekam.

Als Ehemann und Familienvater erlebte er die Qualen seiner kleinen Tochter mit, die mit einem schweren Nervenleiden zu kämpfen hatte, das von den Ärzten weder diagnostiziert noch behandelt werden konnte. Als die ihr verschriebenen Medikamente kaum eine Wirkung zeigten, begann er sich mit »der Welt der Spiritualität« zu beschäftigen – er las verschiedene esoterische und New-Age-Bücher –, um einen alternativen Zugang zur Krankheit seiner Tochter zu finden. Als er eines Tages in einem Buchladen herumstöberte, fiel ihm Asharas Buch *Initiation* in die Hand. »Ich hatte das Gefühl, mein Körper sei gelähmt«, sagte er, »aber meine Beine trugen mich zum Aum-Ashram.« Er war fasziniert von Asaharas Version des *gedatsu* (»Erleuchtung«), die ihm »Befreiung vom Tod und den Leiden [verhieß], die ihm so nahe waren, und von der Wut auf die Welt«. In einem persönlichen Gespräch mit Asahara (das damals noch gegen eine Gebühr für jeden möglich war) brachte er das Leiden seiner Tochter zur Sprache. Ohne zu überlegen empfahl der Guru regelmäßige Übungen in bestimmten Yoga-Körperhaltungen, die Yano oder seine Frau mit dem kleinen Mädchen machen sollten. Schon bald nach der Aufnahme dieser Yoga-Übungen verschwanden die Symptome von Yanos Tochter einfach, eine Heilung, die in ihm eine tiefe Ehrfurcht auslöste. »Diese Methode hat meine Tochter geheilt«, erklärte er, noch immer mit starker Bewegung in der Stimme. »Ich habe ein Vertrauen in die Yoga-Heilung nicht nur für meine Tochter, sondern für alle meine Angehörigen und die Welt entwickelt.« Denn nachdem er diese und andere spirituellen Aum-Übungen mitgemacht hatte, fühlte auch er sich geheilt. »Gesundheitlich war ich ziemlich heruntergekommen, ich war spielsüchtig, trank ziemlich viel und war ein starker Raucher, doch jetzt ging es mit meiner Gesundheit wieder bergauf.« Er erlebte einen »Energieschub«. Dieser hatte zur Folge, daß er »im Winter leichtere Kleidung tragen und [sich] besser an die Natur anpassen konnte«.

Von diesen heilenden Erfahrungen angespornt, widmete sich Yano den Aum-Übungen mit außergewöhnlichem Eifer und gelangte in der spirituellen und organisatorischen Hierarchie innerhalb kurzer Zeit nach oben. Er erzählte mir, er habe einen Bewußtseinsstand erreicht, in dem er in der Lage war, »die Wahrheit des Mahāyāna-Buddhismus [zu erkennen], daß eines alles ist und alles eines«, sowie Bewußtseinszustände des esoterischen tibetischen Buddhismus zu erlangen, die Ähnlichkeit mit der Zen-Erleuchtung, dem Satori, haben. Außerdem hatte er mehrere »Bardo-Erlebnisse«, Bewußtseinszustände irgendwo zwischen dieser Welt und dem Jenseits, einschließlich »des Übergangs vom Leben zum Tod«, auch wenn es ihm nicht gelungen war, »vom Tod zur Wiedergeburt überzugehen« (ein Schritt, den nach seinen Worten der Dalai Lama beschrieben hatte). Aber er behauptete, die meisten Formen der Leerheit erlebt und möglicherweise auch in »weißem Licht« gebadet zu haben (in diesem Punkt war er sich allerdings nicht sicher). Alle diese Erfahrungen stellten weit fortgeschrittene spirituelle Errungenschaften dar, die im *Tibetischen Totenbuch* ausführlich erörtert werden.

Yano erlebte eine typische psychologische Sequenz, bei der seine Faszination durch den Guru einen äußerst wirksamen Reiz für mystische Erfahrungen darstellte, die wiederum seine Bindung verstärkten. Er war nicht der einzige, der mit Nachdruck behaupten konnte: »Meine Hingabe an Asahara beruhte auf meinen eigenen Erfahrungen.« Aber es gab noch ein weiteres wichtiges Muster, das bei ihm selbst sehr stark und wahrscheinlich auch bei den meisten übrigen ehemaligen Aum-Mitgliedern vorhanden war: ein Gefühl des Stolzes oder der Allmacht in der Teilhabe an der Macht des Gurus, begleitet von einem ebenso starken Gefühl der Unvollkommenheit und der Unzulänglichkeit, weil es trotz aller spiritueller Fortschritte immer einen entschwindenden Gipfel gab, den man nicht erreichen konnte. Dieses Bewußtsein einer eigenen Unvollkommenheit im Kontrast zur phantasierten Vollkommenheit des Gurus machte Yano anfällig für endlose Selbstbezichtigungen, Scham- und Schuldgefühle und für die Angst vor dem Tod in Verbindung mit einer Unsicherheit über die Stufe seiner nächsten Wiedergeburt.

Angesichts seines starken spirituellen Engagements konnte es nicht ausbleiben, daß Yano ein Mönch werden wollte. Doch im Fall eines verheirateten Mannes bestimmten die Aum-Regeln, daß entweder seine Frau und seine Kinder sich seinem Rückzug aus der Welt anschlossen oder daß er sich scheiden ließ, was Yano dann auch tat. Man könnte es so ausdrücken, daß er die Verehrung des Gurus und mystische Erlebnisse über sein Familienleben stellte, obwohl er seine Familie sehr liebte.

Ein weiteres Beispiel für seinen Kampf mit der Unvollkommenheit – das heißt sein Kampf mit dem Gurutum – ereignete sich während eines speziellen Seminars, auf dem er ein Gelübde abgelegt hatte, hunderttausend Aum-Flugblätter zu verteilen. Nachdem er sechzigtausend Stück verteilt hatte, meldete sich bei ihm »ein schlechtes Gefühl«, und er sah sich nicht mehr in der Lage, sein Gelübde zu erfüllen. An diesem Punkt »empfand ich einen starken Druck in meinem Kopf, der von oben kam«. Zunächst dachte er, darin komme der Zorn des Gurus zum Ausdruck, doch dann gelangte er zu der Überzeugung, es müsse das *shaktipat* oder die Übertragung der Energie des Gurus sein. Mit dieser Deutung des Drucks auf seinem Kopf »war es für mich sehr einfach, das Gelübde zu erfüllen und auch noch die restlichen vierzigtausend Flugblätter zu verteilen«. Nur die Übertragung der »Lebenskraft« des Gurus konnte Yanos Gefühl der Unzulänglichkeit überwinden. Er erlebte diesen Zustrom von Kraft als eine weitere Form der Heilung, auch wenn die Wirkung einer solchen Heilung nur vorübergehend war.

Das alte Muster kehrte beispielsweise zurück, wenn Yano sich auf »extreme Übungen« verlegte, in denen er und dreizehn weitere Jünger sich einer besonders anstrengenden Verbindung von Meditation und »stehender Andacht« oder ständigen Niederwerfens auf den Boden unterzogen. »Dabei sollten wir hunderttausendmal aufstehen und uns wieder zu Boden werfen. Aber ich habe es nur zehntausendmal geschafft, dann konnte ich nicht mehr. Ich hatte Schwierigkeiten, die Aufgabe zu erfüllen.« Während einige Jünger, darunter sein unmittelbarer Oberer, ihm ermutigend zuredeten, tat Asahara »genau das Gegenteil«. Er drückte sich »mehrdeutig« aus und gab Kommentare ab wie: »So ist es nun einmal« oder: »Da kann man nichts machen«. Er ließ Yano in eine kleine fensterlose Zelle schicken, wo dieser zwei Monate lang seinen spirituellen Übungen nachging, mit wechselndem Erfolg. »Ich ging mehrmals ins Licht, aber es nützte nichts, weil ich anschließend in die Finsternis zurückging.« Wie er es heute sieht, empfand er ein »gieriges Verlangen« nach seinen Kindern und seiner Frau, eine »Zuneigung« zu ihnen, die bedeutete, »ich mußte einfach [von Aum] weg«. Da er sich als »befleckt« empfand, verließ er das Hauptquartier von Aum und kehrte zurück zu seiner Familie. Als dort Aum-Mitglieder auftauchten und ihn drängten, zur Sekte zurückzugehen, erwiderte Yano, das werde er nur tun, »wenn Asahara hierherkommt und mich abholt«. Da Yano bis zu diesem Zeitpunkt zu einer führenden Persönlichkeit im kommerziellen Bereich der Aum-Aktivitäten aufgestiegen war, schickte der Guru seine obersten Jünger. Sie konnten Yano überzeugen, daß es noch »nicht zu spät« sei für ihn, um die spirituelle Stufe zu erreichen, nach der er sich sehnte, während sie gleichzeitig an sein Gefühl der Verantwortung gegenüber dem Guru und den Leuten appellierten, die unter ihm arbeiteten. Seine Entscheidung, zu Aum zurückzukehren, wurde auch durch die zurückhaltende Reaktion seiner Frau auf seine Rückkehr in die Familie beeinflußt.

Yano war zweifellos noch verwirrter, als aus seinen Schilderungen hervorging. Er empfand eine starke Ambivalenz gegenüber dem Guru, und in seiner Forderung, Asahara solle ihn persönlich zurückbringen, kommt eine Mischung aus Größenwahn, Widerstreben und dem Wunsch, seine unterwürfige Verbindung mit dem Guru zu vertiefen, zum Ausdruck.

Während seiner Zeit in Aum hatte Yano zunehmende administrative Aufgaben übernommen; er leitete andere Jünger an und war für mehrere der kommerziellen Unternehmungen von Aum verantwortlich. Auf dem Höhepunkt seines Engagements in der Sekte rief Asahara ihn jeden zweiten Tag an und fragte ihn salopp: »Na, wie läuft es?« (»Dō da?«) Als er mir diese Anrufe schilderte, ahmte Yano die Stimme des Gurus in einem Tonfall nach, der laut, herzlich, humorvoll und leicht spöttisch klang –, worin sich seine vielfältigen Wahrnehmungen von Asahara mitteilten, aber vor allem die tiefe Freude und Ehrfurcht, die er bei diesem regelmäßigen Kontakt mit der Stimme einer nahen Gottheit empfand.

Doch bei einer entscheidenden späten Begegnung mit dem Guru hielt Yano sich zurück. Im Frühjahr 1995 wurde er zu Asahara gerufen, der ihm die Frage stellte: »Weißt du, was ›das Gute‹ ist?« Yano schilderte die Szene so: »Ich wußte, was ich hätte antworten sollen, welche Antwort von mir erwartet wurde. Ich hätte sagen müssen, ›das Gute‹ bestehe darin, den Befehlen des Gurus zu gehorchen. Doch statt dessen sagte ich: ›Ich weiß es nicht.‹« Asahara brach in ein spöttisches Lachen aus und sagte: »Ist das wahr? Vielleicht solltest du ein Karaoke-Lokal führen.« Bald darauf wurde Yano von Tokio in eine Provinzstadt versetzt. Heute ist er davon überzeugt, daß der Guru ihn auf eine »Loyalitätsprobe« stellen wollte, bevor er ihn einer »Geheimarbeit« – irgendwelchen illegalen Aktivitäten – zuteilte.

Als ich ihn fragte, welche Arbeit man ihm möglicherweise zugeteilt hätte, wenn er die richtige Antwort gegeben hätte, vermutete Yano eine Mitwirkung an der späteren Entführung von Kiyoshi Kariya, dem Notar, der von Aum-Ärzten ermordet wurde. Seiner Meinung nach wollte der Guru erst noch entscheiden, für welche Aufgabe Yano eingesetzt werden sollte: »Es war eine Art Personalentscheidung, die er treffen wollte.«

Zu diesem Zeitpunkt wußte Yano bereits – oder er ahnte es zumindest –, was die Frage des Gurus bedeutete, denn es stellte sich heraus, daß er schon früher vom Guru eine Anweisung erhalten hatte, jemanden in Gewahrsam zu nehmen – eine Anweisung, die ihm »merkwürdig« erschienen war und deren Ausführung er umgehen konnte. Zweifellos war er auch auf andere Hinweise auf die gewalttätigen Neigungen von Aum gestoßen, vielleicht sogar die Lagerung von Waffen, doch hatte er sie offenbar abgewehrt oder sich solchen Entdeckungen gegenüber immunisiert. Er fand es erstaunlich, daß er angesichts seiner hohen Stellung in der Sekte nie aufgefordert worden war, »Geheimarbeit« zu verrichten. (Wahrscheinlich waren seine Zweifel nicht verborgen geblieben.) Ich gewann den Eindruck, daß er sehr viel Verdrängungsarbeit geleistet haben mußte, um sich die zerstörerische Natur der Geheimarbeit, die in seiner Umgebung vor sich ging, nicht eingestehen zu müssen.

Die Erlebnisse Yanos vermitteln etwas von der starken heilenden Komponente eines extremen Gurutums sowie von der Komplexität und Tiefe der Beziehung zwischen Guru und Jünger. Yano erinnerte sich an Augenblicke des Mißtrauens gegenüber Asahara sowie eine frühe »Eingebung, daß etwas nicht in Ordnung war, daß seine Augen merkwürdig wirkten«. Doch angesichts der Zwänge und der für ihn befriedigenden Aspekte der Welt von Aum »habe ich solche Eingebungen als Zeichen meiner Beflecktheit angesehen«. Man könnte hier von einer Tabu-Ambivalenz sprechen: Es treten kritische Empfindungen auf, die entweder sogleich unterdrückt oder der eigenen Schlechtigkeit oder »Beflecktheit« zugeschrieben werden. In diesem absolutistischen Muster (»die Lehre steht über der Person«) fühlt sich der Jünger genötigt, aus Gründen einer Demonstration nach außen und einer Reinigung nach innen seine Bemühungen um eine absolute Hingabe zu verstärken. Im Rückblick konnte Yano Asahara als »ein bemitleidenswertes Wesen« bezeichnen, »das seine Jünger dazu benutzte, seiner Rache an der Gesellschaft Ausdruck zu verleihen«, und der sie mit seinen Predigten von Armageddon manipulierte. Doch selbst nachdem er das gesagt hatte, konnte Yano sich nicht dazu durchringen, Asahara oder Aum ohne Wenn und Aber zu verurteilen.

Im Zusammenhang mit dem auch weiterhin von ihm praktizierten Buddhismus sagte Yano: »Im Shin-Buddhismus gibt es ein Paradox. Schlechte Menschen können dem Reinen Land am nächsten sein und einen echten Augenblick der Erlösung haben. Demnach können wir vielleicht sagen, daß Asahara derjenige ist, der dem Reinen Land am nächsten ist.« Wenn man das ganze Ausmaß der Zerstörung bedachte, die täglich auf der Welt stattfand, »war Aum keine große Nummer«, führte er außerdem an, womit er nicht nur seine anhaltende Bindung an Asahara zum Ausdruck brachte, sondern auch sein Bedürfnis, jedes Gefühl einer persönlichen Mitschuld an den Verbrechen von Aum zu verringern. Wie im Fall Isodas und anderer Jünger gehörte zu seiner Identifikation mit Asahara auch die mit dessen Größenwahn. So machte er sich beispielsweise lustig über Menschen, »die solche Dinge vom Standpunkt des gesunden Menschenverstandes aus betrachten« und denen das Paradox entgeht, daß »der buddhistische Nihilismus der wahre Kern der Aum-Lehre ist«. Während das letztere wahrscheinlich ein Körnchen Wahrheit enthält, war es aber zugleich auch ein Teil einer universalphilosophischen Position, die es Yano ermöglichte, sich kritisch über den Guru zu äußern und gleichzeitig zumindest partiell den Anspruch des Gurus auf höhere mystische Ziele zu bekräftigen. Auf diese Weise blieb Yano noch immer unter dem Bann seiner »Heilungserfahrung«.

Der Psychotherapeut

Nakano hatte sich seit Kindesbeinen für Geheimlehren interessiert und als Heranwachsender sogar ausgiebig Yoga praktiziert. Mit achtzehn Jahren verließ er seine Eltern in einer kleinen Provinzstadt, um eine Universität in Kioto zu besuchen. Die Einsamkeit, die nun folgte, war für ihn die Erfahrung »einer Stille neuer Art«. In dem Haus, aus dem er kam, hatte es ein reges Familienleben gegeben, »und immer machte jemand irgendwelche Geräusche«, während es in dem Haus, in dem er als Student wohnte, »überhaupt keine Geräusche gab, wenn ich nicht gerade selbst etwas tat«. Als er einen alten Schulfreund wiedertraf, der sich Aum angeschlossen hatte, war er beeindruckt von der Intensität und Bedingungslosigkeit seiner neuen Überzeugungen und vernahm ehrfürchtig seine Schilderung, daß asketische spirituelle Übungen dem Leben einen Sinn geben und den einzelnen befähigen können, »übernatürliche Kräfte« zu entwickeln. Nakano bekundete Interesse an der Sekte und erklärte sich bereit, mit einer »abgeklärten Person« zusammenzutreffen, die ihn im Unterschied zu seinem Freund nicht mit ihren neugewonnenen Überzeugungen erdrückte, sondern ihm aufmerksam zuhörte und ihn ermutigte, von sich aus Fragen zu stellen.

Da sein Freund für diesen Wunsch Verständnis zeigte, ging Nakano bereitwillig auf dessen Vorschlag ein, probeweise für sechs Monate in Aum einzutreten (ein Vorschlag, der potentiellen Mitgliedern häufig gemacht wurde). Nachdem er verschiedene spirituelle Übungen von Aum kennengelernt hatte, war er bereit, es mit allem zu »versuchen«, was ihm von Aum angeboten wurde. Dabei verhielt er sich rein rezeptiv (»ich machte einfach die Übungen, die man mir empfahl, ohne darüber nachzudenken, was sie bedeuteten«) und nachahmend (»ich orientierte mich an dem, was die anderen taten«). Sehr rasch ging er nun in der Sekte auf, und das mit wachsender Intensität. Zu Beginn einer besonders intensiven Übung (die »Hundertstundenübung«) dachte er, daß das wiederholte Anhören der Gesänge des Meisters »eigentlich albern« sei, doch schließlich hörte er sie an, »ohne Widerstände zu empfinden«.

Er erlebte einen »Wendepunkt«, als seine Bindung an Aum sich immer weniger mit seinem Universitätsstudium vertrug. Er suchte wieder seinen ersten spirituellen Betreuer auf, die »abgeklärte Person«, und schilderte ihm verwirrende sexuelle Regungen und einen unaufhörlichen Appetit (beides Impulse, die man als Aum-Adept durch spirituelle Übungen überwinden sollte) sowie ein Gefühl der Lethargie und eines allgemeinen Verlusts jeglichen Interesses am Leben. Der Betreuer sagte ihm, er sei »in sein Unbewußtes gefallen« und sein »unbewußter Wunsch nach Nahrung und Sexualität [sei] zutage getreten«. Zugleich beruhigte er ihn jedoch mit den Worten, offenbar habe er den Konflikt mental bereits geklärt: Gerade seine Symptome seien ein Hinweis darauf, daß er sich in seinem Innersten nach Aums asketischen Übungen sehne. »Gerührt« über diese Worte fügte sich Nakano und wurde einige Monate später ein Mönch.

Das war ein Beispiel für Aums Anwendung »therapeutischer« Fertigkeiten bei der Anwerbung von Mitgliedern und deren Bindung an die Sekte. Der Betreuer bewies sein Können, indem er seinen »Patienten« scheinbar ermutigte, seine eigene Entscheidung zu treffen, aber er tat dies im Rahmen dessen, was Aum als psychische Gesundheit definierte, und einzig mit dem Ziel, Nakano noch enger an die Sekte zu binden, statt seine persönliche Stärke und Autonomie zu unterstützen, wie es ein verantwortungsbewußter Therapeut getan hätte. Auf dieselbe Weise war der »therapeutische« Berater Nakano »behilflich«, die massiven Konflikte zu bewältigen, die dieser mit seinen Eltern erlebte, die gegen die

Sekte eingestellt waren, indem er der schmerzhaften Situation, die dieser zu Hause erlebte, die scheinbare Aufgeschlossenheit und das Verständnis in Aum gegenüberstellte.

Bis zu seiner Mönchsinitiation hatte Nakano in Asahara eine »distanzierte Person gesehen, die mit uns immer nur in einer Richtung redete«. Jetzt dagegen wurde der Guru zu einer bedeutenden Persönlichkeit, einer machtvollen Gestalt, der er sich unmittelbarer verbunden fühlte und deren Besessenheit von Weltuntergang seine Macht über Nakano zu verstärken schien. Trotzdem erlebte Nakano immer wieder Perioden, in denen er schwankend wurde. Einmal führte er wieder ein Gespräch mit seinem Betreuer, der ihm riet, seine religiösen Übungen zu intensivieren, weil er »eine besondere spirituelle Begabung« habe. Nach diesen Worten hatte Nakano eine »aufrüttelnde Erleuchtung«.

Doch die wirkungsvollste »Therapie« ging von keinem anderen als dem Meister selbst aus. Nakano tat sich schwer mit einem Arbeitsauftrag und machte die Erfahrung spiritueller Stagnation und totaler Verstörtheit im Hinblick auf sein Leben in Aum sowie Gefühle der Bedrücktheit und Wertlosigkeit. Sein unmittelbarer Oberer organisierte für ihn und zwei andere mit ähnlichen Problemen ein Gespräch mit Asahara persönlich. In den kurzen Bemerkungen, die der Meister an Nakano richtete, sagte er: »Es ist wenig damit gewonnen, wenn du nur das tust, was du gut kannst. Am wichtigsten ist es, etwas zu tun, was dir schwerfällt.« Zum ersten Mal kam Nakano voll zu Bewußtsein, daß er ein echter Aum-*shukke* war, und er erlebte »die reine Freude darüber, daß er mich persönlich empfing«. Wie er sich erinnerte, erzählte er danach anderen Aum-Mitgliedern, er habe durch den Guru »Kraft« und »Energie« gewonnen. Wie er mir erklärte, hatte er das getan, weil er von der Vorstellung beherrscht war, genau das werde bei der Begegnung mit dem Guru geschehen.

Sechs Monate später hatte er eine tieferreichende Begegnung mit Asahara. Seine Zweifel an Aum hatten sich verstärkt, und in ihm stieg der Argwohn auf, daß »irgend etwas nicht stimmte« – unter anderem, daß die Arbeit, die er an komplizierten Maschinen verrichtete, möglicherweise mit der Produktion von Waffen zusammenhing. Unfähig zu arbeiten oder zu meditieren, hatte er außerdem Schwierigkeiten, sein sexuelles Verlangen zu unterdrücken. Er masturbierte häufig und verstieß damit gegen ein Aum-Verbot des Ejakulierens. Eines Tages ging er nicht an den ihm zugewiesenen Arbeitsplatz, sondern begab sich in ein anderes Aum-Gebäude. Wie er erklärte, wollte er »damit ihre Aufmerksamkeit auf mich lenken«, was ihm auch gelang. Es kam erneut zu einem Gespräch mit Asahara. Diesmal sprach der Guru zu ihm etwas ausführlicher und sagte ihm, er wisse, daß Nakano sich mit dem Gedanken trage, zur Universität zurückzukehren und dort seinen Studiengang zu ändern. Er spielte sogar indirekt auf etwas an, das Nakano als sein persönliches Geheimnis betrachtet hatte, daß nämlich seine Zuneigung zu einer jungen Frau in der Sekte seinen Wunsch, ein Mönch zu werden, mitbestimmt hatte.

Obwohl Nakano klar war, daß Asahara wahrscheinlich Zugang zu gewissen persönlichen Informationen über ihn hatte, war er doch »überrascht« und »schockiert« über die Kenntnis des Gurus von diesen persönlichen Details und dem Interesse, das er daran nahm. Er war außerdem tief beeindruckt, daß dieses Gespräch einem echten Austausch sehr nahegekommen war. »Wir haben eine Art Diskussion geführt, es war nicht so, daß ich ihm nur zugehört hätte.« Es war unvermeidlich, daß er von der Allwissenheit des Gurus überzeugt war. Wie Nakano glaubte, »erriet Asahara, was normalerweise von keinem erraten werden kann, und erkannte alles, was in meinem Denken vor sich ging«. Er verlor »jeden Widerstandswillen« und wollte sich »nur ihm beugen, ihm allein folgen«. Er fühlte sich zudem bestätigt, weil Asahara die starke »karmische« Verbindung zwischen ihnen hervorgehoben hatte – die für Nakano noch immer fortbesteht. »Damals wurde er als ein Buddha angesehen, und ich dachte, zwischen uns bestehe die Beziehung zwischen einem Buddha und seinem Jünger. Heute bin ich überzeugt, daß es kein Buddha war, sondern jemand, dem ich im Verlauf der Seelenwanderung immer wieder begegnet bin. Möglicherweise haben wir in einem vergangenen Leben gemeinsam spirituelle Übungen gemacht.«

Doch nicht lange, und er fühlte sich wieder »melancholisch«. Seine Ambivalenz gegenüber Asahara – ein unter Aum-Jüngern verbreitetes Gefühl – erreichte bei ihm einen Höhepunkt während einer LSD-induzierten Vision, die er im Kontext einer Initiation hatte:

»Wahrscheinlich finden Sie das sehr widersprüchlich, doch in meiner Halluzination erschien Asahara mehrmals. Die karmische Verbindung zwischen ihm und mir empfand ich wesentlich stärker. In dieser Halluzination hatte ich den Eindruck, daß ich ihn in vergangenen Leben immer und immer wieder verraten hatte. Ich hatte das Gefühl, daß zwischen uns mehr bestand als eine reine Beziehung zwischen Meister und Jünger. Die Halluzination hielt zehn Stunden an. Als ich daraus erwachte, rief ich immer wieder: ›Meister! Meister!‹ Es war ein derart intensives Erlebnis, daß ich mich beim Erwachen vollständig leer fühlte.«

In Nakano blieben das Gefühl einer negativen oder »entgegengesetzten« Verbindung zum Guru und die Vorstellung von einem Verrat zurück, »die mir den Gedanken eingab, ich könnte ihn erneut verraten. In gewisser Hinsicht setzte ich diesen Gedanken in die Praxis um.« Mit seinem vertrauenswürdigen unmittelbaren Oberen konnte er darüber nicht diskutieren, da dieser nicht erreichbar war, »also beschloß ich wegzulaufen. Ich habe anderen Menschen immer wieder erklärt, ich hätte Aum verlassen, weil ich Asahara mochte.« Damit wollte er wohl sagen, daß er immer deutlicher wahrnahm, daß vieles an Aum und Asahara in gefährlicher Weise nicht stimmte, Wahrnehmungen, die durch den starken Einfluß Asaharas auf ihn wieder abgeschwächt wurden; vielleicht wollte er die Sekte auch verlassen, bevor sein Bild vom Guru noch weitere Flecken bekam. Da die Macht des Gurus durch die »Psychotherapie« verstärkt wurde, fühlte Nakano sich sowohl bewegt als auch bedroht. Das LSD-Erlebnis gab ihm die Möglichkeit, sich erstmals die Heftigkeit der negativen Seite seiner Ambivalenz und etwas von ihrer Funktion eines Selbstschutzes einzugestehen. Aber indem er Vorstellungen von einem Verrat heraufbeschwor, was auch bei etlichen anderen Aum-Mitgliedern, mit denen ich gesprochen habe, der Fall war, enthüllte er eine wichtige Dimension der Selbstbeschuldigung, von Schuldgefühlen wegen seines Bruchs mit einem Guru und einer Abkehr von ihm, obwohl er eine so starke karmische Verbindung mit ihm empfand.

Der erotische Guru

Es gab viele Dimensionen des Erotischen in Shōkō Asaharas Gurutum. Männliche Verschmelzungen mit dem Guru konnten eine homoerotische Komponente enthalten, doch die erotischen Ströme in der Beziehung zwischen Guru und Jünger wurden von weiblichen Aum-Mitgliedern unmittelbarer erfahren und artikuliert. Harada zum Beispiel führte ihre Sehnsucht nach einem Messias zu Asahara und Aum. Beeinflußt durch ihre Lektüre von Nostradamus stellte sie sich vor, daß dieser Messias ganz gut ein Japaner sein könnte. »Ich weiß nicht warum, aber mein Herz sagte mir, ich müsse einen Messias finden, und ich dachte, daß ein Messias kommen werde.«

Asahara wurde sehr bald dieser Messias, der in ihrer Vorstellung nicht nur als ein heiliges, gottähnliches Wesen, sondern auch aus ihren frühen Begegnungen mit ihm als ein weiser und fürsorglicher menschlicher Führer existierte: »Er schien alles von mir zu verstehen, wie er da lächelte und zu mir sagte, daß [das asketische Leben in Aum] für mich sehr hart sein müsse. Er schien zu verstehen, welche Bedeutung es hatte, daß ich in diese Menschenwelt wiedergeboren wurde. Er sagte, ich hätte eine Mission. Er war wirklich wie ein Seelenvater. Er hat mein Herz berührt.« Für sie war der Guru irdisch und »bescheiden« in seiner Haltung. Seine Idee schien »einfach und kraftvoll«, so leicht zu verstehen, »daß alles, was er sagte, für mich einen Sinn ergab«. Als dieses Gefühl persönlicher Nähe nicht mehr möglich war, weil Aum einen starken Zulauf hatte, wurde Asahara für sie zu einer entfernteren Persönlichkeit, so daß sie sich »die ganze Zeit einsam« fühlte.

Als sie in die Sekte eingetreten war, fühlte sie sich stark ergriffen von Aums »Astralmusik«, der Komposition des Gurus von »einer höheren Astralwelt«. Nachdem sie eine *shukke* geworden war, »stieg [sie] von der Astralmusik auf« zu einem tranceähnlichen Psalmodieren des Mantras des Gurus, das überall in ihrer Umgebung ertönte. Auf diese Weise lebte die Musik des Gurus in ihr in einer »fortgeschritteneren« Form weiter fort. Sie hatte eine Reihe intensiver mystischer Erlebnisse in Form von blendend weißen Lichtern, das erste nach dem Genuß von »Nektarwasser«, das angeblich vom Guru »mit Energie aufgeladen« worden war. Nachdem sie anstrengenden Prozeduren extremer Atemübungen, konzentrierter Meditation, fortwährender Sprechgesänge und stundenlangem Verharren in der Lotusposition selbst während des Schlafs ausgesetzt war, fühlte sie sich »tief in Lichtschauer eingetaucht«. Als ein hochrangiger Jünger ihr weitertrug, »der Meister hat gesagt, daß du besondere Erlebnisse hast«, steigerte dies ihre Ehrfurcht vor dem Guru noch mehr. Sie wurde überzeugt, daß »der Meister alles verstehen [kann], wie ein Gott oder ein Buddha«. Natürlich gab es auch eine Rivalität anderer Jünger und Jüngerinnen um die Gunst des Gurus, so daß sie ihre spirituellen Bemühungen und ihren Arbeitseinsatz noch mehr verstärkte, da sie in dem Gefühl lebte, »der Meister wacht ständig über mich«.

Sie erlebte Aum als eine spirituelle Pyramide, eine gedankenlesende Hierarchie, wobei der Guru oben auf der Spitze saß (»und eine Leiter zu einer höheren Welt darstellte«), unter ihm die höchsten Jünger und darunter nach und nach alle übrigen, wobei die Jünger auf einer bestimmten Ebene über die Jünger der nächstuntersten Stufe absolute Macht hatten und von diesen absoluten Gehorsam fordern konnten. »Der Meister kann seinen obersten Jüngern genau ins Gesicht sagen, was sie denken; sie hinwiederum haben die Macht, die Gedanken der einfachen Jünger zu lesen.« Auf diese Weise »erlebt [jedes Aum-Mitglied] eine übernatürliche Macht«.

Asaharas Macht wurde durch Aums umfassende Lehren übertragen, die für Harada »alles erklärten und rechtfertigten«, und durch direkte persönliche Erfahrungen mystischer Transzendenz, die in ihren Augen die Wahrheit der Behauptungen des Gurus bestätigten. Diese Dimensionen der Sekte wurden beide durch ihre Erfahrung der Perfekten Seelenrettungs-Initiation (PSI) vertieft. In ihrem Fall trug sie die Kopfmontur mit den Elektroden ununterbrochen während einer viermonatigen Initiationsperiode. Sie war überzeugt, sie habe die Gehirnwellen des Gurus gespürt, die »sehr flach [waren], wie die eines Toten«. Ihr eigenes Bewußtsein, hatte sie den Eindruck, wurde »flach« und »ruhig«, so daß sie keine verstörenden Träume mehr hatte, die von intensiven Erinnerungen an das Leben in ihrer Familie und lebhaften sexuellen Bildern (»Manifestationen all meiner Begierden«) beherrscht wurden.

Ihre sexuellen Sehnsüchte wurden tatsächlich auf den Guru umgeleitet. »Ich habe mich in ihn verliebt. Wirklich. Deshalb war es, als würde ich ständig darauf warten, daß mein Geliebter mich anrief. Es war wie eine einseitige Liebe.« Wie sie sagte, fühlte sie sich »völlig zum Meister hingezogen – zu seinem Charakter, seiner Art zu reden, seiner Stimme, seiner Lehre«. Das galt für viele seiner Jüngerinnen, erklärte sie, und einige konnten ziemlich eifersüchtig aufeinander werden. »Oh, sie steht dem Meister sehr nahe. Und warum?« Harada ahmte die Bemerkungen dieser jungen Frauen nach. »Weil sie schön ist, darum.« Harada war sich bewußt, daß der Guru solche Gefühle manipulierte, und konnte dies auch akzeptieren, »weil er sie spirituell dazu genutzt hat, um die Menschen auf eine höhere Stufe zu führen«. Ihr Verständnis vom Prinzip der Verschmelzung mit dem Guru war in hohem Maße sexualisiert. »Seine Lehre sagt, wir müssen uns stets bewußt sein, daß wir uns mit dem Guru vereinigen, und wenn man sich dessen stets auf diese [sexuelle] Weise bewußt ist, dann kann man schneller eine höhere Stufe erreichen.« Sexuelle Vorstellungen wurden als wesentlich für Aums Version tantrischer Übungen angesehen: »Ich habe mir den Meister vorgestellt und mich selbst gesehen, als wäre ich wie eine Ehefrau. Und dann verschmolzen wir. Wenn ich das tat, stieg mein Energieniveau deutlich an. Dieser [Energieschub] hat sich wirklich ereignet, und deshalb war es wunderbar. Immer wenn meine Energie ziemlich abgesunken war, habe ich das getan. Mein Körper fing an zu zittern, und dann hüpfte er. Es war ein sehr glückliches Gefühl. Deshalb sind wir zu der Überzeugung gelangt, daß der Meister wirklich mächtig ist.« Sie konnte solche erotischen Phantasien heraufbeschwören, auch wenn sie noch so weit vom Guru entfernt war (beispielsweise auf einer Europareise, die sie gemeinsam mit anderen Aum-Mitgliedern unternahm), und dieselbe körperliche Lust dabei empfinden.

Während ihrer Zeit in Aum hörte sie von den tantrischen sexuellen Initiationen junger Frauen durch den Guru und billigte sie auch. »Da ich überzeugt war, der Meister sei ein Buddha, dachte ich, es müsse eine wunderbare Initiation sein, weil man die Energie von einem Buddha bekommt.« Sie sagte, sie habe damals tatsächlich etwas empfinden können, das dem nahekam, was diese initiierten Frauen erlebt hätten, selbst wenn es »nur Phantasie« war. Sie räumte jedoch ein, daß ihr Erlebnis »einem sexuellen Orgasmus ähnlich« war, und verglich es mit dem, was man sie im Kundalinī-Yoga über die Bewegung sexueller Energie vom Becken an aufwärts in einem Prozeß der Spiritualisierung oder Sublimation gelehrt hatte. Sie betonte, daß »wir [unsere Energie] nicht entladen«, sondern vielmehr so intensiv »steigern«, daß man die Empfindung einer »Vereinigung mit einem Gott, einer Vereinigung mit dem Buddha« hat. Diese besondere Erfahrung vermißte sie in ihrem Leben nach dem Verlassen von Aum schmerzlich, und manchmal fiel sie mehr oder weniger gegen ihren Willen in Phantasien einer erotischen Verschmelzung mit dem Guru zurück und empfand körperliche Schauer.

Guru-Magie

Akiya hatte sich seit langem eingehend mit esoterischen und mystischen Themen beschäftigt und war beeindruckt von Asaharas Anspruch, Erleuchtung erlangt zu haben und über übernatürliche Kräfte zu verfügen. Er hielt die gefälschte Fotografie, auf der ein schwebender Asahara im Lotussitz zu sehen ist, für den »Beweis«, daß dieser eine hohe spirituelle Stufe erreicht hatte. Nachdem er bereits frühzeitig in Aum eingetreten war, hatte er unmittelbaren Zugang zum Guru, und ihre erste Begegnung war entscheidend.

Asahara sagte ihm, im Sinne der körperlichen Kraftzentren des Kundalinī-Yogas, der Cakras, »bist du stark auf dem Scheitel deines Kopfes, aber schwach auf der Stirn«. Akiya war völlig verblüfft, weil er eine solche »Schwäche« der Stirn in der von ihm bisher praktizierten taoistischen Meditation tatsächlich bereits festgestellt hatte. Bald darauf vollzog Asahara ein *shaktipat*, eine Übertragung seiner Energie auf Akiya, indem er ihn an der Stirn berührte. »Ich verspürte sogleich Wärme«, berichtete dieser, »ich sah ein helles Licht und erlebte, wie seine Energie in meinem Rücken nach oben schoß, wie eine Schlange auf ihm entlangkriechen oder eine Flüssigkeit nach oben strömen würde.« Danach hatte er ähnliche mystische Erlebnisse in seiner eigenen spirituellen Praxis. All dies bestätigte für ihn die »Realität« der besonderen Fähigkeiten Asaharas, und Akiya sah in ihm schließlich einen »großen Lehrer«, der über »profunde Kenntnisse und Erfahrungen« in spirituellen Übungen verfügte und einen Schüler wie Akiya befähigen konnte, sein eigenes spirituelles Bewußtsein zu vertiefen und zu erweitern.

Akiya hat heute den Eindruck, daß sich in Asahara selbst eine bedeutsame Veränderung vollzog. Wie er sagte, hatte Asahara einen »heiligen Mann« aus Indien, in dem er seinen Mentor sah, nach Japan eingeladen, um an spirituellen Übungen von Aum teilzunehmen. Nach den Plänen des Gurus sollte dieser heilige Mann eine Form des *samādhis* demonstrieren, eine fortgeschrittene Bewußtseinsstufe, auf der jede Tätigkeit des Geistes erlöschen soll. Der heilige Mann sollte ein »Unterwasser-*samādhi*« vollbringen, bei dem er eine Woche lang in einem geschlossenen, gefüllten Wassertank überlebte, indem er seinen Herzschlag und seine Atmung zum Stillstand brachte. Nach Akiya war dieser Mann jedoch dadurch geschwächt, daß er auf die Teilnehmer eines Aum-Seminars bereits im Rahmen eines *shaktipats* Energie übertragen hatte und sich aufgrund seines verschlechterten spirituellen Zustands unübersehbar zu einigen weiblichen Mitgliedern von Aum hingezogen fühlte. Das Unterwasser-*samādhi* mußte daraufhin abgesagt werden.

Nach diesem Versagen seines Mentors, sagte Akiya, reifte in Asahara die Überzeugung, daß nur er allein seine Schüler führen könne. Da seine Jünger ihm auf Schritt und Tritt lobhudelten und schmeichelten, »konnte er sich in dem Glauben wiegen: ›Ich bin eine große Persönlichkeit.‹ Da er überzeugt war, die höchste Erleuchtung erlangt zu haben, konnte er keinen Fehler machen. Und selbst wenn er einen Fehler machte, konnte er ihn unter keinen Umständen korrigieren. Er beharrte darauf, daß er recht hatte, und die Jünger glaubten ihm. Folglich konnte es keine Kritik an seinen Auslegungen und Lehren geben, und er begann ein System zu errichten, in dem immer nur Asahara derjenige war, der recht hatte.«

Diese Verabsolutierung des Gurutums konnte zudem toleriert – und sogar übernommen – werden, weil Jünger wie Akiya dabei aufzublühen schienen:

»Mit mir ging eine spürbare Veränderung vor sich. Ich fühlte mich entspannter und reiner. Ich erlebte eine Form der Selbstbewußtheit, als wäre ich ein besserer Mensch geworden. Ich wurde glücklich und wollte dieses Gefühl anderen vermitteln, wollte sie an diesem Glücksgefühl teilhaben lassen.«

Doch zu dem verabsolutierten Gurutum kam eine wachsende Besessenheit vom Gedanken an den bevorstehenden Weltuntergang. Akiya erinnerte sich an eine Predigt Asaharas im Jahr 1986, in der diese erklärt hatte, Japan werde im Meer versinken, es werde einen dritten Weltkrieg geben und die Welt werde untergehen. Noch deutlicher zeigte sich diese Obsession während des »großen Prophetieseminars«, wie Akiya es nannte, auf der Insel Ishigaki. Akiya erinnerte sich, daß dort alles chaotisch und überhastet organisiert war. »Wir müssen die Menschen schleunigst retten«, war die Botschaft. Immer hieß es: »Schnell, schnell!« Akiya war von der persönlichen Intensität des Gurus tief beeindruckt. »Man konnte sein Sehnen spüren. Um Nostradamus zu studieren, reiste er nach Frankreich, vertiefte sich in den originalen Text und entwickelte dann seine eigene Auslegung.« (Tatsächlich war Asahara nicht selbst gereist, sondern hatte einige Jünger nach Paris geschickt, doch die Version Akiyas vermittelt ein Gefühl für die mit Armageddon verbundene Leidenschaft des Gurus.)

Eine besondere Bedeutung maß Akiya einerseits den Reaktionen der Jünger auf Asahara und andererseits dessen Fähigkeit bei, »die Menschen in seiner Umgebung zu bewegen, so daß das, was ursprünglich vielleicht nur ein Gedankenblitz war, einfach nur ein Bild oder eine Vision«, dank dieser Reaktionen »eine größere Realität annahm«. Umgekehrt fühlte Asahara sich in seiner Vision ermutigt und »wurde seiner Sache sicherer, bis er schließlich selbst an die Vision glaubte«. Der Prozeß ging endlos weiter, weil »die Menschen ein tiefes Bedürfnis hatten, zu glauben«. Die Prophezeiungen Asaharas beruhten ebenso wie sein ganzes übriges Verhalten auf der sich entfaltenden Realität der fortwährenden Interaktion zwischen dem Guru und seinen Jüngern.

Die Art und Weise, wie Asahara die Gururolle ausfüllte, ermöglichte ihm, seinen eigenen Widersprüchen zu entgehen. Wenn er beispielsweise gefragt wurde, wozu er die Astrologie benötige, da doch seine prophetischen Visionen so genau seien, antwortete er, die Astrologie könne seinen Grundwahrheiten zu einer größeren Präzision verhelfen. Als der japanische Kaiser nicht starb, obwohl Asahara seinen Tod vorhergesagt hatte, redete er sich damit heraus, daß ja der Bruder des Kaisers gestorben sei und daß dessen Ähnlichkeit mit dem Kaiser so groß gewesen sei, daß er ihn in seiner Vision mit dem Kaiser verwechselt habe. Wenn Katastrophen eintraten, die er nicht vorher angekündigt hatte, oder wenn seine Prophezeiungen sich in anderer Weise als ungenau erwiesen, dann sagte er etwa: »In der Welt gibt es offenbar noch viel mehr schlechtes Karma, als ich gedacht habe.« Und welche Erklärungen er auch immer anbieten mochte, seine Jünger akzeptierten sie alle bereitwillig und ließen ihn ihre Glaubensbereitschaft in einer Weise spüren, daß noch seine offensichtlichsten Irrtümer am Ende in merkwürdiger Weise zu prophetischen Wahrheiten wurden. Während in diesem Sinne seine Anhänger danach strebten, zu seinen Klonen zu werden, wurde er selbst zu einem großen Teil ihre Schöpfung. Je subtiler die Interaktion, desto extremer wurde der Guruismus.

»Als Asahara eine zu große Persönlichkeit wurde«, erläuterte Akiya, »mußte alles, was diese große Persönlichkeit wollte, erfüllt werden.« Selbst diejenigen, die ursprünglich zu den Yoga-Kursen von Aum gekommen waren, um dort milde Formen einer spirituellen Fortentwicklung zu finden, »waren jetzt in der Vorstellung einer Erlösung gefangen« – einer Erlösung, wie sie durch das Aggressionsgurutum definiert wird, das aus der Dynamik zwischen Jüngern und Meister entstand. »Wenn man eine höchste Wahrheit für sich beansprucht«, erkannte Akiya, »läßt sich alles rechtfertigen, alles kann erlaubt werden«, vor allem wenn die anvisierte Zeitspanne »nicht hundert Jahre, sondern Jahrtausende, Hunderte oder Tausende von Jahrmillionen beträgt. Wenn es also in dieser Übergangsphase zu einem furchtbaren Zwischenfall kommt, dann kann man behaupten, im Angesicht dieses langen Zeitraums sei dieser Zwischenfall nicht zu verurteilen.« Mit anderen Worten, die Magie eines Weltuntergangs-Gurus kann sich bis in die unendliche Vergangenheit und in die unendliche Zukunft erstrecken.

Die Macht eines solchen Gurutums hat auch ein ehemaliger Jünger des indischen Gurus Bhagwan Shree Rajneesh beschrieben (der mit seinen Predigten von einer sexuellen Befreiung Anfang der achtziger Jahre Anhänger anlockte und auf einer Ranch in Oregon eine Kommune gründete, wo dann einige von ihnen gezielt Bakterien freisetzten, die bei den Bewohnern der Umgebung eine Salmonellenvergiftung auslösten). Nach einer Schilderung des Zustands der »wahren Seligkeit und überströmenden Freude«, die er in Rajneeshs Gruppe erlebt hatte, bemerkt der ehemalige Bhagwani: »Alle, die sich verächtlich über die ›schlimmen Sekten‹ auslassen, haben überhaupt keine Ahnung, wie verzückt dieser Zustand sein kann, an den keine andere Lustempfindung heranreicht.« Die Erfahrung von Aum-Mitgliedern läßt vermuten, daß es tatsächlich ein Zustand ist, der süchtig machen kann. Der ehemalige Bhagwani hat dazu bemerkt: »Die meisten Menschen, die eine Zeitlang in einer Sekte verbracht haben, werden diese Seligkeit gekostet haben, und deshalb kommen sie auch immer wieder zurück.« Und es ist das, was der Philosoph William James als jene »freudige Stimmung« bezeichnet hat, »die … durch absolute Unterwerfung erzeugt werden kann«. Und an einer anderen Stelle schreibt er: »Die Wonne einiger dieser Zustände scheint jedes sonstige Glücksgefühl zu übersteigen.« An dieser Erfahrung einer glückseligen Transzendenz müssen beide Parteien teilhaben, damit es zu einer »ekstatischen Verschmelzung von Führer und Anhänger« kommt, wie der Sozialwissenschaftler Charles Lindholm geschrieben hat.

In früheren Studien habe ich diesen Zustand einer sinnlich erfahrenen Transzendenz als so intensiv und allumfassend beschrieben, daß in ihr Zeit und Tod aufgehoben sind. Menschen haben schon immer solche Zustände angestrebt, durch religiöse oder weltliche Mystik, häufig in Verbindung mit kulturellen Riten, Drogen, Sauerstoffmangel (durch schnelles Atmen), Schlafentzug oder andere Formen der Selbstkasteiung. Aber sie sind auch in vertrauteren Aktivitäten erfahrbar wie beim Singen, Tanzen, im Krieg, in der Sexualität, bei der Geburt eines Kindes, nach sportlichen Anstrengungen, beim Fliegen und bei künstlerischer oder intellektueller Tätigkeit. Alle diese Aktivitäten gehen einher mit der Empfindung außergewöhnlicher psychischer Einheit und einer unbeschreiblichen Erleuchtung und Offenbarung. Das Ich fühlt sich außerordentlich lebendig – verbunden, aktiv, integriert – und in Kontakt mit umfassenderen, kosmischen Kräften. Alle traditionellen Kulturen haben Möglichkeiten eröffnet und Spielräume geschaffen für die Erfahrung der Transzendenz, doch in der postmodernen Welt erscheinen solche Möglichkeiten geschmälert oder marginalisiert. Die Sehnsucht danach ist jedoch geblieben und geht ein in unsere zahllose Verwirrungen. Gurus und Jünger können sich auf moderne und jahrtausendealte Kulturelemente stützen, um Rituale für inszenierte Transzendenzerfahrungen zu schaffen, und dadurch eine Bindung herstellen, die ein von der Gruppe sanktioniertes Handeln einschließlich Gewalttaten bis hin zum Mord ermöglicht.

Eine genauere Untersuchung der Aum-Erfahrung lehrt uns, daß die Konstellation von Guru, Jünger und dem zwischen ihnen bestehenden Band wesentlich komplexer ist, als sie in der Regel beschrieben wird. Shōkō Asahara war gleichzeitig würdevoll, asketisch, einfühlsam, hilfsbereit, weise, spirituell authentisch, innovativ, pragmatisch, kindisch, widersprüchlich, betrügerisch, manipulativ, unersättlich, ausbeuterisch, doppelzüngig, hochtrabend, schizoid, paranoid, größenwahnsinnig und mörderisch. Seine Jünger waren ekstatisch, mit göttlicher Energie aufgeladen, nachdenklich, ruhig, einträchtig mit anderen, selbstverleugnend, leidenschaftlich unterwürfig, ambivalent, ichgespalten, voller Ängste (im Hinblick auf ihre Stellung beim Guru und ihre nächste Wiedergeburt), von Gedanken an den Tod besessen, ablehnend (nicht nur gegenüber der Gesellschaft, sondern auch gegenüber dem Guru und gegeneinander), stark auf Konkurrenz eingestellt (mit anderen Jüngern um die Anerkennung des Gurus), darauf bedacht, nicht vom Guru erdrückt zu werden, prahlerisch und gewalttätig. Beim Guru wie bei seinen Jüngern begegnen wir Formen einer Verdoppelung, das eine Ich ist mit einem verabsolutierten Gurutum verbunden, während das andere das Gurutum auf eine tabuisierte Weise zu untergraben sucht. Die Absolutheit des Gurutums muß demnach um so vehementer bekräftigt werden, um diese tabuisierten Neigungen zu unterdrücken – das heißt, um die grundlegende Ambivalenz der Beziehung zwischen Guru und Jünger zu unterdrücken. Gruppen wie Aum werden besonders gefährlich, wenn dieses Band Belastungen ausgesetzt wird.

5.
Die ekstatische Wissenschaft

Die Nationalsozialisten verfolgten eine Politik der sogenannten »Gleichschaltung«, ein mechanistischer Begriff, der die Vorstellung von einem Schaltgetriebe evoziert. Worin immer die Aum-Sekte sich von den Nazis unterscheiden mochte, sie folgte einem gleichen Prinzip. Ihre Mitglieder wurden nicht aufgerufen, ihre Profession aufzugeben, nein, sie sollten diese dem Bild von Aum entsprechend neu ausbilden. Man sollte nicht aufhören, Arzt, Chemiker, Ingenieur, Physiker, Anwalt, Architekt, Musiker, Designer, Künstler, Gelehrter, Geschäftsmann, Polizist oder Soldat zu sein. Entscheidend war, daß jede berufliche Tätigkeit in einer radikalen Aum-Perspektive aufzugehen hatte.

So wurde beispielsweise Yano, der Geschäftsmann, der Asaharas heilende Kraft an sich selbst erfahren hatte, für unternehmerische Aufgaben eingesetzt, für die er aufgrund seiner Berufserfahrung besonders geeignet war. Kiyohide Hayakawa, der Architektur und Bauingenieurwesen studiert hatte, wurde zum »Bauminister« gemacht und erhielt die Aufgabe, für Aum Grundstücke zu erwerben, Gebäudekomplexe zu errichten und die Entwicklung einer eigenen Produktion vor allem von modernsten Waffen voranzutreiben. Ein ausgebildeter Designer, mit dem ich gesprochen habe, entwarf die Cover zahlreicher Bücher und Broschüren von Aum. Ein Trickfilmzeichner stellte Filme für Aum her. Es gab begabte Musiker, die bei Aum-Konzerten mitspielten oder an der Komposition der dem Guru zugeschriebenen »Astralmusik« mitwirkten, so wie es Religionswissenschaftler gab, die einen Teil der Bücher und Broschüren des Gurus verfaßten und übersetzten.

Tatsächlich konnten sich viele Angehörige der höheren Berufe, Intellektuelle und Studenten von Aums Sammelsurium von Begriffen und Lehren angezogen fühlen. Was heute auch den meisten von ihnen als ziemlich vereinfachend und extrem erscheint, wurde in der Blütezeit der Sekte von vielen als bewundernswert systematisch, umfassend, visionär und dennoch rational erfahren. Sie fanden in Aum nicht nur eine spirituelle Heimat, sondern eine Möglichkeit, ihre Talente oder Kenntnisse innerhalb einer gesellschaftsfeindlichen Subkultur einzusetzen.

Asahara stellte diese Möglichkeit vor allem Wissenschaftlern in Aussicht. In einem Vortrag vor einer Technischen Hochschule in Tokio 1992 sprach er von den Vorteilen einer wissenschaftlich-technischen Forschung in einer Umgebung wie Aum Shinrikyō im Unterschied zu Universitäten oder Privatunternehmen und brüstete sich damit, daß Aum jährlich mehrere Millionen Dollar in solche Forschungen investierte. Asaharas Bemühen um Wissenschaftler war untrennbar mit seiner Gier nach Waffen verbunden. Gleichzeitig wollte er aber auch seine absoluten religiösen Wahrheiten mit ebenso absoluten wissenschaftlichen Behauptungen untermauern. Dieses Projekt erforderte eine »heilige Wissenschaft«. Wie sein Versuch zeigt, die Erfahrungen der buddhistischen Heiligen wissenschaftlich zu bestätigen, vermischte die »heilige Wissenschaft« Asaharas begrenztes Wissen mit seiner Großmannssucht und seinem hochstaplerischen Drang zur Mystifikation und schwülstigem Hokuspokus. In einer Aum-Veröffentlichung schrieb er in dem für ihn typischen Stil: »Mit Hilfe von Instrumenten wie dem Astral-Teleporter, der die Schwingungen meines Mantras durch elektrische Signale exakt reproduziert, einem Gerät, das durch Magnetfelder die Kundalinī [die »Schlangenkraft«] aktiviert, einem FET [Feldeffekttransistor], der die von jedem einzelnen Cakra ausgehenden Wellen exakt erfaßt, einem an einen Computer angeschlossenen Elektroenzephalographen und anderen Geräten ist es mir schließlich gelungen, mit wissenschaftlichen Methoden die Lehren der Heiligen der Vergangenheit, vor allem die des Buddhas Sakyamuni zu bestätigen.«

Dem Text waren ausführliche Diagramme beigegeben, die Gehirnwellen (EEGs) zeigten, die in die erwünschten »flachen Wellen« des Gurus ausliefen (die angeblich den Jüngern während der PSI übertragen wurden). In dem genannten Buch behauptete er, die in Aum erreichten Bewußtseinsstufen wissenschaftlich nachweisen zu können, und bot einen Kurzlehrgang in Gehirnphysiologie einschließlich Diskussionen über Epilepsie und Schizophrenie an. Dazwischen waren Darstellungen der Lehren eines esoterischen Buddhismus auf dem Niveau von Ratgeberbüchern eingestreut (»Jeder kann ein Buddha werden«). Die ganze Übung folgte dem einen Leitprinzip: »Um zu einem guten Verständnis der Astralwelt zu gelangen, müssen wir feststellen, wieweit die zeitgenössische Physiologie das Gehirn erforscht und verstanden hat.« Einige der in dem Buch vermittelten Informationen mögen wissenschaftlich fundiert gewesen sein, da Aum Laboratorien für

Wissenschaftler eingerichtet hatte, die Gehirnströme erforschten, doch diese Arbeit war grundsätzlich den spirituellen Visionen von Aum untergeordnet und wurde sehr bald von diesen Bildern oder von Träumen, phantastische Massenvernichtungswaffen produzieren zu können, entstellt.

Derartige wissenschaftliche Behauptungen konnten jedoch auf die Schüler besonders überzeugend und ermutigend wirken. Harada, die Aum fünf Jahre lang angehört hatte, sagte im Zusammenhang mit der Perfekten Seelenrettungs-Initiation und anderen Erfahrungen: »Sie gingen die Sache wissenschaftlich an. Immer sagte man uns, daß alles wissenschaftlich bewiesen sei. Wir haben es nicht angezweifelt.« Um in der Sekte noch schneller Erleuchtung und Erlösung zu erlangen, wurde unweigerlich die Wissenschaft heraufbeschworen. Die Waffen, die von der technisch-wissenschaftlichen Abteilung von Aum produziert werden sollten, dienten demselben Zweck. Bei der Umgestaltung der Menschheit sollten Wissenschaft und Technik unverzichtbar sein.

Wissenschaft und »heitere Verrücktheit«

Hideo Murai, der Aum-Minister für Wissenschaft und Technik, war das Musterbeispiel eines Aum-Wissenschaftlers. Eine ebenso bizarre brillante Persönlichkeit, wurde Murai von einem ehemaligen Jünger als »Nummer zwei von Aum« beschrieben, »sofern es überhaupt eine Nummer zwei gab«, und ein anderer nannte ihn »das Gehirn Asaharas«. Den meisten galt er als dem Guru völlig ergeben; ein ehemaliger Jünger Asaharas hat es so ausgedrückt: »Er konnte sich vollständig entleeren und dann mit den Absichten des Meisters gefüllt werden.« Andere dagegen sprachen von einer entgegengesetzten Strömung, von Murais starkem Einfluß auf Asahara. Was tatsächlich stattfand, war anscheinend eine Art unablässiger Dialog zwischen den beiden Männern, bei dem der Guru, manchmal aus der Laune eines Augenblicks, ein maßlos phantastisches wissenschaftliches Projekt vorschlug und Murai sich sogleich verpflichtet fühlte, dieses Projekt um jeden Preis zu verwirklichen. Ein Jünger, der in engem Kontakt zu Murai gestanden war, erläuterte diesen Punkt: »Asahara war sehr daran interessiert, die spirituelle Welt mit der modernen Wissenschaft zu verknüpfen. Er sprach über die Dinge, wie sie ihm gerade durch den Kopf gingen. Daraufhin schlug Murai eine Möglichkeit oder einen gangbaren Weg vor, und Asahara sagte: ›Prima, warum willst du das nicht versuchen?‹ Daraufhin setzte Murai alles daran, etwas zustande zu bringen, das diesem Vorschlag möglichst nahekam.« Beide Männer waren darauf versessen, »aus verrückten Ideen machbare Projekte zu schmieden« und die Wissenschaft dazu zu benutzen, das Spirituelle »rationaler, moderner« zu machen. Andere sahen das Verhältnis zwischen den beiden Männern so: »Es war Murai, der ernsthaft versuchte, Asaharas spontane Ideen, die ziemlich wahnhaft waren, zu verwirklichen« oder: »Murai realisierte alles, was der Meister anordnete« – und er tat dies mit einer »heiteren Verrücktheit«, einer fanatischen Unerschütterlichkeit, die noch größer war als die des Gurus.

Dieser »Dialog« brachte auf der höchsten Ebene der Sekte dieselbe Dynamik zum Ausdruck, die noch die unscheinbarsten Anhänger Asaharas inspirierte – die wechselseitige Bestätigung zwischen dem Guru und seinen Jüngern. Obwohl Asahara das letzte Wort hatte, sollte man den Beitrag Murais zum Projekt einer »wissenschaftlichen Spiritualität« nicht bagatellisieren. Diese Konstellation erinnert an Dialoge, die von einzelnen NS-Ärzten mit Heinrich Himmler geführt wurden (der selbst die Weltsicht Adolf Hitlers repräsentierte). Himmler schlug bestimmte erwünschte »wissenschaftliche« Ziele vor (das Beweisen der Überlegenheit der nordischen Rasse, die Sterilisierung »minderwertiger« Menschen), und die Ärzte versuchten anschließend, diese im Rahmen von »Forschungsprojekten« zu verwirklichen, und im weiteren Verlauf des Dialogs schlugen die Ärzte ihrerseits Projekte vor, die Himmler aufgriff und förderte, als wären sie von ihm selbst gekommen.

Murai galt als »einer der meistbeschäftigten Leute in Aum«, der seine Hände in allen wissenschaftlichen oder technischen Projekten hatte, die der persönlichen Erleuchtung oder der Produktion von Waffen dienten. Seiner organisatorischen und geistigen Verantwortung unterstanden solche Vorhaben wie die Erforschung von Gehirnwellen, die Perfekte Seelenrettungs-Initiation (die angeblich seine Idee war), die Verbesserung von Computern, um Zugang zu technischen Informationen zu erhalten, sowie die wissenschaftlichen und technischen Programme zur Herstellung, Lagerung und für den Einsatz von automatischen Waffen und biologischen und chemischen Kampfstoffen und zur Erkundung der Möglichkeiten, Kernwaffen zu beschaffen.

Entscheidend für den Dialog zwischen Murai und Asahara war Murais rückhaltloses Bekenntnis zu Aum. Selbst für die Verhältnisse in Aum war das Jüngertum Murais, wie ein früheres Mitglied es ausdrückte, »außergewöhnlich ... fast unheimlich«. Kein anderer Jünger war in seiner Hingabe an den Guru so selbstverleugnend, und zwar so sehr, daß Asahara ihn immer wieder herausstellte und vor allen anderen Aum-Anhängern dafür lobte, daß er sich dem Willen des Gurus so ganz und gar anheimgab. Neben seinen wissenschaftlichen Pflichten widmete Murai seine besondere Aufmerksamkeit dem Färbeverfahren für die speziellen roten Seidengewänder, die Asahara als sein religiöses Ornat trug, und er gab sich alle Mühe, um ein besonderes rundes Kissen herzustellen, das in der Luft schweben konnte, »so daß es so aussah, als hätte der Meister einen Heiligenschein hinter dem Kopf«. Trotz seiner hohen Stellung demonstrierte Murai seine Askese, indem er sich mit Essensresten begnügte oder bei Besuchen anderer Niederlassungen von Aum für sich die unbequemste Bettstatt wählte. In den Augen der Aum-Mitglieder war er ein heiligmäßiger Mann, und Asahara nannte ihn einmal »den einzigen Jünger, der die Sphäre der Götter erreicht hat«. Er war vielleicht der einzige Jünger, der in den Worten des jungen Wissenschaftlers Hirota »den ganzen Plan kannte« – womit er die gesamte Konstellation von Aum meinte, einschließlich ihrer Produktion von Kampfstoffen, ihren Gewalttaten und ihren Täuschungen der Öffentlichkeit.

Die phantastische Wissenschaft, die aus dem Dialog zwischen Asahara und Murai entstand, verdankte vieles den Arbeiten des in Kroatien geborenen Naturwissenschaftlers Nikola Tesla, zumindest soweit Aum diese für sich rezipierte. Tesla war ein überragender Wissenschaftler in der Entwicklung der Elektrizität, wurde 1891 amerikanischer Staatsbürger und machte brillante Entdeckungen, vor allem in seinen Untersuchungen von Hochspannungsphänomenen. Er erfand – unter vielem anderen – die Tesla-Spule, die bis heute für die Radio- und Fernsehübertragung sowie verschiedene Formen der drahtlosen Nachrichtenübermittlung von großer Bedeutung ist. Darüber hinaus war er ein exzentrischer Charakter, theatralisch, visionär, mit einer Neigung zu wissenschaftlichen Höhenflügen, zu denen gelegentlich auch die Idee der Erfindung von extremen Massenvernichtungswaffen gehörte. So sprach er beispielsweise einmal von einer Entdeckung, die »alles vernichten [kann], Menschen oder Maschinen, was in einen Umkreis von zweihundert Meilen eindringt«, und empfahl sie als »eine Mauer der Macht, die ein unüberwindliches Hindernis für jede eventuelle Aggression darstellt«. Daß er auf die Aum-Anhänger eine starke Faszination ausübte, ist nicht verwunderlich. Von besonderem Interesse für Aum war eine Äußerung von ihm, derzufolge es möglich sei, einen Strom von so hoher Spannung zu erzeugen, daß dieser Teile der Erde spalten oder polarisieren und auf diese Weise verheerende, einem Erdbeben ähnliche Wirkungen auslösen könne. Desgleichen brüstete er sich, er sei in der Lage, die Erde in zwei

Hälften zu brechen, »so wie ein Knabe einen Apfel in zwei Hälften bricht – und dem Menschengeschlecht für immer ein Ende zu bereiten«. Für Aum waren die Arbeiten dieses Mannes so faszinierend, daß Asahara eine Delegation nach Belgrad schickte, die das dortige Tesla-Museum besichtigen sollte, und Murai setzte alle Hebel in Bewegung, um an Veröffentlichungen von oder über Tesla heranzukommen. Dieser Erfinder, der in Japan seit langem als ein genialer verrückter Wissenschaftler dargestellt wurde, war – wie Hirota vermutete – für Murai wohl deshalb so interessant, weil er selber einer war.

Der verrückte Wissenschaftler reagierte mit größter Beflissenheit auf die ausgefallensten Wünsche seines Gurus. Einmal sagte Asahara zu ihm, er wolle »ein Metall, das leichter als Luft ist«. Es sei theoretisch möglich, eine solche Substanz herzustellen, war Murais Antwort. »Ich kann es machen.« Murai bestärkte den Meister sogar in dessen Phantasie, man könne die Schwerkraft der Erde überwinden, indem man die Anziehungskraft der Sonne und des Mondes in einer Weise ausnutzte, die auch der spirituellen Befreiung zugute kommen könnte. Doch das Beste, was Murai in dieser Richtung zustande brachte, war ein rotierendes Bett, das angeblich ein vorteilhaftes Verhältnis zur Schwerkraft ermöglichte. Das Projekt wurde aufgegeben, nachdem Murai schließlich zu dem Ergebnis gelangt war, daß das Bett »einen schwindlig machte«. Murai konnte wiederholt gegen die fundamentalen Aspekte seiner eigenen wissenschaftlichen Ausbildung verstoßen, weil für ihn die göttliche Allwissenheit des Gurus, die auch die Erkenntnisse der Wissenschaft umfaßte, alles aufhob, was er sich bisher an Kenntnissen angeeignet hatte. Als Asahara eines Tages erklärte, er habe einen Fehler in Einsteins Relativitätstheorie entdeckt, lautete Murais Kommentar: »Der Meister hat Einstein seit langem überflügelt.«

Die dunkle Seite – und sie war mehr als dunkel – der »heiteren Verrücktheit« Murais war sein Programm der Herstellung von Massenvernichtungswaffen und seine unmittelbare Beteiligung an mehreren Morden und der Verbrennung der Leichen der Opfer. Zweifellos angeregt durch die Erfindungen Teslas, sprachen er und Asahara auch darüber, einen elektrischen Strom mit einer Spannung von mehreren Billionen Volt zu erzeugen, der möglicherweise in phantasierten Laserwaffen eingesetzt werden sollte, die nach Asaharas Überzeugung wesentlich wirksamer waren als Kernwaffen. Als »Minister für Wissenschaft und Technik« leitete Murai die Aum-Labors, in denen nicht nur Kampfstoffe, sondern auch illegale Drogen wie LSD und ein auf Barbituraten beruhendes »Wahrheitsserum« und sogar ein Elektroschock-Apparat, mit dem er das Gedächtnis bestimmter Personen auslöschen wollte, produziert wurden.

Während andere Aum-Wissenschaftler und -Ärzte in diesen Projekten eine führende Rolle spielten, war Murai die oberste wissenschaftliche Autorität – was angesichts der Resultate den Schluß nahelegt, daß selbst eine beträchtliche Fähigkeit zur praktischen Anwendung der Wissenschaft mit einer ordentlichen Portion Phantasie einhergehen kann. Er brachte es außerdem fertig, in seiner charismatischen Autorität und seinen prophetischen Bedürfnissen ähnlich wie Asahara zu werden. »Ich möchte, daß die gegenwärtige Welt, die so voller Leiden ist, ausgelöscht wird«, sagte er einmal. Für ihn war jede noch so gewalttätige Handlung von Aum zutiefst gerechtfertigt, was er nach Aussage eines früheren Mitglieds der Sekte so begründete: »Aum nimmt einen heiligen Raum ein, während die gegenwärtige Welt eine Müllkippe ist.«

Die Führungsrolle Murais hatte ebenso wie die Asaharas zwei Seiten. Einige Jünger haben ihn als zugänglich, aufrichtig, freundlich und rücksichtsvoll in Erinnerung. Doch ein Mann, der noch vor Murai in Aum eingetreten war, erzählte mir von den Widersprüchen in seinem Verhalten: »Zu mir und anderen ranghohen Anhängern verhielt er sich stets freundlich und lächelte, ein guter Mensch. Den Mitgliedern, die ihm unterstellt waren, gab er haarsträubende Anweisungen, um Asaharas haarsträubende Ideen zu verwirklichen. Ihnen gegenüber war er unbeherrscht und anmaßend.« Ein anderer, der unter Murai gearbeitet hatte, schilderte ihn mit Wärme als einen nachdenklichen und rücksichtsvollen Menschen, doch letztlich ging er »über [s]einen Verstand, ein Rätsel«. Für einige relativ hochrangige Aum-Mitglieder war Murai allerdings weniger ein Rätsel als eine klägliche Figur, ein »Clown«, der in seinen zahlreichen verrückten Projekten nur selten einem Erfolg auch nur nahekam. Gelegentlich teilte Asahara dieses Urteil, obwohl er an der Entstehung dieser Projekte selbst maßgeblich beteiligt war. Nachdem der Guru eine »elektrische Kappe« anprobiert hatte, die nicht auf seinem Kopf hielt, lachte er laut und sagte sarkastisch: »Fein gemacht. Du hast viel Geld reingesteckt, aber du bringst nichts Praktisches zustande.« Doch Murai konnte selbst auf die absonderlichsten Projekte eine charismatische Energie verwenden.

In einem gewissen Sinne waren Murai, Asahara und alle Aum-Mitglieder letztlich Mitwirkende in einer Art verdrehtem Theaterstück, in dem in merkwürdiger, gefährlicher Weise Phantasie und Wirklichkeit miteinander verknüpft wurden. So veranstaltete Aum zum Beispiel im Sommer 1994 ein »Schlachtruf[*Otakebi*]-Kulturfestival«. In einem musikalischen Stück, in dem die erfolgreiche Herstellung »einer wirksamen Waffe« durch Murais Ministerium für Wissenschaft und Technik gefeiert wurde, schweißten Soldaten der »Wahrheitsarmee«, angeführt von Murai, auf der Bühne aufgeregt Eisenteile mit echten Schweißbrennern zusammen, während eine große Zahl von »Feinden« gegen sie vorrückte. Murai rief: »Wir müssen uns beeilen. Wir haben nicht mehr viel Zeit!«, während seine Soldaten ein riesiges Katapult errichteten, mit dem sie eine Kugel in die Reihen ihrer Feinde schossen und diese vernichteten. Danach sang Murai ein Lied mit dem Titel »Wiedergeboren in eine höhere Welt«. Welcher Art die mit dem Stück gefeierte Waffe war, wurde nicht gesagt, aber wenige Monate zuvor hatte es den Sarinanschlag in Matsumoto gegeben, und die Aum-Anhänger, die unmittelbar an der Herstellung des Sarins beteiligt waren, traten alle in dem Stück auf. (Im selben Sommer wurde Murai in den höchsten Rang der Jünger befördert, und auch andere, die an der »geheimen« und »gefährlichen« Arbeit beteiligt waren, wurden für ihre »fromme Tat« im Rang erhoben.) Im Verlauf des Festivals erklärte Asahara: »Ein Krieg ist unvermeidlich. Wir werden Überlebensausrüstungen zusammenstellen und an alle Jünger verteilen.«

Natürlich ist es nichts Ungewöhnliches, wenn eine Bewegung ein Stück aufführt, mit dem die Errungenschaften ihrer spirituellen und militärischen Bemühungen gefeiert werden. Dennoch ist auffällig, in welchem Maße das ganze Leben in Aum von phantastischen Einbildungen durchsetzt war, so daß Murai, der Held, gleichzeitig der Hauptdarsteller in dem Stück war, der führende wissenschaftliche Planer des Massenmords und schließlich derjenige, der die meisten Verdienste aufgehäuft hatte. Wir wissen, daß Aum es auch in dem Spiel tödlich ernst meinte. Andererseits gibt es hier auch Hinweise auf ein doppeltes Bewußtsein, auf die Wahrnehmung, daß man ein phantasievolles »Spiel« vortäuscht, während man gleichzeitig eine ernstgemeinte, fast wörtliche Beschreibung des Aum-Kriegerprojekts auf die Bühne bringt. Man könnte dabei an die Mitwirkenden einer balinesischen Tanzzeremonie denken, die Schrecken und Angst erleben, während sie gegen ein mächtiges Ungeheuer kämpfen, und dennoch wissen, daß sie in einer Art Theaterstück mitspielen, das an sich ernster Natur und dennoch etwas anderes als das wirkliche Leben ist. Aum hat dagegen diesen Unterschied aufgehoben, indem sie die höchst rituelle Tradition gemieden – und schließlich ihre Phantasien in aggressiver Weise in Szene gesetzt hat. Murai konnte ebenso wie andere in der Sekte zwischen spielerischer Transzendenz und realer Absicht hin und her wechseln oder beides gleichzeitig auf eine Weise erfahren, die das hermetische Verhalten der Sekte und ihre gefühllose Gewalt verstärkte. In diesem Sinne läßt sich das ganze Leben von Aum auffassen als eine Art ungezügeltes Spiel und der Austausch zwischen Murai und Asahara, in den Worten eines ehemaligen Jüngers, als »Szenen aus einer Art komischem Dialog«.

Wie wird man ein Wissenschaftler, der eine »heitere Verrücktheit kultiviert?« Was wir von Murais Herkunft wissen, liefert kaum eine vollständige Erklärung, doch einige Faktoren stechen hervor. Murai war schon immer ein brillanter Schüler und Student, ein »genialer Kopf«, der seine Lehrer tief beeindruckte und seinen Mitstudenten geduldig die Lösungen von Problemen erklärte, die ihnen unlösbar erschienen. Er war schlecht in Sport (seine Mutter sagte, er habe vor Angst gezittert, wenn er vor einem Schwimmbecken stand), verbrachte seine Essenszeit in der Bibliothek und galt als »ernsthaft und gutgläubig«, eine Kennzeichnung, die im Einklang steht mit seiner außergewöhnlichen Willfährigkeit gegenüber Autoritäten: Er fehlte nie im Unterricht und trug stets seine Schuluniform, auch wenn es nicht erforderlich war. Jemand beschrieb ihn als »freundlich und schüchtern, kein Führertyp«. Ein ehemaliges Aum-Mitglied, das von mir befragt wurde und Murai von Kindesbeinen an kannte, hatte ihn als still und fleißig in Erinnerung, doch als er ihm zehn Jahre später in Aum wiederbegegnete, stellte er in Murais Augen eine neue, entschlossene Intensität fest. Ein Studienfreund schätzte ihn als jemanden ein, der seine unmittelbaren Interessen zielstrebig verfolgte und dabei »Essen und Schlafen vergaß«, der jedoch unfähig war, geduldig bei einer Sache zu bleiben, und sich statt dessen auf immer neue Themen stürzte. Einmal steckte er beispielsweise für kurze Zeit seine ganze Energie in die Konstruktion einer elektronischen Schaltung, die es ihm ermöglichte, eine Seifenblase im Augenblick ihres Platzens zu fotografieren.

Murai schrieb später, er habe sich seit seiner frühen Schulzeit mit der Idee beschäftigt, übernatürliche Kräfte zu erlangen, eine Vorstellung, die durchaus von seiner Stellung in Aum beeinflußt sein könnte, jedoch auch zur Äußerung eines ehemaligen Aum-Anhängers paßt, der Murai ebenfalls seit seiner frühen Jugend kannte und sich erinnerte, daß dieser sich schon frühzeitig für Seelenwanderung interessiert hatte. Murai entsprach in vieler Hinsicht einem allgemeineren Aum-Profil: freundlich, ernsthaft, in der Kindheit ohne Kontakt zu anderen Kindern, interessiert an den Grundfragen des Lebens und mit ersten Anfängen einer spirituellen Perspektive. Doch im Unterschied zu vielen anderen Aum-Anhängern machte Murai seinen Weg durch eine Reihe von Elitebildungsinstitutionen, machte ein Diplom in Astrophysik und bekam eine ausgezeichnete Stelle in einem japanischen Spitzenunternehmen, der Kobe-Stahlgesellschaft. Es hat jedoch den Anschein, daß trotz seines Erfolgs im konventionellen Sinne eine Seite in ihm entschlossen war, über die gewöhnliche Alltagserfahrung hinauszugelangen. Als er heiratete, sorgte er dafür, daß die Hochzeit in Nepal stattfand, weil ihm daran gelegen war, den Himalaja zu sehen – und, wie wir vermuten dürfen, ihn spirituell zu erleben.

Als er sich 1987 Aum anschloß, sagte er seiner Mutter: »Ich möchte von den irdischen Fesseln befreit werden, indem ich Yoga praktiziere.« Es war sein Ehrgeiz, sich dem Geist eines Buchs anzunähern, das ihn sehr stark beeinflußte und in späteren Kommentaren über Aum eine wichtige Rolle spielen sollte. Als Murais Eltern versuchten, ihn davon abzubringen, ein *shukke* zu werden, gab er ihnen eine japanische Übersetzung von Richard Bachs *Die Möwe Jonathan* und erklärte: »Ich möchte, daß ihr das lest. Es bringt meine gegenwärtigen Gefühle zum Ausdruck.« Das Buch ist eine Parabel über einen Vogel, der sich seinen Eltern und den übrigen Möwen widersetzt und eine Vollkommenheit im Fliegen auf eine Weise anstrebt, die sich über die von ihnen gezogenen Grenzen hinwegsetzt. Von seiner Vogelschar ausgestoßen, wird Jonathan von besonders hochentwickelten Möwen entdeckt, die ihn im spirituellen Fliegen unterweisen. Nachdem er zu seiner Vogelschar zurückgekehrt ist, teilt er sein neuerworbenes Wissen jenen Möwen mit, die dafür besonders empfänglich sind. Vieles ließe sich zu der Erklärung Murais gegenüber seinen Eltern sagen (und ist in Japan gesagt worden), je nachdem, wie man das Buch von Bach beurteilt. Für mich ist das in dem Buch wiederholt angeschlagene Thema der Überschreitung der Grenzen des Gewöhnlichen wichtig, die Suche nach »einer Bedeutung, einem höheren Sinn des Lebens«, etwas, das über den Horizont der eigenen prosaischeren Welt hinausgeht – und vor allem die Erlangung einer Vollkommenheit, die alle Schranken überwindet. (»Ich bin eine vollkommene, unbegrenzte Möwe!«) Ist dieser Zustand erreicht, dann erscheint der Körper lediglich als ein Anhängsel des Geistes: »Dein ganzer Körper, von einer Flügelspitze zur anderen, ist nicht mehr als dein eigener Gedanke in einer Form, die du sehen kannst.« Die kitschige Mystik dieses Buchs hat vieles mit der Mystik Aums gemeinsam. In beiden Fällen wird die an das Gefühl gerichtete Verheißung ausgesprochen, es sei möglich, die Grenzen der eigenen Art mit übermenschlicher (oder »übertierischer«) Kraft oder Vollkommenheit zu transzendieren, ein Prozeß, der in gesuchten und erhabenen Begriffen dargestellt wird.

Als Murai kurz nach seiner Beteiligung an der Ermordung der Familie Sakamoto einen früheren Klassenkameraden besuchte, sagte er mehrfach: »Eine übernatürliche Kraft gibt es tatsächlich. Wenn du sie erlangt hast, kannst du das Unsichtbare sehen.« Einem Studienfreund erklärte er: »Der Guru kann im Raum schweben.« Auf die Frage, ob er dies auch könne, erwiderte er, auf seiner gegenwärtigen Stufe sei es ihm noch nicht möglich, »doch wenn ich eines Tages von den irdischen Bindungen befreit bin, werde ich dazu imstande sein«. Als ein Aum-Mitglied ihn fragte, wie er es schaffe, in dem winzigen, dunklen Zimmer zu leben, das er sich zum Wohnen ausgesucht hatte, antwortete er: »Es ist zu klein und zu dunkel für diejenigen, die nicht wissen, was sie mit sich anfangen sollen, und davonlaufen wollen, doch diese Kammer ist so groß wie das Universum für diejenigen, die meditieren möchten.«

Es gibt nur ein schriftlich überliefertes Beispiel dafür, daß Murai sich Asahara widersetzt oder einen seiner Befehle mißachtet hat. Es war gegen Ende einer Sondersitzung, die kurz vor dem Tokioter Sarinanschlag in einer geheimen Waffenfabrik von Aum in der Nähe des Bergs Fuji stattfand. Unmittelbar vor der Sitzung hatte Asahara Murai aufgebracht zurechtgewiesen, weil dieser es nicht geschafft hatte, größere Mengen an einsatzfähigem Sarin zu produzieren, und im Zorn mehrere Gegenstände nach seinem Jünger geworfen, unter anderem eine Schüssel mit heißer Nudelsuppe. Während der Sitzung mit seinen eigenen Untergebenen sprach Murai von seinem »Unvermögen«, die Anweisungen des Gurus auszuführen; selbst wenn er »unmögliche Befehle« erteile, versuche der Guru stets die Hingabe seiner Jünger auf die Probe zu stellen, sagte Murai. Während eines religiösen Sprechgesangs der Gruppe, den er als Vorsprecher anführte, betrat ein Jünger den Raum und sagte, der Meister lasse dringend nach Murai rufen. Obwohl es noch nie vorgekommen war, daß irgend jemand in Aum, geschweige denn Murai, einer solchen Aufforderung nicht unverzüglich nachgekommen wäre, und obwohl der Jünger wiederholte, es sei dringend, machte Murai angeblich zunächst eine leichte Bewegung, als wollte er sich aus seiner Lotusstellung erheben, doch dann setzte er einfach den Sprechgesang fort. Der Zwischenfall ist sicherlich schwer einzuschätzen, doch ist es möglich, daß Murai lange unterdrückte Zweifel am Guru und Widerstände gegen ihn zum Ausdruck gebracht hat, vor allem wenn man an die Mißhandlung denkt, die er kurz zuvor hinnehmen mußte, und seine wie auch immer eingeschränkte Wahrnehmung von der Lage, in der Aum sich nach dem bevorstehenden Sarinattentat befinden würde.

Die nachfolgenden Ereignisse stützen diese Vermutung. Nach dem

Anschlag in Tokio schien Murais Verhalten immer schwankender zu werden. Auf einer Pressekonferenz sagte er zwei Dinge, welche die öffentliche Stellung von Aum untergruben: erstens, daß die Gruppe über ein Vermögen von zehn Milliarden Yen (hundert Millionen Dollar) verfügte, was wahrscheinlich eine präzise Angabe war, aber wesentlich mehr als das, was bislang von offiziellen Sprechern der Sekte überhaupt zugegeben wurde. Und weiter sagte er, daß in einer Aum-Anlage, gegen die von der Polizei ermittelt wurde, Chemikalien für landwirtschaftliche Zwecke produziert würden, eine Erklärung, der praktisch niemand Glauben schenkte, die jedoch im Widerspruch zu allen früheren Behauptungen von Aum stand, daß sie über keine derartige Produktionsanlage verfüge.

Am 23. April 1995 wurde Murai auf den Stufen des Hauptquartiers von Aum in Tokio von einem Auftragsmörder der Yakuza, der japanischen Mafia, niedergestochen. Allgemein vermutete man in Japan, daß Asahara, der für seine Kontakte zur Yakuza bekannt war, den Mord befohlen hatte, weil Murai zuviel redete und die ganze Sekte in Gefahr brachte, vor allem Asahara selbst, der verzweifelt darum kämpfte, nicht verhaftet zu werden; Murai wußte einfach zuviel über Aums mörderisches Treiben, und ein toter Murai konnte zum Sündenbock für die verschiedensten Anschläge und Verbrechen, die man zu dieser Zeit Aum vorwarf, gemacht werden.

Spätere Erklärungen, die Murai die Schuld an allen Gewalttaten gaben, die möglicherweise innerhalb der Sekte verübt wurden, schienen solche Theorien zu bestätigen. Außerdem hieß es von dem sterbenden Murai zunächst, er habe das Wort *yuda* für Judas geäußert, was man so verstehen konnte, daß jemand von Aum ihn verraten hatte. Einige waren der Meinung, »Judas« sei ein versteckter Hinweis auf die Tatsache, daß der rückwärtige Eingang zum Souterrain des Aum-Büros in Tokio an diesem Tag verschlossen war, so daß Murai den Vordereingang benutzen mußte, wo er von einem Attentäter leichter niedergestochen werden konnte. Wieder andere glaubten, mit »Judas« sei Fumihiro Jōyū gemeint gewesen, der loyal zu Asahara gestanden war und als der wahrscheinliche zukünftige Führer von Aum gilt. Später behaupteten Jōyū und andere, Murai habe nicht *yuda*, sondern *yudaya* – »Judäa« oder »Juden« – gesagt, was mit den antisemitischen Lehren von Aum und mit der Leugnung Aums, in den Anschlag verwickelt zu sein, im Einklang stehen würde. Man hat aber noch eine weitere Theorie vorgetragen: daß die Yakuza für den Mord an Murai ihre eigenen Gründe hatte. Man nahm an, daß Murai sich an die japanische Mafia gewandt hatte, um die von

Aum illegal produzierten Drogen abzusetzen, für sie jedoch wegen seiner Geschwätzigkeit zunehmend zu einer Gefahr geworden war. Wer immer hinter dem Mord stand, Murai war das einzige bekannte Aum-Mitglied, das von einer Person oder Gruppe außerhalb der Sekte ermordet wurde.

Welche Faktoren haben nun diesen lupenreinen Aum-Wissenschaftler hervorgebracht? Da war zunächst einmal seine Neigung zur Verabsolutierung, sichtbar an seiner völligen Versenkung in alles, womit er sich beschäftigte, auch sein mystisches Streben nach einer Überwindung der menschlichen Grenzen. Ebenso bedeutsam war die Art und Weise, wie seine frühzeitige Brillanz und seine ernsthafte Konzentration auf die traditionelle Naturwissenschaft den starken esoterischen und SF-Strömungen, die in der japanischen Kultur vorherrschend sind, nachgegeben haben. Murai und seine Bundesgenossen in Aum bezogen sich auf Trends in der wissenschaftlichen Arbeit, die man als visionär oder (in ihrer extremen Innerlichkeit) gar als mystisch bezeichnen könnte. Das Visionäre und das Mystische können die wissenschaftliche Phantasie beflügeln, wenn sie mit einer konsequenten Beachtung von Beweisen und einer gehörigen Portion intellektueller Selbstkritik verknüpft werden. Doch alle solchen Beschränkungen wurden in Aum insgesamt beseitigt, ganz besonders von Murai, der in extremer Weise auf das endzeitliche Gurutum Asaharas verpflichtet war – ein Gurutum, dessen technokratische Dimension einen Murai unentbehrlich machte. Nicht nur, daß Murai alles tat, um zu einem Klon des Gurus zu werden, der Guru selbst, von seinen technisch-wissenschaftlichen Ambitionen getrieben, verhielt sich, als wollte er seinerseits zu einem Klon Murais werden. Der relativ nahtlose Übergang von visionärer Wissenschaft zu einem absoluten Guruismus bei Murai erzeugte jene »gelassene« – eigentlich eine moralische – Verrücktheit, der wir begegnet sind. Zu dieser moralischen Verrücktheit gehörte in den Worten eines Beobachters die Idee, »Kunststoffmodelle herzustellen« – das heißt, sich selbst das Recht anzumaßen, Wissenschaft und Technik dazu zu benutzen, nicht nur einzelne Menschen, sondern die menschliche Welt überhaupt zu zerstören und neu zu formen.

Ebenso wie bestimmte Ärzte im Dritten Reich und chinesische Funktionäre, denen die Durchführung der »Denkreform« durch Gehirnwäsche oblag, verstanden sich Aums oberste Jünger und Wissenschaftler als die am weitesten fortgeschrittenen Praktiker, die sich in einem riesigen Laboratorium für Menschenversuche austoben konnten, ohne ethischen oder moralischen Schranken unterworfen zu sein. Es wäre ein verhängnisvoller Irrtum, Murai als einen vereinzelten fanatischen Spinner abzutun. Er enthüllt vielmehr in einer Karikatur einige der tödlichen Verknüpfungen psychischer Strukturen und kultureller Strömungen überall auf der Welt in unserer Zeit.

Der okkultistische Wissenschaftler

Hirota, ein Mann in den späten Zwanzigern, schilderte mir in mehreren Interviews seine eigene bizarre Reise durch Aums Labyrinth einer mystischen Wissenschaft. Von Anfang an betonte er, daß seine naturwissenschaftliche Ausbildung der okkulten Mystik Aums sehr nützlich gewesen sei. Er hatte Ökologie und Astronomie an einer Prestigeuniversität in Osaka studiert und erklärte mir: »Mein Interesse am Universum ging Hand in Hand mit meinen religiösen Interessen.« Was er jedoch an der Universität studiert hatte, »war rein wissenschaftlich und ohne irgendwelche okkulten Elemente«. Nach seinem Eintritt in die Sekte erhielt er die Aufgabe, an der Entwicklung einer »astrologischen Software« mitzuarbeiten und »Planetenbewegungen zu programmieren«, und bemerkte dazu: »Die Idee als solche war okkultistisch, doch die Arbeit erforderte wissenschaftliche Kenntnisse.« Wie sich herausstellte, gehörten zu der Tätigkeit auch astrologische Prognosen, von denen eine – die sich auf das verheerende Erdbeben 1995 in Kobe bezog – zu einem Auslöser für Asaharas Marsch in Richtung Weltuntergang wurde.

Hirota verspürte den Drang, Naturwissenschaft und Geheimwissen miteinander zu verbinden, noch bevor Aum in sein Leben trat. Er war als Einzelkind aufgewachsen und hatte seit langem über den Sinn des Lebens nachgedacht und sich mit Gedanken an Tod und Selbstmord getragen. Immer wieder wurde er von Depressionen heimgesucht, die manchmal so schwer waren, daß er sein Studium unterbrechen mußte. Er begab sich auf eine intensive spirituelle Suche und las westliche Philosophen wie Nietzsche, Kierkegaard und Heidegger sowie die Werke mystischer Gurus aus den verschiedensten Regionen der Welt wie Madame Blavatsky, Gurdjieff und Krishnamurti. Außerdem befaßte er sich mit etlichen neuen japanischen Religionen und besuchte eine Zeitlang mormonische Kirchen. Obwohl diese Erkundungen ihm immer wieder Befriedigung brachten, empfand er gleichzeitig einen ständigen »bodenlosen Abgrund der Leere«, wie er es ausdrückte, und seine Unfähigkeit, seinen »grenzenlosen Pessimismus« zu überwinden. Der apokalyptische Zug in der japanischen Populärkultur faszinierte Hirota besonders. Außerdem war er ein Fan der TV-Zeichentrickserie *Die Reise des Raumschlachtschiffs Yamato*, obwohl er der Tatsache, daß ein Teil der ihm zugewiesenen Arbeit in Aum darin bestand, an der Konstruktion einer Version eines phantastischen Apparats dieser Serie, des »Kosmo-Saugers« zum Schutz des Gurus und seiner Anhänger mitzuwirken, keine Ironie abgewinnen konnte. Ebenfalls von Bedeutung für Hirota waren okkulte und religiöse Elemente der aus den USA importierten New-Age-Bewegung, die sich in den siebziger und achtziger Jahren der Kultur bemächtigte, vor allem die übersetzten Werke des Nostradamus, die auch auf andere Aum-Mitglieder und Asahara selbst eine unwiderstehliche Anziehung ausübten. »In den Prophezeiungen des Nostradamus spielte das Jahr 1999 eine entscheidende Rolle, für das er eine Katastrophe vorhersagte; als ich in die Grundschule ging, wurde darüber immer wieder im Fernsehen und in den übrigen Massenmedien berichtet.« Das trug seiner Meinung nach mit dazu bei, daß er »der Zukunft mit mehr Angst als Hoffnung« entgegensah.

Seine Angst wurde noch zusätzlich genährt durch die Drohung einer atomaren Vernichtung in einem Krieg der Supermächte und durch die während seines Studiums erlangten Kenntnisse über eine weltweite Umweltverschmutzung einschließlich der Zerstörung der Ozonschicht. Entsetzt hörte er auf Konferenzen, daß Wissenschaftler »hinter vorgehaltener Hand sagen, man dürfe nicht in Tokio wohnen, wo Hochhäuser und auf Stützen gebaute Straßen beim nächsten großen Erdbeben einstürzen würden«. Die wissenschaftlichen Aufsätze, die er las, lösten in ihm »Gedanken über den Niedergang der Erde [aus], die gewöhnlichen Menschen nicht in den Sinn kämen«. Erdbeben und Atombomben vermischten sich in seiner Vorstellung zu einer furchterregenden, wenngleich amorphen Vision von »etwas Entsetzlichem, das in Tokio geschieht«. In einem Fernsehfilm hatte er »das Bild einer großen Bombe [gesehen], die auf eine Megalopolis abgeworfen wurde«, und für ihn verband sich diese atomare Bedrohung mit seiner Angst vor »einem Erdbeben in der Großstadt«. Es war etwas, was er einfach nicht abschütteln konnte. Verstärkt wurden diese Empfindungen noch durch seine Abneigung gegen seine Stadt – »So komisch es klingt, obwohl ich in Tokio geboren bin, habe ich Tokio nie gemocht« –, was vermuten läßt, daß zumindest ein Teil von ihm eine derartige Zerstörung gewünscht hat.

Aum erschien Hirota als etwas, das ihm auf den Leib geschnitten war: »Asahara verkündete das, wonach ich lange gesucht hatte.« Nachdem er sich bis dahin nicht in der Lage gesehen hatte, »eine fundamentale Lebensenergie aus [sich] selbst zu beziehen«, fand er sich jetzt – dank des

Gurus – von jener Energie bis zur Ekstase durchdrungen. Er fühlte sich angesprochen von Aums starkem technisch-wissenschaftlichem Interesse und vertiefte sich zugleich völlig in seine asketischen Übungen und die mystischen Erfahrungen, die er daraus bezog. Er reagierte stark auf Asaharas Forderung, daß sich seine Schüler im Angesicht Armageddons immer aktiver engagieren müßten. Die prophetischen Visionen des Gurus waren eine Widerspiegelung von Hirotas eigenen apokalyptischen Phantasien und »verstärkten in [ihm] das Empfinden einer Krise«, so daß »[er] nicht anders konnte, als ihm zu folgen«. Hirota war von Asaharas Behauptung bewegt, er leide unter »Sarinreizungen«, die ihn jederzeit töten könnten: »Ich war davon überzeugt, daß der Guru mein Führer und Erlöser und seine Existenz wichtiger als meine eigene war. Als ich hörte, sein Leben sei in Gefahr, fühlte ich, daß es schändlich von seinen Anhängern sei, nichts zu unternehmen.«

Hirota fühlte sich besonders von Asaharas »Methode des Klonierens« angezogen, die er als das »Leerwerden« des Schülers beschrieb, so daß der »Wunsch und Wille« des Gurus in ihn eingepflanzt werden konnte. Da er sich danach sehnte, ein Klon des Gurus zu werden und das zu erreichen, was er als ein »hundertprozentiges Erfülltsein durch den Guru« beschrieb, ließ Hirota sich auf das Aum-Projekt ein, »Werte und den gesunden Menschenverstand« umzukrempeln und die eigenen Wahrnehmungen zu blockieren, zurückzuweisen oder umzukehren. Etwa bei einer »Hitzeschulung«:

»Man setzte sich in ein heißes Bad von 46 bis 50 Grad Celsius und machte eine Meditationsübung mit dem Ziel, die Hitzeempfindung auszusperren. Solange man die Hitze spürte, hatte die Schulung noch nicht genügend gewirkt. Es ist eine Methode, sich selbst zu betrügen. Das Wasser konnte so heiß sein, wie es wollte, man durfte einfach nichts davon spüren.«

Wie Hirota zu verstehen gab, verlief die Prozedur für ihn bis zu einem gewissen Grad erfolgreich. Doch er erinnerte sich auch an Situationen, in denen Menschen während solcher Hitzeschulungen starben. Entweder wurde ihr Tod ignoriert, oder Asahara erklärte, »das Niveau der spirituellen Schulung war unzureichend, und deshalb sind sie gestorben«, wobei er einmal die rhetorische Frage anknüpfte: »Ist es nicht eine Lust, mitten in einer spirituellen Übung zu sterben?«

Die Begegnung mit dem Tod stand im Zentrum der Übungen von Aum und wurde sowohl spirituell als auch physisch als Heilmittel angesehen. Asahara behauptete, er habe sein Krebsleiden mit Hilfe der Heißwasserübung geheilt, die als eine Art schmerzhafte, aber segensreiche

»Karmahäutung« angesehen wurde. Hirota hörte außerdem von anderen Sektenmitgliedern die beruhigende Äußerung: »Asahara hat diese Übungen immer zuerst an sich selbst ausprobiert.« Der Tod sollte untrennbar mit der Versunkenheit eines Schülers in eine extreme Guruverehrung verbunden sein. Einige Jünger sollten sogar erklären: »Ich wollte, er würde mir *poa* gewähren.«

Hirota erzählte, wie er dazu kam, seine wissenschaftliche Weltsicht umzuformen, um sie den höheren Wahrheiten Asaharas anzupassen:

»Der Guru befaßte sich mit Ideen einer Reinkarnation und sah die Zeit in einem umfassenderen Rahmen. Der Begriff *kalpa* bedeutete zehn Milliarden Jahre. Er sprach von einer spirituellen Reise, die sich über einen solchen Zeitraum erstrecken würde ... Ich habe Astronomie studiert, eine Wissenschaft, in der man davon ausgeht, daß die Erde rund vier Milliarden und das Universum rund zehn Milliarden Jahre alt ist. In Aum erweiterte sich meine Zeitvorstellung sogar noch mehr, und ich begann mir Fragen zu stellen wie: ›Wo war ich eigentlich, bevor ich vor 29 Jahren geboren wurde?‹«

Der Guru, fügte er hinzu, »hatte einen einzigartigen Blick auf den Aufstieg und Niedergang von Hochkulturen unter dem Aspekt der Reinkarnation. Nach seiner Überzeugung war die Vernichtung der Zivilisation ein Teil des Prozesses – ein notwendiger Teil des Prozesses.« Für Hirota war dies »ein sehr tiefer Gedanke«, und der Guru »war eine so reiche Persönlichkeit, daß es schwer für mich war, ihn zu analysieren. Er war eine zu tiefe Person für mich als Schüler.«

Hirota schilderte mir die verwickelte Abfolge der Ereignisse, an deren Ende er das Erdbeben von Kobe im Januar 1995 »vorhersagte«. Aus Anlaß seiner Initiation als Mönch hatte man ihm gesagt, er werde damit betraut, an der »Erforschung der Schaffung des großen Universums« zu arbeiten, und er wußte, daß es dabei um eine Verbindung seiner wissenschaftlichen Kenntnisse und der spirituellen Belange von Aum und ihm selbst ging. Danach wurde er einem »Astrologieteam« zugewiesen und beauftragt, eine »astrologische Software« zu entwickeln. Hirota erkannte bald, wie wichtig diese Tätigkeit für Aum war, als Murai ein starkes Interesse daran nahm und selbst der Meister persönlich mit ihm darüber diskutierte. Er fühlte sich »geehrt und sehr glücklich, daß er [ihn] persönlich ausersehen und gebeten hatte, dieses Projekt zu übernehmen«. Obwohl die Astrologie natürlich nicht zu seiner bisherigen wissenschaftlichen Tätigkeit gehört hatte, war ihm klar, daß in Aum ein Arbeitsauftrag als eine heilige Aufgabe und als Bestandteil der eigenen spirituellen Betätigung angesehen wurde. Mit anderen Worten, sein wissenschaftliches Ich hatte sich der unsterblich machenden Kraft des Gurus unterworfen.

Im Verlauf unserer Interviews äußerte Hirota Scham- und Schuldgefühle, weil er sich so weit von den Prinzipien der strengen Wissenschaft entfernt hatte, die man ihm ursprünglich beigebracht hatte, und weil er maßgeblich am Zustandekommen einer Prophezeiung beteiligt war, die möglicherweise zum mörderischen Verhalten Asaharas beigetragen hatte. Als ich ihn fragte, ob die Prophezeiung von ihm oder von Asahara stammte, antwortete er: »Ich kann beim besten Willen nicht sagen, wer von uns beiden es war.« Anscheinend kam sie durch eine Art Dialog zwischen den beiden Männern zustande – der zum Teil während einer der wöchentlichen Aum-Radiosendungen geführt wurde –, bei dem der Meister (wenngleich leise) den Ton angab und Hirota sich eingeschüchtert und unterwürfig verhielt. Asahara wollte im Radio eine Prophezeiung aussprechen, erklärte Hirota, und »beauftragte mich, die Astrologie von Naturkatastrophen zu erforschen. Ich sagte ihm, daß es so etwas wie eine Erdbebenastrologie gebe [die auf einer in den USA entwickelten Software beruhte], und er trug mir auf, mich damit zu befassen.« Asahara legte Wert darauf, daß er möglichst genau den Ort angeben sollte, an dem das Erdbeben stattfinden würde, so daß der Meister eine »zutreffende Prophezeiung« verkünden konnte. Irgendwann sprach Asahara von der Wahrscheinlichkeit eines Erdbebens auf Hokkaidō, der nördlichsten der japanischen Inseln, doch Hirotas Berechnungen ergaben Koordinaten, welche die Präfektur Hyōgo in Zentraljapan als Ort eines Erdbebens wahrscheinlicher machten. »Da Kobe die einzige Stadt in dieser Präfektur war, die ich kannte, fiel mir als erstes ihr Name ein.« (Asahara wußte nicht im voraus, wie Hirotas Antwort ausfallen würde, so daß er bei seiner Rundfunkprophezeiung weitgehend auf die Arbeit seines Jüngers angewiesen war.) Während der eigentlichen Sendung antwortete Hirota auf die Frage seines Meisters: »In der Nähe von Kobe.« Neun Tage später, am 17. Januar 1995, brach das verheerende Erdbeben tatsächlich aus.

Unmittelbar nach der Sendung fühlte Hirota sich »verwirrt« durch seine Kühnheit und war sich alles andere als sicher über die Richtigkeit seiner Prognose. Als sich das Erdbeben in Kobe tatsächlich ereignete, war er »tief erschüttert« zu erfahren, daß fünf- bis sechstausend Menschen den Tod gefunden hatten, und fühlte sich irgendwie in die Katastrophe verwickelt. Er hatte das Empfinden, »daß der bloße Gedanke, etwas derartiges könnte sich ereignen, seinem Eintreten Vorschub leisten könne«. Er war besonders bestürzt, als er nicht lange danach mit einer weiteren

Prophezeiung Asaharas in Verbindung gebracht wurde (mit der er in Wirklichkeit nichts zu tun hatte), daß sich am 15. April etwas Schlimmes ereignen werde: »Das Erdbeben von Kobe hatte sich [am 15. Januar] ereignet; der Sarinanschlag in der Untergrundbahn hatte sich [am 22. März] ereignet; der Argwohn gegenüber Aum nahm zu; es wurden schlimme Ereignisse prophezeit, und eines von ihnen trat tatsächlich ein. Japan wurde von einer Aum-Panik ergriffen.«

Jetzt war Hirota »ein großer Erfolg« in Aum und wurde vom Guru gelobt: »Du hast deine Sache gut gemacht.« Fast sofort nach der Katastrophe machte sich Asahara mit Lastwagen voller Hilfsgüter für die Erdbebenopfer auf den Weg nach Kobe. Die Radiosendung wurde mehrmals wiederholt und dann in eines der Bücher von Aum aufgenommen, in dem sogar behauptet wurde, das Erdbeben sei keine Naturkatastrophe gewesen, sondern ein Angriff böser Mächte – der Freimaurer oder der Vereinigten Staaten –, die sich spezieller »Erdbebenwaffen« bedient hätten. Diese Behauptung brachte Hirota noch mehr auf und stürzte ihn noch tiefer in Verwirrung.

Asahara dagegen triumphierte. Für ihn war das Erdbeben ein Vorbote von Armageddon. Von daher rührte Hirotas Unruhe und sogar Angst, er selbst könnte zu Asaharas Vision von einem Weltuntergang beigetragen haben:

»Asahara hatte dieses tiefe Gefühl von einem Armageddon, und von allem, was geschah, behauptete er, er habe es vorhergesehen. In diesem Fall trat tatsächlich das ein, was er prophezeit hatte. Deshalb war er überzeugt, daß das Erdbeben seine Vision von Armageddon unmittelbar zum Ausdruck gebracht hatte.«

Hirotas Empfindungen machten ihm um so mehr zu schaffen, als es ihm nicht gelang, Asaharas Vision abzulehnen: »Mein Gefühl, daß uns ein Armageddon bevorstehe, hielt sich hartnäckig weiter, selbst nachdem ich Aum verlassen hatte. Nicht daß ich an Prophezeiungen von Katastrophen geglaubt hätte, aber ich bin noch immer überzeugt, daß wir nicht sicher sein können, in Zukunft von so schlimmen Ereignissen verschont zu bleiben.«

Hirotas extremes Unbehagen an der ganzen Angelegenheit machte es ihm schwer, darüber zu sprechen. Er kann sich noch immer nicht von der Vorstellung befreien, daß seine astrologische Prophezeiung exakt und somit »wissenschaftlich« gewesen sei. Auf meine direkte Frage nach der Exaktheit des von ihm angewandten astrologischen Wissens antwortete er: »Meiner Meinung nach war es ein reiner Zufall, daß meine Prognose sich bewahrheitet hatte. Aber gleichzeitig war ich überzeugt – da es eine überlieferte astrologische Methode gab –, daß die Astrologie recht haben konnte. Was soll ich sagen? Wie lautete die Frage? Ich würde sie lieber nicht beantworten. Aber ich gelangte zu dem Schluß, daß die Astrologie eine unheimliche Disziplin war.« Wenn man ihn damals gefragt hätte, ob er glaube, daß astrologisches Wissen im wissenschaftlichen Sinn zuverlässig sei, was hätte er dann geantwortet? »Ich hätte gesagt: ›Ja, das glaube ich.‹« Jetzt erkannte er in dieser Meinung einen Teil von »Aums Charakter, Asahara-sans Charakter und auch [s]eines eigenen Charakters« – das heißt, als einen Ausdruck des Meister-Schüler-Verhältnisses und der »Aum-Wissenschaft«.

Hirota wies darauf hin, daß in Aum aller Besitz dem Guru gehörte, eine zutreffende Feststellung, die ihn aber auch partiell von seinen Schuldgefühlen befreite:

»Charakteristisch für das Leben eines Gläubigen ist die Vorstellung, daß alle Dinge dem Meister gehören. Die Schüler gehören dem Meister. Sie denken: ›Meine Taten sind alle dir geweiht.‹ Mir hat man eine bestimmte Arbeit aufgetragen, und ich habe sie gemacht ... Damals war für mich als Anhänger [von Aum] der Gedanke etwas Natürliches, daß mein Tun zu Asahara-sans Nutzen war. Deshalb war die Prophezeiung des Erdbebens von Kobe letztlich seine Prophezeiung. Gewiß, ich habe sie getroffen, aber ...«

Es war ein Satz, den er nicht ganz zu Ende bringen konnte.

Sein Unbehagen nahm zu, je mehr ihm die Natur von Asaharas Weltuntergangsprojekt klar wurde:

»Ich war sehr beunruhigt. Anfangs konnte ich Asaharas Plan, sein Armageddon nicht begreifen. Man hatte mir eine Aufgabe übertragen, und ich befolgte einfach meine Instruktionen. Das Erdbeben von Kobe war nicht durch Aum herbeigeführt worden – es war eine Naturkatastrophe –, aber das machte es für mich nicht besser. Ich hatte Angst, ich würde von ihm benutzt. Asahara plante ein furchtbares Vernichtungswerk. Er war überzeugt, daß Armageddon sich nicht von selbst ereignen würde, so daß er auf die Idee verfiel, es herbeizuführen. Diese Idee ist so gefährlich, daß ich nachts noch immer nicht einschlafen kann, wenn ich nur daran denke.«

Hirotas Schuldgefühl, weil er zu Asaharas zerstörerischen Energien beigetragen habe, verband sich mit Scham darüber, daß er seine eigene wissenschaftliche Ausbildung verraten habe:

»Ein Jahr zuvor war ich noch Wissenschaftler und arbeitete an einer Hochschule. Ich glaubte nicht an Astrologie. Jetzt traf ich eine Prognose auf der Grundlage astrologischer Kenntnisse.«

Ein anderer ehemaliger Mitarbeiter des Aum-Astrologenteams bestätigte dessen große Bedeutung, als er berichtete, ein Großteil ihrer astrologischen Software sei von Murai entwickelt worden, der trotz seiner umfangreichen Verpflichtungen in Aum täglich das Büro des Astrologenteams besuchte, um sich von seinen Fortschritten zu überzeugen. Einmal ordnete Asahara persönlich an, eine bestimmte Aufgabe innerhalb einer Woche zu beenden, und erschien im Büro, um seinen Ärger loszuwerden, als der Termin nicht eingehalten wurde. Doch bald versorgte der Guru das Team mit zusätzlichen Mitteln für die Anschaffung von Büchern und Geräten und blieb mit den Team-Mitarbeitern in ständigem Kontakt. Das Team sollte Asahara sogar auf seinen Reisen begleiten, so daß es für ihn jederzeit Horoskope einzelner Sektenmitglieder erstellen oder die Vor- und Nachteile der Termine und Orte von geplanten Aum-Aktivitäten ermitteln konnte. Die Mitglieder des Teams standen unter ständiger Anspannung, da sie nie wußten, wann Asahara bei ihnen auftauchen würde. Im Lauf der Zeit war der Meister immer mehr von der Idee besessen, sämtliche astrologischen Deutungen über alle seine *shukke* vorgelegt zu bekommen, um auf diese Weise ihren Glauben oder ihre Illoyalität einschätzen zu können. Außerdem interessierte ihn sein eigenes Horoskop, das als »extrem« beschrieben wurde und als »Großkreuz« bekannt war, weil darin die Positionen von Venus, Uranus, Mars und Neptun ein großes Kreuz bildeten. Was Asahara gefiel, war der Umstand, daß sowohl das Horoskop Adolf Hitlers wie das Thomas Edisons in diese Kategorien fielen. Außerdem ließ er sein Horoskop mit denen von Mao Zedong, dem japanischen Ministerpräsidenten und dem neuen Kaiser Akihito vergleichen.

Es gelang Hirota, Murai zu widerstehen, der ihn dazu bringen wollte, seine Meinung zu ändern, als er Aum bald nach nach dem Sarinanschlag verlassen wollte. Doch nachdem er von Murais Ermordung erfuhr, war er erschüttert und fassungslos. Er verspürte den Drang, vorzupreschen und sein eigenes Blut anzubieten, um das Leben seines früheren Oberen zu retten. Er betete für ihn, erinnerte sich an seine Anleitung, Geduld und Freundlichkeit. Gleichzeitig machte er sich aber auch daran, den Verbrechen Aums nachzuspüren und sie zu enthüllen, wobei er sich auf Asahara konzentrierte, ohne freilich die Taten Murais auszusparen.

Aums Version einer heiligen Wissenschaft machte sie zu einer Kultbewegung unserer Zeit. Zweifellos war Aum keine einzigartige Sekte, wenn sie für ihre extremsten Äußerungsformen einer spirituellen Phantasie wissenschaftliche Geltung beanspruchte. Doch während die meisten Sekten versuchen, ihre spirituellen Ansprüche mit einem wissenschaftlichen Firnis zu überziehen, rekrutierte Aum gezielt Wissenschaftler wie Murai und Hirota und subsumierte anschließend deren Wissenschaft unter das Dogma und die Praxis der Gruppe. Auf diese Weise wurden Murai und Hirota ebenso wie andere Aum-Wissenschaftler zu Verfechtern einer »Fantasy-Wissenschaft« (Visionen, die absurder waren als die in den wildesten SF-Romanen) und einer »Wissenschafts-Fantasy« (die Imagination und Realisierung omnipotenter wissenschaftlicher Produkte und Errungenschaften). Murai stand im Zentrum dieser Welt einer apokalyptischen Wissenschaft und war zu einem Großteil auch ihr Schöpfer, doch Hirota machte bereitwillig mit.

Es hat schon beachtliche Versuche gegeben, Wissenschaft und Mystik miteinander zu verbinden, doch Aum führte in die Wissenschaft weniger eine echte Mystik als eine entstellende Mystifikation ein. Menschen wie Murai und Hirota wurden zu Brücken zwischen einem verabsolutierten Heiligen und ausgeplünderter Profanität. Ohne solche sakralisierten Wissenschaftler hätte der Meister seine eschatologische Phantasie nicht mit gefährlicher materieller Aktualität füllen können; ohne ihre seinem Willen dienstbar gemachten wissenschaftlichen Kenntnisse hätte er weder die Vorstellung noch die Mittel gehabt, »das Ende herbeizuzwingen«. Aums Version einer heiligen Wissenschaft, gleichermaßen auf den Geist wie auf Waffen angewandt, wurde ihr Pfad hin zum Schlachtfeld.

6.
Töten, um zu heilen

»Hat Aum etwas an sich, das Ärzte besonders anzieht?« fragte ein japanischer Journalist, der sich näher mit der Sekte befaßte. Darauf möchte ich mit der Gegenfrage antworten: »Haben Ärzte etwas an sich, das sie befähigt, in besonderer Weise zu Aums mörderischem Projekt beizutragen?« Je tiefer ich in das ärztliche Verhalten von Aum eindrang, desto mehr erinnerte es mich an die Erfahrung der NS-Ärzte und einer latenten Potentialität von Ärzten überhaupt, im Dienst einer Bewegung oder einer Sache an die Stelle des Heilens das Töten zu setzen.

Die Nazis benutzten deutsche Ärzte dazu, ihr Mordprojekt als eine klinische Operation, als eine Art ärztliche Behandlung erscheinen zu lassen. Die Morde der Nazis erfolgten anfangs als »Euthanasie« innerhalb ärztlich kontrollierter Institutionen, in denen bestimmte Krankheiten oder erbliche Defekte oder auch nur unerwünschte Verhaltensweisen als »lebensunwertes Leben« klassifiziert wurden. Etliche deutsche Ärzte stellten ihre Kenntnisse und Fertigkeiten bereitwillig für diesen Zweck zur Verfügung, während die meisten übrigen dieses Vorgehen entweder direkt unterstützten oder ihm in der einen oder anderen Weise Vorschub leisteten. Dieses »medizinalisierte« Tötungsprojekt wurde später auf Todeslager wie Auschwitz ausgeweitet, wo die Ärzte an einer Eisenbahnrampe »Selektionen« vornahmen und die meisten der ankommenden Juden sogleich in die Gaskammern schickten, während sie einer kleinen Zahl der besonders gesund und kräftig Aussehenden unter ihnen erlaubten, Sklavenarbeiter zu werden, nur um in den meisten Fällen nach wenigen Monaten ebenfalls den Tod in der Gaskammer zu finden. Diese Ärzte beteiligten sich nicht nur direkt am Massenmord, sie verkörperten darüber hinaus in sich die umfassendere Vorstellung der Nazis von einem Töten im Namen einer Heilung, einer Vernichtung all derer, die die nordische Rasse »infiziert« hatten, um diese einzigartig begabte Rasse von ihrer gegenwärtigen »Krankheit« zu »heilen«.

Es bestehen natürlich enorme Unterschiede zwischen einer nationalen politischen Bewegung und einer kleinen, staatsfeindlichen religiösen

Sekte, auch wenn die Nazis in ihrem Auftreten kultisch waren, sich immer wieder einer apokalyptischen religiösen Symbolik bedienten und in mystischen Erlebnissen schwelgten, während Aum sich im Zuge der Verfolgung säkularer und spiritueller Ziele immer stärker politisierte und militarisierte. Was Aum und die Nationalsozialisten jedoch gemeinsam hatten, war die häufig zu beobachtende Neigung despotischer und totalitärer Gruppen, sich des schamanistischen Erbes des Arztes zu bemächtigen, eines Erbes, das nicht nur die »weiße Magie« des Heilens, sondern auch die »schwarze Magie« des Tötens umfaßt. Denn Ärzte haben es regelmäßig mit dem Tod zu tun und können – von tyrannischen Regimes wie von sich selbst – als mächtige Herren über Leben und Tod, als Türhüter zwischen Diesseits und Jenseits verstanden werden.

Wir können nichts darüber sagen, ob Aum bei seinem extensiven Gebrauch medizinalisierter Drohung, Folter und Tötung spezifischen Vorbildern gefolgt ist. Wir wissen, daß Asahara Hitler bewunderte und von den Nazis fasziniert war. Möglicherweise übernahm Aum etwas von der Praxis der Nazis, Ärzte in den Dienst eines mörderischen Projekts zu stellen, vielleicht hat sie aber auch auf die medizinischen Mißbräuche Japans im Krieg in den dreißiger und vierziger Jahren zurückgegriffen, zu denen abartige, von Ärzten geleitete Experimente und Vivisektionen an chinesischen und alliierten Kriegsgefangenen gehörten. Es hat zudem jüngere Beispiele von Ärzten gegeben, die sich in den unterschiedlichsten Rollen mißbrauchen ließen: als Folterer in Chile, als Fälscher medizinischer Berichte über Tötungen im staatliche Auftrag in Südafrika unter dem Apartheidregime, als psychiatrische Gefängniswärter politischer Dissidenten in der früheren Sowjetunion, als Mitwirkende an Gehirnwäscheexperimenten durch die CIA in den Vereinigten Staaten und in Kanada und als Begünstiger des Massenmords und -selbstmords der Sekte Peoples Temple in Jonestown in Guyana.

Aum hätte an vielen Orten Vorbilder finden können, doch in gewisser Hinsicht war diese Sekte auf spezifische Vorbilder gar nicht angewiesen. Totalitäre Gruppen auf der Suche nach Formen einer absoluten Herrschaft neigen immer wieder dazu, Ärzte wegen ihres dem Tod verbundenen Wissens und ihrer Macht für sich einzuspannen. Und die Ärzte selbst können nur allzu leicht dem Allmachtsgefühl erliegen, das ihnen eine solche Komplizenschaft verschafft. Das schamanistische Erbe kommt hier ins Spiel, doch dasselbe gilt für die eigene Anfälligkeit des Arztes für die jeweilige totalitäre Lehre. Bei den Nazis fühlten sich Ärzte von der ideologischen Verheißung einer industriellen und nationalen Erneuerung ebenso angezogen wie von der sich ihnen bietenden Gelegenheit, innerhalb des Regimes zu Macht und Privilegien zu gelangen. Auch wenn sie sich in ihrer ideologischen Nähe zum System stark voneinander unterschieden – einige von ihnen konnten sich sogar über die ausgefallenen biologischen Behauptungen der NS-Bewegung lustig machen –, so waren Elemente der NS-Ideologie doch wesentlich für den Prozeß, in dessen Verlauf deutsche Ärzte daran gewöhnt wurden zu töten. Dagegen waren die Aum-Ärzte ausnahmslos in die Theologie der Sekte in einer Weise eingebunden, die sie in höchstem Maße dafür anfällig machte, andere Menschen zu foltern und zu töten. Auch sie hatten ihre bösen Ahnungen oder, wie man sagen könnte, ein zweifelndes, Nicht-Aum-Ich, doch ähnlich wie den NS-Ärzten fiel es ihnen nur allzu leicht, solche Skrupel im Dienst der »höheren Sache« zu überwinden.

Aums Umkehrung von Heilen und Töten war möglicherweise die systematischste ihrer Art seit der Ära des Nationalsozialismus – zwar in viel kleinerem Maßstab, aber mit *Visionen* eines medizinalisierten Tötens, die weit genug gingen, um selbst die der Nazis in den Schatten zu stellen. In jedem Fall führt Aum uns eine verbreitete Tendenz drastisch vor Augen, weitreichende Mordprojekte zu medizinalisieren und Ärzte in ihren Mittelpunkt zu stellen.

Ebenso wie die Nazis vertrat Aum eine medizinische Ideologie, die tiefgreifende ethische Fortschritte für sich reklamierte. Die Nazis sagten den Ärzten, sie bräuchten keine persönlichen Ziele mehr zu verfolgen, sondern könnten als »Ärzte für das Volk« dienen, als »biologische Soldaten« oder als »Züchter von Erbgut«. Bei Aum war der ethische Anspruch stark spiritualisiert, aber gleichwohl eine ärztliche Verheißung. Die folgende Erklärung mit der Überschrift »Auf dem Weg zu einer Medizin der Zukunft« wurde in einer Aum-Publikation mit dem Titel *Krankheit wird geheilt* abgedruckt:

»Aum Shinrikyō kennt Drei Erlösungen, ›Befreiung von Krankheit‹, ›Weg zum diesseitigen Glück‹ und ›Weg zum *satori*‹. Was die erste angeht, ›Befreiung von Krankheit‹, so arbeitet eine Gruppe von Aum-Ärzten unter der Führung der heiligsten Seele der Wahrheit, des Ehrwürdigen Shōkō Asahara, an einer neuen Therapielehre; neben dem Gebrauch von Verfahren, die an den Grenzen der westlichen Medizin ausgesucht wurden, erforschen sie das Wesen unterschiedlicher Heilverfahren wie der östlichen Medizin (Akupunktur, Heilkräuter), der tibetischen Medizin, Ayurveda (altindische Medizin) und Yoga. Ein besonderes Schwergewicht haben wir auf Präventivmaßnahmen und die Verbesserung der industriellen Konstitution gelegt, die von der modernen Medizin zumeist vernachlässigt wurden. In Verbindung mit den genannten Heilverfahren haben solche Methoden wie Astralmedizin (abgeleitet aus der Astralwelt, einer höheren Dimension) und eine heilige Kräftigung durch spirituell Hochstehende (Übertragung von Energie) ausgezeichnete Resultate bei der Behandlung tödlicher und seltener Krankheiten erbracht und den Kranken zu einer höheren Gesundheit verholfen und Leib und Seele gebessert.«

Diese Erklärung ist eine medizinische Version der typischen Aum-Rhetorik – grandios in ihrer Verschmelzung von Wissenschaft (»Verfahren ... an den Grenzen der westlichen Medizin«), angeeigneter fernöstlicher Weisheit und einer konkretisierten spirituellen Welt (»Astralmedizin«). Der Hinweis auf »spirituell Hochstehende« und »Energieübertragung« als Mittel zur Heilung tödlicher Krankheiten steht im Einklang mit Aums düsterer Version des *poa* (wobei spirituell Hochstehende die Reinkarnation von weniger hochstehenden oder von schlechten Menschen herbeiführen, indem sie diese umbringen). Der Autor eines Buchs, in dem diese Erklärung zitiert wird, bemerkte dazu trocken: »Der Kopf dieser angeblichen Vorhut der Medizin, der heilige Meister, hatte nicht einmal eine amtliche Zulassung als Arzt.« Doch der Guru hatte natürlich das, was er und Aum als eine höhere Zulassung betrachteten. In Aum konnte er seine früheren Ambitionen verwirklichen, ein Arzt zu werden, genauer gesagt, ein Arzt wie kein anderer. Die Erklärung läßt sich demnach als eine medizinalisierte Projektion eines höchsten Meistertums auffassen, als eine spirituell überhöhte Version dessen, was zum medizinalisierten Töten werden sollte.

Was die Aum-Ärzte taten

Die Medizin stand vollständig im Dienst der Theologie der Sekte und war für deren einzelne Ebenen der Gewalt von zentraler Bedeutung. Die drei Aum-»Ministerien« mit jeweils einem Arzt an der Spitze – das Ministerium für Heilung, das Ministerium für Gesundheit und Soziales und das Sekretariat des Heiligen Herrschers (»Palastamt«) – waren eng koordiniert mit den Projekten der Sekte nach dem Vorbild der Gleichschaltung im Dritten Reich. Außerdem waren sie Beispiele für eine Orwellsche Namensgebung: Im Auftrag des Ministeriums für Heilung wurden im Aum-Hospital abtrünnige Sektenmitglieder unter Drogen gesetzt, erpreßt und umgebracht; das Ministerium für Gesundheit und Soziales produzierte tödliche Substanzen, und das Sekretariat des Heiligen Herrschers erörterte und plante Morde und befahl ihre Ausführung.

Stationäre Patienten waren im Astralhospital-Institut in Tokio untergebracht, auf zwei Stockwerken in einem vierstöckigen Gebäude, getrennt von den übrigen Aum-Niederlassungen. Mit lediglich neun Betten verfügte es dennoch über einen Stab von nicht weniger als zehn Ärzten für acht Abteilungen, ein Mißverhältnis, in dem sich die umfassendere Bedeutung des Instituts für Aum niederschlägt: seine Beteiligung an den kriminellen Projekten der Sekte. Das »Hospital« war faktisch ein Ort, an dem Ärzte aus dem Ministerium für Heilung widerspenstige Aum-Mitglieder, ihre Angehörigen oder Außenstehende, sogenannte »Feinde« von Aum, festhielten und unter Medikamente setzten. Dieselben Ärzte wachten unter der Assistenz von Krankenschwestern über eine Gruppe von »Patienten«, die man in ihre »Obhut« gegeben hatte. Wie einer der Ärzte später vor Gericht aussagte, »waren dies Anhänger [der Sekte], denen man Drogen injiziert hatte und die in kleinen Zellen, sogenannten ›Schutzräumen‹, gehalten wurden«, um sie an der Flucht zu hindern.

In einem typischen Fall wurde ein dreiundsechzigjähriger Mann, der Aum nicht angehörte und im Januar 1992 einen Schlaganfall erlitten hatte, auf den Vorschlag eines Verwandten, eines Mitglieds von Aum, in das Hospital gebracht. Hier lag der Kranke vierzehn Monate lang, und während der ganzen Zeit verlangten Krankenschwestern und Ärzte immer wieder »Spenden« von ihm und behaupteten, durch seine wiederholten Schenkungen an Aum werde seine Krankheit geheilt. Darüber hinaus wurde er einer sogenannten »Thermaltherapie« unterworfen, dem Eintauchen in 47 Grad heißes Wasser, um seinem Körper »toxische Elemente zu entziehen«. Am Ende überschrieb er der Sekte ein wertvolles Grundstück und verklagte sie nach seiner Entlassung auf Rückgabe. Andere Patienten wurden einer Kombination aus einer Thermaltherapie und »Reinigungen« des Magens durch literweises Trinken von warmem Salzwasser ausgesetzt. Ein Patient sagte später aus, er sei nicht nur über den niedrigen Hygienestandard in dem Krankenhaus entsetzt gewesen, sondern auch über die »bizarre Atmosphäre«, in der Ärzte und Schwestern ständig eigenartige elektrische Kopfmonturen trugen, über die sie angeblich an die Gehirnwellen des Gurus angeschlossen waren. Etliche Patienten hatten keine Gelegenheit mehr, ihre Geschichte zu erzählen, weil sie durch die Prozeduren dieser angeblichen Heiler umgebracht wurden. Die Ärzte und Krankenschwestern von Aum konnten eiskalt und zynisch sein (indem sie von den Patienten Geld und sonstige Vermögenswerte erpreßten und »Feinde« Aums verletzten oder umbrachten), doch stets waren sie von einem fundamentalen

Ethos beseelt, alles zu tun, was den höheren Heilungszwecken der Sekte dienlich war.

Die Ärzte nutzten beispielsweise ihre Kenntnisse über Medikamente und Drogen zu solch »heilenden« Zwecken wie das Aufspüren von Spionen, Abtrünnigen oder auch nur schwankenden Aum-Mitgliedern. Sie führten »S-Kontrollen« ein (»S« stand für »Spion«), bei denen sie den Betroffenen im Verlauf der Befragung wiederholt intravenös Barbiturate wie Amobarbital oder Thiopental injizierten. Sie benutzten den Begriff »Narko« nicht nur für diese S-Kontrolle, sondern überhaupt für den Einsatz von Drogen während der verschiedenen Initiationen. Später kamen Elektroschocks hinzu, mit deren Hilfe das Gedächtnis der Opfer ausgelöscht werden sollte, eine Prozedur, die als »neues Narko« bezeichnet wurde.

Die Ärzte verwendeten ihr ärztliches Können in unterschiedlicher Form darauf, die Identität von Gesetzesbrechern innerhalb der Sekte zu verschleiern, indem sie beispielsweise deren Fingerkuppen entfernten, so daß ihre Identifizierung anhand ihrer Fingerabdrücke nicht mehr möglich war, oder indem sie – in mindestens einem Fall – sogar das Gesicht eines flüchtigen Verbrechers chirurgisch veränderten. Die Ärzte stellten außerdem falsche Diagnosen auf eine Sarinvergiftung von Aum-Mitgliedern, um die Behauptung des Gurus, auf die Sekte würden von außen Giftgasanschläge verübt, zu »beweisen«. Keine dieser Maßnahmen erfüllte wirklich ihren Zweck, doch sie sind auffällige Beispiele für die Nutzung medizinischer Kenntnisse und Verfahren zur Fälschung der Realität. Zu den Täuschungen mit medizinischen Mitteln könnte man auch die Verwendung von Drogen bei der Entführung und Freiheitsberaubung von Menschen und die Anwendung anatomischer Kenntnisse bei der Verbrennung (und Auflösung in Säure) der innerhalb der Aum-Anlagen ermordeten Opfer rechnen.

Mit zunehmendem Interesse der Sekte an Barbituraten und Halluzinogenen wie LSD nutzten die Aum-Ärzte ihren Status, um diese Präparate zu beschaffen. Als staatlich zugelassene pharmazeutische Betriebe gegenüber großen Bestellungen bestimmter Substanzen mißtrauisch wurden, bestellten sie statt dessen andere Drogen mit ähnlicher Zusammensetzung und Wirkung. Aum-Ärzte spielten ferner eine wichtige Rolle bei der überwiegend illegalen Produktion von Drogen in den Labors von Aum. So produzierte die Sekte beispielsweise von Anfang November 1994 bis Mitte Februar 1995 illegal über eintausendsiebenhundert Gramm Thiopental, ihr bevorzugtes Barbiturat. Die Produktion, die mit endlosen Experimenten und Modifikationen verbunden war, erfolgte hauptsächlich unter der Verantwortung des »Ministeriums für Gesundheit und Soziales«, das auf Anforderung das »Ministerium für Heilung« mit Präparaten versorgte.

Die Ärzte waren zwangsläufig auch führend an der Produktion beziehungsweise Züchtung von Sarin, Zyaniden und anderer Giftgase sowie biologischer Wirkstoffe wie Botulismuserreger und Milzbrandbazillen und deren Einsatz beteiligt. Nachdem Hideo Murai den Auftrag erhalten hatte, den Sarinanschlag in der Tokioter U-Bahn auszuführen, kam er mit drei Personen zusammen: dem Minister für Heilung (ein Arzt), dem Minister für Gesundheit und Soziales (ein Tierarzt mit einer Zusatzausbildung als Genforscher, der innerhalb Aums als Arzt galt) und dem Leiter des Sekretariats des Heiligen Herrschers (ebenfalls Arzt). In den Händen dieser Gruppe lag die Planung für den Anschlag. Ärzte waren auch weitgehend an der Planung einiger der bizarrsten Projekte von Aum beteiligt, zum Beispiel der Besetzung des Parlaments und der auf den November 1995 anberaumten Freisetzung großer Sarinmengen. Jenseits dieser grandiosen Massenmordpläne waren dieselben Ärzte auch an der Planung und Ausführung individueller Morde beteiligt.

Ein weiterer Beitrag der Aum-Ärzte bestand darin, daß sie den völlig irrealen Phantasievorstellungen der Sekte über die medizinischen Ressourcen, die ihr das Überleben nach Armageddon ermöglichen würden, Vorschub leisteten. So erklärte ein führender Aum-Arzt während eines im Rundfunk gesendeten Dialogs mit Asahara, auch wenn ein dritter Weltkrieg die globale industrielle und medizinische Infrastruktur zerstören sollte, »hätte Aum Shinrikyō kein Problem«, weil sie ihre eigene industrielle Infrastruktur errichten und ihre medizinischen Kenntnisse und Vorräte an Medikamenten bewahren werde, so daß man »in der Lage (sein werde), sogar die medizinische Infrastruktur von Grund auf wiederaufzubauen«. (Ein anderer Mediziner kam nach einer Erörterung der Möglichkeiten, sich gegen die Gefahren einer biologischen Kriegführung zu schützen, zu einer nüchterneren Einschätzung: »Darüber hinaus empfehle ich, sich innerlich auf den Tod vorzubereiten.«)

Unabhängig von den jeweiligen Aum-Aktivitäten, an denen die Ärzte beteiligt waren – ob an der Beurteilung der Gehirnwellen der Jünger oder an der »Geheimarbeit« –, sie erwarben damit eine bestimmte Aura wissenschaftlicher und therapeutischer Autorität. Als Seiichi Endō, der ehemalige Minister für Gesundheit und Soziales und selbst tief in Mordaktionen verstrickt, vor Gericht aussagte, das in Aum praktizierte Muster von Guru und Anhängerschaft habe das Bewußtsein von »Exterritorialität« erzeugt, meinte er damit insbesondere, daß Aum Menschen umbringen konnte, scheinbar ohne von der Polizei behelligt zu werden, was die Sekte in der Überzeugung bestärkt habe, Aum könne nach seinen eigenen Gesetzen leben. Die tiefere psychologische Bedeutung dieser »Exterritorialität« hing jedoch mit Aums Überzeugung von der Einzigartigkeit und Allmacht und höchster Reinheit der Ziele zusammen, so daß jede von ihr ergriffene Maßnahme, von der gewaltsamen Anwerbung neuer Jünger bis hin zum Mord, letztlich als ein Heilmittel für die Menschheit angesehen werden konnte.

Ebenso wie die NS-Ärzte waren die Aum-Ärzte keineswegs von Grund auf und ihrer Natur nach grausam oder böse. Weder im Deutschland jener Zeit noch im heutigen Japan hatte einer von ihnen andere Menschen getötet oder zu Krüppeln gemacht, bevor sie Teil eines mörderischen ideologischen Projekts wurden. Weit mehr als die NS-Ärzte waren die meisten Aum-Ärzte vor dem Eintritt in die Sekte in ihrem Beruf sensible und sehr gewissenhafte Ärzte mit einer Neigung zu spirituellen Übungen. Doch nachdem ihr Impuls zu heilen in Aum völlig entstellt worden war, entwickelte er sich zu einer Triebkraft des Mordens.

»Ich wollte Menschen helfen ...«

Der vielleicht prominenteste und sicherlich der gebildetste Arzt in der Sekte war der Herzchirurg Ikuo Hayashi, dem das »Ministerium für Heilung« unterstand. Als Leiter des besagten Astralhospital-Instituts war Hayashi mittelbar oder unmittelbar verantwortlich für praktisch alle Mißhandlungen, die vom »ärztlichen Personal« im Hospital und anderswo begangen wurden. Unter seiner Führung ging die Zahl der Toten in dieser kleinen, improvisierten Krankenstation, die auf über zwanzig geschätzt wurde, weit über die Zahl der Betten hinaus. Hayashis »ärztlicher« Einfluß reichte bis in jede manipulative und mörderische Aktivität von Aum einschließlich sämtlicher Phasen des Sarinanschlags in Tokio.

Als Sohn eines prominenten Arztes hatte Hayashi an der renommierten medizinischen Fakultät der Keiō-Universität in Tokio, einer der führenden Privatuniversitäten Japans, sein Examen gemacht (und sich dort nicht nur in seinen akademischen Leistungen, sondern auch als Führer der studentischen Tennismannschaft hervorgetan). Anschließend war er ein Jahr lang am Mount Sinai Hospital in Detroit tätig (wo sein Sohn geboren wurde), bevor er die Stelle eines Leiters der Abteilung für Herzchirurgie an einer führenden Klinik im Großraum Kanto übernahm. Ernsthaft und offenbar von seiner Veranlagung her kein geselliger Mensch, galt er als ein außerordentlich gewissenhafter und zuverlässiger Arzt. Doch in einem Buch, das er nach dem Prozeß schrieb, bekannte er, daß seit langem eine Angst, die er stets durch »Vernunft« zu überwinden gehofft hatte, das beherrschende Gefühl in seinem Leben gewesen sei. Daneben sprach er davon, daß er sich seit langem intensiv mit moralischen Fragen beschäftigt und bereits auf der höheren Schule die Suche nach einem einzigen Gesetz aufgenommen hatte, das alle menschlichen Probleme umfassen und lösen würde, eine Suche, die er zu seinem »persönlichen Lebensthema« machen wollte. Er wurde zu einem spirituellen Sucher und einem frommen Buddhisten. Eine Zeitlang gehörte er Agonshū an und lernte dort verschiedene Elemente des New-Age-Buddhismus kennen, unter anderem Versionen des Tantrismus und des Kundalinī-Yogas sowie die Armageddon-Prophezeiungen des Nostradamus.

1988 schlief er anscheinend auf dem Heimweg von einer anstrengenden Operation am Steuer seines Wagens ein und verursachte einen Unfall, bei dem eine Frau und ihre Tochter schwer verletzt wurden. In den Berichten in der japanischen Presse wurde besonders Hayashis Fürsorglichkeit gegenüber den Unfallopfern hervorgehoben, seine Besuche im Krankenhaus und die Geschenke, die er den beiden Frauen mitbrachte. Manche Beobachter sind überzeugt, daß es Hayashis Nöte und Schuldgefühle waren, die ihn für Aum anfällig machten. Es ist auch möglich, daß eine Form einer bereits existierenden Bewußtseinsspaltung oder andere psychische Schwierigkeiten zu dem Unfall beigetragen haben.

Als der von ihm verehrte Kaiser Hirohito am 7. Januar 1989 starb, tat sich in Hayashi nicht nur eine furchtbare innere Leere auf, sondern er brachte diesen Tod auch mit dem seines Vaters kurze Zeit zuvor in Verbindung. An seinem zweiundvierzigsten Geburtstag, sechzehn Tage nach dem Tod des Kaisers, begann Hayashi mit Yogaübungen, wie sie in den Schriften Asaharas gelehrt wurden. Er trat in Aum ein, und bald darauf zeigte er ein Verhalten, das seine Kollegen in der Klinik als bizarr bezeichneten. Er verschrieb seinen Herzpatienten mehrere Aum-Behandlungen, unter anderem Darmentleerungen, wozu sie große Mengen warmes Wasser trinken oder sogar Fremdkörper wie Darmsaiten oder Mullbinden schlucken sollten. Nachdem der Direktor der Klinik ihn zunächst zur Rede gestellt und schließlich zur Aufgabe seiner Stelle gezwungen hatte, wurde Hayashi ein Aum-Mönch und war Mitbegründer des Astralhospital-Instituts. Er schickte seinen ehemaligen Patienten eine Mitteilung, in der er seine Absicht bekanntgab, »so bald wie möglich Satori zu erlangen, um der Gesellschaft im Geiste der Unabhängigkeit zu dienen«.

Er tat sein tiefes Interesse an der Sekte in einem Artikel kund, den er unter der Überschrift »Als Arzt, als Asket« in einer Aum-Publikation veröffentlichte. Über die plötzlichen Todesfälle, die manchmal auf eine Herzoperation folgten, wußte er zu sagen: »Fremde Kräfte, die sich einer rationalen Analyse entziehen, waren hier am Werk. Während es die Aufgabe des Arztes ist, Menschen zu retten, ist dies doch weder im Hinblick auf das Niveau noch auf den Umfang mit den Bemühungen des Großen Meisters zu vergleichen, alle Seelen zu retten.« Obwohl in höchstem Maße formelhaft, war der Artikel eine emphatische Absage Hayashis an die früher von ihm respektierten Maßstäbe medizinischer Vernunft und ein Bekenntnis zur Aum-Theologie, zu Asaharas absolutem Gurutum und zu einem »umfassenden Erlösungswerk«.

Hayashis Versenkung in die Aum-Askese war extrem. Gleich vielen anderen Mönchen schlief er in der Regel nachts nicht mehr als drei Stunden. Er ging jedoch noch wesentlich weiter mit seiner Selbstkasteiung. Nachdem er in der Aum-Zeitschrift *Mahāyāna* gelesen hatte, daß der Buddha einmal Hasenkötel gegessen hatte, um seine Selbstdisziplin zu stärken, zwang er sich dazu, seinen eigenen Kot zu essen. Obwohl älter und kultivierter als die meisten anderen Aum-Mitglieder, stürzte er sich rückhaltlos in das kollektive Geschehen der Sekte und machte sich ihr »gemeinsames Ziel« und ihr »Zusammengehörigkeitsgefühl« zu eigen.

Später behauptete er, Asahara habe ihn nicht besonders gemocht und sei ihm gegenüber stets »distanziert« gewesen. Vor Gericht erklärte er das mit »ein[em möglichen] Minderwertigkeitsgefühl gegenüber dem, was ich einmal gehabt hatte – eine gute Familie, Bildung und einen akademischen Beruf. Meine Gegenwart war etwas, das ihn an seine früheren Enttäuschungen erinnerte.« Ähnliche Eindrücke wurden mir von anderen ehemaligen Aum-Mitgliedern mit privilegierter Herkunft berichtet, obwohl sie gleichzeitig das Gefühl hatten, daß Asahara solche gesellschaftlich höherstehenden Konvertiten besonders schätzte. Wie auch immer, seine Wahrnehmung von Asahara konnte Hayashi jedenfalls nicht davon abbringen, an seinem unkritischen, verabsolutierten Gurutum festzuhalten.

Hayashi wurde dazu gebracht, in seinen früheren Leistungen »schädliche soziale Einflüsse« und in ihnen eine Ursache von Schuldgefühlen zu sehen. Wenn Asaharas Verhalten ihm merkwürdig erschien, deutete Hayashi dies als einen »Trick« oder eine »Masche« des Gurus, mit der er die Jünger wütend machte, um ihnen so einen Zugang zu ihren tiefsten spirituellen Gefühlen zu öffnen. Und wenn nichts richtig klappte, sagte sich Hayashi: »Der Guru hat sich wieder etwas ausgedacht und absichtlich für Schwierigkeiten gesorgt, [weil] unsere Arbeit und unsere religiösen Übungen viel zu wünschen übriglassen.« Hayashis Bemühungen waren ständig darauf gerichtet, einen Zustand zu erreichen, in dem er sich in den »Willen des Gurus« versetzte und danach handelte. Gleich anderen schrieb er seine mystischen Erlebnisse, vor allem das Gefühl einer kosmischen Transzendenz, als er und einige hochrangige Jünger das erste in Aum hergestellte LSD zu sich nahmen, der alles durchdringenden Güte des Gurus zu. Da alle Wahrheit vom Guru ausging, »schien es für jeden von uns unnötig, selbständig zu denken«. Diese Empfindung verstärkte sich bei Hayashi noch, als Asahara begann, regelmäßig zu verkünden, daß er jederzeit sterben könne. Wie Hayashi es sah, würde es ohne den Guru keine Erlösung geben und alles Mühen würde »nutzlos« sein.

Hayashi konnte wirkungsvoll hochtechnisierte medizinische Errungenschaften mit absurden Phantasien eines Überlebens von Armageddon verquicken. Die Gruppe werde »vergleichsweise mühelos« überleben, indem sie sich solche medizinischen Entwicklungen zunutze machte wie einen »externen [künstlichen] Blutkreislauf, ... neue Geräte für den Austausch von Blutplasma, [sie könne] eine künstliche Hämodialyse durchführen und Toxine mit künstlichen Organen wie Lebern und Gelenken und so weiter absorbieren«. Außerdem sei die Chance, keine Körperteile zu verlieren, »größer als in allen bisherigen Kriegen«. Hayashi sprach von der modernen Mikrochirurgie, mit deren Hilfe sich abgetrennte Beine und Arme wieder annähen ließen, der Verwendung von Tierhäuten oder von zuvor gesammelten und tiefgekühlten Hautzellen zur Behandlung von Verbrennungen, von gelagerten Gemischen aus Blut und Glyzerin zur Behandlung bei Blutungen und von einer Methode mit der Bezeichnung ECMO, bei der eine künstliche Lunge an einen externen Blutkreislauf angeschlossen wird. »Wenn wir mit diesen Dingen rechtzeitig fertig werden«, erklärte er in einer Aum-Radiosendung, »können wir sie meiner Überzeugung nach im kommenden letzten Krieg verwenden.« Wo sich ursprünglich ein hochsensibles medizinisches Bewußtsein geäußert hatte, war jetzt nur noch ein abstruser Monolog mit medizinischen Mystifizierungen zu vernehmen, nachdem Hayashi sich vollkommen in den Dienst von Aums kosmischem Melodrama gestellt hatte.

Das bedeutete nicht, daß Hayashis Kenntnisse in Aum vergeudet gewesen wären. Im Gegenteil, seine Fähigkeiten wurden für alle Formen der medizinalisierten Kriminalität von Aum nutzbar gemacht: bei Entführungen und Freiheitsberaubungen, in der plastischen Chirurgie, um die Täter unkenntlich zu machen, und in der Produktion und Anwendung von Drogen. Er war der Erfinder der »Thermaltherapie«, und er kam als erster auf die Idee, Drogen in Verbindung mit verschiedenen Aum-Initiationen und der S-Kontrolle zu verwenden. Er war maßgeblich an der Entscheidung beteiligt, Thiopental selbst zu produzieren, indem er den Sektenchemikern Probepackungen besorgte und Produktionsmuster an den Mitgliedern ausprobierte, die im Verdacht standen, Spione zu sein. Alle diese Initiativen ergaben sich aus seinen Gesprächen mit Asahara, bei denen er ähnlich wie Murai eigene Ideen zu weiteren drakonischen Maßnahmen vortragen konnte.

So war er derjenige, der Asahara den Vorschlag machte, Elektroschocks zur Löschung des Gedächtnisses einzusetzen, worauf der Guru Murai beauftragte, die hierzu erforderliche Vorrichtung zu bauen. Hocherfreut über die Wirkung des Geräts, benutzte Asahara zur Beschreibung des Verfahrens den kindlichen Ausdruck *dokkan* (ein lautmalerisches Wort, das dem deutschen »bumm!« entspricht), bis Hayashi vorschlug, es als das »neue Narko« zu bezeichnen. Eigentlich bestand die Prozedur aus einer Thiopentalinjektion, die einen komaähnlichen Zustand hervorrief, gefolgt von fünf bis sieben Elektroschocks, weiteren Thiopentalinjektionen und fortgesetzten Befragungen, um festzustellen, wieweit die Löschung des Gedächtnisses fortgeschritten war. Thiopental wurde ferner für den Versuch einer unterschwelligen Indoktrinierung verwendet, ein Verfahren, das als »Lernen im Schlaf« bezeichnet wurde und dem eine Übung nach dem Muster der »Guter-Vorsatz-Initiation« folgen konnte. Bei alledem vermischte Hayashi solides medizinisches Wissen mit medizinischer Phantasterei, geleitet von seiner Wahrnehmung der Mission von Aum.

Die medizinische Phantasie verknüpfte Tatsachen der menschlichen Physiologie und Gehirnfunktion mit Vorstellungen der Popkultur von einer vollständigen Bewußtseinskontrolle. Hayashis Ideen von einer Lenkung des Denkens wurden möglicherweise dadurch beeinflußt, daß er Anfang 1994 von der Arbeit D. Ewen Camerons erfuhr, eines aus Schottland stammenden Psychiaters, der das Allan Memorial Institute in Montreal leitete, wo er eine Form der Therapie entwickelte, die er als »depatterning« oder »psychic driving« bezeichnete und zu der auch eine intensive Behandlung mit Elektroschocks gehörte, zum Teil verbunden mit der Verabreichung von Barbituraten und anderen Drogen wie LSD.

Die CIA förderte dieses Projekt, weil sie sich unter anderem seit längerem mit den sowjetkommunistischen Methoden einer »Gehirnwäsche« befaßte. Hayashi behauptete zwar, Camerons Therapie habe ihn abgestoßen, doch es ist durchaus möglich, daß er bestimmte Elemente daraus übernommen hat, beispielsweise eine Form der Indoktrination, bei der ein Patient endlos – manchmal sogar im Schlaf – eine Tonbandaufnahme anhören mußte, auf der er selbst Worte sagte, von denen der Therapeut annahm, sie hingen mit einem Grundkonflikt zusammen, oder es lief ein Band mit den Deutungen des Therapeuten. (Ich habe an dieser Sache mehr als nur ein flüchtiges Interesse, weil ich im Namen von Opfern der »Therapie« Camerons vor Gericht als Gutachter aussagen mußte.)

Es waren die Aufgaben bei der Herstellung und Verabreichung von Drogen, denen Hayashi eine maßgebliche Rolle bei der Entführung und Freiheitsberaubung abtrünniger Aum-Mitglieder und von »Feinden« der Sekte verdankte. In einer Aussage vor Gericht nach seiner Verhaftung schilderte er, daß er vor der polizeilichen Razzia im März 1995 Anweisung gegeben habe, etwa zwanzig Mönchen, die sich im Gewahrsam von Aum befanden und bereits unter Drogen gesetzt worden waren, weitere Schlafmittel einzuflößen, damit sie bei Polizeiverhören nicht reden könnten. Hayashi war außerdem unmittelbar an dem Mord an Kiyoshi Kariya beteiligt, dem Notar, der versucht hatte, seiner Schwester bei der Flucht aus der Sekte zu helfen. Nachdem eine Gruppe unter der Führung des Arztes Tomomasa Nakagawa Kariya auf der Straße in einen Wagen gezerrt und ins Hauptquartier von Aum zurückgebracht hatte, wandten Hayashi und Nakagawa »Narko« an – eine Tropfinfusion mit Thiopental –, während sie ihren Gefangenen über den Aufenthalt seiner Schwester befragten. Als es ihnen mißlang, die gewünschte Information zu erhalten, versuchten sie Asahara zu erreichen, der jedoch nicht auffindbar war. Daraufhin setzten die beiden Ärzte die Thiopentalinfusion fort und wechselten sich in der Beobachtung Kariyas ab. Am Morgen des 1. März, als Nakagawa die Aufsicht hatte, starb Kariya an einer Überdosis Thiopental. Bald darauf setzte Hayashi die sechs an der Entführung beteiligten Aum-Mitglieder einem »neuen Narko« aus, um ihre Erinnerung an das Ereignis auszulöschen. Einer von ihnen behauptete anschließend, sich an nichts mehr erinnern zu können, was in der gesamten vorherigen Woche passiert war. (Hayashi sollte später behaupten, er habe Skrupel bei der Anwendung eines »neuen Narkos« gehabt und schließlich ohne die Erlaubnis Asaharas die Prozedur abbrechen lassen, wobei er als Grund angab, sie habe zu keinen Resultaten geführt. Er beharrte außerdem darauf, daß bei allen Handlungen im Zusammenhang mit der Entführung Kariyas er und andere der festen Überzeugung gewesen seien, daß sie »die Aum-Idee der ›Liebe‹ weitergaben«.) Hayashis Interesse an Drogen war so stark, daß er auch vor Selbstversuchen nicht zurückschreckte. Während einer Reise in die Vereinigten Staaten, die er 1994 zusammen mit seiner Frau unternahm, nahm er Peyote und konnte daraufhin »blaue Lichter« sehen. Nach seiner Rückkehr sorgte er dafür, daß in den Aum-Labors das Alkaloid Mescalin hergestellt wurde, der aktive Wirkstoff in Peyote, und Asahara erhielt als Geschenk zu seinem vierzigsten Geburtstag die erste Probe des geglückten Produktionsversuchs.

In seiner Begeisterung für Aum brachte Hayashi nicht nur sich selbst in die Sekte ein, sondern auch eine Art Gefolge, das aus seiner Frau, ihren beiden kleinen Kindern und seiner Geliebten bestand. Seine Frau Rira Hayashi, die ebenfalls Medizin studiert hatte, sagte später aus, sie habe heftig mit ihm über das Eintreten in die Sekte gestritten und sich sogar mit dem Gedanken an eine Scheidung getragen. Trotzdem schloß sie sich zusammen mit ihm der Sekte an, übernahm wahrscheinlich viele seiner Überzeugungen und wurde neben zwei anderen zu seiner Vizeministerin gemacht. In dieser Eigenschaft war sie an Aktivitäten beteiligt wie der Verabreichung von Elektroschocks und der Entfernung der Fingerkuppen bei einem Aum-Mitglied. Während ihrer gemeinsamen Reise in den Vereinigten Staaten sammelte sie technische Informationen über die Herstellung von Sarin. (Im Zusammenhang mit dieser Reise wurden sogar noch unheilvollere Pläne erwogen. Wie Hayashi später vor der japanischen Polizei aussagte, hatte man darüber diskutiert, Pakete mit Sarin an verschiedene Adressen in den USA zu schicken, wo er sie dann abholen würde; außerdem war die Rede davon, an Bord eines Schiffes oder in Eisskulpturen nicht weniger als einundzwanzig Tonnen Sarin in die Vereinigten Staaten zu schmuggeln. Der Zweck all dieser Pläne war es, dort einen oder mehrere Sarinanschläge zu verüben.)

Eiko Murakami, die Geliebte Hayashis, hatte in der Zeit vor dessen Eintritt in Aum auf seiner Station in der Klinik als Krankenschwester gearbeitet. Mit zwanzig Jahren hatte sie mit ihm ein langjähriges Verhältnis angefangen, das darin gipfelte, daß sie bald nach ihm ebenfalls der Sekte beitrat. Später sagte sie bitter: »Ich hätte mich der Sekte nicht angeschlossen und hätte auch keine Verbrechen begangen, wenn ich Hayashi nicht begegnet wäre.« Doch sie hatte Verbrechen begangen und war an der Entführung eines älteren Kneipenwirts beteiligt, indem sie den dabei benutzten Wagen fuhr und indem sie ihm ein Beruhigungsmittel spritzte. Als ihr Anwalt sie während des Prozesses fragte, wie sie ihren Beruf als Krankenschwester verstehe, zitierte sie den Florence-Nightingale-Eid der Krankenschwestern, in dem der Satz steht: »Ich werde jedes Gift meiden und nach bestem Wissen und Gewissen keine schädlichen Medikamente verschreiben oder verabreichen.«

Einen weiteren ärztlichen Dienst leistete Hayashi der Sekte, indem er zur Autorität Aums auf dem Gebiet von Gegenmitteln gegen Sarinvergiftungen wurde, ein Erfordernis, das sich im Dezember 1993 ergab, als der Innenminister zu ihm gebracht wurde, der den Kampfstoff eingeatmet hatte. Der Minister hatte bei einem versuchten Mordanschlag auf Daisaku Ikeda, den Führer der rivalisierenden Sekte Sōka Gakkai, den Fehler begangen, für kurze Zeit seine Gasmaske abzunehmen. Hayashi konnte den Patienten retten, und sein Erfolg war einer der Gründe, warum er vom Guru persönlich in die Gruppe der Männer berufen wurde, die das Sarinattentat in der Tokioter U-Bahn ausführen sollten. Hayashi hatte bereits dafür gesorgt, daß große Mengen des von ihm verabreichten Gegengifts, Atropin und ein Präparat unter der Bezeichnung *pam*, im Astralhospital-Institut und im Hauptstützpunkt von Aum gelagert wurden. Von beidem brachte er Vorräte in das Hauptquartier, von dem aus der Anschlag erfolgen würde.

Er sollte die Gegenmittel benötigen, da die meisten an dem Anschlag Beteiligten mit Symptomen einer Sarinvergiftung zum Zufluchtsort zurückkehrten. Er behandelte sie persönlich mit *pam*-Injektionen. Auf der Rückfahrt zum Hospital hatte er selbst Vergiftungssymptome und bat Eiko Murakami telefonisch, mit Atropin in eine nahe gelegene Buchhandlung zu kommen. Als sie später zusammen im Auto saßen, kamen durch das Radio die ersten Meldungen vom Sarinanschlag. Murakami fragte Hayashi, ob seine Symptome von Sarin verursacht seien, und äußerte – offenbar in völliger Unkenntnis des wahren Sachverhalts – ihren ungläubigen Zweifel, daß jemand imstande sein sollte, einen derart grausamen Anschlag auf unschuldige Menschen zu verüben.

Hayashi sagte später aus, er habe sich an dem Anschlag widerwillig beteiligt und habe es sogar vermieden, einer »Übungssitzung« beizuwohnen. Er hatte die Überzeugung gewonnen, daß man ihn für die Aktion ausgewählt hatte, weil der Guru ihn ruhigstellen und unter Kontrolle halten wollte, indem er ihn noch mehr als bisher zum Komplizen der Verbrechen machte. Hayashi nahm an, daß seine zunehmende Ambivalenz gegenüber dem Guru von Asahara bemerkt worden war, der ihn daraufhin als gefährlich einstufte und erwog, ihn »zur Disposition zu stellen«. Wie er sich erinnerte, war er zunächst froh darüber, als man ihm sagte, er werde einer wichtigen »Sondermission« zugeteilt, doch als er erfuhr, was man von ihm erwartete, war er entsetzt bei dem Gedanken, daß er seiner Frau und seinen Kindern »das Vermächtnis eines Mörders« hinterlassen würde. Murai hatte zu ihm gesagt: »Wenn du Skrupel hast, kannst du ablehnen.« Doch wie ihm sogleich klar wurde, war das nur eine andere Version der Ausdrucksweise Asaharas: »Natürlich wirst du Skrupel haben, aber du mußt es tun, und du bist dafür ausgewählt worden.« Da die Aufgabe »mir durch den allsehenden Guru als mein Schicksal zugeteilt wurde, war die Sache unwiderruflich entschieden«, meinte Hayashi im Rückblick, denn noch immer war er überzeugt, Asahara sei ein Sieger der Wahrheit, »jemand, der durch die Vergangenheit, Gegenwart und Zukunft sehen kann«, und daß »seine Befehle zutiefst richtig waren«. Auf jeden Fall entsetzte ihn der Gedanke, daß der Guru im Fall seiner Weigerung die Anweisung erteilen würde, ihm *poa* zu geben, wahrscheinlich durch seinen besten Freund, Dr. Nakagawa. Außerdem war er der Ansicht, »es wäre feige gewesen, es nicht zu tun«. Wie er des weiteren erläuterte, wurde das Gefühl »ich will das nicht tun« nicht zu einem »ich werde das nicht tun«. Er fühlte sich in einer ausweglosen Lage, gesteuert durch den Befehl, und stellte sich »eine winzige Figur« vor, »rostfarben mit einem Stich ins Rötliche, mein eigenes Ich, das nicht mehr tun konnte, als sich zu sagen: ›Ich will das nicht‹«.

Als er auf dem U-Bahnsteig Frauen und Kinder stehen sah, erlebte er einen »inneren Konflikt«, den er überwand, indem er sich an die Rechtfertigung erinnerte, daß Aum ein eigenes staatliches Gebilde war, das sich mit der japanischen Gesellschaft im Kriegszustand befand: »Das ist eine Schlacht. Pech für sie, wenn es Frauen und Kinder sind. Wenn man ihnen *poa* gegeben hat, können ihre Seelen in der Menschenwelt bleiben und eine höhere Stufe erreichen.« Nachdem er jedoch in die U-Bahn eingestiegen war, kehrte sein Unbehagen zurück. Er unterdrückte es, indem er sich auf seine Pflicht und die Einzelheiten seines Auftrags konzentrierte: »Ich bin derjenige, der es tun muß. Wann muß ich den Sarinbeutel herausholen und anstechen?« Gleichzeitig dachte er: »Die Frau, die mir schräg gegenüber sitzt, wird sicherlich sterben. Hoffentlich steigt sie unterwegs aus.«

Wie zerrissen es in seinem Inneren auch aussehen mochte, am Ende war er an praktisch jeder Phase der Planung und Ausführung des Sarinanschlags beteiligt. Ähnlich wie viele NS-Ärzte im Dritten Reich war er zwar beunruhigt über seine Rolle in dem Tötungsprojekt, konnte seinen Konflikt jedoch so weit überwinden, daß er in der Lage war, die ihm übertragene Aufgabe zu erfüllen. Nachdem er den Sarinbeutel mit der

Spitze seines Regenschirms angestochen und den Zug verlassen hatte, stieß er den Schirm mehrmals auf den Boden, um eventuelle Sarinspuren an der Spitze zu beseitigen und »weil [er] aufgeregt war und [s]einen Gefühlen freien Lauf lassen wollte« – zweifellos eine Mischung aus Loyalität gegenüber dem Guru, Unbehagen und Zweifeln gegenüber der Aktion, diffusen Gefühlen von Angst und Groll und einer Selbstbeschuldigung wegen dieses Gefühlswirrwarrs. Die Ambivalenz in seiner Willfährigkeit kam auch in einem Gespräch mit dem Guru unmittelbar danach zum Ausdruck, als Asahara ihm und den übrigen an dem Attentat Beteiligten ein Mantra zur Anrufung Shivas gab, mit dem der Anschlag gerechtfertigt werden sollte. Hayashi schrieb als einziger den vollen Text des Mantras auf ein Stück Papier. Der Guru war aufgebracht, weil Hayashi unfähig war, die Worte einfach auswendig zu lernen; außerdem wollte er höchstwahrscheinlich nicht, daß seine Reaktionen auf das Verbrechen schriftlich festgehalten wurden. Möglicherweise hatte er zudem das Gefühl, daß Hayashis unnötiges Mitschreiben des Textes ein anfänglicher und wirkungsloser Ausdruck seines Widerstandes war. Hayashi seinerseits war bestürzt, als Asahara erklärte: »Es wird gemeldet, das Sarin sei von Aum freigesetzt worden.« Wie Hayashi vor Gericht erläuterte, hatte der Zweck des Giftgasanschlags darin bestanden, das Interesse der Öffentlichkeit von Aum abzulenken, doch genau das Gegenteil war eingetreten: »Wenn Asahara ein wirklicher Sieger der Wahrheit gewesen wäre, dann hätte er genau vorhersehen können, was passieren würde.« Offenbar war sein Bild von einem allwissenden Guru nach dieser Erfahrung schwer beschädigt worden.

Hayashi wurde einige Wochen nach dem Sarinanschlag verhaftet und bald darauf von einem Aum-Anwalt im Gefängnis besucht, der ihm eine Zeitschrift der Sekte mitbrachte. Obwohl er dies als eine »Botschaft [verstand], [er] solle nichts gestehen«, wandte er sich nach kurzer Zeit gegen seinen Guru. »In mir regten sich erste Gedanken, daß Asahara eigentlich ein schändlicher Mensch war.« Die innere Abkehr von Aum war für ihn schmerzhaft, was in seinem Geständnis zum Ausdruck kommt, er habe gedacht, es sei besser, Selbstmord zu begehen, »solange [er] noch an Asahara und Aum glaubte«. Doch er hielt es für seine Aufgabe, alles offenzulegen, was er über Aum wußte. Er wartete allerdings mit seinem Geständnis, bis er sicher war, daß sich seine Frau und seine beiden Kinder nicht mehr in den Händen der Sekte befanden. Er arbeitete vorbehaltlos mit der Staatsanwaltschaft zusammen und enthüllte als erster Angeklagter alle Details des Sarinanschlags und wurde als erster dem Guru vor Gericht gegenübergestellt. Er sprach von Asahara als seinem »früheren Meister« und befand die Lehre des Gurus für »vollkommen irrig, so daß man sie nicht als eine Religion bezeichnen kann«. Alles zu enthüllen war notwendig, weil er erkannt hatte, daß »Asahara eine Denkart [hat], die von sich aus nicht die Wahrheit sagen kann«. Er sprach von seinem »Kummer und Bedauern«, von Reue gegenüber den Opfern und allen anderen, »so tief, daß ich nicht weiß, mit welchen Worten ich mich entschuldigen könnte«. Alles auszusagen, was er wisse, sei das einzige, was er tun könne, und es sei »[seine] Pflicht als Mensch«. Während seiner Aussagen kamen ihm wiederholt die Tränen, was nicht nur auf das Gericht einen starken Eindruck machte, sondern auch auf die Öffentlichkeit, als die Medien darüber berichteten.

Jetzt war er in der Lage, die Pervertierung von Heilen in Töten zu erkennen und zu verurteilen. »Ich bin Arzt, und ich wollte den Menschen in dieser oder jener Weise helfen, aber am Ende konnte ich diesen Vorsatz nicht ausführen«, sagte er und stellte sein »groteskes« Verhalten eines Mannes, »dessen eigentliche Aufgabe es war, menschliches Leben zu erhalten«, dem »edlen« Verhalten von Angestellten der Tokioter U-Bahn gegenüber, die mit bloßen Händen die Sarinbeutel aus den Waggons entfernt hatten, um andere zu retten. Während eines seiner letzten Auftritte vor Gericht sagte er seinem Anwalt, er lese zum vierten Mal ein Buch des namhaften Romanautors Haruki Murakami, das zahlreiche Schilderungen von Fahrgästen, die den Anschlag überlebten, und von nahen Angehörigen der Toten enthielt. Auf die Frage seines Anwalts, warum er dies tue, sagte er: »Wer sonst sollte dieses Buch lesen, wenn nicht ich?« Im Dezember 1995 stellte er vom Gefängnis aus einen formellen Antrag an das japanische Sozialministerium, ihm seine Approbation abzuerkennen, und begründete ihn mit folgenden Worten: »Ich habe der Gesellschaft einen nicht wiedergutzumachenden Schaden durch Handlungen zugefügt, die mich zu einem Arzt ungeeignet machen.« Das Ministerium gab dem Antrag statt.

Hayashi war der erste Beteiligte an dem Sarinanschlag, der gerichtlich verurteilt wurde. Vor der Urteilsverkündung erklärte der Richter, zwar habe Hayashi wegen seiner Mordtaten die Todesstrafe verdient, doch habe er aufgrund seines Verhaltens vor Gericht in mehrfacher Hinsicht ein Recht auf eine mildere Strafe in Form einer lebenslänglichen Freiheitsstrafe: sein Geständnis, das die Überführung der Sekte als Urheber des Sarinanschlags ermöglicht hatte; sein fester Entschluß, »vor Gericht die Wahrheit zu sagen als seine letzte Mission ... selbst wenn er sich damit selbst belastete«, und schließlich die »Passivität« seiner Rolle bei dem Anschlag (da es Asahara war, der den Befehl dazu gegeben hatte). Es kam noch hinzu, daß die nächsten Verwandten von zwei toten U-Bahnarbeitern den Wunsch geäußert hatten, Hayashi nicht hinzurichten. Nach der Verkündung des Urteils trat Hayashi vor den Richter und verbeugte sich tief.

Als der Richter Hayashi die Gelegenheit gab, den ihm früher unterstellten Aum-Jüngern eine Botschaft mitzugeben, wandte dieser sich an einen Arzt, der eng mit ihm zusammengearbeitet hatte und nun selbst inhaftiert war: »Ken'ichirō Katahira ist ein Mensch, der selbständig denken kann. Ich wünsche mir, daß Katahira, der Facharzt für Psychiatrie ist, um seiner selbst willen die Pathologie von Shōkō Asahara untersucht und dann für seine eigenen Taten büßt.« Hayashi sagte ausdrücklich, daß die Destruktivität von Aum eine psychiatrische Begutachtung erfordere, wollte damit jedoch vermutlich zugleich andeuten, daß dasselbe auch für ihn gelte. Er hatte sich so weit aus der Verstrickung mit dem Guru und Aum befreit, daß er sich seinem eigenen Verhalten stellen konnte, das ihn nicht nur entsetzt, sondern auch verwirrt zurückließ.

Jede Erklärung für das Verhalten Hayashis muß bei seiner spirituellen Suche ansetzen, bei seiner Angst und bei seinem Drang zum Absoluten, der seine Suche außerordentlich intensiv machte. Wir können nicht sagen, wieweit sich bei ihm bereits vor seinem Eintritt in Aum eine Tendenz zur Persönlichkeitsspaltung bemerkbar gemacht hat, aber er erlebte zweifellos in Aum eine überaus starke Verschmelzung der allumfassenden Antwort, nach der er suchte, mit einer Reaktion der Ich-Spaltung – einer Verdopplung, der Bildung von zwei Ichs, die moralisch und funktionell antithetisch und dennoch Bestandteile ein und derselben Psyche sind. Hayashis Verdopplung läßt sich am ehesten unter dem Aspekt seiner Identität als Arzt verstehen. Sein Ich in der Zeit vor Aum umfaßte unter anderem etwas, das er als »berufliche Wahrheiten und Moralgrundsätze« bezeichnete, in seinem Fall die eines idealistischen Arztes, dessen berufliche Tätigkeit erfüllt war von buddhistischem Mitgefühl. Dieses »Vor-Aum-Ich« machte sich im Januar 1995 während des Erdbebens von Kobe in Form eines Impulses bemerkbar, alles stehen- und liegenzulassen und sein ärztliches Können in den Dienst der Opfer zu stellen. Selbst als er Kariya durch die Infusion von Thiopental zum Sprechen bringen wollte, hatte Hayashi sich geschworen: »Ich darf ihn auf keinen Fall unter Narko sterben lassen«, so wie er sich vor dem Sarinanschlag innerlich gesagt hatte: »Ich will das nicht tun.« Doch in allen Fällen wurde sein früheres Arzt-Ich durch die Belohnungen und den Druck seines Aum-Ichs zurückgedrängt. Durch dieses Ich konnte er nicht nur eine persönliche Transzendenz erleben, sondern auch eine

Verwirklichung seiner lebenslangen Vision von einer Reinigung der Welt. Also machte er bei Kariya mit der Überdosis Thiopental ebenso weiter wie bei dem Sarinanschlag: weil seine Unterwerfung unter den Willen des Gurus »unerbittlich« und der Gedanke an ein Aufbegehren dagegen für ihn furchtbar war, aber auch deshalb, weil sein Aum-Ich ihm sagte, man müsse in den Worten des Gurus »an die *poa*-Handlung mit ganzem Herzen herangehen« und sie um der allgemeinen Erlösung willen energisch ausführen.

Ebenso wie das Auschwitz-Ich die NS-Ärzte, befähigte sein Aum-Ich Hayashis, sich selbst dann noch an den hohen Wert seiner Identität als Arzt zu klammern, als er seine medizinischen Kenntnisse dazu benutzte, andere Menschen unter seine Kontrolle zu bringen und zu töten. Da diese ärztliche Identität zunehmend in sein Aum-Ich integriert wurde, konnte er die Morde durch Aum als eine Form des höheren Heilens erfahren. Erst nach seiner Verhaftung war er – mit demselben Eifer und erstaunlicher Einsicht – in der Lage, seinem humanen ärztlichen Ich aus der Zeit vor Aum wieder Geltung zu verschaffen.

Der Arzt als Krieger

Tomomasa Nakagawa, der andere prominente Arzt der Sekte, ist ein extremes Beispiel dafür, wie die Sekte aus relativ harmlosen spirituellen Suchern mörderische Ärzte als Krieger machen konnte. Nakagawa wurde in stärkerem Maße zu einem Auftragsmörder als Hayashi, war jedoch außerdem maßgeblich an der Planung der ehrgeizigsten Unternehmungen des Gurus beteiligt. Asahara machte ihn zu seinem Leibarzt und zum Chef des Sekretariats des Heiligen Herrschers, des sogenannten »Palastamts«, eines Organs, das mit dem Guru enger verbunden war als die »Ministerien«.

Noch vor seinem Examen an einer renommierten medizinischen Fakultät einer Universität in Kioto schloß er sich Aum an und wurde nach seinem Praktikum und etlichen Monaten beruflicher Tätigkeit *shukke*. Er wurde als sehr gewissenhafter Student geschildert, war allgemein beliebt und geachtet und gab sich anscheinend Mühe, »everybody's darling« zu sein. Er selbst sagte einmal: »Es gibt niemanden, den ich nicht mag.« Einer seiner früheren Kommilitonen äußerte die Meinung, möglicherweise habe ihn »sein naives und argloses Naturell« zu Aum geführt.

Nakagawa hatte bereits vor seinem Eintritt in Aum mystische Neigungen und fühlte sich spirituell verwirrt. Er war der Überzeugung, daß er im Lauf der Erkundung der Stufen des tibetischen Buddhismus zunehmend den Schmerz seiner Patienten am eigenen Leib verspürt hatte. Während er dies einerseits als eine Form der Wahrsagerei oder einer okkulten Übereinstimmung auffaßte, befürchtete er andererseits, daß er im Begriff stand, verrückt zu werden. Als er Asahara begegnete, war der Guru zu einer schnellen »Behandlung« in der Lage, indem er das Problem in die Lehre und Praxis von Aum absorbierte. Nakagawa stellte nach einigen Monaten als Mönch fest, daß seine Schwierigkeit eine andere Form angenommen hatte. »Wenn ich die Hände eines Patienten festhalte, vergeht der Schmerz [des Patienten]. Statt dessen strömen die schlechten Elemente in mich hinein, so daß ich literweise warmes Wasser trinken muß, um meinen Körper zu reinigen.« Dieser Aum-Prozeß einer »Reinigung« sollte später mit extremer Gewalt verknüpft werden.

Selbst unter den auf den Guru fixierten hochrangigen Jüngern ragte Nakagawa als jemand heraus, der sich jeden Einfall und jede Vision Asaharas zu eigen machte und nach Möglichkeit sogar vorwegnahm. Im November 1989, nur zwei Monate, nachdem er *shukke* geworden war, gehörte Nakagawa zu den Mördern der Familie Sakamoto – der Guru hatte ihn dem Kommando wegen seiner fanatischen Hingabe und seiner medizinischen Ausbildung zugeteilt. Als der ursprüngliche Plan, lediglich Sakamoto zu töten, fehlschlug, war es anscheinend Asahara, der den Befehl gegeben hatte, auch Sakamotos Frau und ihren vierzehn Monate alten Sohn zu töten. Doch vor Gericht räumte Nakagawa 1996 ein, er sei daran beteiligt gewesen, das Ehepaar Sakamoto zu erwürgen und das Kind zu ersticken. Ursprünglich sollte lediglich Sakamoto von der Straße weg entführt und getötet werden. Da er sich jedoch am geplanten Tattag zusammen mit seiner Familie in seinem Haus befand – es war ein Feiertag, was Asahara entgangen war –, stellte sich die Frage, wie man weiter vorgehen sollte. Bis zu Nakagawas Geständnis hatte man anscheinend angenommen, die Täter hätten in einem Telefongespräch Asahara um Rat gefragt, der ihnen daraufhin befahl, auch die Frau und das Kind zu töten. Jetzt sah es dagegen so aus, als habe Nakagawa von sich aus den Entschluß zur Ermordung der ganzen Familie gefaßt, ohne sich bei Asahara rückzuversichern. Nach der Tat war er auch daran beteiligt, die Leichen der drei Opfer getrennt zu beseitigen. Als die Gruppe zum Hauptstützpunkt von Aum zurückkehrte, beruhigte Asahara sie, das Kind könne jetzt nicht mehr von einem Vater erzogen werden, der böse Taten begehe, und werde auf einer höheren spirituellen Stufe wiedergeboren werden. Außerdem ließ der Guru den Tätern einen Abschnitt aus dem japanischen Strafgesetzbuch vorlesen, offenbar um ihnen vor Augen zu führen, daß ihnen allen die Todesstrafe drohte, falls sie gefaßt und vor Gericht gestellt würden.

Es war Nakagawa, dem Asahara befahl, gemeinsam mit anderen Kōtarō Ochida umzubringen, den Apotheker, der versucht hatte, eine mißhandelte Patientin zu retten. Der Guru hielt ihn auch für geeignet, zusammen mit anderen den Notar Kiyoshi Kariya zu entführen und unter dem Einfluß von Thiopental zum Sprechen zu bringen, eine Aktion, die mit dem Tod des Notars endete. Die Rolle Nakagawas bei diesem Tod war besonders entsetzlich. Als die Befragung des Notars ergebnislos verlief, hatte Asahara über Hideo Murai die Anweisung erteilt, Kariya durch Yoshihiro Ida erwürgen zu lassen, einen hochrangigen Jünger, der mit dieser Tat seine »religiöse Ausbildung« fördern könne. Als Nakagawa jedoch in das Zimmer mit dem Gefangenen zurückkehrte, war dieser bereits tot. Dennoch wies er Ida an, um Kariyas Hals einen Gürtel zu legen und zuzuziehen, und erklärte erst danach das Opfer für tot. Dieses makabre Verwirrspiel diente zweifellos dazu, Ida in den Mord hineinzuziehen, um ihn jetzt schon als Komplizen künftiger Verbrechen gefügig zu machen. Nakagawa, Ida und andere Aum-Jünger hatten anschließend große Mühe, den Leichnam im Keller von Satyam 2 zu verbrennen, und lösten die Überreste schließlich in Salpetersäure auf, bevor sie sie in einen nahe gelegenen See kippten.

Nakagawa gehörte ferner zu den Aum-Jüngern, die 1994 in Matsumoto Sarin freigesetzt hatten. Gemeinsam mit Seiichi Endō, dem Minister für Gesundheit und Soziales, produzierte er das Sarin, das für den Anschlag auf die Tokioter U-Bahn verwendet wurde. Er war an Versuchen beteiligt, in der U-Bahn von Tokio Blausäure freizusetzen, benutzte den Kampfstoff VX, um Menschen umzubringen, und baute gemeinsam mit anderen die Briefbombe, die im Mai 1995, kurz nach der Verhaftung Asaharas, an den Gouverneur von Tokio geschickt wurde und einem städtischen Angestellten einen Finger abriß, der den Brief geöffnet und damit zur Explosion gebracht hatte.

Nakagawa war auf allen Ebenen in den Drogenmißbrauch von Aum verwickelt. Er befürwortete die Verwendung von LSD nicht nur für Initiationen der Sekte, sondern auch als chemische Waffe. Etwa während des letzten Jahres der aktiven Existenz von Aum, als Asahara auf die führenden Mitglieder Druck ausübte, Sarin zu produzieren und Spione zu enttarnen, erhielt Nakagawa einen Lügendetektor, mit dem er die Loyalität sämtlicher Mitarbeiter bei der Sarinproduktion überprüfen sollte. Während dieser Zeit gewann das Sekretariat des Heiligen Herrschers zunehmend an Bedeutung, war, zumeist in Zusammenarbeit mit dem Ministerium für Wissenschaft und Technik, aktiv an Aum-Gewalttaten beteiligt und diente als Planungsgruppe zur Verwirklichung der immer aggressiver werdenden Visionen des Gurus.

Doch Nakagawa hatte durchaus zwiespältige Gefühle bei dem, was er tat. Ein enger Aum-Beobachter schilderte mir Nakagawa als einen Menschen voller Widersprüche: »Innerhalb Aums war er bekannt für seine Anständigkeit, aber er hat an der ›Geheimarbeit‹ mitgewirkt, und er hat gemordet. Er war *shukke* und hatte trotzdem eine Freundin in Aum. Er konnte wochenlang aus tiefster Überzeugung die Mönchsdisziplin und die religiösen Übungen einhalten, aber es gab auch Zeiten, in denen er von allem nichts mehr wissen wollte.« Die letzte Bemerkung bezog sich offenbar darauf, daß Nakagawa einmal vorgehalten wurde, sein Glaube an den Guru sei nicht mehr stark genug, worauf man ihn einer demütigenden Umerziehungsprozedur voller Beschuldigungen und Strafen unterwarf. Der abschließende Kommentar meines Gewährsmannes war: »Ich frage mich, wie er beide Gesichter wahren konnte.« Damit meinte er wahrscheinlich Nakagawas ziemlich extreme Form der Verdopplung seiner Persönlichkeit. Nakagawas Methode, mit seiner Version der inneren Spaltung in Aum zurechtzukommen, bestand darin, fortwährend jenen Teil des Ichs zu vernichten, der Zweifel hegte oder sich widersetzte, und sein Aum-Ich in immer extremerer und gereinigterer Form zu behaupten. Das bedeutete eine schnelle und totale Mobilisierung seiner medizinischen Kenntnisse – seines Arzt-Ichs – im Dienste der Aum-Phantasie und Aum-Gewalt. Seine spirituelle Suche in Verbindung mit einem starken Bedürfnis nach Anerkennung und Zustimmung hatte ihn zu Aum geführt, wo bislang unterdrückte gewalttätige und sadistische Impulse im Namen einer absoluten Reinheit wachgerufen werden konnten.

Doch der Versuch Nakagawas, diese Persönlichkeitsspaltung aufzulösen, gelang nicht vollkommen. Während eines Großteils seiner Zeit in Aum machte ihm nach Aussage meines Gewährsmanns »die Vorstellung zu schaffen, daß er diese Menschen getötet hatte«, und vor allem quälte ihn seine Rolle bei der Ermordung eines Säuglings. Seine tiefe innere Spaltung mochte durchaus die Ursache für ein Detail bei der Ermordung der Familie Sakamoto sein, das häufig übersehen wird: Es war Nakagawa, der in der Wohnung eine Aum-Anstecknadel liegenließ, die später von der Polizei gefunden wurde. Zwar verfolgte die Polizei damals diesen Anhaltspunkt nicht weiter, weil sie sich ihrer Sache nicht sicher fühlte, doch besteht zumindest die Möglichkeit, daß Nakagawa unbewußt eine

Spur legte, die ganz allgemein auf Aum und insbesondere auf ihn hinwies, daß er gleichzeitig mordete und sich schuldig fühlte und dadurch zu einem Verbrecher wurde, der den unbewußten Wunsch hegte, gefaßt und bestraft zu werden. Tatsächlich sagte er vor Gericht aus, er bedaure es, daß man ihn nicht schon viel früher verhaftet habe, und als er erfuhr, daß der Polizei der Standort des Hauptquartiers von Aum nach dem Sarinanschlag bekannt war, sagte er: »Warum bin ich nicht verhaftet worden, bevor ein städtischer Angestellter [durch meine Briefbombe] einen Finger verlor?«

Der Tierarzt, der Chemiker und die Psychiater

Seiichi Endō, ein Tierarzt, war nach seinem Examen im virologischen Institut der Universität Kioto tätig, bevor er aus seinem bürgerlichen Dasein ausstieg, um Aum-Mönch zu werden. Innerhalb der Sekte galt er als Arzt. Ihm wurde die besondere Aufgabe zugewiesen, biologische Kampfstoffe zu entwickeln, und er erhielt ein eigenes Laboratorium zur Herstellung von Sarin und anderen Nervengasen sowie von illegalen Drogen. In seiner Persönlichkeit und Herkunft unterschied er sich wenig von anderen Ärzten und Wissenschaftlern in Aum – ernsthaft, fleißig, etwas naiv, von seinen Professoren gut beurteilt, aber wegen seines religiösen Interesses allen, die mit ihm zu tun hatten, ein Rätsel. Gelegentlich verschwand er für längere Zeit, und einmal nahm er Urlaub, um nach Indien zu reisen und dort Yogakurse zu nehmen.

Doch nach den Aussagen von Personen, die ihn in Aum aus der Nähe erlebten, zeichnete er sich als der beharrlichste wissenschaftliche Pfuscher aus. Zwar hatte er gewisse Erfolge zu verzeichnen, indem er etwa eine Form des Mescalins herstellte (angeblich als erster in Japan) und trotz Fehlern und Fehlstarts sein Ministerium zur schließlichen Produktion beträchtlicher Mengen von zwar verunreinigtem, aber relativ wirksamem Thiopental führte. Als es jedoch um Sarin und andere Nervengase ging, waren Endōs Bemühungen erstaunlich wirkungslos. Es hätte mit Sicherheit weit mehr Todesopfer gegeben, wäre die Menge des von Endō produzierten Sarins nicht so gering und das Giftgas selbst nicht so stark verunreinigt gewesen.

Bereits 1990 erteilte Asahara Endō den Auftrag zu bakteriologischen Forschungen mit dem Ziel, biologische Kampfstoffe selbst herzustellen. Obwohl es ihm und anderen gelang, eine bestimmte Menge Botulismuserreger und Milzbrandbazillen zu züchten, schlugen alle ihre Versuche fehl, diese Toxine so freizusetzen, daß sie ihre tödliche Wirkung entfalten konnten. Endō teilte uneingeschränkt die bösartigen Ambitionen des Gurus auf diesem Gebiet, der auch daran dachte, die Erreger des Q-Fiebers und selbst Ebolaviren zu züchten und als Kampfstoffe einzusetzen. Doch Endō befand sich ständig in der Position, einen gereizten, ungeduldigen Guru besänftigen zu müssen, der von ihm erwartete, daß er möglichst schnell immer neue technische Hindernisse überwand, die einer erfolgreichen Produktion einer bestimmten chemischen oder biologischen Substanz im Wege standen. Endōs Fehlschläge gingen zweifellos nicht nur auf die Beschränktheit seiner wissenschaftlichen Kenntnisse und die grundsätzlichen Probleme beim Einsatz biologischer Kampfstoffe zurück, sondern auch auf die Großartigkeit von Asaharas Visionen und Ansprüchen. Endō teilte jedoch diese Großmannssucht. So bestellte er beispielsweise für Aum aus den USA die modernste Ausrüstung für ein biotechnologisches Laboratorium, die er zum größten Teil gar nicht nutzen konnte, weil weder er noch seine Mitarbeiter damit richtig umgehen konnten.

Zudem hatte auch Endō seine Ängste und Ambivalenzen, die sich vermutlich ebenfalls nachteilig auf seine Anstrengungen ausgewirkt haben. Nachdem die Polizei ihn Anfang April 1995 festgenommen hatte, wandte er sich sogleich gegen seinen Guru und enthüllte als erster in allen Einzelheiten die Rolle von Asahara und Aum bei dem Sarinanschlag auf Matsumoto. Vor Gericht erklärte er: »Ich möchte gern, daß die Aum-Anhänger sich der Tatsache stellen, daß das, was sie für ›religiöse Erfahrungen‹ gehalten haben, lediglich die Folge von eingenommenen Drogen war.« Es sei ihm ein Bedürfnis, seine Schuld gegenüber den Opfern von Aum und deren Verwandten soweit wie möglich wiedergutzumachen, indem er »klarstellte, worin die Aum-Lehren eigentlich bestanden, die uns geleitet haben«. Während der gesamten Gerichtsverhandlung hielt er weitgehend an seiner kritischen Position gegenüber der Sekte fest. Er war in vieler Hinsicht der typische Aum-Mediziner: intelligent, aber nur halbgebildet, fanatisch in der Akzeptanz des Aum-Gurutums (zum Teil aufgrund unbewußter Ambivalenzen), voller Selbstanklagen, weil er nicht fähig war, die extremen Phantasien der Sekte von einem mörderischen »Heilen« zu verwirklichen, aber gleichwohl bereit, sich vorbehaltlos an medizinalisierten Gewalttaten zu beteiligen.

Wesentlich erfolgreicher in der Verwirklichung der wissenschaftlichen Ziele der Sekte war Masami Tsuchiya, der Mann, der den größten Anteil an der Produktion von Sarin hatte. Die Aum-Anhänger, die sich mir gegenüber zu Endō äußerten, kontrastierten insbesondere seine

Mängel mit den Fähigkeiten Tsuchiyas. Nach einem Abschluß in organischer und physikalischer Chemie an einer führenden Universität und einer Teilzeitbeschäftigung als Lehrer an einer Vorbereitungsschule lernte er Aum kennen und begeisterte sich so sehr dafür, daß er sogar versuchte, einige seiner Schüler für die Sekte zu gewinnen. Seine besorgten Eltern zwangen ihn zum Eintritt in einen Tempel, der auch als Einrichtung für Geisteskranke diente, doch er flüchtete von dort und wurde ein Aum-Mönch und schließlich der Chefchemiker der Sekte, obwohl er innerhalb der organisatorischen und spirituellen Hierarchie von Aum tiefer als Endō rangierte. Er war nicht nur an der Herstellung der Kampfstoffe Sarin und VX aktiv beteiligt, sondern auch von Thiopental, LSD, Heroin und Mescalin, doch in den letzten Tagen und Wochen vor dem Sarinanschlag in Tokio versenkte er sich tief in Meditationen und war kaum noch mit der Herstellung von Sarin befaßt. Daß er sich zu einem so wichtigen Zeitpunkt auf seine spirituellen Übungen zurückzog, läßt auf eine starke Persönlichkeitsspaltung bis hin zu einer völligen Immobilisierung schließen.

Vor Gericht verhielt sich Tsuchiya in den Worten eines Journalisten, »als wollte er sich totstellen«, und lehnte es ab, sich zu verteidigen. Er machte von seinem Recht auf Aussageverweigerung Gebrauch und legte lediglich an einer Stelle ein Glaubensbekenntnis ab, in dem sein ungebrochener Fanatismus ebenso zum Ausdruck kam wie seine Labilität. Er sei bereit für die Todesstrafe, erklärte er: »Meine Mission besteht darin, an Guru Asahara zu glauben und zu sterben.« Asahara habe ihm »zahlreiche Geheimriten« anvertraut, und er danke Asahara dafür, daß dieser ihn die religiösen Techniken von *poa* gelehrt und ihn befähigt habe, »mehrere hohe Welten oder Formen [zu erleben], vom Himmel der Heiligkeit über den Himmel des transzendenten Kindes ... bis zur vollkommenen und absolut monistischen Welt des Nirvanas«. Nichts könne seinen Glauben an den Führer von Aum erschüttern, und er schloß seine Erklärung »mit einem Gebet für den Sieg des großen, vollkommenen, absoluten Gurus *Sonshi* Asahara«.

Nur noch einmal während des Prozesses zeigte Tsuchiya eine Gemütsregung, als ein Sachverständiger dem Gericht die Molekularstruktur von Sarin erläuterte. An dieser Stelle, so der Bericht eines Reporters, »begannen Tsuchiyas Augen zu leuchten, und er machte wie wild Notizen«. Als der Richter und die Beisitzer ihn aufforderten, zu seinen Taten zu stehen und sich schuldig zu bekennen, »machte [Tsuchiya] vor ihnen eine tiefe Verbeugung«, die einer der Beobachter als ein »Zeichen seines inneren Aufruhrs« interpretierte.

Während Tsuchiyas Verbindung von beruflicher Brillanz und einem spirituellen Zustand, der an Geisteskrankheit grenzte, ihn für Aum geradezu prädestinierte, schien Ken'ichirō Katahira, der Psychiater, den Hayashi als einen Menschen charakterisiert hatte, der selbständig denken konnte, nicht gerade der Typ zu sein, der in diese Sekte paßte. Nach seinem Examen an der medizinischen Fakultät der Universität Hiroshima hatte er an der dortigen Universitätsklinik und einem Krankenhaus in einer Stadt in der Nähe praktiziert und war einer der drei Ärzte, die während der polizeilichen Razzia im März 1995 verhaftet wurden, weil sie zwei widerspenstige Aum-Mitglieder gegen deren Willen mit Medikamenten sediert und in eine Zelle gesperrt hatten. Als eines der allerersten Aum-Mitglieder hatte er außerdem Hayashi geholfen, weitere Sektenmitglieder, die als potentielle Abtrünnige angesehen wurden, mit Beruhigungsmitteln zu spritzen. Ungeachtet des von Hayashi über ihn abgegebenen Urteils sprach aus seinem Auftreten bei seiner ersten gerichtlichen Anhörung im Oktober 1995 – seine halbgeschlossenen Augen und ein heiterer Gesichtsausdruck –, daß er sich noch immer ganz Aum zugehörig fühlte.

Die Geschichte eines zweiten Aum-Psychiaters ist noch verwirrender. Ohne daß sein Name genannt würde, schildert ihn der Autor eines Zeitungsartikels als einen Mann, der mit knapp über sechzig Jahren in Aum eingetreten war, nachdem er die wohltuende Wirkung von Yogaübungen bei der Behandlung psychisch kranker Patienten festgestellt hatte. Er wurde ein ergebener Jünger des Gurus und fand zahlreiche Möglichkeiten, ihm zu dienen. Als ihn beispielsweise ein Aum-Anwalt bat, zu bezeugen, daß die Menschenrechte einer Aum-Anhängerin durch ihre Überweisung in eine psychiatrische Klinik verletzt worden seien, zögerte er zwar, weil er mit der Frau selbst nicht gesprochen hatte, versicherte jedoch dem Gericht, daß man den Aussagen Asaharas Vertrauen schenken könne. Diese Angelegenheit war für Aum von großer Bedeutung, da mehrere neuangeworbene Mitglieder in Psychiatrien eingewiesen worden waren oder dort zumindest einige Zeit verbracht hatten. Dieser Arzt und andere nutzten ihre psychiatrische Autorität dazu, gegen diese Hospitalisierungen vorzugehen, was zugleich bedeutete, daß die geltenden Definitionen von Geisteskrankheit in Zweifel gezogen und die Behauptungen von Aum legitimiert wurden.

1989 trat er ernüchtert aus der Sekte wieder aus, und seine Geschichte wäre nicht weiter bemerkenswert, wenn er nicht im Februar 1995 im Alter von achtundsechzig Jahren beschlossen hätte, wieder in Aum einzutreten. Seine Erklärung? »Mehrere Beschuldigungen, unter anderem wegen Entführung und Selbstjustiz, sind gegen die Sekte vorgebracht worden, und mein eigener Argwohn in dieser Hinsicht hat zugenommen. Ich bin in die Sekte zurückgekehrt, nicht um sie zu verteidigen, sondern weil ich der Meinung war, daß auch ich als ehemaliges Mitglied der Sekte für schuldig befunden werden sollte.« Zwar gibt es keinen Grund, sein Schuldgefühl in Frage zu stellen, man kann aber auch vermuten, daß in ihm eine frühere Bindung an Asahara wieder wach wurde – dem er sowohl als Jünger wie auch in seinen Allmachtsphantasien verbunden war – und damit der starke Wunsch, das Schicksal des Gurus und Aums zu teilen. Anscheinend wurde er nicht verhaftet, und wahrscheinlich hatte er auch keine Verbrechen begangen. Aber offenbar hatte er im vorgerückten Alter etwas Ähnliches erfahren wie jugendliche Verwirrung und Suche, die bei neuangeworbenen Aum-Anhängern eher anzutreffen sind.

Aum-Heilung: Eine Fallstudie

Vielleicht gibt es keine Ereignisse, mit denen sich das Wirken der Ärzte in Aum in so typischer Weise darstellen läßt wie die Vorgänge um den Tod von Kōtarō Ochida. Es begann im Oktober 1991, als eine Frau in mittleren Jahren, die in einem Schriftsatz des Staatsanwalts als »Patientin A« bezeichnet wird, auf das Drängen von zwei Aum-Anhängern, von denen der eine ihr Sohn war, der Sekte beitrat. Die beiden überredeten die Frau, die an der Parkinsonschen Krankheit litt und seit vier Jahren erfolglos an mehreren Kliniken behandelt worden war, das Astralhospital-Institut aufzusuchen, denn nur dort könne sie geheilt werden. Im Verlauf eines sechsmonatigen Aufenthalts in diesem »Krankenhaus« verschrieb man ihr die verschiedensten Medikamente und unterwarf sie der in Aum üblichen Thermaltherapie – das Eintauchen in 47 Grad warmes Wasser –, ohne daß in ihrem Zustand eine Besserung eingetreten wäre. Daraufhin wurde sie von den Ärzten bedrängt, sie solle der Sekte eine finanzielle Zuwendung machen und auf diese Weise ihre Heilung herbeiführen. Im Verlauf weiterer dreieinhalb Jahre spendete die Frau insgesamt 45 Millionen Yen (rund 450 000 Dollar) an Aum. Schließlich wurde sie vom Astralhospital-Institut in den Hauptstützpunkt von Aum verlegt, wo man sie den unterschiedlichsten spirituellen Prozeduren unterwarf, unter anderem auch der Perfekten Seelenrettungs-Initiation. Dennoch stellte sich in ihrem Zustand keine Besserung ein.

Während ihres Aufenthalts im Hospital hatte Patientin A sich mit

Ochida angefreundet. Dieser war anfangs aufs höchste fasziniert von Aums visionärem Zugang zur Medizin, war inzwischen jedoch desillusioniert über ihre Behandlungsmethoden und trat Anfang 1994 wieder aus der Sekte aus. Zu dieser Zeit war A seine Patientin gewesen, und die beiden waren einander nähergekommen und möglicherweise sexuell intim geworden. Ochida befürchtete, daß die Aum-Behandlung die Frau töten könnte, und wandte sich an ihren Sohn Hideaki Yasuda um Hilfe bei seinem Vorhaben, sie gewaltsam aus den Händen Aums zu befreien. Zunächst weigerte sich Yasuda, doch schließlich überzeugte Ochida ihn, daß seine Mutter sterben werde, wenn sie nichts unternähmen. Während Yasudas Vater und sein Bruder außerhalb des Aum-Gebäudekomplexes in einem Fluchtauto warteten, schlichen sich die beiden Männer in das Gebäude, in dem Patientin A untergebracht war, und fanden sie in einem kleinen Zimmer mit Elektroden auf dem Kopf und Schläuchen in der Nase. Sie wurden jedoch bald von Aum-Mitgliedern entdeckt, überwältigt und vor Asahara, seine Frau und mehrere hochrangige Jünger, darunter auch Hideo Murai gebracht.

Asahara wandte sich an die Anwesenden und sagte: »Es gibt wahrscheinlich keine andere Möglichkeit als *poa*.« Alle stimmten ohne Einwände zu. Doch Asahara machte einen Unterschied zwischen seinen beiden Gefangenen und erklärte Ochida zum Haupttäter, der Yasuda manipuliert habe und allein durch seine sexuelle Bindung an A motiviert sei. So lautete sein Urteil, »nach der Regel des Karmas muß Yasuda Ochida *poa* geben«. Dadurch könne Yasuda »sein schlechtes Karma verringern«. Um ihn anzustacheln, verhöhnte der Guru ihn mit angeblichen Details der sexuellen Ausbeutung seiner Mutter durch Ochida und versprach ihm, er könne nach Hause gehen, wenn er Ochida töte. Falls er sich weigere, werde man auch ihn töten. Als Yasuda fragte, ob er wirklich nach Hause gehen könne, erwiderte der Guru: »Habe ich dich jemals angelogen?« Yasuda wandte ein, er könne seinem Opfer nicht in die Augen sehen, während er es töte, und erhielt Klebeband, um Ochida die Augen zu verbinden. Als er sich über Ochida beugte, sagte er, »verzeih mir«, und Ochida antwortete: »Es ist in Ordnung. Ich bin bereit. Es tut mir leid, daß ich dich in diese Lage gebracht habe.«

Yasuda erhielt einen Strick, um sein Opfer zu strangulieren, doch seine Kräfte reichten nicht aus, und andere waren behilflich, das Opfer niederzuhalten. Auf besondere Anweisung des Gurus hielt Dr. Nakagawa Ochida, mit dem er befreundet gewesen war, von hinten fest. Immer wieder überprüfte er dessen Puls, ebenfalls auf Befehl Asaharas, der darauf bestand, er müsse als Arzt den Tod Ochidas bestätigen. Später sollte Nakagawa aussagen, als er seinen Freund gesehen habe, wie er sich in Schmerzen wand, habe er gedacht: »Da er sowieso sterben muß, mache ich ihm das Sterben leichter und beschleunige den ganzen Prozeß.«

Yasuda wurde, wie versprochen, erlaubt, nach Hause zu gehen, allerdings unter der Auflage, daß er seinem Vater und seinem Bruder nichts erzählen dürfe und einmal in der Woche zu Aum-Übungen kommen müsse. Inzwischen unternahm Nakagawa wiederum auf Befehl des Gurus die ersten Schritte zur Beseitigung des Toten. Murai und der Guru waren sich einig, daß der Leichnam in dem im Keller des Gebäudes installierten Mikrowellenofen verbrannt werden sollte, ein komplizierter Prozeß, der drei Tage in Anspruch nahm. Yasuda hatte so viel Angst vor Aum, daß er entgegen seiner Zusage nicht mehr zurückkehrte und statt dessen ein Versteck in Nordjapan aufsuchte. Dem Guru war so sehr daran gelegen, ihn wieder einzufangen, daß er ein Entführungskommando losschickte, dem auch die beiden Aum-Ärzte Nakagawa und Ikuo Hayashi angehörten, die bereit waren, den Gesuchten im Fall seiner Ergreifung in der bewährten Weise unter Drogen zu setzen. Obwohl sie Yasuda in seinem Schlupfwinkel aufspürten, gelang es diesem, ihnen zu entkommen, indem er die Polizei rief, womit er die Entführer in die Flucht schlug.

Am Ende wurden Yasuda, Asahara, seine Frau Tomoko, Nakagawa und andere, die bei der Ermordung Ochidas zugegen waren, wegen Mordes oder Beihilfe zum Mord angeklagt. Die Patientin A überlebte ihre Aum-Therapie.

7.
Größenwahn

Die Gefahr, die von Aum für die Welt ausging – und ihre größte Bedeutung –, lag darin, daß sie ihren Größenwahn mit dem Einsatz extremer Massenvernichtungswaffen verband. Diese Verknüpfung wurde am schlagendsten klar beim Empfang der ranghöchsten Aum-Jünger durch den Guru, nachdem sie ihren Sarinanschlag ausgeführt hatten. Als erstes beschwor der Guru seine allumfassende Autorität, um den Massenmord als einen Akt der Selbstlosigkeit zu glorifizieren und in einem Mantra als spirituelle Übung aufgehen zu lassen. Danach belohnte Asahara nach übereinstimmenden Berichten seine heimkehrenden Mörder mit Anerkennung, Fruchtsaft und Plätzchen und befahl ihnen, tausend- oder zehntausendmal oder noch öfter solche Sätze aufzusagen wie: »Es war gut, vom großen Gott Shiva und allen Siegern der Wahrheit *poa* empfangen zu haben«, oder: »Es war gut, durch die Gnade des Gurus und des großen Gottes Shiva und alle Sieger der Wahrheit *poa* empfangen zu haben.« Der einzige strittige Punkt ist, ob Asahara zum Ausdruck bringen wollte, daß die Tat letztlich nur durch den Gott Shiva gebilligt wurde, oder daß er, der Guru, einen so hohen spirituellen Rang erreicht hatte, daß er gemeinsam mit Shiva das *poa* zugemessen hatte. Wahrscheinlich hielt sich der Guru in dieser Frage ziemlich bedeckt.

Während dieses Rituals nach dem Sarinanschlag ließen der Guru ebenso wie seine Jünger ein gewisses Unbehagen erkennen. Beide waren in die Vollendung eines mörderischen Melodramas verstrickt, das in Übereinstimmung mit einer abstrusen Weltuntergangsvision inszeniert worden war. Doch obwohl sie alle von dieser Vision beherrscht wurden, schienen Guru und Jünger Anteile ihres Ichs zurückbehalten zu haben, die deren Wahrheit oder Richtigkeit bezweifelten und Angst über die zerstörerische Tat empfanden und vor allem im Fall Hayashis nicht gänzlich durch Beschwörungen eines die Tat verklärenden *poa* zum Schweigen gebracht werden konnte. Selbst Asahara zog sich auf eine Art psychotische Leugnung zurück, als er später zu Hayashi sagte, es werde behauptet, Aum stecke hinter dem Sarinschlag. Entweder beharrte er trotz seiner *poa*-Segenssprüche für die Täter darauf, daß der Vorfall einen Angriff auf Aum durch fremde Kräfte darstelle, oder er äußerte seine Verwunderung und Besorgnis darüber, daß die Polizei Aum als Täter im Verdacht hatte. Wahrscheinlich nahm er beide Positionen zugleich ein. Sein größenwahnsinniges Ich machte es ihm möglich, jedes Ereignis – und überhaupt die ganze Geschichte – stets im Licht seiner eigenen narrativen Bedürfnisse zu sehen. So konnte er in einem Rundfunkinterview drei Tage nach dem Attentat erklären, die Polizei sei »Luzifer« und nicht nur der Anschlag selbst, sondern auch die Polizeirazzia sei »eine Phase in der Ausweitung des Erlösungsplans von Aum Shinrikyō«.

Funktionaler Größenwahn

Asahara brachte in das Projekt einer Aufhäufung von Massenvernichtungswaffen etwas ein, das ich als funktionalen Größenwahn bezeichnet habe. In megalomanischer Funktion wird das Ich zur Welt. Das größenwahnsinnige Ich kennt keine Grenzen und Schranken; es wehrt sich gegen jegliche Einschränkungen oder leugnet sie einfach. Deshalb umhüllt das Ich die Welt; die Welt löst sich im Ich auf. Oder noch anders ausgedrückt, an die Stelle der äußeren Welt tritt das verabsolutierte Ich.

Die Massenvernichtungswaffen von heute können für einen megalomanischen Guru eine besondere Verlockung darstellen, weil sie seiner Vorstellung Vorschub leisten, er allein – oder vielleicht mit Unterstützung einiger Jünger – sei in der Lage, die Welt zu zerstören. Er kann für sich die Macht in Anspruch nehmen, die Welt zu beherrschen und sie untergehen zu lassen. Wie der Kalte Krieg gezeigt hat, können größenwahnsinnige Phantasien sich überhaupt bei fast jedem einstellen, der über diese Waffen verfügt und die Möglichkeit hat, Strategen und Wissenschaftler anzuziehen.

Als klinischer Befund tritt Megalomanie im allgemeinen in Verbindung mit fortgeschrittener paranoider Schizophrenie auf. In diesem Zustand ist der Patient in der Regel allein mit seinen Selbsttäuschungen und Halluzinationen, da sein verabsolutiertes Ich ihn zu einer radikalen Isolation von der äußeren Welt verurteilt, an deren Stelle es sich gesetzt hat. Im Gegensatz dazu hatte ein Guru wie Asahara Jünger, die mit seinem größenwahnsinnigen Ich in einer Weise interagierten, daß sie es bestärkten und funktional machten. Dieses Arrangement bot verlockende Belohnungen – gemeinsame Ekstase und die gemeinsame »Gewißheit«

einer absoluten Wahrheit –, die für lange Zeit seine Stabilität garantieren konnten, da die Jünger mehr und mehr in den Größenwahn des Gurus hineingezogen wurden und ihn unterstützten, während sie zugleich ihr eigenes größenwahnsinniges Potential ausschöpften. Mit anderen Worten, der extreme gruppendynamische Prozeß innerhalb der Sekte entwickelte sich zu einer Version kollektiver Megalomanie. Trotzdem war das Arrangement von Anfang an instabil, da ständig unterdrückte Gegensätze zwischen Guru und Jüngern ausbrechen konnten, die – noch gefährlicher – in gewalttätigen Angriffen auf die äußere Welt durch den Guru und seine Jünger ausarten konnten, sobald sie ihre gegenseitige Bindung oder andere Aspekte des Arrangements bedroht sahen.

Der Größenwahn Asaharas war ein wesentlicher Faktor bei seinen Versuchen, seine Visionen von einem Weltuntergang in die Wirklichkeit umzusetzen. Die Vorstellung einer gigantischen Vernichtung im Dienst einer spirituellen Erneuerung wurde zu etwas, das mehr – und zugleich weniger – war als eine Metapher oder mythische Wahrheit. Das megalomanische Ich läßt ja solche Unterscheidungen gar nicht mehr gelten und nimmt für sich die Herrschaft über Mythos und Metapher nicht weniger in Anspruch als über wirkliche Ereignisse. Die äußerste Macht der Waffen selbst, ihr Potential, die Menschheit oder den ganzen Planeten zu vernichten, trägt in hohem Maße zur Auflösung dieser Unterscheidungen bei. In unserer Zeit enthält noch die maßloseste Phantasie einer völligen Vernichtung die nur zu offensichtliche Möglichkeit, zu einem Motor der buchstäblichen Zerstörung der Welt zu werden.

Das *Oxford English Dictionary* definiert Größenwahn als »krankhafte Geltungssucht«. Nach dem *Psychiatric Dictionary* glaubt sich der Größenwahnsinnige »im Besitz von Größe und Macht« und kann »sich für Christus, Gott oder Napoleon oder überhaupt für alles und jeden halten«. Asahara verkörperte dieses Gefühl einer vielgestaltigen Allmacht in jeder Hinsicht. In einigen seiner Bücher läßt er sich nicht nur als Guru rühmen, der die höchste Erleuchtung erlangt hat, und als »eine der größten heiligen Persönlichkeiten, die gegenwärtig auf dieser Erde existieren«, sondern auch als ein Universalgenie: »Meister Asahara beweist seine Genialität auf spirituellem Gebiet ebenso wie auf den Gebieten der Naturwissenschaft, der Medizin, Musik, Schriftstellerei, Übersetzung, Pädagogik etc.« Auf dieses »etc.« kommt es hier an – sein Genie ist grenzenlos. (Man hätte die Aufzählung noch um seine Bedeutung als Filmemacher, Trickfilmzeichner oder, wie es auf einem seiner Waschzettel heißt, »führende TV-Persönlichkeit« erweitern können.) Das Genie ist ebenso wie das Ich vielgestaltig und weltumspannend.

Dieses Genie wurde auch auf seine Physiologie ausgedehnt mit der Behauptung, er verfüge über nirvanaartige Gehirnwellen und eine einzigartige DNS. Als Asahara von sich selbst als einem Katalysator für »chemische Umwandlungen« sprach, »die wir uns im herkömmlichen Sinne gar nicht vorstellen können«, die jedoch zu einer »neuen Form der Materie« führen würden, bot er einen weiteren Beweis für die Genialität seines Körpers an.

Der vom Guru am beharrlichsten vertretene megalomanische Anspruch war der auf seine Göttlichkeit. Nicht nur, daß er sich zu einem Avatāra (im Hinduismus Verkörperung göttlicher Wesen beim Herabsteigen auf die Erde) Shivas erklärte, er behauptete außerdem, er habe den »Zustand eines Buddhas erreicht, der eine spiegelgleiche Weisheit erlangt hat«, und er sei der »göttliche Kaiser« Japans und der Welt; der verkündete Christus, der »die Bedeutung des Jesusevangeliums enthüllen« werde; der »letzte Erlöser des zwanzigsten Jahrhunderts«, der »allerheiligste Mann«, der »über der Bibel« stehe, und jenes Wesen, welches das Zeitalter des Wassermanns einleiten und über »ein neues Zeitalter höchster Wahrheit« herrschen werde. Für Jünger, die gänzlich in seinem Gurutum versanken, konnte er tatsächlich dies alles sein.

Ein äußeres Anzeichen für sein größenwahnsinniges Ich war die Organisation von Aum in »Ministerien« und »Behörden«, was einen großen Verwaltungsapparat suggerierte. In der Aum-Lehre über vergangene und zukünftige Leben spiegelte sich eine ähnliche megalomanische Organisation. Während alles im Leben der Sekte angeblich nach dem Karmagesetz (die moralische Vergeltungskausalität aller Taten) als eine Kette von Ursache und Wirkung vorherbestimmt war – »Buddhismus ist Mathematik« –, herrschte der Guru über die Gleichungen. Er war es, der mit den abschreckendsten Reichen der Wiedergeburt – dem »Reich der Hölle« für diejenigen, die getötet hatten, das »Tierreich« für die Unwissenden – drohen oder den »Brahman-Himmel« verheißen konnte mit seinen acht Unterreichen, die im Nirvāna gipfelten, »dem Zustand höchster Auslöschung«. Ein Großteil des spirituellen Projekts von Aum hing mit der Vorbereitung auf das nächste Leben zusammen, die Erhebung des Bewußtseins in eine höhere Dimension – das »große *poa*« Asaharas. Eines der Anzeichen für Asaharas Größenwahn war seine Umdeutung von *poa* als einer idealen spirituellen Transformation zu einem Euphemismus für Mord.

Asahara machte sich zum Richter und zum Gefäß des gesamten schlechten Karmas auf der Welt. Er behauptete, er habe diese ganze Schlechtigkeit der Welt auf sich genommen und trage sie in seinem

Geist und seinem Körper, um ihr entgegenzutreten und sie aufzuheben. Ob er ein *poa* befahl oder seine Jünger mit einem *shaktipat* berührte, alle Ströme flossen durch ihn hindurch, um von ihm gehalten, umgegossen oder gelenkt zu werden. Diese Herrschaft über das Karma machte Asahara außerdem zu einem in seiner Person verkörperten Schatzhaus für die Erlösung der Welt, die zu jeder Zeit davon abhing, daß er das »Abwerfen des Karmas« bewerkstelligte. Er konnte einer Vorstellung von der Überwindung der Schwerkraft huldigen, weil er der unabhängige Herr und Gebieter über die spirituelle Schwerkraft der Welt war.

Asaharas ganze Megalomanie kam in einer Aufzählung aller seiner früheren Leben zum Ausdruck. Zu hören war hier vom Leben eines absolut loyalen Schülers (der auf Befehl seines Gurus tötete), eines Gurus für viele seiner Aum-Anhänger (»die meisten meiner engen Jünger waren auch in ihren früheren Leben meine Jünger«) und vom Leben eines Königs über verschiedene höhere Welten der Wiedergeburt. Er behauptete auch, frühere Leben in den Vereinigten Staaten geführt zu haben, darunter auch das von Benjamin Franklin, eines Gründungsmitglieds der ersten amerikanischen Freimaurerloge. In diesem Zusammenhang bemerkte er einmal: »Es wird sehr schwierig zu sagen, wer ein Freund und wer ein Feind ist.« Und in einer Predigt erklärte er, eines Tages werde es zu einem Zusammenschluß von Aum Shinrikyō und den Freimaurern kommen, bei dem die letzteren die erstere verehren würden: »Das hängt alles mit einem meiner früheren Leben zusammen, und deshalb kann ich sagen, daß die beiden sich mit Sicherheit vereinigen werden.«

Asaharas weitreichendster Anspruch im Hinblick auf sein früheres Leben umfaßte nicht weniger als die Ursprünge der Zivilisation. Als er Ägypten besuchte und dessen älteste Pyramide betrachtete, war er verblüfft über die Erkenntnis, daß er sie nicht nur schon früher gesehen, sondern daß »er sie vor langer Zeit selbst entworfen« hatte. Das war nicht nur eine gewöhnliche Erinnerung an ein vergangenes Leben, sondern Ausdruck »einer übernatürlichen Macht mit der Bezeichnung Göttliches Wissen von Vergangenen Leben«, das er erworben hatte, »kurz bevor er die höchste Erleuchtung erlangte«. So war er in der Lage festzustellen, daß er zum Zeitpunkt der Erbauung der Pyramide »Erster Minister Imhotep« war, der spirituelle Ratgeber des Pharaos. Da der Pharao nicht sterben wollte, errichtete Imhotep/Asahara »einen Schrein, wo der König über die geheimen Techniken des *poas* gebieten konnte«. Dort konnten der Pharao und seine Anhänger »ihre Körper verlassen …

und in höhere Welten aufsteigen«. Die von Imhotep/Asahara erbauten Pyramiden blieben weitgehend in ihrem ursprünglichen Zustand erhalten, weil er sie »mit einer starken, erhebenden Energie angefüllt« hatte. Und so trugen denn zwei Aum-Kommentare die Überschriften »Meister Asahara löst die Rätsel Ägyptens« und »Pyramiden waren Instrumente für *poa*«. Damit nahm Asahara nicht nur die Urheberschaft der Pyramiden als Baumeister für sich in Anspruch, sondern die Urheberschaft der westlichen Zivilisation überhaupt, einschließlich ihrer religiösen Praktiken. Diese gesamte Urheberschaft wurde obendrein mit dem Organisationsprinzip des *poa* verbunden, das auf diese Weise eine unsterbliche spirituelle Kontinuität bedeutet.

In seinem »gegenwärtigen« Leben fühlte sich Asahara von weltzerstörenden Persönlichkeiten wie Hitler, Stalin und Mao angezogen und identifizierte sich mit der Allmacht von Massenmördern und verleibte sie seinem größenwahnsinnigen Ich ein. Er wurde, wie man weiß, vor allem vom Nationalsozialismus angezogen, äußerte sich zustimmend zu Hitlers *Mein Kampf* und verkündete, das Schicksal habe 1999 als das Jahr bestimmt, in dem das Druckverbot für dieses Buch in Deutschland wieder aufgehoben würde. Zu dieser Zeit würden »viele Menschen ... mit der NS-Ideologie sympathisieren« und Armageddon werde ausbrechen. »Ich halte es nicht für abwegig zu behaupten«, setzte er hinzu, »daß die Nazis nach Armageddon wie ein Phönix aus der Asche wiederauferstehen werden.«

Es kam für Asahara entscheidend darauf an, sich absolut von allen anderen Menschen zu unterscheiden. Er allein war ganz frei von »Befleckung«, von jedem Bedürfnis nach einer weiteren spirituellen Suche, von jeder Begierde. Da dies natürlich alles nicht der Wirklichkeit entsprach, lassen sich diese Behauptungen als Kompensationen verstehen, als extreme psychologische Umkehrung seiner tatsächlichen »Befleckung« (Grausamkeit und mörderisches Wesen), als tiefsitzende spirituelle Unsicherheit (im Hinblick auf seine maßlosen Behauptungen) und als seine anhaltenden Begierden (nach Macht über andere Menschen, nach Sexualität und verbotenen Speisen). Der größenwahnsinnige Anspruch, keine Begierden zu haben, bedeutet praktisch das Vorhandensein eines grenzenlosen Bedürfnisses, sich selbst zu vergötzen.

Zusammenbruch

Zum Ende hin geriet Asaharas Herrschaft über seine Umgebung ins Wanken, sein Größenwahn war nicht länger funktional. Bedrohungen von außen (Gruppen, die Aums Aktivitäten bekämpften, und die anlaufenden Ermittlungen der Polizei gegen Aum wegen der Morde) und von innen (zu geringe Zahl von Mönchen und Belastungen der Beziehungen zwischen Guru und Jüngern) erschütterten die gemeinsame Phantasie, die für das Funktionieren einer solchen Megalomanie so notwendig ist. Die zunehmende Paranoia des Gurus trieb ihn zur Gewalttätigkeit nach außen sowie zu verschiedenen Formen der Selbstzerstörung. Er wurde noch extremer und seine Persönlichkeit noch gespaltener.

Sein Wahn, von allen Seiten belagert zu werden, verstärkte sich sehr schnell. Jetzt sah er den Einfluß der Freimaurer überall zunehmen, selbst unter den höchsten Rängen des kaiserlichen Palastamts. Versteckt in den Markenlogos von Fuji-TV, Toyota und der japanischen Geldscheine vermeinte er das Zeichen der Freimaurer zu erkennen, den Beweis, daß die Massenmedien, die Industrie und die Wirtschaft in Japan von ihnen beherrscht wurden. Seine Nervosität über mögliche Spione in Aum nahm ebenso zu wie die Anwendung von »Wahrheitsdrogen«. Er war verantwortlich für eine wachsende Zahl von Morden an Aum-Mitgliedern. Während er in diesen letzten Monaten endlos lange freundschaftliche Telefongespräche mit seinen höchsten Jüngern führte, konnte er gleichzeitig wie der abgebrühteste Mafiaboß den Befehl geben, einzelnen Feinden von Aum *poa* zu geben.

Im März 1994, nachdem er sich beschwert hatte, auf ihn und seine Angehörigen würden Sarinanschläge verübt, erklärte er: »Es bleibt keine andere Wahl mehr, als von jetzt an zum Terrorismus überzugehen.« Er bekam Zornesausbrüche gegenüber Jüngern, die sein Mißfallen erregt hatten, weil sie seine phantastischen Ziele nicht sogleich in die Wirklichkeit umsetzen konnten. Im April 1994 erklärte er einer kleinen Gruppe von Anhängern: »Ihr müßt sterben!« (Wobei er eine Wendung gebrauchte, die durch einen Film über die Yakuza berühmt geworden war). Immer häufiger drohte er seinen führenden Schülern mit *poa,* falls sie aus der Sekte zu fliehen versuchten. Seine betrügerischen Neigungen wurden noch bizarrer: Jetzt nahm er einfach an, das Aussprechen einer Lüge mache sie zu einer Wahrheit, und jeder, der seine Worte anzweifelte, wurde zu einem Feind von Aum. Das alles deutete auf eine psychische Dekompensation, den Zusammenbruch seines megalomanischen Systems.

Asaharas Verfall kam in seinem alltäglichen Verhalten zum Ausdruck. So wie kein Mann für seinen Diener ein Held ist, so ist auch kein Guru für seinen Chauffeur ein Heiliger. In einem enthüllenden Buch schilderte einer der früheren Fahrer Asaharas, Satoshi Tamura, die zunehmende Unersättlichkeit, Heuchelei und Grausamkeit des Gurus. Nach Tamura konnte der Guru, der sich seine Rolle als »heiliger Blinder« und »blinder Erlöser«, dessen Ankunft im Buch der Offenbarung angekündigt wurde, selbst schrieb, in Wirklichkeit gut genug sehen, um einen Baseball zu fangen oder einen Aufschlag beim Tennisspiel zu machen. Da er nicht dabei beobachtet werden sollte, wie er gegen buddhistische Speiseverbote verstieß, schickte er Tamura in Restaurants seiner Wahl, der dort dreifache Portionen verschiedener Fleisch- und Fischgerichte bestellen sollte. Er wies Tamura an, dasselbe Essen in derselben Menge zu sich zu nehmen. Als Tamura einem der ranghohen Jünger in Aum eine Frage über die merkwürdigen Eßgewohnheiten des Gurus stellte, wurde ihm gesagt, der Guru gebe ihm eine *mahāmudrā,* eine Antwort, die Tamura »beschämte, weil ich an meinem Meister gezweifelt hatte«. Asahara pflegte stolz von seinem »Bodhisattva-Magen« zu sprechen, der es ihm ermögliche, alles zu essen. Er veranstaltete sogar Wettessen unter seinen Jüngern, um festzustellen, wer am meisten essen konnte, manchmal bei Festen, bei denen solche Völlereien im Mittelpunkt standen. Bei diesen Anlässen behauptete Asahara, seine Gewichtszunahme komme von dem vielen schlechten Karma, das er seinen Jüngern abnehme, und daß bei jedem *shaktipat* schlechte Energie in seinen Magen gelange. Tamuras Angaben zufolge begannen diese Völlereien Asaharas zumindest in ihren extremsten Formen erst irgendwann im Jahr 1994.

Häufig reiste der Guru mit einem Gefolge von sieben Automobilen, was Tamura als den »Zug des Daimyōs « bezeichnete. Während er seinen Anhängern erklärte, sein angegriffener Gesundheitszustand hindere ihn daran, sich häufiger unter ihnen zu zeigen, gab er sich verschiedenen Vergnügungen hin und besuchte unter anderem auch Spielhallen. Einmal prophezeite er bei einem Spiel namens »Pferderennen« nach langer Meditation, sein Pferd werde der Gewinner sein. Als das nicht eintraf, war Tamura aufgeregt und verwirrt: Die Prophezeiungen des Gurus konnten unmöglich falsch sein. Asahara liebte auch »Karaoke-Partys« in den Privaträumen von Lokalen, wohin er seine Geliebten und andere Mitglieder seiner Kleingruppe mitbrachte und wo jeder von ihnen die Möglichkeit erhielt, vor dem Mikrophon aufzutreten. Asaharas Lieblingslied war passenderweise die japanische Fassung von Frank Sinatras

»My Way«. »Wenn er erst einmal das Mikrophon in der Hand hielt«, schrieb Tamura, »gab er es nicht wieder her.«

Bei einem Besuch in Kobe unmittelbar nach dem großen Erdbeben vom Januar 1995 erklärte der Guru bald nach seiner Ankunft, die Aufnahme des schlechten Karmas all der getöteten Menschen sei einfach zu schmerzhaft für ihn, und befahl Tamura, zu einem Restaurant außerhalb der Stadt zu fahren, wo er seiner üblichen Eßlust freien Lauf ließ. Ein Lastwagen, den er mitführte, erwies sich als zu klein, um Lebensmittel für die Erdbebenopfer zu transportieren, weil er zu einem großen Teil mit den Besitztümern der Kinder Asaharas beladen war, unter anderem Fahrräder, Spielsachen und Fußballkleidung. Tamura schildert die Kinder Asaharas als verwöhnt und ohne Sinn für Grenzen: Seine heranwachsende Tochter hatte stets dicke Bündel von 10000-Yen-Noten (entspricht 100-Dollar-Noten) bei sich, und seine zweite Tochter im Alter von zwölf Jahren schikanierte und dominierte andere Aum-Kinder mit der Begründung, sie allein habe ihr gesamtes schlechtes Karma abgeworfen.

Tamura berichtet auch von etlichen Begegnungen zwischen dem Guru und seinen Jüngern, bei denen Sadomasochismus eine Rolle spielte. Als Murai ihn einmal fragte, wie er eine leichte Verletzung behandeln solle, die er durch einen untergeordneten Aum-Jünger davongetragen hatte, erwiderte der Guru verächtlich: »Wenn du darauf pinkelst, wird es leichter verheilen.« Murai befolgte gehorsam den Vorschlag. Ein andermal gestand ein Mönch ein, daß er sich in eine junge Frau verliebt hatte, und erhielt von einem hochrangigen Jünger des Gurus den Rat, die beste Möglichkeit, diese »Befleckung« wieder loszuwerden, bestehe darin, daß er ihren Kot esse. Zunächst spottete Asahara über diese Idee, doch später änderte er seine Meinung und schloß sich diesem Rat an. 1995 veranstaltete Asahara mehrere große Essen (für nicht weniger als fünfhundert Aum-Anhänger) im Hauptstützpunkt der Sekte; deren Beginn legte er je nach seiner Laune fest, manchmal auf Mitternacht oder gar drei Uhr morgens. Sodann ließ er die Jünger stundenlang warten, und während dieser Zeit sollten sie in der Lotushaltung sitzen und ein Mantra psalmodieren, das zum Beispiel lautete: »Meister, bitte erscheine.« Bei einem dieser Essen, das auf ein Uhr nachts angesetzt war, zeigte Asahara sich erst um acht Uhr morgens. In den meisten Fällen brach er nach kurzer Zeit wieder auf, weil er sich angeblich nicht wohl fühlte, und ging in ein Restaurant, um sich dort den Bauch vollzuschlagen.

Das Verhalten des Gurus seinen Jüngern gegenüber mochte noch so grausam oder widersprüchlich sein, es konnte stets als eine *mahāmudrā* ausgelegt werden. Oder sein Verhalten konnte irgendwie mit der religiösen Tradition in Zusammenhang gebracht werden – zum Beispiel mit der Yogaübung, übermäßig viel zu essen und zu trinken, um den Magen zu stärken, und anschließend in einem Akt der Reinigung alles zu erbrechen. Asahara nahm irgendein hinduistisches oder buddhistisches Prinzip und entstellte es, bis es nur noch eine Karikatur seiner selbst war, oder er fand eine Begründung, um es zu umgehen oder zu verletzen. In einer wichtigen Hinsicht waren alle seine Bekundungen der Macht und der Privilegierung, der Überschreitung aller Grenzen und der Verletzung jedes Tabus allesamt Versuche, seinen funktionalen Größenwahn aufrechtzuerhalten. Was solche Bemühungen besonders intensiv und verzweifelt machte, war das Erfordernis, das wachsende Gefühl einer äußeren Bedrohung und eines inneren Zerfalls abzuwehren. Ein solches kompensatorisches Verhalten konnte alle Formen des Betrugs, der Heuchelei und der Ausbeutung annehmen. Denn unter dem megalomanischen Anspruch, »jeder und alles« zu sein, stand die furchtbare Angst, niemand und nichts zu sein.

Während der Monate vor dem Sarinanschlag in Tokio war Asaharas Realitätsbezug so gestört, daß wir vermuten müssen, daß er zumindest zeitweilig psychotisch war. Inzwischen war das verabsolutierte Ich in einzelne Teile zerfallen, von denen keines in der Lage war, den geordneten Gang der Dinge zu gewährleisten. Seine Selbsttäuschungen ließen sich als immer unwirksamere Versuche auffassen, nach wie vor seine größenwahnsinnige Funktion als alleinige Quelle der Weltexistenz zu behaupten. Trotz dieser Dekompensation war Asahara selbst nach dem Sarinanschlag noch in der Lage, seinen Jüngern die Botschaft zu übermitteln, seine Verhaftung müsse um jeden Preis vermieden werden, und hierzu sei anhaltender Terror das einzige Mittel. Noch immer war ein kollektiver Aum-Größenwahn in der abstrusen Annahme wirksam, daß Terroranschläge (Briefbomben, weitere Giftgasattentate und Mordanschläge) die Polizei in einer Weise ablenken oder einschüchtern würden, daß der Guru unbehelligt blieb.

Mit seiner endgültigen Verhaftung wartete die Polizei so lange, bis sie sicher sein konnte, daß seine führenden Anhänger sich in Gewahrsam befanden und keine Vergeltungsmaßnahmen organisieren konnten. Zwei Monate nach dem Sarinanschlag fand die Polizei Shōkō Asahara in einer kleinen, versteckten Schlafzelle im Hauptstützpunkt von Aum in seiner roten Priesterrobe in seinem eigenen Urin liegend und umgeben von ganzen Stapeln japanischer Banknoten im Wert von rund zehn Millionen Yen oder hunderttausend Dollar. Die Unmöglichkeit für den Guru, die Zelle zu verlassen, erklärte möglicherweise den Urin, doch andererseits konnte sich darin auch seine schlechte psychische Verfassung ausdrücken. Das Geld sollte wahrscheinlich dem Guru zur Verfügung stehen, falls er sich zu einer Flucht entschloß. Wie auch immer, der nutzlose Geldhaufen und der demütigende Urin hätten als Symbole seiner Lage kaum besser gewählt sein können. Eine Art »Entguruisierungs«-Prozeß – und die Zersetzung auch der letzten Rudimente eines funktionalen Größenwahns – setzte ein, als die Polizei ihm Anweisungen erteilte und seinen Einwand »niemand darf den Körper des Gurus berühren« einfach ignorierte. Zum Schluß regte sich jedoch noch einmal der Hochstapler in ihm. Als man ihm erklärte, er sei wegen der Ermordung von elf Personen durch den Sarinanschlag verhaftet, erwiderte er: »Wie könnte ein Blinder wie ich eine solche Tat begehen?«

Während seiner ersten Monate im Gefängnis bemühte er sich um die Aufrechterhaltung seines Guru-Ichs, indem er sich eine Routine der Meditation und des Fastens auferlegte. Außerdem bemühte er sich, die Herrschaft über seine Jünger aufrechtzuerhalten, auch wenn ihm das in der Isolation seiner Haftzelle nur partiell und nur zeitweise möglich war. Die einzige unerschütterliche Anhängerin, die ich interviewt habe, eine schmächtige Frau von Mitte Zwanzig, die in einer Aum-Buchhandlung tätig war, sagte mir zehn Monate nach der Verhaftung Asaharas, auf der »Erscheinungsebene« sei er natürlich nicht bei ihr, doch »auf der Astralebene stehen wir miteinander in engem Kontakt. Ich spüre noch immer seine Gegenwart.« Als sie und andere Jünger in die Nähe des Gefängnisses kamen, in dem Asahara inhaftiert war, konnten sie »seine Energie fühlen, die wunderbaren Schwingungen, die von ihm ausgingen«. Obwohl einige prominente ehemalige Jünger auch weiterhin ihre uneingeschränkte Treue zu ihrem Guru bekundeten und Aum als Organisation bis heute weiterbesteht, konnten in der Untersuchungshaft weder Asaharas Größenwahn noch sein Guru-Ich lange ihre Macht behaupten.

Die Justizbehörden stellten zudem Asaharas Gurutum in Abrede, indem sie ihm das Recht verweigerten, vor Gericht in seinen Priestergewändern zu erscheinen, und dies damit begründeten, die Gewänder hätten »eine religiöse Bedeutung« und könnten Zeugen beeinflussen, die früher der Sekte angehört hatten oder ihr sogar heute noch angehörten. Statt dessen trug er einen schmuddeligen Trainingsanzug und machte einen ungepflegten Eindruck. Dennoch unternahm er auch weiterhin immer wieder schwache Versuche, als Guru aufzutreten. Als er vom Gericht aufgefordert wurde, seinen bürgerlichen Namen – Chizuo Matsumoto – zu bestätigen, erwiderte er: »Ich habe diesen Namen aufgegeben.« Er lehnte es ab, sich zu verteidigen, und hielt statt dessen einen kurzen Vortrag über die spirituellen Ziele Aum Shinrikyōs und »die vollkommene Freiheit, vollkommene Freude und Glückseligkeit derjenigen, welche die Höchste Wahrheit praktizieren«. Nach seiner Erklärung zu urteilen, war er offenbar nicht bereit, eine Verantwortung für die Verbrechen von Aum zu übernehmen, doch zugleich sprach aus ihr auch eine gewisse Verwirrung und eine Verschlechterung seines Geisteszustandes.

Nachdem man ihn auf den Status eines Gefängnisinsassen reduziert hatte, der dem Willen und den Forderungen anderer unterworfen war, blieb von seinem funktionalen Größenwahn nicht mehr viel übrig. Der vermutlich letzte Schlag gegen seine megalomanische Guru-Identität bestand jedoch im demütigenden Abfall früherer hochrangiger Jünger, die ihn nicht nur als Mitschuldigen an den Giftgasanschlägen und mehreren einzelnen Mordtaten bezichtigten, sondern – was ihn psychisch weit mehr erschüttern mußte – auch seine spirituellen Ansprüche verspotteten. So erklärte beispielsweise Shigerō Sugimoto, der dem inneren Führungskreis von Aum angehört hatte, in der öffentlichen Gerichtsverhandlung: »Ich wurde durch die Behauptung getäuscht, der Guru sei eine Persönlichkeit, die eine endgültige Befreiung erlangt habe.« Die Idee, daß Asahara das schlechte Karma anderer Menschen auf sich genommen habe, sei »absoluter Unsinn« gewesen; »ihm ging es nur um die Befriedigung der eigenen Bedürfnisse«. Jetzt sah Sugimoto im Guru nur noch ein »törichtes menschliches Wesen«, dem es gleichwohl gelungen war, sich seiner zu bedienen. Dr. Hayashi erinnerte verächtlich daran, daß derselbe Guru, der sich gerühmt hatte, »alles vorherzusehen und über der Gesellschaft zu stehen«, so daß er sogar den Zeitpunkt seines Todes selbst bestimmen könne, jetzt nur noch damit beschäftigt war, sein Leben zu retten.

Im Herbst 1996, nach mehreren Gegenüberstellungen vor Gericht mit wütenden und anklagenden früheren Jüngern, schien das größenwahnsinnige, verabsolutierte Ich völlig zusammenzubrechen. Der dramatische Augenblick, in dem aus einem selbstbewußten Guru ein zerfallendes menschliches Wesen wurde, schien einigen Beobachtern am 20. September 1996 gekommen, als Yoshihiro Inoue, vielleicht sein engster Jünger, Asaharas Rolle beim Sarinanschlag in allen Einzelheiten offenlegte. Während er seine Aussage machte, in der er den Gründer von Aum als einen »falschen Guru« bezeichnete, murmelte Asahara: »Du wirst zur Hölle fahren« und: »Denke über den Tod nach«, wobei er so erregt war, daß er die Aufforderung des Richters, sich hinzusetzen und ruhig zu sein, ignorierte. Er zeigte Anzeichen einer »geistigen Labilität«, wie es in Presseberichten hieß, und mußte mehrfach aus dem Gerichtssaal entfernt werden.

Gelegentlich schien Asahara wirkliches Mitgefühl für seinen früheren Jünger zu zeigen, als er Einwände gegen das »quälende« Kreuzverhör erhob, dem »eine große Seele wie Inoue« ausgesetzt wurde, und anbot, er, der Guru, werde »die ganze Verantwortung auf sich nehmen«. Doch häufiger erklärte er sich für »völlig unschuldig« und bestand einmal sogar darauf, die Sarinanschläge seien allein »Inoues Plan« gewesen. Als Inoue ausführlich über die Produktion von Sarin in den Labors von Aum aussagte, beobachtete man beim Guru konvulsivische Zuckungen, »Krampfanfälle, bei denen sein Gesicht verzerrt wirkte und sein Kopf auf und nieder wackelte«. Nach einer kurzen Unterbrechung sagte Asahara, der jetzt in der Nähe von Inoue saß, unvermittelt zu ihm: »Zeuge Inoue, vielleicht bin ich ja geistig etwas verwirrt, aber könntest du von dort, wo du jetzt sitzt, hochspringen [levitieren]?« Die bittende Frage war ein wenngleich grotesker Versuch Asaharas, Inoues Jüngerschaft für sich zu reklamieren.

Ein ehemaliger Jünger, der diesen Gerichtssitzungen beiwohnte, sah in Asaharas Zuckungen »eine Art Hysterie«, fügte jedoch hinzu, »Zittern« sei in Aum als mystisches Phänomen aufgefaßt worden, und Asaharas Bitte an Inoue sei in Wirklichkeit eine Einladung gewesen, diese mystische Erfahrung mit dem Guru zu teilen. Asahara schien einen »Zusammenbruch« seiner Persönlichkeit zu erleben und zunehmend »von seinen eigenen Worten verwirrt« zu sein. Der Beobachter war »erschüttert« über die Verwandlung eines Gurus, den in seinen Augen stets »eine Aura der Würde« und eines »totalen Selbstvertrauens« umgeben hatte, in jene »gestörte« Person im Gerichtssaal. Angesichts der Tatsache, daß in Aum jede Kritik am Guru tabu war, mußte nach den Worten des Beobachters eine unmittelbare Beschuldigung durch einen so nahen Jünger wie Inoue für Asahara »einen Schock bedeuten«. Außerdem war ihm aufgefallen, daß Inoue »anfangs mit schwacher Stimme sprach, als tue es ihm leid, seine Aussage zu machen, [daß] seine Stimme jedoch allmählich an Kraft zunahm, während der Guru immer leiser sprach«.

Inoue sagte später seinem Verteidiger, als er Asahara sprechen hörte, habe er »Tränen der Reue, der Trauer, des Kummers und der Scham vergossen«. Sowohl der Guru wie sein Jünger erlebten die psychischen Folgen der Lösung eines Bandes, das lange Zeit ihr Aum-Ich definiert hatte. In der Zeugenaussage Inoues kam der grollende Rückzug vom größenwahnsinnigen Ich des Gurus durch jene Jünger zum Ausdruck, die den größten Anteil daran hatten, daß es so lange aufrechterhalten wurde. Jetzt hatte dieses Ich kaum noch eine andere Möglichkeit, als in einer Psychose zu leben. Asaharas schwache Versuche, sein Gurutum erneut zu behaupten, erfolgten in der Sprache einer paranoiden Schizophrenie. So sagte er beispielsweise an einer Stelle zum Richter:

»Ich bin nicht die Seele, Ihnen zu gehorchen ... Ich möchte allein praktizieren ... Meine Lebensweise ist anders als Ihre. Ich möchte das klarstellen. Sie bringen mich, einen blinden Menschen, dazu, daß ich Wahnbilder sehe. Sie setzen Ultraschallwellen ein, um mich verrückt zu machen. Sie benutzen die Todesstrafe als Drohung. Warum sprechen Sie vom Verbrennen durch Laserstrahlen? Wenn Sie mich erschießen wollen, dann tun Sie es, ... töten Sie mich, indem Sie mich foltern, indem sie mich erfrieren lassen und mich verbrennen und mir meine Energie entziehen, ... mir meine Lebenskraft nehmen ... Sie versuchen, mich einer Gehirnwäsche zu unterziehen, indem Sie mich die Geräusche einer Guillotine hören lassen ... oder von Menschen, die von einem Gebäude herabstürzen – und indem Sie mich glauben machen, es sei wirklich ... Also bringen Sie mich von hier weg ins Gefängnis und machen Sie dort mit dem Lynchen weiter.«

Von dem Prozeß sagte er: »Er ist völlig verrückt – ich selbst vielleicht eingeschlossen.«

Asaharas Ausbrüche vor Gericht betrafen häufig seinen Tod. Er unterbrach die Verhandlung, indem er fragte: »Soll ich getötet werden?« Wenn ein von ihm erhobener Einspruch abgelehnt wurde, lautete seine Frage: »Wenn Sie ihn ablehnen, heißt das sofortige Todesstrafe?« Nach einer Zeugenaussage über die Züchtung von Botulismuserregern durch Aum sagte er: »Das ist lächerlich. Wenn das zuträfe, wäre ich nicht mehr am Leben.« Immer wieder nahm er seine Zuflucht zu merkwürdigen Körperhaltungen – bizarre Bewegungen seines Unterkiefers und seiner Schultern und eine Art pantomimische Gesten, als wasche er sein Gesicht, kämme sein Haar oder trinke Wasser –, womit er die Aufmerksamkeit der Anwesenden auf sich zog. Selbst in diesem offenbar psychotischen Zustand machte er bittere Bemerkungen über den Abfall seiner Jünger, indem er darauf bestand, daß »die Lehre von Aum Shinrikyō auf dem Buddhismus [beruht] und der Grund, warum Jünger eine verrückte Haltung einnehmen, in ihrem Mangel an Wahrheit [besteht]«. Gegenüber Ken'ichi Hirose, einem früheren Aum-Anhänger, erklärte er: »Ich habe den Mund aufgemacht, weil keine Menschenseele da war ... Ich bin nicht einmal sicher, ob dieser Zeuge Hirose ist oder nicht.«

Asahara wehrte sich gegen seine Vernehmungen und die gegen ihn geführten Gerichtsverhandlungen, indem er sie als »abnorm«, »absurd«, »dumm« und »völlig verrückt« bezeichnete. Er verlangte, den Prozeß zu beenden, gähnte vernehmlich oder murmelte vor sich hin. Als das Verfahren sich hinzog, wurde sein Gebaren noch auffälliger. Ein Reporter der *Japan Times* schilderte Asaharas Benehmen während einer Gerichtssitzung im Mai 1997: »Er murmelte unaufhörlich auf englisch und japanisch vor sich hin und bewegte manchmal den Kopf mit einem heftigen Ruck nach oben oder unten. Einmal sagte er ›never kill‹.« Zuweilen wechselte er zwischen den beiden Sprachen hin und her und erläuterte, er »übersetze« sein Englisch ins Japanische. Bei einer anderen Gelegenheit, als Asahara ständig murmelte und einen verwirrten Eindruck machte, erklärte sein Verteidiger, der Guru spreche »mit den Vertretern der Anklage, seinen eigenen Anwälten und seinen ehemaligen Anhängern« und spiele »alle diese Rollen selbst«. Ergänzend fügte er hinzu, Asahara versuche möglicherweise, »sein Gedächtnis zu üben, indem er mit sich selbst spreche«, da sein »schwaches Augenlicht« ihn daran hindere, die Dokumente selbst zu lesen. Hier und bei anderen Gelegenheiten ist es durchaus möglich, daß Asahara glaubte, Stimmen zu hören.

Häufig wurde Asahara aus dem Gerichtssaal gewiesen, weil er die Zeugen während ihrer Aussagen immer wieder unterbrach. Es kam vor, daß er Fragen, die an Zeugen gerichtet waren, gleichzeitig mit diesen beantwortete oder darauf bestand, er sei in sechzehn der siebzehn Fälle, deretwegen er vor Gericht stand, »bereits für nicht schuldig befunden« worden. Oder er brüllte Einsprüche auf englisch oder japanisch, blieb schweigend stehen und wollte sich nicht hinsetzen, oder schlief während der Sitzung ein. Darüber hinaus weigerte er sich, an Besprechungen mit seinen eigenen Anwälten teilzunehmen und war im Umgang mit ihnen zumeist unkooperativ.

Kurzum, sein größenwahnsinniges Unsterblichkeitssystem lag in Trümmern. Bis zu einem gewissen Grad zeigte sich in der starken Beschäftigung des Gurus mit seinem Tod eine realistische Furcht vor der Verhängung der Todesstrafe, doch zweifellos äußerte sich darin auch ein Gefühl des psychischen Todes, den er erlebte, indem er unübersehbar psychotisch wurde. Während er das Gefühl hatte, von Feinden vernichtet zu werden, verknüpfte sich seine Paranoia mit Wahnvorstellungen, blieb jedoch weiterhin für ihn die psychisch am besten zu bewältigende Interpretation seiner Lage.

Viele oder gar die meisten Japaner glaubten, das Verhalten Asaharas sei ein einziges Täuschungsmanöver, bei dem er den Verrückten spiele, um sich der juristischen (und vielleicht persönlichen) Verantwortung für seine Verbrechen zu entziehen. Diese Möglichkeit läßt sich nicht vollkommen ausschließen. Der visionär-megalomanische Guru existierte immer gemeinsam mit dem betrügerischen Manipulator; dasselbe können wir wahrscheinlich auch von dem psychotisch gespaltenen Guru sagen. Es war durchaus möglich, daß Asahara auf der bewußten Ebene die Rolle des Verrückten spielte, auch wenn er gleichzeitig durch die Auflösung seines einst stolzen Guru-Ichs überwältigt wurde. Es war schon möglich, daß er sich durch sein eigenes Rollenspiel selbst täuschte, ohne Wahrnehmung für die Wirkung der starken persönlichkeitsspaltenden Kräfte, die sein Manöver als ein bloßes Ensemble pathetischer Gesten demaskierten. Seine schwachen Versuche, seinen ehemaligen Jüngern und jetzigen Anklägern bereits die bloße Existenz zu bestreiten, waren zweifellos eine psychotische Reaktion auf den Zusammenbruch seiner Welt.

Diese Auflösung des Ichs war unvermeidlich. Erstaunlicher – und unheildrohender – war jedoch die vorangegangene Verbindung zwischen dem funktionalen größenwahnsinnigen Ich und Waffen, die alles vernichten konnten.

8.
Vernichtungswaffen und ihre Faszination

Es überrascht kaum, daß für einen größenwahnsinnigen Phantasten wie Shōkō Asahara Sarin mehr war als nur ein Nervengas. Wie stark jedoch das Gift seine und Aums Vorstellungswelt beherrschte, hätte niemand voraussehen können. Zunächst ergab sich Aums Verbindung zu Sarin einfach daraus, daß der Sekte die Herstellung gelungen war. Einmal vorhanden, entwickelte sich Sarin zum Organisationsprinzip für Asaharas größenwahnsinnige Pläne, für die Rhetorik der Verfolgung von Aum und schließlich für das Weltuntergangs-Projekt der Sekte.

Bekannt ist, daß Aum sich seit 1993 ernsthaft mit der Herstellung von Sarin beschäftigte. Im April jenes Jahres erwähnte Asahara das Gas erstmals in der Öffentlichkeit. Damals schlug er vor, die japanischen Selbstverteidigungsstreitkräfte sollten ihre mangelhafte Kampfbereitschaft durch die Herstellung chemischer Waffen – insbesondere Sarin – verbessern. Etwa ein Jahr später behauptete Aum öffentlich, ihre Mitglieder, darunter auch Asahara, seien Opfer von Sarinanschlägen geworden. (In der Folge erklärte Aum, derartige Anschläge seien bereits seit 1989 für Krankheitsfälle verantwortlich.) Ab 1993 nahmen Anwohner in der Umgebung der Aum-Zentrale in der Nähe des Berges Fuji tatsächlich üble Gerüche wahr und beobachteten ein Laubsterben, das mit an Sicherheit grenzender Wahrscheinlichkeit die Folge eines Lecks in den Sarinlabors der Sekte war.

Mir wurde außerdem von Aum-Mitgliedern berichtet, die unter Augenschmerzen, Nasenbluten, Husten und Ohnmachtsanfällen litten. Einige der Betroffenen waren überzeugt, das Gas würde innerhalb Aums durch »Spione« mit Hilfe eines »großen elektrischen Schaltbretts« freigesetzt. Andere glaubten, es würde von feindlichen Hubschraubern aus versprüht. Ende Januar 1995 nahm der begeisterte junge Armageddon-Krieger Ogata einen Gestank wahr und beobachtete, wie etwa fünfzig Personen übel wurde. Einige verloren sogar das Bewußtsein. Bei dem Versuch, einige Kinder zu retten, wurde er selbst ohnmächtig und mußte drei Wochen stationär behandelt werden. Ihm wurde täglich ein Saringegenmittel verabreicht. Kuno, der Aum vor dem Tokioter Anschlag verließ, ist der Meinung, der ganze Vorfall sei »inszeniert« gewesen und Asahara habe das Gas gezielt freigesetzt, um sich und seine Sekte als Opfer der Verfolgung darzustellen. Auch Ogata vermutet, daß führende Mitglieder von Aum »letztlich bereit waren, so weit zu gehen«, ist aber unsicher, ob es sich um einen Unfall oder einen geplanten Anschlag gehandelt hatte. Jedenfalls veröffentlichten Aum-Ärzte Daten, die Symptome von Sarinvergiftungen bei Mitgliedern diagnostizierten, und stellten sich so mit ihrer Autorität als Ärzte hinter die Behauptung von einem Anschlag auf die Sekte. Sie betonten ihren Einsatz von Gegenmitteln, um die Botschaft zu vermitteln, daß Aum nur Heilung brachte, während die eigentlichen Aggressoren seine Feinde waren.

Seit der ersten Erwähnung des Gases 1993 sprach Asahara von Sarin stets in Zusammenhang mit Anschlägen auf die Sekte. Eine ganze Schar von Feinden trachte seiner Gemeinschaft nach dem Leben: die Vereinigten Staaten, die CIA, die japanische Regierung oder zumindest ihr Geheimdienst, religiöse Gruppen wie Sōka Gakkai und verschiedene »jüdische Japaner«, einschließlich des Kaisers und der Kronprinzessin Masako, sowie prominente Politiker und Industrielle. Hinter ihnen allen steckten natürlich die üblen Machenschaften des internationalen Judentums und der Freimaurer. Doch im Mittelpunkt von Asaharas Weltuntergangsvision stand Sarin. Es wurde zum entscheidenden Faktor bei der Verschmelzung seines größenwahnsinnigen Ichs mit der allmächtigen Waffe.

Die Funktion dieses Ichs konstituierte sich mit der Zeit aus einer Verbindung extremer Phantasien und der konkreten Planung eines Einsatzes von Waffen, insbesondere Sarin. Asahara hatte nicht nur die phantastische Vision eines großen Sarineinsatzes im November 1995, der einen Dritten Weltkrieg zur Folge haben würde, sondern erwarb auch einen großen russischen Hubschrauber vom Typ M-17, der riesige Mengen Sarin aufnehmen und über urbanen Gebieten versprühen sollte. Aum Shinrikyō unternahm beträchtliche Anstrengungen, um in den Besitz der Chemikalien zu gelangen, die zur Herstellung von Sarin benötigt werden. 1993 führte die Sekte in einem entlegenen Gebiet Australiens und im Juni 1994 in der Stadt Matsumoto Sarintests durch. Im Februar 1995 kündigte der Guru einer kleinen Gruppe hochgestellter Jünger in einem Hotel in Tokio an, daß Aum keine andere Wahl habe, als »70 Tonnen Sarin in Tokio freizusetzen«. Eine derart phantastische Menge hätte buchstäblich alle Einwohner Tokios und einen großen Teil der übrigen Bevölkerung umgebracht. Angesichts drohender Polizeirazzien fehlte

Asahara die Zeit zu ausführlicherer Planung, und überstürzt ordnete er den Sarinanschlag in Tokio an. Seine Entscheidung war beinahe unausweichlich: In den letzten zwölf Monaten vor dem Anschlag spielte Sarin bei allen Verlautbarungen und Aktivitäten Aums eine zentrale Rolle, ein Indiz für die Fähigkeit eines größenwahnsinnigen Ichs, sich selbst anhand jeder ihm vermeintlich zur Verfügung stehenden allmächtigen Waffe zu rekonstruieren. Ein solches Ich ist durchaus in der Lage, mit Hilfe wissenschaftlich ausgebildeter Jünger bizarre Weltuntergangsphantasien in reale Waffenarsenale zu verwandeln. Im Verlauf dieses Prozesses gibt es schließlich keinen Unterschied mehr zwischen den Allmachtsphantasien und dem wirklichen Massenmord.

Magisches Gift

Ersten Presseberichten nach dem Tokioter Anschlag zufolge hatten Aum-Wissenschaftler sich die Entwicklung giftiger Kampfstoffe durch die Nazis zunutze gemacht, die als erste Sarin produziert, wenn auch nie eingesetzt hatten. Einen großen Teil seiner Informationen über Sarin erhielt Aum über ausgedehnte Kontakte in Rußland sowie aus verschiedenen in den USA erhältlichen Handbüchern. Es stellt sich jedoch die Frage, ob Asaharas starke Vorliebe für Sarin mit seiner ausgeprägten Identifikation mit Hitler und Nazi-Deutschland zusammenhing. Aum arbeitete auch an der Herstellung von Tabun, einem anderen Nervengas, das ursprünglich die Nazis produziert hatten, sowie an dem in Auschwitz eingesetzten Zyklon B.

Obwohl biologische, anders als chemische Kampfstoffe, wahrscheinlich leichter herzustellen sind und die Aum-Wissenschaftler bereits seit drei Jahren auf diesem Gebiet gearbeitet hatten, ehe sie sich der Sarinherstellung zuwandten, spielten biologische Waffen für Aum nie die Rolle von Kultobjekten. Möglicherweise betrachtete Asahara sich als eine Art spirituellen Nachfolger Hitlers, der sich das Gas des Führers und dessen visionäre Vernichtungspläne zu eigen machte. Bekannt ist seine Bewunderung für den irakischen Diktator Saddam Hussein, einen Hitler vergleichbaren, nicht-westlichen Feind der USA, der bereits chemische Waffen, unter anderem Sarin, eingesetzt hatte. (Ob Asahara wußte, daß das chemische Waffenarsenal des Irak hauptsächlich aus Sarin bestand, wissen wir nicht.)

Asahara war fasziniert von der – wie er es sah – Effizienz des Giftes. Für ihn war diese »Atombombe des kleinen Mannes« auch die »energiesparende Atombombe«, da durch sie Menschen getötet werden konnten, ohne Energie auf die Zerstörung von Gebäuden zu verschwenden. Der Guru machte die Sarinherstellung zum Mittelpunkt eines beeindruckenden industriellen Totalprogramms mit weitreichenden Verbindungen zu Firmen in Japan, den USA und Rußland zum Erwerb eines breiten Spektrums von Technologien, insbesondere Computertechnologie. Ein Teil der hochmodernen Geräte stammte aus den USA, ebenso die »chemische Software«, wie ein ehemaliger Anhänger es bezeichnete. In dem Bemühen, die wahren Absichten hinter ihren Kontakten in den USA zu verschleiern, bestellte Aum auch veraltetes Chipmaterial. Damit erweckte Aum den Eindruck, man beabsichtige die Herstellung von Computern, so daß der Kauf von chemischen Substanzen wie Arsen-, Chlorid- und Fluoridverbindungen keinen Verdacht erregte, da diese auch in der Computerindustrie benötigt werden. Die zur Produktion von Sarin und anderen Kampfstoffen erforderlichen chemischen Formeln waren vor allem in Rußland erhältlich, wo nach dem Zusammenbruch des Sowjetreiches viele Wissenschaftler aus Militär und Industrie unter enormem wirtschaftlichem Druck standen. Ein Aum-Handbuch erwähnt auch einen »Uncle Fester« als Informationsquelle für die Herstellung von Sarin. Unter diesem Decknamen werden üblicherweise Anleitungen zur Anfertigung von terroristischen Mitteln im Internet veröffentlicht, aus dem Aum offenbar einen Großteil seiner Informationen bezog.

Bei der Beschaffung von Informationen und Materialien sowie bei der konkreten Herstellung von Sarin verband Aum unglaublich kühne, häufig brillante unternehmerische Vorausschau und Planung mit naiver, fast kindlicher Ineffizienz und Dilettantismus. Auch wenn die Idee, Sarin herzustellen und einzusetzen, von Asahara selbst stammte, hatten ihn auch seine Gespräche mit den Wissenschaftlern, Ärzten und Strategen der Sekte, insbesondere mit Hideo Murai, beeinflußt. Schließlich gelang es Masami Tsuchiya, Aums leitendem Chemiker, der in Rußland viel über die Sarinproduktion gelernt hatte, Ende 1993 eine einsatzfähige Form von Sarin herzustellen. Tsuchiya und seine Helfer waren zwar in der Lage, das Gas für den Anschlag in Matsumoto 1994 zu entwickeln, doch sie enttäuschten den Guru mit ihrer Unfähigkeit, die Produktion in einem großen Labor und einem kleinen Extraanbau im Aum-Hauptquartier entscheidend zu erweitern. Wie bereits erwähnt, war Sarin dort in größerer Menge entwichen und hätte um ein Haar Tsuchiya, der angeblich mehrmals das Bewußtsein verlor, und seine Mitarbeiter getötet.

Ein weiteres Problem stellten die zunehmend kritischen Presseberichte über Giftgasaustritte auf dem Gelände von Aum dar. Sie veranlaßten Asahara, das große Labor ganz zu schließen und einen Teil davon zu einer Gebetshalle umzugestalten, die von Besuchern besichtigt werden konnte. Das ehemalige Labor hatte ehrgeizigsten Ansprüchen genügt. Immerhin war es dort gelungen, Tabun, Soman (auch ein Nervengas), VX und Senfgas sowie Sarin zu produzieren. Außerdem wurde der mit einer Spezialdüse zur Freisetzung von Giftgas ausgestattete Lieferwagen vernichtet, der bei dem Anschlag in Matsumoto eingesetzt worden war. Als Asahara und Murai angesichts einer drohenden Polizeirazzia den Sarinanschlag auf Tokio beschlossen, mußte der größte Teil des Gases neu hergestellt werden. Asahara befahl Seiichi Endō, der bis dahin für biologische Kampfstoffe zuständig war, sich unverzüglich auf die Herstellung von Sarin zu konzentrieren. Mit Hilfe Tomomasa Nakagawas, aber nur eingeschränkter Mitarbeit Tsuchiyas, der sich inzwischen ganz der Meditation widmete, produzierte Endō in aller Eile eine kleine Menge Sarin, deren Wirksamkeit jedoch durch starke Verunreinigungen beeinträchtigt war. Für Asahara aber war, in den Worten eines amerikanischen Autors, »unreines Sarin besser als gar keins«. Zumindest hatte der Guru sein »Zaubermittel« für den Ernstfall.

Dieser Ernstfall trat nach der Entführung und Ermordung des Notars Kiyoshi Kariya ein. Gewiß hätte die Polizei schließlich auch andere Gründe gefunden, eine Razzia im Aum-Hauptquartier durchzuführen, denn die Sekte war seit längerem der Sarinmorde in Matsumoto und an anderen Orten verdächtig. Asaharas aggressives Gurutum und sein Drang, das Ende zu erzwingen, hätten unweigerlich zu einer Konfrontation geführt, die Aums Existenz bedroht und damit den völligen Zusammenbruch des größenwahnsinnigen Ichs zur Folge gehabt hätte.

So diente Sarin gleichzeitig der »Selbstverteidigung«, der »Abwehr« des angeblichen Bösen und als Auslöser für Armageddon. Das Böse, gegen das man sich unmittelbar zu »verteidigen« suchte, waren die Behörden, und der Anschlag in der Tokioter U-Bahn war der verzweifelte, wenn auch absurde strategische Versuch, die Polizei abzulenken und die Öffentlichkeit zu verwirren. Der Guru war außer sich angesichts der Unfähigkeit seiner Jünger, das »Zaubermittel« zu produzieren, auf das er alles gesetzt hatte. Er spürte, daß ein Scheitern seine psychische Vernichtung bedeuten würde. Innerhalb Asaharas göttlicher Endzeitmission hatte das Nervengas Sarin eine mystische Dimension angenommen. Er hatte bereits drei größere Einsätze von Sarin angeordnet und plante einen vierten, der alles entscheiden mußte. Schon der erste Test, wenn auch nur an Schafen im australischen Busch vorgenommen, hatte die Vernichtung von Leben zum Ziel gehabt. (Angeblich hatte Tsuchiya Mitgefühl für die zwanzig getöteten Schafe geäußert und verkündet, es seien die Menschen und nicht Tiere, die den Tod verdient hätten.) Der zweite Anschlag in Matsumoto galt zwar den Richtern, die Aums illegalen Aktivitäten – der gezielten Auslöschung von Leben – Einhalt gebieten wollten, war jedoch zugleich ein Experiment, wie sich die Hindernisse für ein Armageddon-Projekt aus dem Weg räumen ließen. Die Opfer des dritten Anschlags in der Tokioter U-Bahn hingegen waren nur zufällig dort versammelte Menschen. Wäre das Sarin weniger verunreinigt gewesen, hätte es eine ungeheure Zahl von Toten verursacht. Vermutlich hatte Asahara in diesem fehlgeschlagenen Versuch eines Massenmordes einen Vorstoß auf Armageddon gesehen. Alle Anschläge hatten ein unmittelbares taktisches Ziel, während sie gleichzeitig Teil des Armageddon-Projekts waren. Der große Anschlag im November 1995 sollte zwar einerseits als Vorbote des Weltuntergangs fungieren, enthielt jedoch zweifellos auch das Element der »Verteidigung« – der Abwehr böser Mächte. Eine Strategie der aggressiven »Verteidigung« war schließlich untrennbar mit dem Projekt der Welterlösung verknüpft, nachdem der Guru seinen Größenwahn an diese furchtbare Waffe geheftet hatte.

Kleine Sarii

Wie wichtig Sarin in der Vorstellungswelt von Aum war, belegt ein Flugblatt vom Dezember 1994 (das die Polizei im Aum-Hauptquartier sicherstellte). Hauptsächlich als Information über die Herstellung des Gases gedacht, enthielt es die beiden Lobliedchen:

Lied von Sarin, der Zauberin

Sie kam aus Nazi-Deutschland,
Eine gefährliche kleine chemische Waffe,
Sarin, Sarin.
Wer den geheimnisvollen Dunst einatmet,
stürzt zu Boden, mit blutigem Schaum vor dem Mund,
Sarin, Sarin, Sarin,
Die chemische Waffe.

Lied von Sarin, dem Tapferen

In friedlicher Nacht in Matsumoto
Können wir töten, mit eigener Hand,
Überall liegen die toten Leiber.
Dort! Atmet Sarin!
Bereitet Sarin! Bereitet Sarin!
Todbringendes Gas durchzieht die Stadt.
Sprüht! Sprüht!
Sarin, tapferer Sarin.

Selbst an Aum-Maßstäben gemessen klingen die Lieder absonderlich und erinnern an schlechte Filme über stereotype wahnsinnige Wissenschaftler, die sadistische Freude am Leiden und Tod ihrer Opfer empfinden. Bei beiden handelt es sich um Anspielungen auf bekannte Trickfilme. Von der Titelmelodie einer dieser Serien kursieren zahlreiche Versionen im Internet.

Das erste Lied bezieht sich auf eine liebenswerte Zeichentrickfilmfigur namens Sarii (Sally), die Zauberin. Sarii ist ein 10- oder 12jähriges Mädchen, das sich unter normalen Menschen bewegt, aber über geheime übernatürliche Kräfte verfügt, mit deren Hilfe sie allerlei Probleme löst. Seit langem ist sie eine der beliebtesten Zeichentrickfiguren in Japan und den führenden Aum-Mitgliedern zweifellos aus ihrer Kindheit bekannt. Die Zeile »Sie kam aus Nazi-Deutschland« ist eine Parodie auf den Titelsong, die »Sie kommt aus dem Lande der Magie ... Sie verstreut Träume und Hoffnung in der ganzen Stadt durch ihre Zauberkraft« beginnt. Der Titel *Sarin, der Tapfere* bezieht sich auf den Cartoon *Raidin, der Tapfere,* in dem ein roboterartiges Geschöpf am laufenden Band zahllose Feinde besiegt.

Teile solcher Persiflierungen sind in die Sprache der Aum-Mitglieder eingegangen. Prozeßzeugen zufolge haben führende Aum-Mitglieder die Begriffe *mahō* (Magie) und sogar Sarii-chan (Kleine Sarii) als Euphemismen für Sarin verwendet. Auf jeden Fall lassen die Lieder erkennen, wie die Sekte Zynismus, Naivität und pervertierten Galgenhumor in den Dienst ihres spirituellen Auftrags stellte.

Die Broschüre weist auf eine starke Interaktion zwischen Aum und Pop-Kultur hin. Die Liedchen vermischen Themen aus der japanischen Alltagskultur wie Saccharin, kindliche Niedlichkeit und abgehobenen Sadismus. Dabei bediente sich Aum des kaum unterdrückten Zornes der Jugend auf die Gesellschaft. All das gab die Sekte dann dieser Gesellschaft wieder zurück. Als Ausdruck dieser Wechselbeziehung läßt sich ein Zwischenfall deuten, zu dem es während eines Rockkonzerts in Tokio am 30. April 1995, fünf Wochen nach dem Sarinanschlag, kam. Als eine japanische Gruppe namens »Timers« ein Stück mit dem Titel »Verteilt Pudding« spielte, begann das Publikum plötzlich die Worte »Verteilt *Sarin!*« zu skandieren. (Das japanische Wort für Pudding lautet *purin* und wird ähnlich ausgesprochen wie *Sarin.*) Ungeachtet dieses Vorfalls waren die meisten Japaner natürlich entsetzt über Aum, dennoch belegt er die Wut vieler Heranwachsender auf ihre Gesellschaft, die sie als so verdorben und heuchlerisch ansehen, daß ihnen jeder Zynismus und sogar Gewalt gerechtfertigt erscheinen.

Biologische Kriegsführung

Über die Einstellung des Gurus zu biologischen Waffen ist weit weniger bekannt als über seine emotionale Beziehung zu Sarin. Gewiß nahmen auch biologische Kampfstoffe einen herausragenden Platz in seinem Denken ein, was in Anbetracht ihrer Wirksamkeit und des verhältnismäßig geringen Aufwands, mit dem sie herzustellen sind, nicht verwundert, auch wenn ihre Lagerung und Freisetzung erhebliche Probleme aufwerfen.

Immerhin war es Aum gelungen, neben Botulismus- auch Milzbranderreger zu züchten. Außerdem bemühte man sich um die Beschaffung anderer Krankheitserreger wie Cholerabakterien. 1992 gingen Asahara und seine führenden Wissenschaftler und Mediziner auf eine »Reise zur Rettung Afrikas«, angeblich, um dort Krankheiten zu heilen, doch in Wahrheit, um irgendwie an das tödliche Ebola-Virus heranzukommen, ein Unterfangen, das allerdings erfolglos blieb. Aum erwarb im In- und Ausland beträchtliche Mengen an Apparaturen für eine großangelegte Produktion biologischer Waffen, obwohl die ausgegebenen Summen nie die Höhe der in die Sarinherstellung investierten Beträge erreichten. Dazu gehörten Luftfilter für »Reinräume«, verschiedene Arten von Software für Moleküldesign, modernste Hardware, Lasergeräte und Serumbehälter. Ein überzeugender Beweis für Aums Ambitionen auf dem Gebiet biologischer Kampfstoffe war die außergewöhnliche Menge von Pepton, eine für die Kultivierung von Bakterien erforderliche Substanz, die von der Polizei im Hauptquartier sichergestellt wurde. Offenkundig beabsichtigte Aum, Vorräte anzulegen, mit denen man Hunderttausende oder sogar Millionen von Menschen töten konnte.

Angeregt wurde dieses biologische Programm möglicherweise durch die ausgedehnten Versuche des japanischen Militärs mit biologischen Waffen in den zwanziger und dreißiger Jahren. Damals beschäftigte man sich mit Erregern von Infektionskrankheiten wie Milzbrand sowie der Züchtung von Salmonellen, Typhus- und Cholerabakterien. Im Gegensatz dazu gehören Botulismuserreger zu den Toxinen, die das Nervensystem angreifen und wie ein hochgiftiges Nervengas wirken. Botulismusbazillen und andere biologische Erreger werden weltweit gelagert und sind über kommerzielle Anbieter leicht erhältlich, ebenso wie Informationen über ihre Herstellung unter dem Vorwand wissenschaftlicher Forschung problemlos zugänglich waren.

Bereits im April 1990 war Aum soweit, Botulismuserreger in Tokio freisetzen zu können. Seiichi Endō hatte die Bakterien mit Hilfe einer Kultur gezüchtet, die er einige Monate zuvor erhalten hatte. Der Plan, das Toxin zu diesem Zeitpunkt einzusetzen, stand offenbar in Zusammenhang mit dem Armageddon-Seminar, das Asahara auf der Insel Ishigaki abhielt, so daß die meisten Anhänger Aums sich ihren Betrachtungen über den Weltuntergang in sicherer Entfernung hingeben konnten. Aum beabsichtigte, eine größere Katastrophe auszulösen, der möglicherweise fast die gesamte japanische Regierung zum Opfer fallen würde. Mitglieder der Sekte montierten (in der biologischen Kriegsführung übliche) Sprühdüsen auf drei Lastwagen, die anschließend Tokios Innenstadt durchquerten. Das Toxin wurde in der Nähe des Parlamentsgebäudes und der Einrichtungen der amerikanischen Marine im Süden von Tokio, in Yokohama und Yokosuka sowie nordöstlich der Stadt am Flughafen Narita freigesetzt. Es ist unklar, warum dieser und ähnliche Versuche fehlschlugen. Möglicherweise hatte Endō aufgrund seiner mangelnden wissenschaftlichen Kompetenz die Lebensfähigkeit der Toxine falsch berechnet. Seine Tierversuche waren zwar ebenfalls mißlungen, schienen ihn aber von der Lösbarkeit wichtiger technischer Probleme überzeugt zu haben. Man muß jedoch hinzufügen, daß die Wirkung von Botulismus wie bei vielen anderen biologischen Kampfstoffen unberechenbar ist. »Selbst bei Profis funktionieren manche Kulturen und andere nicht«, äußerte ein Experte. Hätte Endō allerdings über bessere Kenntnisse verfügt, wären in diesem größten Ballungszentrum der Welt vermutlich eine katastrophal große Anzahl von Menschen ums Leben gekommen.

Aums nachfolgende Aktivitäten ergeben im Rückblick ein nicht weniger erschreckendes Bild. Im Juni 1993 nach einer Rußlandreise, auf der er anscheinend ausführliche Informationen über biologische Kriegsführung gesammelt hatte, machte Endō den erneuten Versuch, Botulismuserreger – diesmal in der Nähe des Kaiserpalastes in Tokio – freizusetzen. Offenbar sollte der Anschlag mit den Feierlichkeiten aus Anlaß der Hochzeit von Kronprinz Naruhito mit Masako Owada zusammentreffen. Die hochbegabte junge Diplomatin wurde von Aum als »jüdisch-japanische« Feindin und als heimliches Mitglied der Freimaurer dazu bezeichnet. Wieder geschah nichts. Anscheinend verlor das Toxin seine Wirksamkeit bei der Berührung mit Luft, und niemand kam zu Schaden.

Inzwischen hatte Aum auch Milzbrandbakterien gezüchtet und versuchte, diese etwa drei Wochen später mit Hilfe einer Sprühdüse vom Dach des Hauptquartiers in Tokio freizusetzen. Eine verhältnismäßig geringe Wirkung trat ein – Nachbarn beklagten sich über üblen Geruch und den Tod von kleinen Vögeln und Haustieren. Wieder wären die Auswirkungen viel gravierender gewesen, hätte es bei der Freisetzung nicht so viele technische Probleme gegeben. Am 15. März 1995 wandte Aum eine Technik an, mit der die US-Armee und die CIA (allerdings nicht mit den gefährlichen Erregern) experimentiert hatten. Mit Hilfe von eigens zu diesem Zweck präparierten Aktenmappen sollten Botulismuserreger in Kasumigaseki, einem der größten und belebtesten U-Bahnhöfe von Tokio, freigesetzt werden. Nichts geschah. Ob irrtümlich oder geplant (aus Gründen der Menschlichkeit, des inneren Widerstandes oder beidem) wurde der tödliche Inhalt nicht in die Aktenmappen plaziert.

Auch wenn bereits diese Anschläge hätten tödlich ausgehen können, drängte Asahara seine Wissenschaftler bei der Herstellung von biologischen Kampfstoffen nie so sehr wie bei der Entwicklung von Sarin. Begann Asahara sich wegen der gescheiterten Versuche mit den biologischen Waffen auf Sarin zu konzentrieren, oder übten diese einfach nicht dieselbe Anziehungskraft wie Sarin und seine Beziehung zu Hitler auf den Guru aus? Was wäre geschehen, wenn Asaharas Größenwahn sich auf biologische Kampfstoffe gestützt hätte? Was, wenn er die Vision eines biologischen Armageddons verfolgt und Murai und Endō erklärt hätte: »Wir haben keine andere Wahl, als siebzig Tonnen Botulismuserreger freizusetzen?«

Waffen und Phantasien

Im wachsenden chemischen und biologischen Waffenarsenal von Aum kommt auch eine zunehmende Militarisierung im Denken Asaharas zum Ausdruck. Man könnte zwar darauf gefaßt sein, daß die Erwartung eines Weltendes in einer Sekte von einer relativ harmlosen Militarisierung begleitet ist. Aums Militarisierung hingegen war Teil der größenwahnsinnigen Überzeugung des Gurus, daß seine Sekte große Macht erlangen würde und dadurch in der Lage sei, einen Weltkrieg zu entfesseln, zu beherrschen und zu überleben. Armageddon selbst wurde so zur letzten kriegerischen Fortsetzung seines Größenwahns. Diese Ambitionen Aums wurden spiritualisiert und sogar sakralisiert, dennoch hatten sie auch ganz konkrete Auswirkungen, denn Aum wurde immer mehr zu einer Art Waffenfabrik und -depot. Die Interessen der Gruppe erstreckten sich auf ein ganzes Arsenal von Handfeuerwaffen und automatischen Gewehren bis hin zu Atom-, Laser- und »Plasmawaffen« und der Erzeugung »künstlicher Erdbeben«. Auf allen Ebenen verbanden sich größenwahnsinnige Phantasien mit dem Versuch ihrer Umsetzung in die Realität. Je größer das potentielle Ausmaß der Zerstörung, desto stärker überwog natürlich die Phantasie.

Aum versuchte, sich seine Waffen überall auf der Welt zu besorgen. In Rußland beschaffte man sich Gewehre, automatische Waffen, Informationen sowie Materialien für die Herstellung von Sarin und anderen chemischen Kampfstoffen. Dort bekam man auch Hubschrauber und die Hubschrauberausbildung, die für die Freisetzung chemischer oder biologischer Kampfstoffe nötig war, und natürlich Trägerraketen für nukleare oder andere Vernichtungswaffen. Auch bereits produzierte Kernwaffen oder die Anleitung zu ihrer Herstellung waren dort zu erhalten. Außerdem entsandte die Sekte Mitglieder zu »Schießübungen« nach Rußland, wo militärische Kontaktpersonen sie an den Waffen ausbildeten, die sie erworben hatten oder erwerben wollten. In den USA konzentrierte Aum sich mehr auf Computertechnologie und andere High-Tech-Bereiche, die sich mit der Entwicklung von Waffen befaßten, und auch dort wurden einige Mitglieder zu Hubschrauberpiloten ausgebildet.

Vom Golfkrieg inspiriert, erging sich Asahara in der Vorstellung von glanzvollen neuen Dimensionen der Vernichtung: Waffen, die durch kein Suchgerät auf der Welt auffindbar wären, Waffen, neben denen »Atom- und Wasserstoffbomben wie Spielzeug aussehen würden«. 1993 verkündete er, daß »die wichtigsten Waffen Plasma- und Laserwaffen sein werden«, gegenüber denen »Atombomben gar nicht mehr so furchtbar sind«. Diese beiden neuen Waffensysteme nahmen in Asaharas Phantasie einen besonderen Platz ein. Darüber hinaus erteilte er offenbar Murai den ernstgemeinten Befehl, diese noch gar nicht existierenden Laserwaffen für Aum verfügbar zu machen. 1994 brachen Sektenmitglieder in mindestens zwei kommerzielle Laserlabors in Japan ein. Ein Mitglied wurde mit Skizzen und Lageplänen der Räumlichkeiten der sechs größten Elektronikfirmen verhaftet. Auch Listen von Aum-Mitgliedern, die für verschiedene Elektronik- und Chemiefirmen arbeiteten, wurden bei ihm sichergestellt. Doch noch immer durchschaute die Polizei nicht das ganze Ausmaß von Aums Vorhaben und unternahm kaum etwas, um die Aktivitäten der Sekte zu stoppen. (Viele Japaner sind der Meinung, die Korruptheit von Polizei und Politikern sei dafür verantwortlich, daß den bedrohlichen und illegalen Machenschaften der Sekte trotz zahlreicher Beweise kein Einhalt geboten wurde.) In den USA bemühte sich Aum, von einer kalifornischen Firma für eine halbe Million Dollar ein Lasersystem zu erwerben. Die Verhandlungen, die wenige Wochen vor dem Sarinanschlag stattfanden, scheiterten, da Aum auf sofortiger Lieferung bestand. Das System mußte jedoch der Bestellung entsprechend umgebaut und den Auflagen der Exportkontrolle angepaßt werden.

Kiyohide Hayakawa, Aums wichtigster Waffenhändler, trat an namhafte russische Wissenschaftler heran, die die Sekte bei ihrer Laserforschung unterstützen sollten. Eine von Asahara selbst geleitete Delegation traf in Moskau mit Nikolai Basow zusammen, der für seine Forschung im Bereich der Lasertechnik einen Nobelpreis erhalten hatte. (In späteren Veröffentlichungen brachte man stolz ein Foto von Asahara neben Basow.) Im Zuge dieser Bemühungen gelang es Aum, sich verschiedene »Pläne« von Phantasie-Laserwaffen zu beschaffen oder selbst zu zeichnen. Außerdem wurden Murais Anstrengungen, die Befehle seines Gurus auszuführen, im Oktober 1994 von einer Art Lasertest gekrönt. Einwohner des Stadtteils Kamikuishiki, in dem sich das Aum-Hauptquartier befand, hatten dort einen breiten roten Lichtstrahl beobachtet. Natürlich war dieser Test wie überhaupt das ganze Laserprojekt eher Ausdruck von Asaharas Begeisterung für die Vorstellung von einem »Todesstrahl« als ein wissenschaftliches Experiment.

Noch anregender auf Asaharas Phantasie wirkte die Idee der »Plasmawaffen«. Für ihn schien der Begriff auf den Kampfeinsatz von Mikrowellen hinzudeuten: »Waffen, die mit Licht- und elektromagnetischen Wellen arbeiten, machen jede Armee überflüssig.« Asahara hielt Laser- und Plasmawaffen für einen Teil von Ronald Reagans »Strategic Defense Initiative (SDI)«, im Volksmund unter der Bezeichnung Star Wars bekannt. Er behauptete allen Ernstes, daß diese Waffensysteme trotz der Aufgabe des SDI-Programms mehrmals »weiterentwickelt« worden seien. So irreal Plasmawaffen wissenschaftlich gesehen auch sein mochten, für Asahara waren sie eine Realität, und er sprach von ihnen, als wären sie schon getestet und eingesetzt worden oder zumindest in Bälde produktionsreif. Sie hätten, behauptete er, einen bedeutenden Vorteil gegenüber nuklearen Waffen, da »eine Bombe von einer Megatonne zwar ein Gebiet von 100 Quadratkilometern völlig zerstören kann ... aber das betroffene Terrain wegen der Radioaktivität nutzlos ist«, während »beim Einsatz von Plasmawaffen das Gebiet intakt bleibt«. (Asahara war fasziniert von der Vorstellung, »Menschen zu entsaften« – wie die Nuklearstrategen es nannten –, ohne Gebäude zu zerstören, wie es auch beim Abwurf einer Neutronenbombe möglich ist.) Im gleichen Geist schwärmte er von der Existenz einer »50 Kilowatt-Plasmawaffe, die in einem Auto transportiert werden und auf der Stelle alles Leben im Umkreis von 200 bis 400 Metern vernichten kann.« Er behauptete, von den hunderttausend im Golfkrieg getöteten Irakern sei nur eine kleine Anzahl gefunden worden, da die meisten bei einem Einsatz von Plasmawaffen verdampft seien. Japan würde im Dritten Weltkrieg völlig verwüstet werden, da es ihm an den hochentwickelten Waffensystemen mangele, über die die USA insgeheim verfügten.

»Es wird nicht nur Plasma- und Laserwaffen geben«, begeisterte er sich, »sondern möglicherweise noch bessere Waffen. Ich vermute, dazu braucht man einen extrem großen Laser. Die Waffe verwandelt den gesamten Raum zwischen sich und dem Ziel in Plasma. Der Strahl sieht aus wie ein reinweißes Band, ein ›Schwert‹. Es ist das Schwert, von dem das Buch der Offenbarung spricht. Dieses Schwert wird nahezu alles Leben vernichten.« Diese Verknüpfung einer allmächtigen Waffe mit der Offenbarung des Johannes ist überdeutlicher Hinweis auf Aums Militarisierung und letztlich von Aum selbst.

Für Aum hatten auch konventionellere Waffen ihre Bedeutung. Die Sekte hatte ein AK-74-Maschinengewehr in Rußland erworben, es offenbar in seine Einzelteile zerlegt und nach Japan geschmuggelt, um in der sekteneigenen Fabrik in der Nähe des Fuji tausend Stück davon herzustellen. Daneben verfügte Aum über Bauteile oder Baupläne für Raketenwerfer und verschiedene andere militärische Geräte. Asahara schien außerdem eine persönliche Vorliebe für Handfeuerwaffen zu haben und war entzückt, als Hayakawa ihm durch einen Mittelsmann zwei Tokarew-Pistolen aus Rußland überbringen ließ.

Man nimmt an, daß zweihundert Aum-Mönche in Gruppen zu jeweils fünfzig Mann eine militärische Ausbildung erhielten, die hauptsächlich von Sektenmitgliedern in den Reihen der japanischen Streitkräfte durchgeführt wurde. Bei dieser Ausbildung wurden mindestens fünfzig (vermutlich von Aum hergestellte) AK-74 verwendet.

Die Herstellung der AK-74 war in der für Aum typischen Weise planlos und wurde durch psychologische Probleme erschwert. Dabei denke ich an Nakanos Erfahrungen, der den Guru wegen seiner Sorge, daß seine Arbeit mit der Produktion von Waffen zu tun haben könnte, um eine »Psychotherapie« ersuchte. Sein Verdacht war durch die Geheimnistuerei genährt worden, von der seine als »Metallfabrik« bezeichnete Einheit umgeben war, die von Murai als eine Abteilung des »Ministeriums für Wissenschaft und Technik« geleitet wurde. Sie befand sich an einem geheimen Ort. Als er dort ankam, »wußte er zunächst nicht genau, wo er sich befand«. Die in der Fabrik Arbeitenden waren nicht nur von der Außenwelt, sondern auch von anderen Aum-Mitgliedern abgeschirmt. Nakano war über die Seltsamkeit des Ganzen besorgt, darüber, »daß sie mir nicht genau sagen, was hier eigentlich gemacht wird«. Zudem bezweifelte er, daß die dort hergestellten Metallprodukte »eine religiöse Bedeutung« hatten. Obwohl seine Zweifel sich vorübergehend zerstreuten, als man ihm zeigte, daß zumindest eines der Produkte ein kleiner Kultgegenstand der Aum-Praxis war, konnte er seine Besorgnis und das Gefühl einer zunehmenden Entfremdung von seinen spirituellen Zielen nicht überwinden:

»Das Schlüsselwort für mich lautete Erlösung. Erlösung für mich selbst und für andere. Ich hatte mir vorgestellt, daß ich als Mönch auf der Suche nach Erlösung spirituelle Übungen vollziehen, andere führen und heilige Texte übersetzen würde. Doch ich fand mich an einem isolierten Ort wieder und arbeitete an einer Maschine. Das Wort Erlösung ... paßte nicht zu Fabrikarbeit.«

Zwei therapeutische Begegnungen mit dem Guru stellten Nakanos inbrünstige Hingabe wieder her, doch gewisse Bedenken blieben bei ihm zurück: »Obwohl ich gesehen hatte, was innerhalb von Aum vorging, wußte ich doch nichts Definitives. Ich hatte eine Vermutung: Vielleicht produzierte Aum illegal Waffen.« Obgleich er bereits Beweise für seine Vermutung hatte, war er psychisch nicht in der Lage, die Folgen zu akzeptieren. Er versuchte, seinen Konflikt durch LSD-induzierte Visionen zu lösen, was schließlich zu seiner Flucht führte. Ähnlich einem Traum verhalfen diese ihm zu Empfindungen und Einsichten, die er im alltäglichen Wachzustand nicht anzunehmen vermochte und die ihm nun einen neuen Handlungsraum eröffneten.

Nakano verließ Aum vor dem Sarinanschlag und war trotz anfänglicher Unsicherheit bald in der Lage, Aum als Täter zu identifizieren. Er ging zur Polizei und berichtete von seiner Arbeit in der »Metallfabrik« und gestand, daß er »möglicherweise mit der Herstellung von Gewehren beschäftigt war«. Er erklärte: »Ich wollte die Dinge klarstellen, und für mich war das Kriminellste, von dem ich wußte, diese vermutete Produktion von Gewehren. Durch meine Aussage beabsichtigte ich, mir meinen Argwohn zu bestätigen. Der Verdacht würde kein Verdacht mehr sein, sondern eine Tatsache werden.« Und genau das geschah, als die Polizei ihm die beschlagnahmten Gewehrteile zeigte, welche »die gleiche Form hatten wie die, mit denen ich zu tun gehabt hatte«.

Während Nakano einerseits versuchte, sich juristisch abzusichern, war es auf einer anderen Ebene offenbar sehr wichtig für ihn, seine Verwirrung und Ambivalenz zu überwinden, was nicht bedeutete, daß er sich bereits völlig von seinem Guru gelöst hatte. Er konnte aus der Sekte austreten, schaffte es aber nicht, sich endgültig zu befreien. Immerhin hatte Asaharas größenwahnsinnige Waffenmanie Nakano so sehr in ihrem Bann gehalten, daß er fast ein Jahr lang an der illegalen Herstellung automatischer Gewehre mitgearbeitet hatte.

Asaharas Nuklearismus

Asahara war nicht der einzige, der sich auf bizarre und widersprüchliche Weise zu Kernwaffen hingezogen fühlte. Seit dem unheilvollen Augenblick ihrer Erfindung sind sie auf seltsame und gefährliche Weise in die menschliche Psyche eingedrungen. Sowohl individuell als auch kollektiv reichen die Beziehungen der Menschen zu Atomwaffen von Ehrfurcht bis zu radikaler Bejahung, von Entsetzen bis zum nuklearen »Machtrausch«. Innerhalb dieses Spektrums nimmt Asahara sozusagen die klassische Position des »Nuklearismus« ein, wie ich es nenne. Damit bezeichne ich eine tiefreichende Zuneigung zu diesen Waffen und eine starke Identifikation mit ihrer Macht. Asahara sah in ihnen so etwas wie Gottheiten mit der Fähigkeit zu grenzenloser Zerstörung, aber auch zur Schöpfung. Er ging sogar noch weiter. Durch die Verschmelzung dieser Faszination – seines Nuklearismus – mit seinem Ich machte er die Macht dieser Waffen, die Welt zu zerstören, zu seiner eigenen. Er tat dies als ein Bürger – ein irrgeleiteter, aber trotzdem ein Bürger – der einzigen Nation, die jemals eine nukleare Vernichtung erlebt hat.

Vieles spricht dafür, daß das frühe Interesse Asaharas an Kernwaffen zu einem Prüfstein für alle seine Handlungen und Phantasievorstellungen im Hinblick auf Vernichtungswaffen wurde, ob energiesparende »Atombomben des kleinen Mannes« oder phantastische Laser- und Plasmawaffen. Asahara hatte keine Hemmungen, dem japanischen Militär – so eingeschränkt es auch durch die von Amerika auferlegte »Friedensverfassung« und die öffentliche atomwaffenfeindliche Stimmung war – nukleare Informationen für die Vorbereitung auf einen Dritten Weltkrieg anzubieten, über die nur ein allwissender Guru, der Herr über Leben und Tod, verfügen konnte. Er erklärte, daß das Land »keine Chance hat, wenn es nicht eine hochentwickelte Waffe hervorbringt, die in der Lage ist, militärische Satelliten abzuschießen ... keine Chance, wenn es nicht über Interkontinentalraketen mit High-Tech-Elektronik, den RAM-Jet, den Rußland entwickelt, und atomare Sprengköpfe verfügt«. Außerdem sah er Japans Untergang voraus, da amerikanische »Atomsprengköpfe mit Atom- oder Wasserstoffbomben Japan 1996 treffen könnten«.

Wie viele Nuklearisten hegte er die Illusion von der Chance eines Zivilschutzes und behauptete, die Aum-Mitglieder vor dem unvermeidlichen nuklearen Holocaust bewahren zu können. Er sprach mehrmals über die Problematik zuverlässiger Schutzräume und verbreitete im Radio und in der Presse Texte von »Symposien«, die hauptsächlich aus Erklärungen von Aum-Wissenschaftlern über das Überleben eines Atomangriffes und eines Dritten Weltkrieges bestanden. Diese ausführlichen Debatten bestanden aus der üblichen Mischung von verhältnismäßig präzisen Informationen, verschrobener Pedanterie und ungezügelter Phantasie. Als Vorbilder für die Schutzräume wurden zwei unterirdische Anlagen angepriesen: eine unter dem Kreml, in der es möglich sei, »eine direkte Kernexplosion von etwa zwanzig Megatonnen« zu überstehen, und eine in den USA, die angeblich »ebenso gut oder besser als die des Kremls« war. Diskutiert wurden auch die Notwendigkeit der luftdichten Verschließbarkeit künftiger Schutzräume, das Problem der »Panik, wenn viele Menschen in einem abgeschlossenen, engen Raum eingepfercht sind«, und der Sauerstoffbedarf der zu rettenden Bevölkerung. Zuweilen erinnerten diese Debatten darüber, wie man eine Atombombe von zwanzig Megatonnen überlebt, an Parodien der oft als indiskutabel verspotteten Stellungnahmen der U.S. Federal Emergency Management Agency im Kalten Krieg. Aum brüstete sich damit, den »perfekten Überlebensplan« entwerfen zu können, und verkündete, Kasumigaseki, eine der größten und tiefsten U-Bahnstationen des Landes, sei der einzige zuverlässige nukleare Schutzraum in ganz Japan. Als die zentrale Station für das Regierungsviertel war es auch die Station, wo aus verschiedenen Richtungen die fünf Züge einliefen, in denen das Sarin freigesetzt wurde.

Als zuverlässigste Überlebensstrategie galten jedoch spirituelle Übungen. Asahara erwähnte häufig einen »übermenschlichen« spirituellen Zustand, der bei Aum erreicht werden könne. In einer Radiosendung stellte Murai die Vorteile dieses Zustands für das Überleben eines Atomangriffs in pseudowissenschaftlichem Licht dar: »Wenn ein lebender Körper, der wenig oder gar keinen Sauerstoff enthält, radioaktiver Strahlung ausgesetzt ist, erleidet er nur einen geringen oder gar keinen Schaden. Wenn es uns also gelingen sollte, die Sauerstoffaufnahme durch spirituelle Übungen zu verringern oder uns in einen Zustand ohne Sauerstoffaufnahme zu versetzen, indem wir die Atmung durch *samādhi* einstellen, wären wir vielleicht in der Lage, ernsthafte körperliche Schäden zu vermeiden, selbst wenn der ganze Körper radioaktiver Strahlung ausgesetzt wäre.« Obgleich der Guru nicht gerade für maßvolle Urteile bekannt war, verspürte er sofort das Bedürfnis, diese Behauptung abzuschwächen. Sie sei »schwer zu beweisen«, da ein entsprechendes Experiment »sehr gefährlich wäre«. Dennoch schloß er: »Wir können lediglich sagen, daß die Wahrscheinlichkeit besteht, keine Schäden davonzutragen, wenn man die Wahrheit praktiziert.«

Zu Asaharas Nuklearismus gehörte auch seine Fixierung auf Hiroshima, das er häufig erwähnte. Die Stadt war Teil seiner Visionen, und wiederholt kündigte er seinen Jüngern »viele Hiroshimas« für die nahe Zukunft an. Die zentrale Rolle, die Hiroshima in seiner Vorstellungswelt spielte, hatte sich ihm in einer frühen Vision – oder »Meditation« – offenbart, die er 1988 in der esoterischen Zeitschrift *Twilight Zone* beschrieb. »Sein »Astralleib«, schilderte er, habe sich von seinem physischen Körper getrennt, sei durch die Luft geschwebt und »in einer trostlosen Ödnis« gelandet. Er traf auf ein einzelnes Haus, in dessen Garten er einem Schulmädchen begegnete: »Ihr Gesicht und ihre Hände waren rot und geschwollen … Kurz darauf erschien eine Frau, offenbar die Mutter des Mädchens … Gesicht und Hände der Frau waren ebenso rot wie die der Tochter. ›Hallo! Wo sind wir hier?‹ fragte ich. Mit einem argwöhnischen Blick erwiderte sie: ›Hiroshima.‹ ›Hiroshima! Und welches Jahr haben wir?‹ fragte ich. ›2006.‹ Dann stellte ich die Frage, die mich am drängendsten bewegte. ›Hat der Dritte Weltkrieg stattgefunden?‹ Plötzlich sahen die Leute mich überrascht und mißtrauisch an. ›Ja.‹« Asahara deutete seine »Meditation« als Prophezeiung und Beweis dafür, daß »der Dritte Weltkrieg bis 2006 stattgefunden haben wird.« Einmal mehr würde Hiroshima zum Mittelpunkt einer völligen Zerstörung, die er, der Guru, jedoch überleben würde.

Eine Vision von 1992 hat ebenfalls Asaharas Überleben zum Inhalt. »Vor vier Tagen, als ich in der Astralwelt weilte«, berichtete er, »hatte ich die Vision, von Strahlung getroffen zu werden. Ich glaube, es ging um den Atomkrieg, der zwischen 1997 und 2001 stattfinden wird. Äußerlich wirkte mein Körper unversehrt, aber ich war offenkundig einer starken Strahlung ausgesetzt gewesen. Einige Jünger, die bei mir waren, hatten Wunden am ganzen Körper. Ich bin sicher, daß der Krieg, den man den letzten nennt, zwischen 1997 und 2001 ausbrechen wird.« In diesem Zusammenhang äußerte er die Befürchtung, selbst Opfer jener »unsichtbaren Kontaminierung« zu werden, die eine ständige Quelle der Beunruhigung der Überlebenden von Hiroshima darstellt. Gemeint sind die nachträglichen Auswirkungen von Strahlung bei Menschen, welche die Explosion zunächst scheinbar unversehrt überstanden hatten. Diese Angst trifft sich mit Asaharas ständiger Verkündung seines bevorstehenden Märtyrertums. Allerdings lassen sich seine Tiraden auch als die größenwahnsinnige Behauptung deuten, daß er im Gegensatz zu seinen Jüngern, die »Wunden hatten«, vor radioaktiver Strahlung gefeit sei.

Bei solchen Visionen bediente sich Asahara biblischer Bilder von der Tilgung des Menschen vom Antlitz der Erde, die sich seit der atomaren Zerstörung von Hiroshima und Nagasaki hartnäckig in der Populärkultur gehalten haben. Er berief sich auf die Geschichte von Noah, mit dem er sich identifizierte, weil »niemand auf seine Warnungen hörte«, und sprach in biblischem Ton von »großen Fluten ... Pestilenz, Hungersnot und Zerstörung durch Kriege«. Das Kommende sei vorauszusehen, indem man sich einfach die Leiden des Zweiten Weltkriegs in vielfach potenzierter Form vorstellte. Das Ende war in seiner Phantasie natürlich ein von einer einzigartigen Kombination futuristischer Waffen herbeigeführtes Armageddon.

Die genaue Abfolge der Ereignisse, Daten und eingesetzten Waffen variierte in Asaharas Prophezeiungen, doch bei seinen Schilderungen des Endes gab es kaum Abweichungen. Bisweilen stellte er sich eine Reihe von so schweren Erdbeben und Flutkatastrophen vor, daß niemand mehr »einen Ort finden konnte, um dort in Frieden zu leben«. Sodann würde der Dritte Weltkrieg ausbrechen. 1988 benannte er sogar einen genauen Zeitraum für diese Ereignisse: »Die große atomare Katastrophe wird zwischen dem 30. Oktober und dem 29. November 2003 eintreten. Der Höhepunkt wird am 25. November erreicht sein.« Damals hatte Asahara anscheinend noch nicht erkannt, daß ein Prophet besser beraten ist, wenn er keine konkreten Daten nennt.

Asaharas Nostradamus-Lektüre offenbarte ihm »unbeschreiblich furchterregende Ereignisse, die von nun an bis zum Jahr 2000 stattfinden werden.« Insbesondere Japan würde, von den Vereinigten Staaten zerstört, zur »nuklearen Wüste« werden. Der Guru sah Tokio versinken, da »der Meeresspiegel um Japan plötzlich ansteigen und das Land überfluten« würde, ein Szenario, das deutlich an den Katastrophenbestseller *Wenn Japan versinkt* aus dem Jahre 1973 erinnert. Der Roman seinerseits verdankt seine Idee einer Weissagung von Edgar Cayce, dem amerikanischen Mystiker, nach der große Teile Japans im Meer versinken und nur noch ein paar subtropische Inseln zurückbleiben würden.

Die Vernichtung Japans würde eine direkte Folge der schlechten Behandlung des Gurus durch die Japaner sein: »Vor zweitausend Jahren haben die Juden Jesus Christus verfolgt und wurden fünfzig Jahre später aus ihrem Land vertrieben. Das war ihr Karma. Japan hat mich und andere große Vollender verfolgt. Daher wird Japan in naher Zukunft einer strengen karmischen Reinigung unterzogen, zu der ein ökonomischer Zusammenbruch gehört ... Dem Gesetz des Karmas zufolge hat jede Ursache eine Wirkung, so sicher wie der Speichel zur Erde fällt, wenn man in die Luft spuckt.« Japans letzte karmische Reinigung würde natürlich durch atomare Zerstörung stattfinden.

Selbst als Asahara sich schon mit Sarin beschäftigte, gab er die Idee vom nuklearen Holocaust nie ganz auf. Während der letzten Monate vor seiner Verhaftung beschwerte er sich, »wohin ich auch gehe, werde ich von Hubschraubern oder Flugzeugen aus besprüht«, und fügte hinzu: »Die Stunde meines Todes ist vorherbestimmt. Das Gasphänomen ist schon eingetreten. Das nächste Mal ist es vielleicht eine Atombombe.«

Wie total die Zerstörung auch sein mochte, die sich der Guru ersehnte, danach jedenfalls sollte die schönste und vollkommenste Erneuerung folgen (wie in den meisten postapokalyptischen Zeichentrickfilmen und Fernsehsendungen, die Asahara und seine Jünger so stark beeinflußt hatten). Asaharas Predigten zufolge würde der allumfassende Tod allumfassende Tugend schaffen. Um dieser absoluten Tugend willen war es Aums spirituelle Pflicht zu überleben. Gemäß gewisser buddhistischer Gebote muß der Jünger »Zuflucht in den Bergen suchen« und »sich von den Wurzeln der Bäume ernähren«. Asahara legte diese Vorschriften entsprechend großzügig aus, um sie mit einem bevorstehenden nuklearen Holocaust zu verknüpfen. Mit »Wurzeln der Bäume« habe Buddha gemeint, daß »die Überlebenden Nahrung frei von radioaktiver Kontaminierung essen werden«. Asahara wandelte dann absurde Überlebensstrategien in eine Art religiöse Litanei um: »Wenn Gase um uns versprüht werden, müssen wir Filter einsetzen, um sie wirkungslos zu machen. Wenn Mikrowellen auf uns gerichtet werden, müssen wir uns mit Drahtgewebe schützen. Wenn Laser verwendet werden, müssen wir eine Schutzausrüstung herstellen.« Das Ziel bestand darin, »ein besseres künftiges Leben zu sichern«. Dafür war es notwendig, so lange wie möglich zu überleben, denn »so sicher wir auch sein mögen, in den Himmel zu gelangen, es ist nicht endgültig, wenn wir nicht lange genug leben«. Und er fügte hinzu: »Durch unseren Kampf müssen wir auch den Kreis der Erlösten vergrößern, damit schließlich alle irdischen Wesen gerettet werden können.«

Asahara sprach von einer Art Shambala für die Überlebenden, einer Stadt in den Bergen, im Meer oder unter der Erde, eine Zuflucht vor den Waffen des Dritten Weltkriegs und einer vollkommenen spirituellen Gemeinschaft. Ein anderes Mal erklärte er: »Ich bereite mich darauf vor, mit den Jüngern, die heute hier versammelt sind, und meinen übrigen Anhängern, die dem Gesetz der Wahrheit gehorchen, zu überleben.« Wieder berief er sich auf buddhistische Schriften und betonte, daß es viel Zeit brauche, »um unsere Seelen in den Himmel zu überführen«. Dabei versuchte er jedoch sein spirituelles Utopia mit seinen Wissenschaftsphantasien in Übereinstimmung zu bringen. Wenn es den Überlebenden gelänge, durch spirituelle Übungen »ihre Adrenalinproduktion zu kontrollieren«, könnten sie »exogenem Streß besser standhalten«, verkündete er. »Dann wäre es nicht ausgeschlossen, zwei-, dreihundert oder tausend Jahre alt zu werden.« Armageddon würde alles vollkommen machen: »Ich stelle mir vor, daß die Erde nach dem Dritten Weltkrieg voller Liebe ist. Alle werden ihre Leiden überwinden und für das Wohl der anderen arbeiten.« Er selbst könne die völlige Zerstörung nur begrüßen: »*Ich bin froh, daß der dritte Weltkrieg kommen wird, denn so steht es in den buddhistischen Schriften und in der Bibel.*«

Die Jünger waren tief beeindruckt von diesen Bildern völliger Zerstörung und den Sehnsüchten ihres Gurus. Ehemalige Mitglieder, die ich interviewt habe, kamen immer wieder auf diese Visionen zurück. Kuno, der sich vorgestellt hatte, wie er in einem nuklearen Armageddon Panzer bekämpfte, erinnerte sich, daß in Asaharas Abfolge der Ereignisse »der Atomkrieg zunächst gleichbedeutend mit Armageddon war«. Später »änderte sich die Geschichte, und Armageddon wurde der Rahmen, innerhalb dessen der Atomkrieg nur ein Teil oder ein Auslöser war. Er löste den letzten Kampf zwischen Gut und Böse aus, an dem die ganze Erde teilhatte ... Der Nahe Osten, China, die Sowjetunion, Amerika, Japan und die Europäische Wirtschaftsgemeinschaft – sie alle würden aufeinander losgehen und einen atomaren Krieg entfesseln.« Kuno hatte den Eindruck, daß Asahara unmittelbar von populären Trickfilmen beeinflußt war, die von Atomkriegen handelten, in denen »törichte Menschen Armageddon verursachten«, und erinnerte sich, daß Asahara »die

Sprache und die Bilder von Trickfilmen in seinen Predigten gebrauchte und Parallelen zwischen ihnen und seinen eigenen Visionen zog«. (Später produzierte Aum unter Verwendung dieser Bilder auch eigene Cartoons.) Darüber hinaus war Asahara auch von dem amerikanischen Fernsehfilm *Der Tag danach* (1983) beeinflußt, der von einem sowjetisch-amerikanischen Atomkrieg handelte. Kuno zufolge wurde der Film, in den eine beträchtliche Menge an Hiroshima-Filmmaterial eingeschnitten ist, häufig bei Aum-Versammlungen gezeigt.

Kuno selbst rechnete damit, den nuklearen Holocaust zu überleben, was für ihn jedoch nicht das Entscheidende war. Der Tod war immerhin »eine gute Gelegenheit, aufzusteigen und in einer höheren Stellung wiedergeboren zu werden«. Sein Gefühl, keine ausreichende Bewußtseinserweiterung erfahren zu haben, beunruhigte ihn gerade jetzt, wo Armageddon so nahe schien. Mit anderen Worten, ein Atomkrieg war für Kuno (wie für viele andere Aum-Mitglieder) weit weniger bedrohlich als ungenügende spirituelle Leistungen. Obwohl die Mitglieder von Aum zweifellos auch etwas von der universellen Furcht vor dem Atomkrieg verspürten, konnten sie sie unterdrücken, sie auf die anhaltende Angst vor ihrer spirituellen Verunreinigung und ihr schlechtes Karma verschieben oder im Tod sogar eine Chance für eine bessere Wiedergeburt sehen.

Während seine Jünger sich zunächst mit Asaharas Phantasien über nukleare Vernichtung und spirituelle Wiedergeburt herumschlugen, machte sich der Guru an die Beschaffung der nötigen Waffen. In dem Notizbuch, in dem Kiyohide Hayakawa seine Überlegung zum Preis eines atomaren Sprengkopfs festgehalten hat, listet er mehrere Möglichkeiten auf und erwähnt nukleare Waffen angeblich noch an vielen anderen Stellen. Eine »Fallstudie« zu Aum, das Ergebnis einer Anhörung des US-Senats zur »globalen Weiterverbreitung von Massenvernichtungswaffen«, vermerkt vorsichtig und nüchtern: »Es ist unklar, ob diese Verweise tatsächliche Diskussionen oder Verhandlungen widerspiegeln.« Bekannt ist, daß einige russische Sektenmitglieder im führenden Atomforschungszentrum ihres Landes, dem Kurtschatow-Institut in Moskau, tätig waren. Ein Mitglied des Untersuchungsausschusses war der Ansicht, daß Aum gar nicht so sehr auf den Bau oder den Erwerb eines nuklearen Sprengkopfes aus sei, sondern eher auf die Beschaffung hochradioaktiven Materials, um damit selbst eine grobe und »schmutzige« Waffe zu entwickeln, die weite Teile Tokios praktisch unbewohnbar machen würde.

Asaharas Wissenschaftler versuchten an modernste Geräte aus den

Vereinigten Staaten heranzukommen: ein industrielles Lasersystem und einen »Schwingungsisolator«. Beides hätte leicht dazu dienen können, die genauen Mengen von Plutonium zu bestimmen, die zur Entwicklung von Kernwaffen benötigt werden. Obwohl die Transaktion nie zum Abschluß kam, da die amerikanische Firma Verdacht geschöpft hatte, äußert der Senatsbericht Besorgnis über die »Leichtigkeit, mit der sich die Sekte Zugang zum internationalen Supermarkt für Waffen und Technologien verschafft hat«. Aum streckte seine Fühler sogar bis nach Australien aus, dessen Uranvorkommen zu den ergiebigsten der Welt gehören, und kaufte dort ein großes Stück Land. Hayakawa, der Australien auf der Suche nach Fundstätten bereiste, lobt in seinem Tagebuch die Reichhaltigkeit der dortigen Erze. Einem Aum-Team gelang es sogar, kleine Mengen Uran aus dem australischen Gestein zu extrahieren und ein Labor auf der Aum-eigenen Ranch zu errichten. Das Projekt mußte jedoch aufgegeben und das Grundstück verkauft werden, weil die australischen Behörden mißtrauisch wurden und Aum-Mitgliedern immer häufiger die Einreise verweigerten. Außerdem sagte man mir, daß Vertreter der Sekte auf einer kleinen japanischen Insel, auf der es angeblich Uran gab, Land kaufen wollten. Schließlich mußten sie sich jedoch damit abfinden, daß es dort kein Uran gab.

All diese Bemühungen zeigen das Ausmaß, in dem Asaharas Leidenschaft für Waffen und seine Phantasien nun auch auf ihm nahestehende ranghohe Anhänger sowie gläubige und selbst wissenschaftlich gebildete Jünger übergegangen waren. Allein die physische Existenz von Vernichtungswaffen wurde für diesen Guru des Atomzeitalters zum Stützpfeiler seines größenwahnsinnigen Ichs. Doch wie wir schon mehrmals gesehen haben, kam es in seiner Psyche zu einer ungeheuren Verwirrung zwischen dem Ende der Welt und dem Ende seines Ichs. Zur Rettung dieses Ichs mußte mit Hilfe von Waffen eine Zerstörung der verhaßten Welt herbeigeführt werden. Asahara erlebte einen persönlichen »Weltuntergang« erst, als sein Vernichtungsprojekt blockiert war, als er, seines Vorrats an tatsächlich vorhandenen Waffen und seiner Phantasien von Zukunftswaffen beraubt, als inhaftierter Mörder von Feinden und Freunden seiner Stellung als Guru enthoben war.

Dieses Muster ähnelt sehr stark dem Fall des von Sigmund Freud in einer bekannten Studie beschriebenen paranoiden Schizophrenen Daniel Paul Schreber, eines angesehenen Juristen, der die Einzelheiten seines psychotischen Zusammenbruchs selbst aufgezeichnet hat. (Freud diagnostizierte diesen Zusammenbruch als eine Folge unterdrückter Homosexualität, doch spätere Kommentatoren, zu denen ich mich auch zähle, setzen Schrebers Zustand eher in Beziehung zu einer Todessymbolik, einem Gefühl der Auslöschung und dem Verlust des Eingebundenseins in menschliche Zusammenhänge.) Wie Asahara sah auch Schreber sich als »einzigen Überlebenden zur Erneuerung der Menschheit«. Er sei für Gott »in gewissem Sinn der Mensch schlechthin oder der einzige Mensch geworden, um den sich Alles dreht, auf den Alles, was geschieht, bezogen werden müsse«. »Alles« bedeutete die Vernichtung der Welt und ihre Neuerschaffung. Wie Asahara wollte Schreber »Retter der Welt und Weltherrscher in einer Person« sein sowie die »Weltordnung« beherrschen. Die Voraussetzung für ein Überleben in Transzendenz war in beiden Fällen eine weltvernichtende Katastrophe, dennoch bestehen zwischen Schreber und Asahara zwei entscheidende Unterschiede. Zu Schrebers Zeit existierten keine nuklearen oder andere Vernichtungswaffen, die Eingang in seine Phantasie hätten finden können. Zudem war er kein Guru, der Anhänger werben oder an sich binden mußte. Vereinfacht gesagt: Asahara war ein zweiter Schreber mit Jüngern und Vernichtungswaffen. Indem er seinem größenwahnsinnigen Ich diese beiden Faktoren einverleibte, konnte er ausreichend funktionsfähig bleiben, um zu töten und auf eine imaginäre Zerstörung der Welt hinzuarbeiten. Die Waffen übten eine so unwiderstehliche Anziehungskraft auf den Guru aus, da sie und nur sie ihm die Macht über den Tod und die Wiedergeburt der Welt verleihen konnten.

9.
Eine Schwelle wird überschritten

Bisher habe ich mich bemüht, das Verhalten und die Motive der Mitglieder von Aum Shinrikyō in ihrem bizarren Streben nach einem gewaltsamen Ende der Welt zu schildern. Im folgenden möchte ich die Kernpunkte aufzeigen, die schließlich zur kollektiven Dynamik der Gruppe beigetragen haben. Die Untersuchung dieser Aspekte wird uns unter Umständen ermöglichen, die am Anfang dieser Studie gestellte Frage zu beantworten: Wie kam es dazu, daß Aum die Schwelle zwischen einer bloßen Erwartung der Endzeit und der aktiven Planung Armageddons überschritt?

Die Merkmale einer weltzerstörenden Sekte

Keines der im folgenden beschriebenen sieben Merkmale tritt ausschließlich bei Aum auf, dennoch unterschied sich die Sekte von ähnlichen Gruppierungen in der Art der Zusammensetzung dieser Merkmale und im Ausmaß ihres Absolutheitsanspruchs, den sie mit dieser extrem gefährlichen Mischung verband. Vermutlich werden künftig auch andere Gruppen an anderen Orten in der Lage sein, vergleichbare oder sogar noch bedrohlichere Aktionen durchzuführen. Die Gruppierung, die sich als nächste die Zerstörung der Welt vornimmt, wird aller Wahrscheinlichkeit nach Varianten der meisten Eigenschaften Aums aufweisen.

Aums primäres Charakteristikum war ein absoluter Guruismus, der sich zu einem paranoiden Guruismus und einem megalomanischen Guruismus auswuchs. Statt die Fähigkeiten seiner Jünger zu wecken, wurde Shōkō Asahara selbst zur einzigen »Energie«-Quelle oder unendlichen Lebenskraft seiner Anhänger sowie zum alleinigen Spender des neuen Ichs, dessen Verwirklichung von allen Aum-Jüngern erwartet wurde (und seinen höchsten Ausdruck in dem religiösen Namen fand, den jeder Anhänger bei seiner Weihe erhielt). Für die Jünger gab es keine Gottheit neben ihrem Guru, keinen ethischen Code jenseits seiner Forderungen und auferlegten Prüfungen, der *mahāmudrās*. Berief sich der Guru auf eine höhere Gottheit, so tat er es in der Regel, um sich die Allmacht dieses Gottes einzuverleiben. Guru und Jünger wurden zwar von ihrem Anspruch auf die letzte, existentielle Wahrheit und Tugend angetrieben, hatten sich jedoch auch darin verfangen.

Zur Überzeugung, über die bestehende und die zukünftige Realität verfügen zu können und sie zu kontrollieren, gehörte nicht nur eine blühende Phantasie, sondern auch der Verlust der gesunden Fähigkeit, Symbole als solche zu erkennen. Der Guru bewegte sich jenseits von Metaphern. Er konnte sich »die Wirklichkeit [nicht mehr] vorstellen«, um mit Martin Buber zu sprechen. Die Hinduismusforscherin Wendy Doniger weist darauf hin, daß der überwiegende Teil der Mythologie in einer konkreten Erzählung im Dienste der Metapher besteht, aus Schilderungen von Handlungen, die elementare menschliche Gefühle und Zwangslagen eher andeuten als explizit ausdrücken. Bei der Lektüre von mythischen Geschichten bemühen wir uns, ihre konkreten Einzelheiten mit der symbolischen, metaphorischen Welt zu verknüpfen, in der wir psychologisch leben. Ein größenwahnsinniger Guru wie Asahara tut das Gegenteil: Er greift nach dem Konkreten in der mythischen Erzählung und umgeht ihren metaphorischen und symbolischen Gehalt, der für eine intakte menschliche Vorstellungskraft so wesentlich ist.

Diese Symbolverweigerung verband sich mit einer weiteren Eigenschaft von Aum: der Vision eines apokalyptischen Ereignisses oder einer Reihe von Ereignissen, die die Welt zum Zweck ihrer Erneuerung zerstören würden. Alle großen Religionen kennen Spielarten dieser Vision und halten ihre Gläubigen dazu an, sich mit deren Symbolbedeutung auseinanderzusetzen. Bei seiner Berufung auf Shivas kosmischen Tanz, bei dem er die Welt zerstört, damit sie sich erneuern kann, vollzog Asahara eine solche Auseinandersetzung nicht. Dieser »Tanz« sei, wie ein Autor es beschreibt, »nur ein Symbol«, ein Bild für die Macht des Menschen, in diesem Fall eine eindrucksvolle Version des universalen Mythos von Tod und Wiedergeburt, von der Zerstörung und Neuerschaffung der Welt. Selbst frühe hinduistische Erzähler erinnerten in Zusammenhang mit diesem Mythos daran, daß viele seiner Einzelheiten eher bildhaft und zeitlos und nicht wörtlich und verbindlich zu verstehen seien. Doch Asaharas weltvereinnahmendes, größenwahnsinniges Ich absorbierte den Mythos so vollständig, daß er für sich in Anspruch nehmen konnte, bei seinem konkreten zeitgenössischen Projekt einer Vernichtung und Erneuerung der Welt für und als Shiva zu agieren.

Ein drittes Merkmal von Aum bestand in der Ideologie des Tötens, um zu heilen – altruistischer Mord und altruistische Weltzerstörung. Diese Haltung führte zu einem aggressiven Guruismus und besagter »Aktionsprophetie«, die auf die Erzwingung des Endes gerichtet waren. Das *poa*-Konzept in seiner von Asahara manipulierten Form brachte diese Vorstellung exemplarisch zum Ausdruck, indem es die Tötung eines spirituell Niedrigerstehenden durch einen spirituell Überlegenen propagierte, um damit beider Aussichten auf Unsterblichkeit zu steigern. Ähnliche Ideologien (oder Theologien) finden sich auch bei anderen. In den amerikanischen Kolonien und in Europa schrieb beispielsweise das christliche Ritual vor, daß ein verurteilter Verbrecher, bevor er gehängt wurde, ein Schuldbekenntnis ablieferte, damit er auf diese Weise besser auf die Begegnung mit seinem Schöpfer vorbereitet war. Das gleiche Prinzip wurde auch bei Judenverfolgungen im Mittelalter und während der Inquisition von einigen Christen vertreten. Die indischen Thugs, eine hinduistische Sekte, die zwischen dem 13. und dem 19. Jahrhundert Raubmorde beging, betrachteten die Getöteten als Opfer für die Göttin Kali, die mit Krankheit, Tod und Zerstörung assoziiert wird. Der Lohn des Getöteten bestand in seinem Eingehen ins Paradies. Bei Aum jedoch ging das Prinzip des Tötens, um zu heilen, wesentlich weiter – bis zur Idee vom altruistischen Massenmord.

Diese Idee beruhte wiederum auf einem vierten Aspekt: dem erbarmungslosen Streben nach weltverleugnender Reinigung. Hier schöpfte Aum aus seiner Interpretation des Karmas als einer allgegenwärtigen Befleckung. Asahara hatte einmal gesagt, »das Wesen des Teufels ist die Materie«, was man so verstehen kann, daß der Gegenstand der von Aum geforderten »Reinigung« die physische Existenz an sich war. Dieses undurchführbare Ziel bannte die Jünger unentrinnbar in ein Laufrad im Dienste des Gurus und seines als geschichtsübergreifend akzeptierten Planes. Asahara behauptete, einen Zustand ewiger Vollkommenheit anzustreben, der sich über die unbedeutenden äußeren Maßstäbe anderer Epochen hinwegsetzte. Das hielt ihn freilich nicht davon ab, seine Kriterien von Reinheit auf konkretes soziales und politisches Verhalten anzuwenden und die zahlreichen Mängel seiner eigenen Gesellschaft anzuprangern, die die Jünger so oft am eigenen Leibe erfahren hatten. Gerade das macht einen großen Teil seiner Anziehungskraft aus. Aums radikale Kritik an der Welt als unrein und böse sprach die starken Entfremdungsgefühle junger Menschen und späterer Mitglieder überzeugend an, ebenso wie die radikale Eschatologie der Sekte die verbreitete Endzeitstimmung einer Gesellschaft ansprach, die sich noch lebhaft an ein fast apokalyptisches, historisches Ereignis erinnerte.

Für Asahara waren die Menschen dieser Welt so hoffnungslos verunreinigt, daß ihnen als unausweichliches Schicksal die niedrigste aller Inkarnationen bevorstand, die der buddhistischen Hölle am nächsten kam und daher nur Tod und Leiden bringen würde. Dieses Gefühl der Unreinheit schloß jede persönliche oder soziale Erfahrung außerhalb der Lehre des Gurus und Aum ein. Im Grunde war sogar die Wirklichkeit selbst unrein. Materie und Realität, ja die ganze menschliche Existenz, waren derart verworfen, daß Reinigung letztlich nur durch einen planetarischen Holocaust zu erreichen war.

Ein fünftes Merkmal von Aum war der Reiz der Vernichtungswaffen. Obwohl Asaharas Beziehung zu Kernwaffen ursprünglich an Hiroshima und Nagasaki gebunden war, wurden Vernichtungswaffen ganz allgemein zum Mittel seiner auf Armageddon drängenden Aktionsprophetie. Für Asahara war es ein leichter und selbstverständlicher Schritt vom Nuklearismus zu seinen Träumen von einem Massenmord mittels chemischer und biologischer Kampfstoffe. Daß er ein »freischwebender Guru« war, das heißt, unbelastet von einem hinderlichen Gott, von einschränkenden traditionellen Wertvorstellungen oder – wie es bei Staaten der Fall ist – von einer etablierten Bürokratie, war entscheidend für die Zielsetzung des Massenmordes. Wie während des Kalten Krieges bei den Vereinigten Staaten und der Sowjetunion nahmen Vernichtungswaffen eine immer bestimmendere Position innerhalb der Struktur und Aktivitäten der Sekte ein. Aum war die erste nichtstaatliche religiöse oder politische Vereinigung, die sich in diesem Ausmaß mit Waffen befaßte. Allerdings wird sie nicht die letzte sein, da diese Waffen inzwischen allerorts Einfluß auf das menschliche Bewußtsein nehmen und eine übermächtige Verlockung für absolutistische, paranoide und größenwahnsinnige Gurus darstellen.

Ausschlaggebend für den Erfolg von Aums Tötungsprojekt war ein sechster Faktor: ein kollektiver Zustand aggressiver Abstumpfung. Dieser geistige Zustand begann mit der Verschmelzung des Jüngers mit dem Guru, mit dem Ideal, im Denken und Fühlen zu einem Klon von ihm zu werden. Vajrāyana, die Sanskritbezeichnung für das »Diamantene Fahrzeug«, bedeutete neben anderem die Erreichung eines »diamantenen Geistes«, der ruhig, gleichbleibend und weltabgewandt war. Die Erlangung des »diamantenen Geistes« oder, wie er bei Aum hieß, des »heiligen, ungetrübten Geistes« verlangte entschlossene Hingabe an spirituelle »Übungen«, die extreme Askese, Grausamkeit und Mord bedeuten konnten. Diese Hingabe führte zu einer Form der Abstumpfung, gesteigert durch die absolute Konzentration auf den bevorstehenden brutalen Anschlag und auf die eigene Fähigkeit, ihn auszuführen; eine Konzentration, die anfängliche Skrupel sowie jedes Mitgefühl mit den Opfern auslöschte. Das Prinzip, auch die ungeheuerlichsten Forderungen des Gurus als angemessene Form einer persönlichen Prüfung oder »Probe« zu betrachten, unterstützte den Abstumpfungsprozeß und resultierte in einem geistigen Zustand, ähnlich dem, den japanische Soldaten im Zweiten Weltkrieg kultivierten. Im Dienste des Kaisers – im Grunde ein ferner, doch hochverehrter Guru – hatte ein Soldat sich gegen alle Gewissensbisse und Regungen des Mitgefühls zu stählen, um in einem Zustand des »diamantenen Geistes« fanatisch kämpfen und abnorme Grausamkeiten begehen zu können.

Eine ähnliche Geisteshaltung propagierten auch die Nazis. Heinrich Himmler, der einen großen Teil der Massenvernichtungsmaßnahmen im Dritten Reich plante, äußerte einmal sogar, es gehe hierbei um das »Gesamtgermanentum, das ja auch sein Karma hat. Einer muß sich opfern, auch wenn das manchmal sehr schwer für ihn ist, und darf nicht an sich denken.« Mit anderen Worten: Man mußte die notwendige aggressive Gefühllosigkeit erwerben, um die Pflicht zu töten erfüllen zu können. Hierin bestand die Essenz seiner berühmten Posener Rede an SS-Führer, mit denen er diejenigen seiner Zuhörer, die in Versuchung waren, einen »anständigen Juden« zu retten, für ihr irrgeleitetes Mitleid tadelte. Von diesen habe »keiner zugesehen, keiner hat es durchgestanden ... wenn 100 Leichen beisammenliegen, wenn 500 daliegen oder 1000 daliegen«. Weiter spricht er über den Heldenmut, den ein solches Morden erfordere. »Dies durchgehalten zu haben und dabei ... anständig geblieben zu sein, das hat uns hart gemacht. Dies ist ein niemals geschriebenes und niemals zu schreibendes Ruhmesblatt unserer Geschichte.« Wie Japaner und Nazis im Zweiten Weltkrieg bewegten sich Asahara und seine Anhänger in einer Sphäre totaler ideologischer Überzeugtheit. Die Aneignung und Manipulation der *poa*-Idee ermöglichte die zynische Ermordung angeblicher Feinde.

Der siebte Aspekt bestand in einer extremen technokratischen Ausrichtung in Verbindung mit dem Anspruch auf eine absolute wissenschaftliche Wahrheit. Aum betrachtete das Gehirn als einen Computer: Kulturell erworbene »schlechte Daten« waren zu löschen und durch die »guten Daten« des Gurus zu ersetzen. Alle Bemühungen der Sekte um spirituelle Wandlung des Ichs reduzierten sich im Grunde auf technische Methoden in Form von Atemübungen, drogeninduzierten Initiationen oder endlosen Wiederholungen der Worte des Gurus oder zugeteilter Mantras. Alle Mitglieder erhielten spezifische praktische Aufgaben – Geschäftsführung, Übersetzungen, Pressearbeit, künstlerische Tätigkeiten, musikalische Kompositionen oder das Spielen von Instrumenten, Arbeit in »Fabriken«, die chemische oder biologische Waffen herstellten, Ausarbeitung notarieller Verträge –, sie waren stets Rädchen im Getriebe einer einzigen großen »Erlösungs«maschinerie. Letztlich waren auch die spirituellen Erfahrungen auf eine Funktion innerhalb dieses Räderwerks beschränkt. Guru und Sekte suchten ständig nach technischen Mitteln zur schnelleren Erlangung von Erlösung, ob es sich nun um wirkungsvollere Drogen für die Visionen der Mitglieder oder um effektivere Waffen für Armageddon handelte. In dieser und anderer Hinsicht folgte Aum der Neigung absolutistischer Sekten, eine »heilige Wissenschaft« zu schaffen und damit zwei absolute Ansprüche in einem einzigen allmächtigen Wahrheitspaket zusammenzufassen.

Überdies demonstrierte Aum die bizarren Folgen einer Bekehrung von Wissenschaftlern zum absoluten Guruismus und zu einer »größenwahnsinnigen Wissenschaft«. Trotz aller wissenschaftlichen und technischen Stümpereien kann man Aums Erfolge auf dem Gebiet der Waffenherstellung und die tödlichen Auswirkungen, die diese wissenschaftlichen Energien im Dienste des religiösen Fanatismus hatten, nicht unbeachtet lassen. Durch die Verschmelzung dieser beiden Elemente – größenwahnsinnige Wissenschaft und religiöser Fanatismus – gelang Aum immerhin ein grotesker Pionierzug in die gefährlichste aller zeitgenössischen Vorstellungswelten.

Die Aum-Dynamik

Aums Weg zum Massenmord ergab sich aus den eben geschilderten Merkmalen. Ein solches Vorhaben entsteht jedoch nicht über Nacht, sondern ist das Ergebnis eines Prozesses mit Eigendynamik. Ich habe diese Dynamik eingehend an den Handlungen von Regierungen und Nationalstaaten untersucht, die Massenmorde und Genozid begangen haben. Aum konfrontiert uns mit einer noch bedrohlicheren Möglichkeit: Morde im Ausmaß eines Genozids, jedoch nicht verübt von mächtigen, bewaffneten Staaten, sondern von kleinen, waffenfanatischen Antistaaten. Dennoch kann die Dynamik von Gruppen wie Aum die Gestalt der Triebkräfte größerer, »konventioneller« völkermordender Mächte annehmen.

Zu dem Modell, das ich aus einer Analyse des Genozids durch die Nazis abgeleitet habe, gehört zunächst die Wahrnehmung eines sozialen oder historischen »Leidens« oder einer »Krankheit zum Tode«; sodann folgt die Vision eines ideologischen Heilverfahrens (im Falle der Nazis eine rassistische oder »biomedizinische« Methode), die die mächtige Verheißung einer Wiederbelebung gekoppelt mit Transzendenzerfahrungen bedeutet (dauerhafte »Hochzustände«). Hinzu kommt die ideologische Vision spezifischer Formen des Tötens im Namen der Reinigung und Heilung, die gezielte Nutzung der verfügbaren Technik, der zunehmende Einsatz professioneller Mörder und mordender Akademiker. Beide Gruppen müssen sich ständig mit einem fanatischen Führer austauschen. Schließlich muß der Genozid einen zwingenden Ansporn erhalten (zu dem vielleicht ein Götterdämmerungs- oder Endzeitgedanke beiträgt), der die Beteiligten über die Schwelle drängt, hinter die es kein Zurück mehr gibt.

Alle diese Faktoren waren auch bei Aum vorhanden. Die »Krankheit« bestand in der universellen »Verunreinigung«. Eine Ideologie der Reinigung und Wiederbelebung wurde nicht nur den Mördern als Heilung angeboten, sondern galt auch für die von ihnen Getöteten. Die Therapie untermauerte ihre Verheißung zusätzlich mit beflügelnden mystischen Erfahrungen, die so intensiv waren, daß sie Körper und Geist der Jünger in ihren absoluten Bann zogen. Die Begeisterung für Wissenschaft und Technik war ebenfalls ausgeprägt, auch wenn sie sich hauptsächlich auf Phantasiegebilde stützte. Mordende Funktionäre und professionelle Mörder (obwohl sie sich vielleicht nicht so deutlich voneinander unterschieden wie bei den Nazis) gingen aus der ständigen Interaktion zwischen Oberhaupt und Anhängern hervor. Aums besonderer Drang zum Völkermord (oder überhaupt zum Mord) hat sich im Kontext der japanischen Gesellschaft entwickelt. Trotz partieller Absonderung hatte Aum doch keine andere Wahl, als in ihr zu agieren und zu reagieren. Kein historisches Ereignis – ja, nicht einmal eine einzelne Handlung im Dasein eines Individuums – ist das Produkt einer absoluten Zwangsläufigkeit. Es finden immer Interaktionen statt, die unter Umständen zu anderen Ergebnissen und Richtungen hätten führen können. Andererseits spricht alles dafür, daß Aum bewußt auf einen extremen Ausbruch von Gewalt zusteuerte. Zwar war es der Sekte keineswegs gleichgültig, wie die Gesellschaft auf sie reagierte (beispielsweise versuchte Aum verzweifelt, offiziell als Religion anerkannt zu werden), handelte aber hauptsächlich aufgrund eigener Impulse und erzeugte so eine eigene Dynamik.

Trotz der recht harmlosen Beschäftigung mit Yoga und dem Mahāyāna-Buddhismus in Aums ersten Jahren hatte Shōkō Asahara von Anfang an apokalyptische Ziele. Der erste Mord der Sekte wurde im Februar 1989 begangen. Später im selben Jahr befahl Asahara die Ermordung von drei Mitgliedern der Familie Sakamoto und predigte und veröffentlichte düstere Prophezeiungen von Armageddon. Zudem lehrte er aktiv radikale Formen des tantrischen Vajrāyana, zu denen auch die Idee des *poa* gehörte. Mit anderen Worten, Aums innere, auf Armageddon gerichtete Dynamik war von Anfang an präsent, verstärkte sich jedoch ab 1989 dramatisch und verband sich mit dem Impuls, ein Waffenarsenal anzulegen und ein apokalyptisches Ereignis herbeizuführen.

Diese Verschärfung war mit dem zunehmenden Gefühl verbunden, die Sekte sei in ihrer Existenz bedroht und müsse etwas unternehmen, um ihrer Auflösung zuvorzukommen. Die ständige Schwierigkeit, Mitglieder, vor allem künftige Mönche und Nonnen, anzuwerben und wachsender Argwohn von außen sowie polizeilicher Druck verstärkten dieses Gefühl. Doch unter dieser Oberfläche hatten Größenwahn und Paranoia sich verselbständigt und trieben Aum zu Provokation und in Konfrontationen, obwohl damit die Sektenmitglieder vor gravierende Probleme gestellt wurden. Aum durchlebte eine Art kollektiver Todesangst, die vom Guru ausging und zu immer verzweifelteren Aktionen führte.

Es gab keinen bestimmten, einzelnen Moment der Grenzüberschreitung. Absoluter Guruismus, Endzeittheologie und größenwahnsinnige Besessenheit von Waffen machten sich schon frühzeitig bemerkbar und trieben Aum zu immer unkontrollierterem Verhalten bis hin zum Ausbruch der Gewalt 1995. In der kurzen Geschichte der Sekte lassen sich zwei bedeutsame Einschnitte verzeichnen. Der erste fand 1989 statt, als der Guru einen »Unfalltod« durch einen Mord zu vertuschen suchte. Er und seine engsten Jünger mußten nun weiter töten, nicht nur, um die früheren Morde zu decken, sondern auch um sie psychologisch zu rechtfertigen. Indem er das »Töten zur Gewohnheit« erhob, legitimierte der Guru die Morde nachträglich. Schlicht gesagt, es führte ein Verbrechen zum nächsten. Eine zweite Schwelle zur Gewalt auf breiterer Ebene wurde 1993 überschritten, als die Sekte mit der Herstellung und Lagerung von Sarin begann. Trotz zahlreicher Rückschläge kamen die Experimente der Aum-Wissenschaftler doch so gut voran, daß sie die Vision des Gurus von einer Zerstörung der Welt, um sie zu retten, mit neuer Kraft und der Zuversicht erfüllten, das Projekt vielleicht doch noch verwirklichen zu können.

Die drohende Polizeirazzia war zwar ein wesentlicher Grund für den

Tokioter Sarinanschlag, aber nicht der entscheidende Faktor beim Überschreiten der apokalyptischen Schwelle. Aum hatte bereits im Jahr zuvor in Matsumoto mit Sarin getötet und außerdem versucht, biologische Waffen einzusetzen. Die Schwelle war also längst überschritten, als man auf den Termin im November zusteuerte, an dem eine ausreichende Menge Sarin freigesetzt werden sollte, um den Dritten Weltkrieg auszulösen. Auch wenn dieser große Sarinanschlag nicht möglich gewesen wäre, hätte Aum zweifellos irgendeinen massenmörderischen Anschlag durchgeführt. Durch gesellschaftliche Ächtung verstärkt, war Aum längst an einem Punkt ohne Wiederkehr angelangt. Die Vernichtung der Welt wurde zum einzigen Mittel, die Angst vor dem eigenen Tod und der eigenen Vernichtung zu beherrschen.

Der Besitz des Todes

Der Tod ist der Kern der ganzen Geschichte. Zur Diskussion steht die Beziehung zwischen individuellem Tod und der Sterblichkeit aller Dinge, zwischen Tod und Töten, zwischen Tod und ewigem Leben.

Der Guru brachte sich gewissermaßen in den Besitz des Todes. Er erhob sich zum allmächtigen Gebieter auf allen Ebenen des Todes vom individuellen bis zu dem der ganzen Welt. Seine Jünger legitimierten und teilten diesen Besitz. Jeder Tod an jedem Ort wurde von ihm vereinnahmt und inszeniert. Dieses Muster findet sich bei Visionären und paranoiden Schizophrenen, die unter bestimmten Umständen ihr eigenes Gefühl innerer Abgestorbenheit, eine extreme Fühllosigkeit oder den Zerfall ihrer Persönlichkeit mit dem Tod der Welt gleichsetzen. Obgleich Propheten und Gurus sich von Schizophrenen insofern unterscheiden, als sie von ihren Anhängern unterstützt und bestätigt werden, müssen auch sie zuweilen auf die Weissagung eines allumfassenden Todes zurückgreifen, um das eigene Ich am Leben zu erhalten. Möglicherweise gelangen sie zu der Überzeugung, daß nur die Vernichtung der Welt ihnen zu einer Überwindung ihrer inneren Leblosigkeit verhelfen kann.

Endzeitvorstellungen sind nie auf Gurus und Schizophrene beschränkt gewesen. Als Menschen mit dem Wissen um unsere unausweichliche Sterblichkeit sind wir alle anfällig dafür, unseren persönlichen Tod mit dem Tod allen Seins zu identifizieren. Meist wird diese Gleichsetzung durch das Gefühl der Zugehörigkeit zu einem umfassenderen menschlichen Kontinuum transzendiert, das sich über das endliche individuelle Dasein hinaus erstreckt (ob durch unsere Nachfahren, unsere Werke, unsere religiösen Überzeugungen oder den ewigen Kreislauf der Natur). Aber in Zeiten des Aufruhrs und der Unruhe ist dieses Vertrauen in eine menschliche Kontinuität vom Zusammenbruch der Glaubenssysteme bedroht, die es traditionell stützen. An seine Stelle kann das Gefühl eines radikalen Abbruchs dieser Kontinuität treten, begleitet von verstörenden Eindrücken und Bildern, die die Angst vor dem individuellen Tod steigern. Bedrückt von der Sinnlosigkeit des eigenen Lebens und Sterbens, können auch ganz normale Menschen für Endzeitvisionen empfänglich werden. Die Anhänger von Aum sind in einem Land aufgewachsen, das in den letzten einhundert Jahren zahlreichen Umwälzungen und Wirrnissen ausgesetzt gewesen ist. Dazu gehören die Kaiserverehrung im Zweiten Weltkrieg und das darauffolgende halbe Jahrhundert eines problematischen nationalen Leistungsstrebens und einer ebenso problematischen individuellen psychischen Kohärenz. Es überrascht kaum, daß junge Leute, die sich zu Aum hingezogen fühlten, bereits eine starke Orientierungslosigkeit – einschließlich der Identifikation von individuellem mit globalem Sterben – erlebt hatten, noch ehe sie dem Guru je begegnet waren.

Die bedrohliche Existenz nuklearer Waffen (von denen zwei japanische Städte zerstört hatten) hat alle Bemühungen, den individuellen Tod in ein System menschlicher Kontinuität einzuordnen, zutiefst fragwürdig werden lassen. Diese Waffen führen jedermann die beängstigende Vorstellung vor Augen, daß wir in der Lage sind, mit unserer eigenen Technik von eigener Hand unsere Welt zu zerstören und sogar unsere eigene Art auszurotten, ohne etwas davon zu haben. Wen wundert es da noch, daß in der zweiten Hälfte des 20. Jahrhunderts Endzeitvorstellungen in verstärktem Maße aufgetreten sind und mit ihnen die beunruhigende Realität ihrer Umsetzbarkeit. In dieser Furcht liegt auch ein Anflug von Schuld: Was könnte frevelhafter sein, als die Welt mit unseren eigenen Waffen zu zerstören? Wie können wir unter der Voraussetzung dieser Möglichkeit überhaupt noch an einen Fortbestand der Menschheit glauben? Unsere Vernichtungswaffen und die Fähigkeit, unsere Umwelt auf andere Art zu zerstören, unterminieren die Idee der Regeneration, die in unseren Mythen von Tod und Wiedergeburt symbolisch angelegt ist. Unsere Vorstellungskraft wird geschwächt. Es bietet sich an, Armageddon mit einem atomaren Holocaust zu identifizieren – mit dieser Deutung steht Aum keineswegs alleine da. Auch wir neigen dazu, die Aktualität des nuklearen Holocaust auf jeden beliebigen Endzeitmythos zu übertragen. Wenn wir das tun, dann können begabte, größenwahnsinnige Gurus wie Asahara mühelos eine solche bereits vorhandene Endzeitgeschichte manipulieren und die allgemeine Herrschaft über den Tod beanspruchen.

Töten ist immer ein Mittel gewesen, um Vitalität und ein Gefühl von Transzendenz zu empfinden. Bei Gewaltverbrechern hat man beobachtet, daß Depressionen und innere Teilnahmslosigkeit von einem Gewaltausbruch gefolgt sein können, der diese Leere durch einen Schub frischer Energie und Lebenskraft ausfüllt, worauf jedoch sehr bald die alten Empfindungen von Niedergeschlagenheit und Gleichgültigkeit zurückkehren. Shōkō Asaharas Entwicklung verlief, wenn auch auf einer höheren Ebene, parallel zu diesem Schema. Wir erinnern uns an den Jubelschrei des Gurus: »Jetzt ist Krieg!« (Was für ihn bedeutete: »Armageddon ist da!«) Am lebendigsten schien er sich zu fühlen, wenn er sich in Phantasien einer Weltzerstörung erging oder Vorbereitungen traf, sie selbst durchzuführen. Die Spiritualisierung des Tötens durch die *poa*-Idee half ihm und anderen Aum-Mitgliedern, Hemmungen zu überwinden und sogar zu behaupten, ihre Opfer in eine neue Dimension von Vitalität und Unsterblichkeit zu versetzen. Ebenso wie die Tötung eines anderen Menschen der Überwindung der eigenen Todesangst dienen kann, kann man aus einer ähnlichen Motivation heraus die »Welt töten«. Der Tod, der dabei besiegt – oder »gemordet« – wird, könnte der eigene oder der der eigenen heiligen Gemeinschaft sein. »Altruistisches Töten«, individuell und global angewendet, ist ein noch stärkerer Angriff auf die Idee des Todes. Der Täter steigert die angebliche Lebenskontinuität und symbolische Unsterblichkeit des Opfers oder der gesamten Welt, was schlechterdings das Gegenteil von Mord ist. Die Aufrechterhaltung dieser Überzeugung erfordert jedoch immer weiteres Morden.

Auf ihre Weise hatte Aum sehr viel mit Überleben zu tun. Die Erneuerung der Welt, die ja das eigentliche Ziel des Weltvernichtungsprojekts war, sollte von einer besonderen Schar vollkommen reiner Aum-Überlebender durchgeführt werden. Doch da diese Überlebenden (zumindest der Idee nach) Asaharas Klone sein sollten, war gewissermaßen der Guru als einziger zum Überleben bestimmt. So folgten Asahara und seine Klone letztlich einem bestimmten psychologischen Muster des Tötens, um zu überleben.

Die meisten Überlebenden der Konzentrationslager oder der Atombombenabwürfe auf Hiroshima und Nagasaki – also extremer Begegnungen mit dem Tod – ringen mit einer unauslöschlichen Todeserfahrung und der lebenslangen Frage nach einem lebensbejahenden Sinn oder einer immanenten Struktur. Andere hingegen entwickeln sich zu Despoten und verbringen ihr Leben auf der Suche nach Begegnungen mit dem Tod. Sie werden überlebenssüchtig – »je größer der Haufen von Toten ist, ... um so stärker wird das Bedürfnis nach ihm«, wie Elias Canetti es ausdrückt. Diese Menschen waren in ihrer Jugend häufig extremen Härten ausgesetzt und betrachten sich als magische Überlebende. Sie brauchen Überlebenserfahrungen, um sich lebendig zu fühlen, und sind nicht mehr in der Lage, zwischen dem »anderen« und dem »Feindlichen« zu unterscheiden. Ihr Leben erhält eine schreckliche persönliche Dynamik, die darauf abzielt, letzter und einziger Überlebender zu sein. Canetti charakterisiert den paranoiden Überlebenssüchtigen als einen Menschen, dessen »Leidenschaft [es ist], massenhaft Menschen zu überleben«.

Den paranoiden Machthaber beschreibt Canetti wie folgt: »Von ihm wird der Tod planmäßig ferngehalten: er selbst darf und soll ihn verhängen. Er darf ihn so oft verhängen, wie er will. Sein Todesurteil wird immer ausgeführt. Es ist das Siegel seiner Macht ... Er wird eine Hinrichtung um ihrer selbst willen verfügen, ohne daß es so sehr auf die Schuld des Opfers ankommt. Er wird von Zeit zu Zeit Hinrichtungen brauchen, desto mehr je rascher seine Zweifel wachsen.«

Canetti hatte dabei gewiß jemanden wie Asahara im Sinn. Eingebettet in dessen Größenwahn war außerdem die Überzeugung, sein eigenes Armageddon am besten überleben zu können. Dann konnte er, wie Senatspräsident Schreber, der einzige Überlebende und der Erneuerer der Menschheit sein. Transzendentes Überleben erfordert also die ultimative Katastrophe. Anstatt lediglich Teil des »überlebenden Rests« zu sein, um Gott zu dienen (wie es die Johannes-Offenbarung beschreibt), sah sich Asahara (mit seinen Klonen) als den letzten Überlebenden *und* als Gott. Er war es, der die biblische/nukleare Reinigung verwirklichen und als einziger überleben würde. Nur er besaß die übermenschliche Macht, durch die »gewaltsame äußere Eingriffe als den Tod bedingende Ursachen bei mir ausgeschlossen sind«, wie Schreber es ausdrückte.

10.
Die Überlebenden von Aum

Die Menschen, die ich interviewt habe, sind Überlebende eines Armageddons, das nie stattgefunden hat. Dennoch waren sie Situationen ausgesetzt, in denen es um Leben und Tod ging. Sie weisen viele der psychischen Muster von Überlebenden auf, die ich anderswo beobachten konnte. Sie waren beherrscht vom unauslöschlichen Bild eines tatsächlichen oder symbolischen Todes. Entweder sie waren Opfer einer überwältigenden Flut oder eines völligen Mangels an Gefühlen. Sie verspürten verschiedene Arten von Schuld- oder Schamgefühlen sowie Mißtrauen gegen Außenstehende. Die dauernde Bemühung, das Wesen ihrer Erfahrung zu begreifen, ihr einen Sinn und eine Form zu verleihen, um sie so zu bewältigen, dominierte ihr Leben.

Die ehemaligen Aum-Mitglieder waren Gezeichnete, sowohl aus ihrer eigenen Sicht als auch der ihrer Landsleute, da die Gruppe, der sie angehört und deren Aktionen sie überlebt hatten, sich als bösartig und mordgierig erwiesen hatte. Die extreme Verunsicherung der ehemaligen Mitglieder bezog sich nicht nur auf die Welt der Sekte, die sie verlassen hatten, sondern auch auf die Gesellschaft, in die sie zurückgekehrt waren. Ihr Ringen um einen Sinn ihrer Aum-Erfahrung schloß qualvolle Fragen nach der eigenen Schuld und Verantwortung ein, Fragen, die stets psychologischer und moralischer, manchmal aber auch juristischer Natur waren. Wie viele Deutsche nach dem Zweiten Weltkrieg wurden sie durch die Auseinandersetzung mit der eigenen Beteiligung am Bösen in schwerste Konflikte gestürzt.

Diese Konflikte waren eng verknüpft mit einem Guru, der kontrollierend, paranoid, größenwahnsinnig und gelegentlich psychotisch war, aber nach ihrer Erfahrung auch außergewöhnlich faszinierend sein konnte. Auch wenn sie ihn und Aum im nachhinein rational zu be- und zu verurteilen vermochten, durchlebten sie eine Form der Ablösung, die von vielen als Bruch erfahren wurde und extreme Verlustgefühle hervorrief. In den Interviews erklärten manche, daß auch die Anhänger Opfer seien, und sprachen davon, »ins Leben hinaus geworfen« worden zu sein. Diese Menschen waren nicht in der Lage, ihre widersprüchlichen Gefühle zu entwirren: Einerseits hatten sie bei Aum ein privilegiertes Dasein geführt, das ihr alltägliches Leben zu transzendieren schien, andererseits hatte ihr Idol sie verraten und im Stich gelassen. Dieses Verlustempfinden der Überlebenden war bei manchen so stark, daß es ihr Ich und die Welt zu zertrümmern drohte.

Viele fühlten sich dem Guru und den anderen Aum-Mitgliedern gegenüber schuldig, da sie die Sekte verlassen hatten. Einige verspürten besonders starke Gewissensbisse gegenüber jenen, die vor Gericht standen, da »ich besser dran bin als sie«, wie ein Mann es ausdrückte. Außerdem schämten sie sich, weil sie ihren Guru »enttäuscht« hatten. Ein ehemaliger Student, der vor seine Aum-Zeit hochfliegende akademische Pläne gehabt hatte, erklärte traurig: »Meine Ziele sind mit Aum gestorben.« Eine nähere Untersuchung der Überlebensstrategien einzelner Mitglieder eröffnet interessante Rückschlüsse auf die Bedeutung der Sekte.

Das Zeugnis der Leichen

Beginnen wir mit einer Frage: Warum kehrten Menschen Aum den Rücken? Keiner der Befragten tat es unmittelbar aufgrund des Sarinanschlages. Zur Zeit des Anschlags herrschte offenbar allgemeine große Unsicherheit darüber, wer dafür verantwortlich war. Wegen ihrer extremen Bindung an Asaharas Guruismus waren die meisten nicht in der Lage, sich dem zu stellen, was viele vorbewußt vermuteten – daß nämlich Aum den Anschlag verübt hatte. Psychisch stand für sie zuviel auf dem Spiel, um diesen Schluß zuzulassen.

Isoda etwa, der »leidenschaftliche Jünger«, der sich vorstellte, wie Asahara zu sein, erzählte mir, daß er geraume Zeit »nicht glaubte, daß Aum kriminell sei«. Die Erkenntnis, daß an Aum irgend etwas »seltsam« war, kam ihm nur ganz allmählich, doch als seine Befürchtungen Gestalt annahmen, entwickelte er den »Drang« zu gehen. Er verließ Aum tatsächlich, wie wir wissen, als ihm eine Stelle außerhalb der Sekte angeboten wurde, aber der eigentliche Grund für sein Ausscheiden sei, wie er mir sagte, lediglich seine Unzufriedenheit mit Aum gewesen. »Für mich hatte es keinen Zweck mehr zu bleiben«, lautete seine etwas rätselhafte Erklärung. Die durch seine anfänglichen mystischen Erfahrungen erlebte tiefe Befriedigung war Zweifeln und Unbehagen gewichen. Er unterdrückte diese Zweifel in den Monaten unmittelbar nach dem Sarinanschlag, um seinen Auftrag auszuführen, der darin bestand, der Welt zu erklären, daß Aum unschuldig sei. Am Ende trugen jedoch seine Mutmaßungen und die Konflikte mit höherrangigen Jüngern sowie der Kontakt zu Journalisten zu einer inneren Wandlung und Abkehr von der Sekte bei.

Hirota, der Wissenschaftler, zeigte sich über den Sarinanschlag ähnlich verwirrt. Auch wenn er Aum nicht die Schuld an diesem »entsetzlichen Vorfall« gegeben habe, sei er zwischen »Glauben und Unglauben« hin- und hergerissen gewesen. Der Hauptgrund für seine Angst sei wachsende Erkenntnis der Gewaltbereitschaft des Gurus gewesen. »Ich ahnte seinen gefährlichen Plan, Armageddon selbst herbeizuführen.« Außerdem habe er »eine Atmosphäre des Bösen« in der Gruppe verspürt. Naturgemäß neigte auch Hirota dazu, im nachhinein seine tatsächlichen Einsichten zu übertreiben. Wie andere auch verließ er Aum aufgrund einer unbestimmten Mischung von Gefühlen wie Furcht, Verwirrung, Zweifel und Ablehnung, die insgesamt zu einem tiefen Unbehagen in der Gruppe geführt hatten.

Bei Yano, der die heilende Berührung des Gurus gespürt hatte, offenbarte eine nicht bestandene »Loyalitätsprüfung«, bei der er dem Guru seinen absoluten Gehorsam nicht beweisen konnte, zwar einen Riß in der Beziehung zwischen Guru und Jünger, führte jedoch nicht unmittelbar zu dem bewußten Wunsch, die Sekte zu verlassen. Diesen verspürte er wenig später im Anschluß an zwei Vorfälle. Zum einen entdeckte die Polizei aufgrund von Hinweisen ehemaliger Aum-Mitglieder die Leichen der Familie Sakamoto. Das war etwa sechs Monate nach dem Sarinanschlag in Tokio. »Bis dahin«, erklärte Yano, »hatte ich nicht glauben wollen, daß Aum diese Dinge [einschließlich des Giftgasanschlages] getan hatte, doch nun blieb mir nichts anderes übrig, als es zu glauben.« Zu dieser Zeit hatte Yano eine Begegnung mit Fumihiro Jōyū, Aums Außenminister und Chefpressesprecher. Jōyū widersprach Yanos pessimistischer Einschätzung von Aums Zukunft aufs schärfste. Da Jōyū einer der einflußreichsten Männer Aums und voraussichtlicher Nachfolger des mittlerweile inhaftierten Gurus war, fürchtete Yano um seine Sicherheit. Der widerspenstige Standpunkt, den er Jōyū gegenüber eingenommen hatte, brachte vermutlich seine beginnende Ablehnung des Gurus zum Ausdruck.

Iwai, die Befürworterin des *poa*-Prinzips, war, wie wir uns erinnern, »entsetzt« über die Mitglieder, die sich zu ihrer aktiven Mitwirkung am Bewaffnungsplan der Gruppe bekannten. Doch nicht deren Beschäftigung mit Waffen war es, die sie schockierte und zum Austritt aus der Sekte veranlaßte, sondern ihr Verhalten. »Wenn sie wie wahrhaft spirituelle Menschen gelebt hätten und ich erfahren hätte, daß wir Menschen mit Sarin getötet haben, wäre ich vielleicht nicht ausgetreten. Auch in dem Wissen, daß Aum den Anschlag durchgeführt hat, wäre ich vielleicht geblieben.« Die von Aum Getöteten wurden für sie erst real, als sie der spirituellen Entartung (wie sie es sah) derer begegnete, die für den Anschlag verantwortlich waren.

Keine der Erklärungen der ehemaligen Jünger war vollständig, doch waren sie das Resultat monatelanger verworrener innerer Kämpfe, und jede war ein Hinweis auf die Schwierigkeiten, die diese Mitglieder bei ihrer Erkenntnis des kriminellem Charakters der Sekte überwinden mußten. Ein weiterer Beleg für die Macht, die Aum über diese jugendlichen Mitglieder ausgeübt hatte, ist der Umstand, daß viele von ihnen die Sekte erst verließen, nachdem der Guru und seine höchsten Jünger verhaftet worden waren, also nachdem der Staat ihrer Verbindung faktisch ein Ende bereitet hatte.

All dies weist auf die bedrückende Fähigkeit von Menschen hin, bestimmte psychische Mittel zu finden, um mit einem Massenmord leben zu können. Eine selektive psychische Abstumpfung, verstärkt durch Aums extreme Abschottung und ihr hermetisches, totalitäres Milieu haben viel zu dieser Fähigkeit beigetragen. Außerdem ließ die Verbindung von ekstatischen Erlebnissen mit absoluter Tugend sowie die Vorstellung, Aum sei das Opfer äußerer Intrigen, den Mitgliedern keinen psychischen Raum, die Gruppe, den Guru oder sich selbst in Zusammenhang mit einem Massenmord zu bringen. Für einige eröffneten die aufgefundenen Leichen diesen psychischen Raum, aber es gab viele, denen auch das noch nicht ausreichte, denen es gelang, für die Toten – wenn man sie überhaupt als solche ansah – andere verantwortlich zu machen.

Die Gespräche mit den Mitgliedern über ihre Konflikte mit ihrem eigenen Verhalten und dem der Sekte erinnerten mich häufig an die ehemaligen Nazis, die ich für mein Buch über Ärzte im Dritten Reich interviewt habe. Beide Gruppen hatten immense Schwierigkeiten mit ihrer eigenen Verbindung zum Bösen, um so mehr, da sie ihren charismatischen Führer so sehr verehrt hatten und in seiner Bewegung so aufgeblüht waren. Die Aum-Mitglieder versuchten, wie die NS-Ärzte, sich durch die Behauptung zu distanzieren, sie hätten nichts von dem mörderischen Projekt ihres Gurus geahnt. Häufig leugneten oder verharmlosten sie alle Hinweise auf Verbrechen, auf die sie gestoßen waren, obwohl sie (bereitwilliger als die Ärzte im Dritten Reich) gleichzeitig zugaben, solche Hinweise ignoriert oder unterdrückt zu haben. Natürlich besteht ein großer Unterschied zwischen beiden Gruppen: Die Deutschen waren alte Männer, als ich ihnen in den siebziger Jahren begegnete. Zwischen ihnen und dem Erlebten lagen über dreißig Jahre. Die Aum-Mitglieder hingegen waren jung, und ihre Beteiligung lag noch nicht lange zurück. Die Ärzte lebten in einem Land, das als Ganzes einen diffusen Prozeß der Abstumpfung und Verdrängung durchlaufen hatte. Aum war eine verhältnismäßig kleine, extrem selbstbezogene Gruppe, obwohl auch hier Abstumpfung und Verdrängung ermutigt, ja sogar verlangt wurden. Die Ärzte spielten eine unmittelbarere und abscheulichere Rolle im Vernichtungsplan der Nazis, als die meisten der einfachen Aum-Jünger, die ich interviewt habe, es innerhalb ihrer Sekte getan hatten. Der gemeinsame psychologische Nenner der beiden Gruppen besteht in der Art und Weise, wie sie sich aus ihrer Verstrickung in das Böse zu befreien suchten. Hirota etwa bemerkte eine »Atmosphäre des Bösen«, eine Erkenntnis, die er jedoch lange unterdrückte. Isoda erkannte in Aum eine »Terrorgruppe«, bestand aber darauf, daß auch er, wäre er früher Mitglied geworden, sich womöglich an den Aktionen beteiligt hätte. Und Harada gelangte zögernd zu der Teileinsicht, daß der Verlust eines »menschlichen Bewußtseins« und »göttlichen Mitgefühls« Aum zum Morden geführt hatte.

Als ich mit ihnen sprach, waren die meisten ehemaligen Jünger bereits stark von den belastenden Aussagen prominenter Aum-Mitglieder beeinflußt – besonders durch Kiyohide Hayakawa, den Waffeneinkäufer, Ikuo Hayashi, den Leiter der Kliniken, und Yoshihiro Inoue, den Spionageminister. Erst nach der Lektüre der Protokolle konnte beispielsweise Ogata davon überzeugt werden, daß Aum tatsächlich den Sarinanschlag in der U-Bahn verübt hatte, einen weiteren Anschlag in der Nähe des Parlamentsgebäudes plante, »die Macht im Land übernehmen« und tatsächlich Armageddon herbeiführen wollte.

Gespaltene Persönlichkeiten

Besonders auffällig war für mich die extreme innere Gespaltenheit der ehemaligen Mitglieder – ein Teil ihres Ichs verurteilte Aum und den Guru wütend, während ein anderer Teil sich ihm und der Gruppe noch immer tief verbunden fühlte. Diese Existenz zweier mehr oder weniger getrennter, einander sogar widersprechender Ichs innerhalb derselben Psyche war eine Spaltung, die bereits zum Sektenleben gehört hatte.

Jetzt gab es das Ich des verbitterten Überlebenden und Gegners von Asahara, Aum und dem Guruismus im allgemeinen und das Ich des Jüngers, das noch immer eins mit dem Guru war und in der Erinnerung noch immer die vom Guru gespendete Ekstase erlebte. Das noch an Asahara gebundene Aum-Ich stand in schmerzlichem Widerspruch zum Post-Aum-Ich, das darum kämpfte, sich vom Guru, seinen Verbrechen und dem Sektenleben loszusagen. Die größte Schwierigkeit für meine Gesprächspartner bestand jedoch darin, die transzendenten Erfahrungen hinter sich zu lassen, an denen das Aum-Ich noch festhielt (während gleichzeitig das Post-Aum-Ich extreme Verlustgefühle, Verwirrung oder ein Gefühl der Auflösung durchlebte). Auch wenn die beiden Ichs selbstverständlich nie völlig autonom waren, erwies es sich als eine beängstigende Aufgabe für alle ehemaligen Jünger, sie in einer einzigen Psyche zu integrieren.

Im Fall Haradas war ihr erotisch aufgeladenes Aum-Ich noch über ein Jahr nach dem Verlassen der Sekte sehr stark, möglicherweise dominierend, während ihr neues Ich (von dem ihr Leben nun abhing) sich wütend, verraten und zutiefst verwirrt fühlte. Obwohl sie die Verbrechen der Sekte verurteilte, setzte sie ihre Aum-Meditationsübungen fort und äußerte häufig die Befürchtung, seit ihrem Ausscheiden aus der Gruppe zu »verfallen«. Sie fühlte sich ruhe- und antriebslos und sehnte sich nach der »starken Energie«, die sie während ihrer Zeit bei Aum verspürt hatte. Sie konnte diesen ersehnten Zustand heraufbeschwören, wenn sie sich die erotische Vereinigung mit dem Guru vorstellte; doch erlebte sie dann jedesmal einen starken inneren Konflikt. Daher sehnte sie sich häufig nach dem »einfachen Aum-Leben« ihrer verklärenden Erinnerung. Dieser Konflikt spiegelte sich auch in ihren Träumen wider, in denen ihr enge Freunde aus der Sekte erschienen und immer wieder fragten: »Warum bist du fortgegangen?« Anschließend meditierte sie im Traum gemeinsam mit ihnen. Sie deutete diese Träume als Ausdruck des Aum-Prinzips, daß alle, die sich vom Guru lossagten, sich damit selbst befleckten.

Zwar bezeichnete Harada Aums Gewalttaten als »kindisch«, schilderte jedoch im gleichen Atemzug ihren Eindruck von Asahara als »würdig«, »verständnisvoll« und »hochintelligent«, wobei sie niedergeschlagen die »Kluft« zwischen beidem anerkannte. Hierin drückt sich eine verbliebene allgemeine Verunsicherung über die eigentliche Realität von Aum aus. Wie viele andere verwirrte es sie zutiefst, daß eine Gruppe »sehr netter, begeisterter und reiner Menschen ... einer so verrückten, mörderischen Organisation« angehören konnte. Sie fragte sich, wie alles hatte so kommen können, und dachte daran, sich mit dieser Frage direkt an Shiva zu wenden. Obwohl ihr neues Ich mit der Zeit an Funktionsfähigkeit gewann, war sie nie ganz frei von den Konflikten und der Verunsicherung, die ihr noch immer starkes Aum-Ich hervorrief, das durch das Gefühl einer karmischen Bindung an den Guru weiterhin aufrechterhalten wurde.

Ein ehemaliger Jünger reiste sogar mit einer kleinen Gruppe Gleichgesinnter nach Indien, um den Dalai Lama aufzusuchen und ihn zu fragen, ob er wirklich gesagt habe, daß Asahara »den Geist eines Buddha« besitze, wie der Guru behauptet hatte. Die Gruppe drang nicht zum Dalai Lama selbst vor, wurde jedoch von einem seiner engen Mitarbeiter darüber aufgeklärt, daß er nichts dergleichen gesagt habe. Nachdem er mir die Geschichte erzählt hatte, fügte der ehemalige Jünger mit einem sarkastischen Lächeln hinzu: »Natürlich hätte ich nicht nach Indien reisen müssen, um das herauszufinden.«

Allen Interviewten machte der extreme Guruismus Asaharas zu schaffen. Einige unternahmen Anstrengungen, ihn zu entmystifizieren und auf diese Weise abzuwerten. So sprach Harada leicht spöttisch über die zahlreichen Aum-Schriften, in denen »es wieder und wieder heißt: ›Der Meister ist groß! Der Meister ist groß!‹« Hirota setzte Aums Kriminalität in Beziehung zu dem absurden Guruismus, der Asahara »zu einem göttlichen Wesen [machte], das nicht kritisiert werden durfte«. Er hob die Notwendigkeit hervor, »dem Schatten, den Aum durch Asaharas Charisma geworfen hat, mehr Aufmerksamkeit zuzuwenden«. Mehr noch als das allgemeine Phänomen charismatischer Gurus beschäftigte ihn seine eigene Unterordnung unter Asaharas charismatischen Schatten. (Albert Speer, der Architekt, der zu Hitlers innerem Kreis gehört hatte, äußerte mir gegenüber ein ähnliches Bedürfnis nach einem besseren Verständnis der Gründe, aus denen eine Person wie Hitler ihn derart in ihren Bann hatte ziehen können. Auch er betonte die Notwendigkeit, Hitlers Charisma allgemeiner zu erforschen.) Hirota sprach im Zusammenhang mit Asaharas Charisma von der »dunklen Seite« des Menschen, mit der er nicht nur »die dunkle Seite unseres Denkens, die wir kaum wahrnehmen«, meinte, sondern auch »die geistige Struktur der Japaner an sich, da unser Glaube an den Guru den Gefühlen der Japaner gegenüber dem Kaisertum sehr ähnlich war«. Bei der Erforschung seiner psychischen und moralischen Verstrickung ging Hirota weiter als die meisten der interviewten Jünger.

Einsichtige Jünger waren in der Lage, Asahara und Aum wegen ihrer Verzerrung der Realität und ihrer psychischen Verirrungen zu kritisieren. Kuno, dessen innerer Widerstand zunächst zu einem Anfall von Gedächtnisverlust geführt hatte, interpretierte zum Beispiel Asaharas frühe religiöse Vision als »die Halluzination einer Person, die sagte: ›Ich bin ein Gott. Ich bin Shiva.‹ Diese Person war nie ein richtiger Gott. Ein wahrer Gott oder Buddha muß nicht auf diese Weise erscheinen. So etwas kann nur ein Geisteskranker behaupten.« Ähnliche psychische Verirrungen ließen sich in vielen Aum-Phantasien aufdecken. Isoda verglich das Leben in der Gruppe ärgerlich mit »der Welt eines Cartoons«. Als er nach seinem Austritt in ein Aum-Zentrum zurückkehrte, um dort Interviews für einen Fernsehsender aufzunehmen, bemerkte er, daß die Aum-Mitglieder vorüberfliegende Flugzeuge aufmerksam beobachteten, um festzustellen, ob es sich um amerikanische Kampfflugzeuge handelte: »Erwachsene Männer über zwanzig taten das mit völlig ernstem Gesichtsausdruck und belehrten mich über die unglaubliche Macht der Freimaurer, die sogar das Wetter kontrollierten. Es fehlte ihnen einfach jegliche Kenntnis der Außenwelt.« Auf meine Frage, warum er über diesen mangelnden Sinn für Realität so erbost sei, antwortete er: »Das liegt an meinem eigenen früheren Ich. Es ist, als beobachtete ich mich selbst. Das macht das Ganze wirklich schmerzhaft.«

Um zu einer kritischen Einschätzung der Sekte und einer spirituellen Lösung zu gelangen, wandten sich zahlreiche ehemalige Jünger verschiedenen Formen des Buddhismus zu. Yano fand Trost im frühen buddhistischen Schrifttum, in dem er dem Mitgefühl und der Zuversicht des »lebendigen unmittelbaren Buddhas« begegnete. Nun betrachtete er Asahara als »ein bemitleidenswertes Wesen, das seine Anhänger ausbeutete, um sich an der Gesellschaft zu rächen«. Er sah seinen ehemaligen Guru als eine Art Devadatta, einen Verwandten Buddhas, der zunächst sein Jünger und ein geachtetes Mitglied der buddhistischen Gemeinschaft war, später jedoch versuchte, Buddha ermorden zu lassen, um seinen Platz einzunehmen. »Ich brauchte ein solches Vorbild, um mir Asaharas Verhalten – seine Existenz an sich – begreiflich zu machen«, erklärte Yano. Andererseits führte ihn sein neues Verständnis für den Buddhismus zu dem Schluß, wenn »schlechte Menschen dem Reinen Land am nächsten sein können«, dann war sein ehemaliger Guru »derjenige, der dem Reinen Land am allernächsten war«. Weiterhin betonte er die Bedeutung des »buddhistischen Nihilismus« für die Aum-Lehre. Obwohl er sich selbst vielleicht gar nicht im klaren darüber war, hatte ich den Eindruck, daß er sich bemühte, Aum in einen umfassenderen religiösen und historischen Kontext einzuordnen, wobei er bei aller Kritik dennoch apologetisch argumentierte.

Auch wenn heutige Mitglieder Aum unverhohlener verteidigten und von den Gewalttaten ihres Gurus behaupteten, sie überstiegen das Verständnis gewöhnlicher Sterblicher und dienten einem höheren Zweck, dessen Erkenntnis anderen unzugänglich sei, hatten auch sie mit ihrer Verwirrung zu kämpfen, während sie gleichzeitig ihre moralischen und psychischen Konflikte unterdrückten.

Doch ehemalige Mitglieder, die sich wie Hirota von Aum distanzieren wollten, deuteten den Zusammenbruch des Gurus im Gerichtssaal als eine Art Gottesurteil. Bestürzt vom plötzlichen Fall seines Gurus aus einer scheinbar unangreifbaren Allwissenheit in unzusammenhängendes Gestammel, stellte Hirota sich die Frage, »ob er überhaupt das geringste Schamgefühl hat«. Für ihn war der Guru zu einem Kaiser in neuen Kleidern geworden – er sah ihn, wie er wirklich war.

Schwieriger Wiedereintritt

Die früheren Aum-Mitglieder hatten eine extrem problematische Beziehung zu der Gesellschaft, in die sie wieder zurückgekehrt waren. In der Regel stießen sie auf Zorn und Ablehnung, jedoch auch auf Neugierde, gelegentlich auf Mitleid, sogar auf ein gewisses Maß an Anerkennung, vor allem wenn die Medien sich von ihnen weitere dramatische Offenbarungen über die Sekte versprachen. Ihre eigene Einstellung zu ihrer Rückkehr war gespalten. Mir gegenüber erwähnten sie häufig die von ihnen empfundene außerordentliche Verderbtheit der japanischen Gesellschaft, ein Eindruck, der viele von ihnen ursprünglich zu Aum geführt hatte. Andererseits sprachen sie auch von ihrer »Verpflichtung gegenüber der Gesellschaft«, wobei mit »Gesellschaft« weniger bestimmte Institutionen gemeint waren als eine größere menschliche Gemeinschaft, in der Wahrheit, Vernunft, Verzicht und Anstand zählten. Als Verpflichtung wurde gewöhnlich eine Weitergabe ihrer Informationen über Aum verstanden, doch zuweilen auch eine Wiedergutmachung der Verbrechen. Einige arbeiteten auf gerichtlichen Druck oder aus Gewissensbissen mit der Polizei zusammen.

Besonderes Mißtrauen hegten die ehemaligen Mitglieder gegenüber den Medien, und viele von ihnen zweifelten auch weiterhin den Wahrheitsgehalt selbst der objektivsten Berichte über die Untaten der Sekte an. Einerseits neigten sie dazu, einen Großteil der Prozeßberichte in Presse und Fernsehen als Sensationsmache abzutun, begrüßten jedoch gleichzeitig die Enthüllungen der Medien über Aum und seine Führer und ließen sich stark davon beeinflussen. Yanos extreme Bemerkung über »den Medienfaschismus« ging zwar weit über die meiner übrigen Interviewpartner hinaus, aber nur wenige hätten Harada widersprochen, die erklärte, wie schwer es für sie sei, den japanischen Medien Glauben zu schenken. Hinter dieser Skepsis verbarg sich möglicherweise mehr, aber andererseits gaben die Medien selbst auch allen Grund zu dieser Haltung. Während sie gelegentlich den Austritt von Aum-Mitgliedern unterstützten, indem sie ihnen neue Informationen lieferten oder Honorare für Fernsehauftritte anboten, bauschten sie auf der anderen Seite ohnehin dramatische Geschichten noch auf und schreckten auch vor unmoralischen, eigennützigen Aktionen nicht zurück.

Ehemalige Aum-Mitglieder hatten es schwerer, sich wieder in die Gesellschaft zu integrieren, als Angehörige anderer japanischer Sekten. Beispielsweise fanden sie nur schwer Arbeit und damit die Mittel, sich in der Welt außerhalb von Aum zurechtzufinden. Manche schlossen sich buddhistischen Vereinigungen oder einem buddhistischen Lehrer an, während einige wenige christlichen Organisationen beitraten. Andere suchten Beistand bei christlichen oder buddhistischen Beratungsstellen sowie Psychologen und Psychiatern. Auch amerikanische Therapeuten boten ihre Hilfe an. Manchmal verfolgten die Helfer eigene religiöse oder psychologische Absichten, und die (ohnehin zum Argwohn neigenden) ehemaligen Aum-Mitglieder beklagten sich gelegentlich, von ihnen ausgebeutet worden zu sein. Ebenso beschwerten sie sich darüber, raschen Vorverurteilungen ausgesetzt zu sein, ohne daß die Komplexität ihrer Erfahrungen adäquat berücksichtigt worden sei.

Es war unvermeidlich, daß fragwürdige Behauptungen aufgestellt wurden und sich peinliche Mißverständnisse einstellten. Das hatte etwas damit zu tun, daß im Hinblick auf die Rolle der Berater unterschiedliche Vorstellungen bestanden, und grob gesagt mit allgemeinen kulturellen Verunsicherungen bei der Bewältigung neuartiger Probleme. Ehemalige Aum-Mitglieder konnten zudem ambivalente Gefühle gegenüber bestimmten guruähnlichen Zügen entwickeln, die sie bei den Beratern wahrnahmen.

Die meisten meiner Interviewpartner bemühten sich, familiäre Brüche zu kitten, doch in vielen Fällen erwies sich der Konflikt zwischen den Generationen als unlösbar. Zwar leisteten die Eltern loyale Unterstützung in unterschiedlichster Form, doch gleichzeitig blieben sie die Urheber psychischer Konflikte und die Repräsentanten der Gesellschaft, aus der sich viele Aum-Mitglieder noch immer ausgeschlossen fühlten. Häufig gaben diese sogar der tiefen Verderbtheit und Heuchelei ebendieser Gesellschaft die Schuld am Phänomen »Aum«. Sie verglichen Aum mit verschiedenen sozialen und kulturellen Institutionen und Verhaltensmustern wie dem Tennō-System und dessen Prinzipien des blinden Gehorsams oder dem gewalttätigen Linksextremismus der sechziger und siebziger Jahre oder den bestehenden Firmenpraktiken, deren intensive Gruppenschulungen Loyalität und Begeisterung für die Firma fördern sollen. Gelegentlich wurden auch Parallelen zu Sekten in den USA und Europa oder zu einer politischen Bewegung im Westen, wie dem Nationalsozialismus, gezogen, doch meistens bezogen sich die Vergleiche auf japanische Phänomene.

Viele äußerten sich zu den Charaktereigenschaften der Menschen, die sich wie sie selbst von Aum angezogen fühlten. Isoda betonte beispielsweise eine Weichheit und Abhängigkeit bei sich und anderen Aum-Mitgliedern, die er mit einer zu großen elterlichen Nachsicht und Fürsorge erklärte und die es ihnen erschwert hätten, sich von der Familie zu lösen und eigenverantwortlich zu handeln. Wie er sagte, sei er auch auf eine Weise »von Idealen besessen« gewesen, der jeder Bezug zur Wirklichkeit gefehlt habe.

Iwai äußerte sich ähnlich: »Mein schwaches Selbstbewußtsein führte dazu, daß ich mich mit anderen identifizierte und ständig ihre Bestätigung und Zuneigung suchte.« Nach ihren Worten »trat das Problem Japans in mir, einem schwachen Wesen, zutage«. Ein Teil des Problems war ihrer Ansicht nach der Konflikt zwischen einem oberflächlichen Anspruch auf Individualität und dem »Ballast alter [japanischer kultureller] Erwartungen ... die Sehnsucht nach dem idealen Vater und der idealen Mutter, die Vorliebe für zierliche Frauen mit langem Haar und starke Männer, die sie führen können«. All das, behauptete sie, sei eine Folge des erfolglosen Kampfes der Generation der sechziger Jahre, die Gesellschaft zu verändern. »Wir haben uns dem Einfluß und den Methoden Aums unterworfen, die in gewisser Weise wie die der Nazis waren. In meinem Fall«, fügte sie hinzu, »ging es nicht um Gehirnwäsche. Ich schloß mich Aum aufgrund meiner Bedürfnisse an.«

Hirota äußerte sich ausführlich zur »dunklen Seite« jedes Menschen, womit er wohl sagen wollte, Aum sei lediglich ein Katalysator für das Böse gewesen. »Für gewöhnlich meiden wir den Blick in dieses Dunkel. Es ist uns unbekannt, und wir fürchten es.« Seines Erachtens hätte Aum bei jedem das Potential zu Gewalttätigkeit und Mord wecken können. Ein hochrangiges ehemaliges Mitglied sprach ähnliches aus: »Gewalt steckt in jedem von uns« und »Religion hat immer eine gewaltsame Seite«. Beide Äußerungen spiegeln einen Anflug der Schwierigkeit wieder, die (insbesondere hochrangige) Mitglieder damit hatten, sich zu ihrer Zugehörigkeit zu Aums spezifischer Form des Bösen zu bekennen.

Isoda wollte seine Aum-Erfahrung dazu nutzen, zu einer »heilsamen« Erkenntnis seiner eigenen »Schlechtigkeit« zu gelangen. Andere, sagte er, sähen ihn als »freundlichen, zuvorkommenden Menschen«, doch »ehrlich gesagt, ein solcher Mensch war ich nie«. Statt dessen habe er an sich »den Wunsch, anderen Menschen große Schwierigkeiten, anhaltende Schwierigkeiten zu bereiten«, entdeckt. Er war sich des dauernden Widerstreits zwischen einer »guten und einer schlechten Seite« bewußt. Der schlechten habe er durch seine Begeisterung für die Zerstörung der Welt Ausdruck verliehen.

Wie wir uns erinnern, hatte Isoda erzählt, er habe eingesehen, daß es zwischen seinem Gefühl einer eigenen Großartigkeit und dem Asaharas Parallelen gab. Auch Yano sprach von einer guru-ähnlichen Großartigkeit, wenn er religiöse und moralische Wahrheiten für ungültig erklärte. Während Isoda sich diesem Thema mit selbstkritischer Distanz und Ironie widmen konnte, benötigte Yano dieses Bewußtsein von Großartigkeit weiterhin, um mit seinem Leben nach Aum zurechtzukommen. Er verteidigte es, statt es zu kritisieren, und es fehlte ihm jede Einsicht in den psychischen Zustand, den er verteidigte.

Auch ohne ein solches übersteigertes Selbstwertgefühl sahen sich ehemalige Aum-Mitglieder häufig als Angehörige einer Elite. Eine Möglichkeit, sich im unwegsamen Gelände ihres neuen Lebens zu bewähren, bestand in der Genugtuung, daß nur sie allein Aums einzigartige mystische Freuden erfahren hatten und so zur höchsten Autorität über eine gefährliche Sekte geworden waren, die außergewöhnliches soziales, psychologisches und juristisches Interesse gefunden hatte.

Die Aum-Mitglieder verwendeten den Begriff *gekō* (»abwärts gehen«) für den Austritt aus der Sekte. Dieses Wort wurde früher für eine Reise aus der Hauptstadt in die Provinz benutzt und hat eine herabsetzende Konnotation. Im Sprachgebrauch von Aum bedeutete es auch Fluch, Pech oder Leiden, es bedeutete den Sturz in die Hölle als Bestrafung für das unverzeihliche Verlassen der Sekte. Selbst Mitglieder, die Aum inzwischen kritisch gegenüberstanden, konnten diesen Fluch bis zu einem gewissen Grad an sich selbst erleben. Einem Beobachter zufolge, der eng mit ihnen zusammenarbeitete, gerieten zahlreiche Aum-Mitglieder aus dem Gleichgewicht, litten unter amorphen Ängsten vor einer namenlosen Strafe sowie einer Reihe psychosomatischer und physischer Krankheitssymptome. In ihrem Bemühen, sich spirituell und psychisch aufrecht zu halten, um die Konflikte aufgrund ihrer Verlustgefühle, ihrer

Teilnahme am Bösen und der Wiedereingliederung in die Gesellschaft zu bewältigen, gelang den meisten zumindest eine partielle Lösung jener Konflikte. Doch gegen die bedrückende Vorstellung, »abwärts zu gehen«, kämpften sie oft lange auf verlorenem Posten.

Nachdenken im Gefängnis

Die Aum-Führer bezogen in ihren Aussagen vor Gericht Stellung zu ihren Erfahrungen. Naturgemäß war die Aufrichtigkeit dieser Aussagen oft durch die Notwendigkeit eingeschränkt, ihre juristische Verantwortung zu minimieren. Dennoch gewährten sie tiefe Einblicke in das Verhalten des Gurus und seiner höchsten Jünger. Yoshihiro Inoue berichtete von der Chance, die ihm sein Aufenthalt im Gefängnis geboten habe, »mir selbst ins Gesicht zu sehen« und einen Menschen zu erkennen, »der sich selbst betrogen hat, indem er das Gefühl, daß etwas in ihm fehle [unterdrückte]«. Asaharas Lehre, daß »nur die Jünger, die den Willen des Gurus befolgen, und sei er noch so unbillig, mit ihm vereint und zur Befreiung geführt werden können«, habe er nun als Irrtum erkannt. Denn »die Hoffnung auf eine Befreiung durch die Ausführung von Asaharas Willen war reiner Selbstbetrug«. In Wahrheit, fügte er hinzu, hätten »alle lebenden Wesen eine Buddha-Natur und jeder [kann] durch die Erweckung dieser Buddha-Natur zur Erlösung geführt werden«. Der Guru habe gegen das Prinzip des Mahāyāna-Buddhismus »der Barmherzigkeit und des Mitgefühls« verstoßen und »anderen und ihren Familien nichts als völlig unnötiges Leid zugefügt«. Daher seien Aums Erlösungslehren »von Grund auf falsch«. Er gelobte, weiterhin »meinen *Bodhichitta* [Erleuchtungsgeist] zu nähren«.

Gleichzeitig stand Inoue der japanischen Gesellschaft sehr kritisch gegenüber, betonte die »abgrundtiefe Angst« der Jugend, die erkenne, daß »Informationen manipuliert werden, ohne daß wir es merken, und daß jedes vernünftige Denken untergraben wird«. Das sei es gewesen, was sie dazu getrieben habe, »sich auf der Suche nach ihrer eigenen Erweckung und der Errettung der Menschen um den Guru zu scharen«. Insofern liege in der Existenz von Aum ein gewisser Sinn, fuhr er fort.

Inoue übernahm die persönliche Verantwortung für seine Untergebenen im Spionageministerium, indem er auf ihrer Nicht-Verantwortlichkeit in allen Dingen beharrte: »Ihr seid nicht verantwortlich für die Verbrechen, die ihr begangen habt, da alle Jünger unter dem Befehl des Gurus standen.« Er war überzeugt, daß sie eine Zukunft hatten, wenn es

»vielleicht auch lange dauern wird, sie zu verwirklichen«. Damit spielte er darauf an, daß einige möglicherweise zu einer Freiheitsstrafe verurteilt würden. »Ihr müßt der Realität ins Auge sehen, ohne zu verzweifeln, und für ein neues Leben reinen Tisch mit der Vergangenheit machen«, riet er. Auch wenn er in der Frage der Verantwortung ausweichend war, ermahnte Inoue die Jünger, daß sie »nie wieder Opfer oder Täter werden« dürften, zwei Rollen, die Aum ihnen aufgezwungen hatte, wie sie nachträglich bekannten.

Shigerō Sugimoto, ein Angehöriger des harten Kerns, der an mehr als einem Mord beteiligt war, berichtete ausführlich von seiner Unterordnung unter den Willen des Gurus und von seiner unüberwindlichen Angst vor allem, was einem Ungehorsam nahe kam, seinem »Gefühl, daß dieser verrückte Guru mir alles antun kann«. Er warf sich selbst vor, »ignorant, ein Dummkopf und blind gewesen zu sein«, und bestand darauf, daß »der Glaube an die Macht des Gurus und die damit verbundene völlige Erlösung mein eigener verheerender Irrtum war«. Er erklärte Asahara zu einem »läppischen Menschen« und fügte hinzu: »Ich kann nicht länger glauben, daß Asahara ein Guru ist, und empfinde keinerlei Verehrung für ihn.« Er sagte von sich, er habe sich »von der Behauptung, daß der Guru eine erlöste Person sei«, täuschen lassen. Jetzt wisse er, daß die Behauptung Asaharas, er nehme das schlechte Karma anderer Menschen auf sich, »kompletter Unsinn« sei. In seinen Augen war »der Guru von einem verehrten Asketen zu einem gewöhnlichen Menschen herabgesunken, der mich ausgenutzt hatte«.

Hisako Ishii, Aums Finanzministerin, machte einige aufschlußreiche Bemerkungen. Wenn man Murai als typischen Aum-Wissenschaftler bezeichnen kann, so war Ishii die typische Aum-Frau – attraktiv, effizient bis zur Rücksichtslosigkeit bei der Verfolgung finanzieller Ziele, ultraloyal gegenüber ihrem Guru, dessen Jüngerin sie seit den Anfängen von Aum gewesen war. In Haft wegen Beihilfe zur Flucht nach dem Sarinanschlag, gab sie im Mai 1997 eine lange erwartete Erklärung ab. Sie äußerte sich vorsichtig und keineswegs reumütig, bekannte aber einen Wandel von ihrer »Verehrung« für Asahara als »absoluten Führer« zu der Erkenntnis, daß »er kein hundertprozentiger Guru war, sondern ein Mensch mit Schwächen – nicht jene Verkörperung von Vollkommenheit, die ich mir ersehnt hatte«. Folglich, erklärte sie, »habe ich jetzt das Gefühl, daß die Person, der ich gehorcht habe, im Unrecht war und Unrecht begangen hat«. Auch sie vertiefte sich in authentischere buddhistische Lehren, in dem »Wunsch, mich selbst, die so voll menschlicher Schwächen ist, darin zu üben, die Schlechtigkeit und die niedrigen

Begierden, die in meinem Herzen wohnen, auszulöschen und mich für den Rest meines Lebens dem Guten näher zu bringen«. Denn »ich habe mich einem Zusammengehörigkeitsgefühl hingegeben, das sich im nachhinein als Täuschung erwiesen hat«.

Allen diesen ehemaligen führenden Mitgliedern drohten hohe Gefängnisstrafen, sogar die Todesstrafe, was einen starken Einfluß auf den Inhalt ihrer Geständnisse hatte. Authentisch in ihren Aussagen ist das Gefühl, sie hätten persönlich versagt, indem sie sich dem Einfluß Asaharas ausgesetzt hätten, und ihr Urteil über Asahara als einem falschen Guru. Dieses Eingeständnis derjenigen, die dem Guru am weitesten gefolgt waren, und ihre ausführlichen Schilderungen der Aum-Verbrechen hatten enorme Wirkung auf die von mir interviewten Anhänger, von denen keiner direkt an den Verbrechen beteiligt war. Häufig erleichterten diese Aussagen es ihnen, sich den Tatsachen zu stellen, die sie so lange geleugnet hatten.

»Aum aus der Asche?«

In Japan herrscht allgemein die Ansicht, daß Fumihiro Jōyū den Ehrgeiz habe und dazu ausersehen sei, Aums neuer Guru zu werden. Man rechnet damit, daß gegen Asahara die Todesstrafe verhängt wird. Jōyū hingegen, der mit keinem Mord in Verbindung gebracht wird, wird bereits 1999 seine dreijährige Haftstrafe wegen Finanzbetrugs verbüßt haben. Auch wenn Jōyū in der Öffentlichkeit als ausgemachter Lügner galt, übte er auf übriggebliebene Sektenmitglieder, weibliche Teenager und junge Frauen (wegen seines guten Aussehens) eine gewisse charismatische Anziehungskraft aus. Im Gegensatz zu den meisten übrigen hochrangigen Jüngern hat er in der Öffentlichkeit wiederholt seine absolute Loyalität zu seinem Guru und Aum erklärt. Wie die Sekte aussehen wird, deren Führung er eines Tages vielleicht übernimmt, ist eine andere Frage. Zwar sind die verbliebenen Anhänger zweifellos in Fraktionen gespalten, doch in Verbindung mit einer »neuen Aum Shinrikyō« und »einer Übernahme durch neue Leute« wird hauptsächlich Jōyū genannt.

Es gibt von polizeilichen, an die Medien weitergeleiteten Dokumenten bestätigte Berichte über ein Wiederaufleben Aums. Darin ist die Rede vom Anwachsen der sechs Zweigstellen auf sechzehn im Jahre 1997 und auf zwanzig im darauffolgenden Jahr. Die fortgesetzte Anwerbung und Schulung neuer Mitglieder durch die Sekte wird verständlicherweise von vielen als alarmierend empfunden. Diese Berichte sind schwer einschätzbar, aber man nimmt allgemein an, daß es zur Zeit in Japan etwa zweitausend Aum-Mitglieder gibt, von denen etwa fünfhundert Mönche und Nonnen sind. Darüber hinaus leisten einige der Ausgetretenen noch immer finanzielle Unterstützung. Andere halten persönliche Beziehungen aufrecht. So zeigte mir ein ehemaliges Mitglied der mittleren Stufe der Hierarchie die Fotografie eines wegen Mordversuchs zu einer langen Haftstrafe verurteilten Jüngers und erklärte fröhlich: »Ach, das war ein netter Kerl, ein guter Freund von mir. Wir haben zusammen Schießübungen gemacht.« Die Bemerkung fiel beiläufig, deutet aber auf eine Post-Aum-Subkultur hin, deren Grenzen nicht eindeutig zu ziehen sind.

Unter den ehemaligen Mitgliedern herrschte eine Art Standesdünkel, der mit auf den einstmals in der Aum-Hierarchie eingenommenen Rängen zusammenhing. Die Höhergestellten äußerten zuweilen Verachtung gegenüber einfachen Mitgliedern und erklärten, diese hätten kein Recht, in der Öffentlichkeit über Dinge zu sprechen, die sie nicht persönlich erlebt haben konnten. Besonders die Führungskräfte waren sehr empfindlich, was praktisch alle Aspekte von Aum betraf. Als Architekten der Sekte fiel es ihnen sehr schwer, die mörderische Wahrheit dessen, was sie mit ihrer Treue zum Guru geschaffen hatten, zu akzeptieren. Einem Beobachter zufolge hatten sie »Geheimnisse«, die sie niemandem anvertrauten; Geheimnisse, die mit Gewalt, der Absurdität dieser Gewalt und ihrer eigenen Beziehung dazu zu tun hatten. Derartige Geheimnisse werden von Überlebenden unterschiedlichsten Charakters gehütet, aber vor allem von jenen, die Täter und Opfer zugleich waren. In diesem Fall sind sie Ausdruck der meist ungelösten Konflikte der Aum-Mitglieder überhaupt.

Diese Konflikte äußerten sich zuweilen auch in Loyalitätsbekundungen für Asahara und Aum. Nicht lange nach dem Sarinanschlag erstellte Anklageschriften zitieren Mitglieder und ehemalige Mitglieder unterschiedlicher Ränge:

»Ich glaube, die Zeit wird kommen, in der die Menschen sagen, daß der Meister ein großer Erlöser und kein gewöhnlicher Mensch war.«

»Aum Shinrikyō steht vor einer großen zerstörerischen Krise, hervorgerufen durch die Macht des Staates und die Gehirnwäsche der Massenmedien. Doch selbst wenn Aum Shinrikyō als Organisation verschwindet, wird die Religion Aum Shinrikyō auf jeden Fall überleben, solange es einzelne Jünger gibt. Nach meiner festen Überzeugung werden viele Menschen erkennen, daß die Lehre von Aum Shinrikyō die einzige Wahrheit ist.«

»Während des großen Hanshin-Erdbebens im letzten Jahr (1995) und dem Sarinanschlag in der Tokioter U-Bahn im März haben viele Japaner dem Tod ernsthaft ins Auge geblickt. Da Aum Shinrikyō fast jeden Tag in den Medien erschien, haben die Japaner sich Aum Shinrikyō zugewandt, da Aum ihnen das Wesen des Todes geoffenbart hat. Nun haben sie die grundlegende Erkenntnis gewonnen, daß die Lehre des großen Meisters die einzige Wahrheit ist.«

»Wenn der Sarinvorfall in der Tokioter U-Bahn tatsächlich von Aum Shinrikyō verursacht wurde, dann war es sicher eine *mahāmudrā* des großen Meisters für ganz Japan, um ihm die höchste Wahrheit zu offenbaren.«

»Wenn der große Meister getötet werden soll, möchte ich an seiner Stelle sterben. Es könnte keine größere Freude für mich geben.«

»Auch nach diesen Vorfällen bleibt der große Meister unverändert Aums geistiger Führer. Und ich glaube, daß seine Anhänger darauf vertrauen, was er als absolut verkündet hat, und ihm folgen werden.«

»Da mein Körper von Kraft erfüllt wird, wenn ich bei der Meditation an den großen Meister denke, ist er auch jetzt noch absolut notwendig für mich.«

»Kurz nach meinem Austritt war ich durch stundenlanges Fernsehen falschen Daten ausgesetzt, und ich erlag der Täuschung zu glauben, es sei eine Verfehlung des großen Meisters gewesen, eine Reihe von Ereignissen wie den Sarinanschlag in der Tokioter U-Bahn zu veranlassen. Doch dann erkannte ich, daß diese Dinge auf dem Vajrāyana-Weg zu Erlösung unvermeidlich waren. Selbst wenn meine eigenen Angehörigen Opfer dieser Ereignisse geworden wären, kann ich jetzt erkennen, daß solche Menschen durch *poa* in ein höheres Reich gesandt wurden.«

»Ich bin überzeugt, daß die Anhänger, die das Sarin freigesetzt haben, ohne auf die Gefahr für ihr eigenes Leben zu achten, keine Verbrecher sind, sondern Märtyrer aus höchster Berufung.«

Diese Aussagen stammen von Aum-Loyalisten, die zwar eine deutliche Minderheit unter den früheren Mitgliedern, aber eine potentielle Keimzelle für eine Nachfolgeorganisation darstellen. Gläubige argumentieren, daß die Berichte über Asaharas seltsames Verhalten im Gefängnis und vor Gericht Entstellungen der Presse seien, die sich verschworen habe, um den Guru entweder in den Wahnsinn zu treiben oder aber als wahnsinnig darzustellen. »Es ist schwierig für sie, irgend etwas Wahnsinniges an Asahara zu entdecken«, bemerkte ein Beobachter. Wäre Asahara jedoch tatsächlich wahnsinnig, müßten die verbliebenen Jünger ernsthaft den Sinn ihrer Anhängerschaft in Frage stellen.

Den Überlebenden von Aum wurden einige widersprüchliche Fragmente hinterlassen, die sie erneut zu einer heiligen Aum-Lehre zusammenfügen könnten, wie es die oben zitierten Loyalisten getan haben. Andere, einschließlich der meisten meiner Interviewpartner, fühlten sich gezwungen, kritisch an diese Widersprüche heranzugehen.

11.
Ein japanisches Phänomen?

Wenige Monate nach dem Tokioter Sarinanschlag verblüffte mich ein talentierter junger Fernsehproduzent – eine Mann Ende Zwanzig – mit der Bemerkung: »Ich kann diese Aum-Leute sehr gut verstehen. Ich glaube, ich bin ihnen ziemlich ähnlich.« Diese Aussage wiederholte er mehrmals während unseres etwa einstündigen Gesprächs. Er billigte keineswegs die Gewalttaten der Sekte oder ihren kollektiven Wahnsinn. Vielmehr erklärte er mir, Asahara und Aum hätten einen japanischen Nerv getroffen, und auch er fühle sich von Aums scharfer Kritik und Ablehnung der gegenwärtigen Gesellschaft, der Suche nach Spiritualität, wie extrem sie auch sei, sowie der Frage nach einem persönlichen Sinn des Lebens angesprochen. Obwohl seine Haltung kaum typisch für die Mehrheit der Japaner war, so war sie doch keineswegs selten bei jungen Leuten, von denen viele erkannten, was sie mit Aum verband, auch wenn sie die Sekte insgesamt verurteilten. Darin kam die faszinierte Bestürzung über eine Sekte zum Ausdruck, die für alle die Frage aufwarf: Warum in unserem Land? Warum gerade bei uns?

Sobald Aum als Urheber des U-Bahnanschlags identifiziert war, begann Japan sich mit der Sekte und besonders mit ihrem Guru zu beschäftigen. Jeden Tag kamen neue erschreckende Einzelheiten ans Licht – grausame Morde, verschwundene Leichen, Herstellung und Einsatz todbringender Gase, Kultivierung und Freisetzung tödlicher Bakterien sowie ausgeklügelte Formen von Terror, Erpressung und Folter. Geschürt wurde die weitverbreitete Angst vor weiteren Gasanschlägen durch Meldungen über die Freisetzung schädlicher Substanzen – offenbar meist von Nachahmungstätern, aber einige möglicherweise von Aum verübt – und einer Flugzeugentführung mit dem Ziel, die Freilassung von Aum-Führern zu erpressen.

Die Prozesse gegen führende Aum-Jünger begannen Ende 1995. Asahara stand erstmals 1996 vor Gericht. Nach der japanischen Strafprozeßordnung mit ihren endlosen Anhörungen können sich solche Prozesse über Jahre hinziehen; das Verfahren gegen den Guru vielleicht sogar über ein Jahrzehnt oder noch länger. Anfangs war der Interesse der Öffentlichkeit enorm, und Asaharas Fall wurde zum »Prozeß des Jahrhunderts« erklärt und in Japan häufig mit dem Fall von O. J. Simpson verglichen. Über die Jahre hat dieses Interesse erheblich abgenommen. Die meisten Prozesse sind zur Zeit noch im Gange. Zwei wichtige Personen sind jedoch bereits wegen Mordes verurteilt. Dr. Hayashi erhielt eine lebenslängliche Gefängnisstrafe, und Kazuaki Okazaki, in Aums Anfängen ein mächtiger Mann, wurde wegen seiner Beteiligung an den Sakamoto-Morden zum Tode verurteilt. Verspätet verbot die Regierung die Herstellung von Sarin und entzog Aum die offizielle Anerkennung als Religion. Eine hitzige Debatte fand über die mögliche Wiedereinführung eines Antiterrorgesetzes statt, das ein Versammlungsverbot und eine verschärfte Überprüfung aller früheren und gegenwärtigen Aum-Mitglieder ermöglicht hätte. Der Vorschlag wurde schließlich hauptsächlich wegen der Bedenken von liberalen Intellektuellen abgelehnt, ein solches Gesetz hätte eine restriktive Gesellschaft zur Folge und würde die verbliebenen Sektenmitglieder lediglich in den Untergrund treiben. Zudem hätte die Anwendung dieses Gesetzes die Reintegration ehemaliger Sektenmitglieder in die Gesellschaft erheblich erschwert.

Die Medien widmeten dem 20. März 1996, also dem ersten Jahrestag des Tokioter Giftgasanschlags, große Aufmerksamkeit. An diesem Tag wurde landesweit des Heldenmuts der U-Bahnbeamten, die bei dem Versuch, die Gasbehälter zu entfernen, ums Leben gekommen waren, und der schrecklichen Leiden der Opfer und ihrer Familien gedacht. Damals und an den folgenden Jahrestagen erinnerte sich Japan an den Augenblick, als das Gefühl allgemeiner Sicherheit plötzlich dem Gefühl des Ausgeliefertseins an Gewalt und grotesken Massenmord gewichen war.

Viele der ersten Reaktionen auf Asahara und Aum zeigten die Neigung, den Guru und seine Sekte von der übrigen Gesellschaft abzutrennen, indem sie ihn als nicht menschlich, als eine Verkörperung des Bösen oder ein Ungeheuer bezeichneten. Opfer des Anschlags oder ihre Verwandten erklärten zum Beispiel, »ich halte ihn nicht für einen Menschen«. Ein Journalist drückte eine verbreitete Ansicht aus, als er von Asahara als einer »wilden Bestie von maßloser Grausamkeit« sprach. Der Guru wurde so sehr zum Symbol des Bösen, daß eine Grundschullehrerin, die einen langhaarigen Schüler als »Asahara« bezeichnete, offiziell verwarnt und mit einer mehrmonatigen Kürzung ihres Gehalt bestraft wurde. Wo es um das absolute Böse ging, hörte der Spaß auf.

Daneben gab es aber auch viele Berichterstatter und normale Bürger, die sich fragten, warum ausgerechnet die japanische Gesellschaft eine Gruppe wie Aum Shinrikyō und einen Guru wie Shōkō Asahara hervorgebracht hatte. Da war doch etwas nicht in Ordnung. Man beklagte die Entfremdung der Jugend von der Gesellschaft und einen Mangel an Sinn in ihrem Leben. Zahlreiche Kritiker gaben dem Vermächtnis des Kaiserreichs, den gleichgeschalteten, extrem hohen Anforderungen in der Ausbildung oder den Praktiken der japanischen Unternehmen die Schuld, die persönliche Autonomie unterdrückten, um Energien für umfassende kollektive Projekte zu mobilisieren. In diesen Debatten wurde den ehemaligen Aum-Mitgliedern ein gewisses Maß an Mitgefühl zuteil, da man in ihnen Opfer sah, die nicht nur von Aum, sondern auch von der Gesellschaft verraten worden waren.

Man kritisierte die japanischen Institutionen für ihre Reaktionen auf Aum. Besonders die Medien wurden wegen ihres aggressiven Kampfes um Einschaltquoten, fragwürdiger Recherchiermethoden und zumeist reißerischen Berichten über die Sekte angegriffen. Schließlich wurde sogar die berechtigte Selbstkritik der Medien Teil des Spektakels. In den Nachwehen des Anschlags wurde eines der schlimmsten Beispiele von Medienkorruption entlarvt. Im Oktober 1989 hatte ein renommierter Tokioter Fernsehsender ein Interview mit Tsutsumi Sakamoto aufgezeichnet, bei dem dieser über Aums illegales Treiben berichtete. Auf Druck der Sekte hatte der Sender das Band einigen Aum-Mitgliedern vorgeführt und so, wenn auch unbeabsichtigt, Asaharas Zorn auf Sakamoto geschürt. Aums lautstarke Beschwerde, gefolgt vom mysteriösen Verschwinden der Familie Sakamoto, hatte TBS (Tokyo Broadcasting System) dazu gebracht, die geplante Sendung abzusetzen. TBS-Angestellte hatten es zudem versäumt, die Behörden über ihre Beziehungen zu Sakamoto und Aum zu unterrichten. Ungeachtet der Pressevorwürfe und einer internen Untersuchung hatte die Firma glatt geleugnet, Aum Shinrikyō das Band gezeigt zu haben. Als die Wahrheit schließlich ans Licht kam, wurde TBS offiziell gerügt und mit dem Entzug seiner Sendelizenz bedroht. Ende April 1996 gab Hirozō Isozaki, der Präsident der Firma zu, daß der Film Aum-Mitgliedern gezeigt worden war, und schied anschließend auf typisch japanische Weise zum Zeichen seiner Verantwortlichkeit aus der Firma aus.

Auch das erstaunliche Versagen der Polizei angesichts der zunehmenden Hinweise auf Aums Produktion und Lagerung von Waffen warf kritische Fragen auf. Obwohl bei ihrem Zögern Überlegungen zur Religionsfreiheit durchaus eine Rolle gespielt hatten, vermuteten viele Japaner, daß hohe Beamte mit Geld oder in anderer Form bestochen worden waren. Der Organisator einer Elterninitiative gegen die Sekte erzählte mir, er sei von Sektenmitgliedern aufgespürt und fast mit VX getötet worden. Dennoch habe die Polizei darauf beharrt, er habe Selbstmord begehen wollen. Bei einem anderen Vorfall beschuldigte die Polizei fälschlich ein Opfer des Sarinanschlags in Matsumoto, an der Tat beteiligt gewesen zu sein, und zog die Anklage nur sehr zögernd zurück.

Das Gerichtsverfahren wurde wegen seiner unendlichen Länge und der peinlichen Wortgefechte zwischen Asahara und dem Richter kritisiert. Universitäten gerieten ins Kreuzfeuer, nur weil einige Theologieprofessoren zu empfänglich für Asaharas Auftritte waren und ein oder zwei sich sogar von ihm überzeugen ließen. Ein Dozent war gezwungen, seine Universität zu verlassen, und andere hüteten sich seitdem, sich öffentlich zu Aum zu äußern.

Japan war zutiefst erschüttert und bestürzt über das Aum-Debakel. Was immer in einem endlosen Strom von Artikeln, Büchern und Medienuntersuchungen über die Sekte gesagt wurde, die Japaner konnten die Augen nicht davor verschließen, daß Aum innerhalb ihrer Gesellschaft entstanden war und diese in gewisser Weise repräsentierte. Man sprach von »Aum-Schock« und »Aum-Auswirkungen« – so als wäre die Sekte das gesellschaftliche Pendant zum Erdbeben in Kobe gewesen – und manchmal von einem »Aum-Syndrom«, womit allgemeine Furcht und Niedergeschlagenheit gemeint war. Intellektuelle zeigten sich besorgt, daß die öffentliche Aufregung über die Sekte den japanischen Nationalismus fördern oder zur Einführung drastischer Überwachungsmaßnahmen aus der Vergangenheit führen könnte. Außerdem war ein neuer Argwohn gegenüber jeder Form von Introspektion entstanden, so daß jeder, der ethische oder spirituelle Fragen aufwarf, rasch zur Ordnung gerufen wurde: »Sei nicht so *Aum*!«

Es überrascht nicht, daß die Sekte, die sich so ausgiebig in Theorien einer Weltverschwörung erging, nach ihrem Zusammenbruch eine ganze Welle ähnlicher Spekulationen auslöste. Beispielsweise wurde behauptet, Aum gehöre zu einem Programm zur »Destabilisierung Japans« unter der Leitung einer britischen »Okkultismus-Behörde«. Deren »Agent, der Dalai Lama, [sei] in Indien mit dem Aum-Führer Shōkō Asahara zusammengetroffen«. Obwohl derartige krause Theorien meist an den Rändern der Gesellschaft oder auf obskuren Websites anzutreffen waren, erschienen sie gelegentlich auch in auflagenstarken Zeitschriften.

Historiker haben von der »kostenlosen Sicherheit« gesprochen, die zwei Weltmeere den USA garantiert haben, und von der Angst der Amerikaner im Atomzeitalter, dieses Gefühl der Sicherheit einzubüßen. Japans »kostenlose Sicherheit«, erst wenige Jahrzehnte alt, bestand in seiner Selbsteinschätzung als wohlgeordnetes und daher sicheres Land. Aum hat diese Überzeugung zerstört. Eine diffuse Aum-Angst wurde nun Teil einer größeren Masse von Ängsten vor Erdbeben, Wirtschaftsrezession oder Depression, sich auflösendem Familienzusammenhalt und zunehmender häuslicher und sozialer Gewalt. In Japan herrscht zweifellos der Eindruck, das Land sei als Nation und Gesellschaft im Niedergang begriffen, während seine politischen Führer hilflos daneben stehen und gewöhnliche Menschen schutzlos ausgeliefert sind.

Psychohistorische Entwurzelung

Aum ist in vieler Hinsicht ein Produkt der japanischen Geschichte und einer Gesellschaft, die in den vergangenen anderthalb Jahrhunderten vielleicht drastischere historische und psychische Erschütterungen erlebt hat als jede andere. Bei Japans außergewöhnlich raschem Übergang von der Feudalgesellschaft zu einer modernen (und dann postmodernen) Kultur sind zwei Ereignisse als besonders einschneidend hervorzuheben: die Meiji-Restauration von 1868 und Japans vernichtende Niederlage im Zweiten Weltkrieg. Aus der Feudalgesellschaft schufen die Köpfe der Meiji-Restauration einen mächtigen, modernen kaiserlichen Staat, der zu einem riesigen asiatischen Reich expandierte, um dann im Krieg völlig zerstört zu werden. Im September 1945 lag Japan in Schutt und Asche, sein Volk war orientierungslos und hungerte.

Solch extremen gesellschaftlichen, politischen und kulturellen Veränderungen innerhalb kurzer Zeiträume ausgesetzt zu sein, verursacht eine psychohistorische Entwurzelung, wie ich es nennen möchte. Damit bezeichne ich einen Zusammenbruch der sozialen und institutionellen Strukturen, an die das menschliche Leben gewöhnlich anknüpft. Beschädigt sind die Symbolsysteme, die sich auf Familie, Religion, gesellschaftliche und politische Autorität, Sexualität, Geburt und Tod, schlechthin die gesamte Lebensordnung beziehen. Symbole und Rituale verschwinden dabei keineswegs, werden aber, da sie kaum noch verinnerlicht sind, als unnatürlich und erzwungen empfunden. Die Menschen erleben eine tiefe Kluft zwischen ihren eigenen Empfindungen und den Erwartungen, die ihre Kultur und ihre Gesellschaft an sie stellen.

Ein japanischer Betrachter hat die Meiji-Restauration und ihr erstaunliches Spektrum westlich orientierter Reformen in allen Bereichen der Gesellschaft als eine Zeit der »Donnerkeile« bezeichnet. Die Historikerin Carol Gluck weist darauf hin, daß die komplexe Konstruktion der Kaiserverehrung – eine Ideologie, die Religion, Mythos, Nationalismus und politische Notwendigkeit miteinander verschmolz – in einem erheblichen Maß die Bemühung war, diese Donnerkeile zu beherrschen, um die tiefen Konflikte und Verunsicherungen einzudämmen, die viele als »beängstigende Anforderungen des sozialen Wandels« erfuhren. Doch das neue, auf den Kaiser konzentrierte System hatte seine eigene Hauruck-Mentalität. Künstlich geschaffen, jedoch auf eine uralte Vergangenheit bezogen, waren seine Ansprüche auf nationale Einheit eher dürftig, die allzu oft ausgedehnte soziale Unterdrückung und Eskalation von Gewalt im Ausland erforderte. Psychohistorische Entwurzelung, ein »Übermaß an Veränderung«, kann einen »Proteanismus« hervorrufen, ein durch psychologische Experimente belegtes Verhaltensmuster. Dazu gehören individuelle und kollektive Verschiebungen und das Ringen um ein Gefühl von Kontinuität inmitten dieser Veränderungen. Diese Verunsicherung kann die Menschen allerdings auch zu Formen einer verabsolutierten Restauration oder – wie wir es nennen – eines Fundamentalismus führen. Das japanische politische Genie der Meiji-Zeit verband den »Proteanismus« einer sozialen Revolution mit einer Art fundamentalistischem Sprung in eine Restauration des Kaisertums.

Dafür mußte freilich ein psychologischer Preis bezahlt werden. Japans eindrucksvolle moderne Errungenschaften waren von einem erheblichen Ausmaß an psychologischer Verunsicherung begleitet, und unter solchen Umständen kommt es vor, daß Menschen nach extremer Abhilfe Ausschau halten.

In seiner Rede anläßlich der Nobelpreisverleihung 1994 beschrieb der Schriftsteller Kenzaburō Ōe Japan als »zwischen zwei entgegengesetzten Polen der Zweideutigkeit zerrissen«. Er verwies auf die seit langem bestehende Gespaltenheit zwischen westlich orientierter Modernisierung und traditioneller Kultur und betonte auch das schmerzhafte Empfinden einer zwiespältigen Identität, die zu beiden Seiten dieser inneren Trennungslinie besteht. »Die Modernisierung Japans«, erklärte er, »orientierte sich an dem, was es vom Westen lernen und imitieren konnte. Doch Japan liegt in Asien und hat seine traditionelle Kultur standfest beibehalten. Die zweideutige Orientierung Japans trieb das Land in die Position eines Eindringlings in Asien. Auf der anderen Seite blieb die Kultur des modernen Japan, das scheinbar völlig offen für den Westen war, lange etwas Dunkles, das dem Westen immer unergründlich war und sein Verständnis zumindest erschwerte. Darüber hinaus geriet Japan in eine Isolation von anderen asiatischen Ländern, nicht nur politisch, sondern auch gesellschaftlich und kulturell ... Genau in der Mitte der Geschichte von Japans Modernisierung kam der Zweite Weltkrieg, ein Krieg der durch die Entgleisung eben dieser Modernisierung verursacht wurde.« Ōe erklärt uns, daß eine solche Zerrissenheit tödlich sein kann und daß sie sowohl das nationale Verhalten als auch die individuelle Psyche als »eine Art chronisches Leiden« durchdringt, »das während des ganzen modernen Zeitalters weit verbreitet war« und von dem er sich als Schriftsteller »tief verletzt« fühlt. Mit dem Gebrauch des Begriffs Zweideutigkeit charakterisierte er Japans besonders gravierende Form der psychohistorischen Entwurzelung, die entweder zu Gewalt oder zu einer »Unsichtbarkeit« des Landes ohne eine deutliche ethische Präsenz unter anderen Völkern führen kann. Eine solche ethische »Unsichtbarkeit« innerhalb der japanischen Gesellschaft spielte zweifellos auch eine Rolle bei dem Phänomen Aum.

Die Verbindung zum Mittelalter

Formen der in Japan erlebten Entwurzelung können überall auf der Welt zu Absolutheitsansprüchen führen, denn diese bieten dem erfolgreichen Guru und seinen Jüngern eine vollkommene (und tröstliche) Polarisierung des moralischen Universums – es gibt keine »polare Zweideutigkeit«. Stets sind die Ansprüche eines »höheren Zwecks« vorhanden, für den es erlaubt ist zu betrügen, zu verletzen oder zu töten. Außerdem besteht die kollektive Unterstellung einer Allmacht, die schafft, was Albert Camus einen »Imperialismus der Gerechtigkeit« genannt hat, der paradoxerweise »kein anderes Mittel als die Ungerechtigkeit« kennt. Dieser Allmachtsanspruch treibt Gruppen wie Aum dazu, über das Recht auf Dasein bestimmen zu wollen, ein Impuls, der schon immer gefährlich gewesen ist, doch in der heutigen Welt eine neue Dimension erreicht hat.

Wie sich gezeigt hat, stand Aum nicht allein mit seinem Eifer, ein Ende zu erzwingen, zu versuchen, die Welt zu ihrem Besten in ihrem eigenen Blut zu ertränken. Die verblüffendsten historischen Beispiele für ein Erzwingen des Endes liegen tausend Jahre zurück, und sie finden sich nicht in Asien, sondern in Europa. Die Schrift, welche die Jahrhunderte und Kontinente verbindet, ist die Offenbarung des Johannes.

Spirituelle Vorstellungen vom Ende der Welt spielen nicht nur in der jüdischen und christlichen Tradition, im Islam und in einer gemäßigteren, zyklischen Form im Buddhismus und Hinduismus eine große Rolle, sondern auch in der frühen babylonischen, iranischen und griechischen religiösen Überlieferung. Die meisten dieser Vorstellungen waren nicht mit Gewalt verbunden. Das Christentum hat man in seinen Ursprüngen als eine Erweiterung des jüdischen Glaubens an die Rückkehr und leibliche Auferstehung eines Messias beschrieben. Zum Ende des ersten christlichen Jahrtausends machten die gemäßigteren Formen einer »apokalyptischen Spiritualität«, wie der Religionshistoriker Bernard McGinn es nennt, mit ihrem metaphorischen Akzent auf einem Sinn in der Geschichte und einer Hoffnung auf die Zukunft gewalttätigen Bewegungen Platz, die die Apokalypse unmittelbar auf die Erde bringen wollten und sich auf eine wörtliche Auslegung der Offenbarung beriefen, wie es seither immer wieder geschehen ist.

Besonders relevant im Hinblick auf Aum sind Gruppierungen, die sich im »millenarischen Sog« Westeuropas zwischen dem 11. und 16. Jahrhundert bildeten und häufig Juden zu ihren Opfern auserkoren. Diese chiliastischen Bewegungen gediehen bei den »entwurzelten Armen«, denen sich, wie der Historiker Norman Cohn schreibt, zuweilen Männer von höherem sozialen und intellektuellen Rang anschlossen, von denen sie zum Teil auch geführt wurden. »Denn der am Rande der Gesellschaft vegetierende Bevölkerungsüberschuß«, erläutert Cohn, »neigte allzeit dazu, sich der Führung eines Laien oder davongelaufenen Mönches zu unterwerfen ... Den Gescheiterten und Entwurzelten erwuchs dann aus der Gewißheit, vom Himmel zur Ausführung einer so ungeheuren Tat berufen zu sein, ein neues Lebensgefühl und neue Hoffnung.« Im Zuge eines endgültigen apokalyptischen Massakers mußten die Bösen – abwechselnd als Juden, Kleriker oder Reiche identifiziert – ausgemerzt werden. Anschließend würden die Heiligen – das heißt die betreffenden Armen selbst – ihr Königreich errichten, ein Reich ohne Leid und Sünde.

Eine mittelalterliche Bewegung dieser Art waren die Brüder des freien Geistes, unter deren Dach sich viele millenarische Sekten sammelten. Sie entstand im 13. Jahrhundert im Rheinland, breitete sich in weiten Teilen Europas aus und behielt ihren Einfluß über mehrere hundert Jahre. Zu grimmiger Rebellion entschlossen, vertraten die Jünger laut Cohn »einen halb-mystischen Anarchismus« und »die Bejahung einer so tollkühnen und grenzenlosen Freiheit, daß sie der unbedingten Verwerfung jeder Art von Fessel und Beschränkung gleichkam«.

Wie Asahara und seine hochrangigen Jünger bekämpften die Adepten der Brüder des freien Geistes moralische Normen, um einen »vollkommenen Menschen« zu schaffen. Sie verbanden eine Form von gnostischem Mystizismus – »jeder von ihnen«, sagt Cohn, »war Christus und Heiliger Geist« – mit einem »Prinzip der Promiskuität« und begingen »Vergewaltigung und Ehebruch und andere Handlungen, die dem Leib Freude bereiteten«. Eine mystifizierte Sexualität, ein Teil ihrer derben Endzeitbilderwelt – wurde als Rückkehr in einen Zustand der Unschuld vor dem Sündenfall verkauft. Einer der »Gurus« behauptete, die Art des Geschlechtsverkehrs, wie ihn Adam und Eva ursprünglich praktiziert hätten, wiederentdeckt zu haben. Gleichzeitig erklärte er sich selbst zum Erlöser, der das dritte und letzte Zeitalter der Welt verkünde, das des Heiligen Geistes. Cohn zufolge waren Betrug, Diebstahl, Raub gerechtfertigt, da ein wahrhaft mit Gott vereinter Mensch unfähig zur Sünde war. Die Brüder des freien Geistes ähnelten Aum darin, daß sie in Gemeinschaften ohne Privateigentum lebten und anstrebten, »eine Elite amoralischer Übermenschen« zu werden, wie Cohn es ausdrückt. Sie prophezeiten messianische Plagen, in denen die Menschheit zum großen Teil durch Kriege, Hungersnöte oder Feuer umkommen würde. Nur einige Auserwählte würden verschont – meist die eigene Gruppe, manchmal auch andere Privilegierte, die anschließend ewige Göttlichkeit erlangen würden. Die Brüder planten jedoch keine großangelegten Gewalttaten, die das Ende der Welt herbeiführen sollten.

Auch wenn die Brüder des freien Geistes nicht das Ende erzwingen wollten, beeinflußten sie doch andere Gruppen, die gerade dies im Sinne hatten. Dazu gehörten die Taboriten, die Anfang des 15. Jahrhunderts in Böhmen entstanden. Sie hatten sich nach dem Berg Tabor benannt, auf dem Christus seine Wiederkunft verkündet hatte, und rekrutierten sich hauptsächlich aus den unteren Gesellschaftsschichten und aus den Reihen radikaler und ehemaliger Priester, die die Ausrottung des Bösen in Vorbereitung auf das Millenium predigten. Für die Taboriten war die Römische Kirche die Hure Babylon und der Papst der Antichrist. Beide würden in der letzten Schlacht untergehen. Ursprünglich Pazifisten, die apostolische Armut predigten und gegen Ungerechtigkeit kämpften, machten sie es sich zur Aufgabe, die Erde zu reinigen und entwickelten eine extreme Gewaltbereitschaft. Eines ihrer Traktate enthielt »mehr Blut als ein Teich Wasser«. Cohn erklärt: »Die unabdingbare Verpflichtung der Auserwählten [war es,] im Namen des Herrn zu morden«, denn »jenseits der Vernichtung des Bösen erwartete sie das Tausendjährige Reich«. Als Priester und umherziehende Krieger überzogen die Taboriten das Land mit den »Plagen der Rache«, wie sie es nannten, um »die große Reinigung« zu vollziehen, die die Wiederkunft Christi einleiten sollte. Danach würde er seine Herrschaft über eine Schar überlebender Heiliger »strahlend wie die Sonne im Reich ihres Vaters ohne jeden Makel« antreten, die den »gleichen Zustand der Unschuld wie die Engel« wiederherstellen würde. Die Morde im Dienste des Tausendjährigen Reiches der Taboriten erinnern an Aum, wenn jene auch länger bestanden (etwa dreißig Jahre) und mehr Menschen umbrachten.

Die Adamiten, eine radikale Gruppe, die sich ursprünglich innerhalb der Taboriten gebildet hatte, gingen noch weiter. Sie wollten das Tausendjährige Reich der Offenbarung durch einen »heiligen Krieg« herbeizwingen. Zu diesem Zweck legten sie Feuer in Dörfern und ermordeten alle Einwohner. Promiskuitiv wie die Brüder des freien Geistes verachteten sie die Keuschen. Ihr Anführer, Adam oder Moses genannt, hatte in mehrfacher Hinsicht Ähnlichkeit mit Asahara. So unterlagen alle sexuellen Aktivitäten der Gruppe seiner Kontrolle. Das bedeutete, jeder Geschlechtsakt seiner Anhänger bedurfte seiner Einwilligung. Als er hilflos einem Heer der Taboriten gegenüberstand, erklärte er, es gebe nichts zu befürchten, da er und die Seinen unverwundbar seien und der feindliche General mit Blindheit geschlagen würde. Seine Anhänger glaubten ihm und wurden vernichtet.

Die Taboriten waren eine gewaltige revolutionäre Bewegung und militärisch in der Lage, zahlreichen politischen Autoritäten Europas Trotz zu bieten. Überall gründeten sie große Gemeinschaften, die anders als Aum zu einem Zentrum für die umgebende Gesellschaft wurden, bis man sie schließlich bezwang. Während der Stand der Technik den Taboriten lediglich Schwerter als Waffen ermöglichte und ihre Bilderwelt sich auf biblische Katastrophen und Höllenfeuer beschränkte, verfügte Aum über die Mittel, eine wesentlich konkretere und realistischere Version des Weltendes zu planen. Auffällig ist eine gewisse geistige Gemeinsamkeit in der größenwahnsinnigen Idee, die Welt zerstören zu wollen, um sie zu retten. Die Religionshistorikerin Elaine Pagels weist darauf hin, daß es frühes christliches und jüdisches apokalyptisches Denken war, das die Vorstellung eines kosmischen Kampfes zwischen Gut und Böse um das Schicksal der Welt erzeugte und »eine gespaltene Gesellschaft nach sich [zog], die der ›Söhne des Lichts‹, die mit den Engeln verbündet waren, und der ›Söhne der Finsternis‹, die es mit der Macht des Bösen hielten«. So sind auch Asaharas Anleihen aus der Ikonographie der jüdisch-christlichen Bibel, besonders aus dem Buch der Offenbarung, wenig überraschend. Diese Polarisierung, eine »dualistische Kosmologie« (Elaine Pagels) nährte sich von fundamentalen, an den

Tod geknüpften, häufig amorphen existentiellen Ängsten, die sehr leicht durch die Verheißung kollektiver spiritueller Vollkommenheit und Unsterblichkeit beeinflußt werden konnten.

Japanische Ursprünge

Asaharas spirituelle – und gewalttätige – Impulse haben sich jedoch hauptsächlich innerhalb seiner eigenen Gesellschaft und Kultur ausgebildet. Der angesehene Religionssoziologe Susumu Shimazono nennt Aum den »latenten Alptraum« japanischer Religionserfahrung. Wie sehr einem dieser Gedanke auch zuwider sein mag, Aum ist aus dieser Erfahrung hervorgegangen. Meine Interviewpartner bestätigten dies. Aum gab ihnen religiöse Erfüllung und extreme Antworten auf ihren alltäglichen spirituellen Mangel und ihre Widersprüche.

Die Frage der japanischen Religiosität ist für Außenstehende und häufig auch für die Japaner selbst verwirrend. Oft werden sie als ein sehr säkulares Volk beschrieben, das sich am liebsten auf die praktischen Dinge des alltäglichen Lebens konzentriert. Es steckt viel Wahres in dieser Darstellung. Doch ebenso wahr ist, daß in ihnen die spirituellen Vorstellungen von einer unendlichen Kraft der Natur und die Frage nach dem individuellen Schicksal oder dem Karmagedanken tief verwurzelt sind. Die Verwirrung kommt möglicherweise aus dem Unvermögen, sich vorzustellen, daß die Japaner religiös und weltlich zugleich sein, daß sie ein religiöses Ritual mit einem völlig profanen Zweck verbinden können (beispielsweise ist es üblich, in einem Shinto-Schrein um Erfolg für ein Geschäft zu beten). Im Alltagsleben herrscht eine eher lässige Frömmigkeit (so genügt meist ein kleiner buddhistischer Familienaltar, um mit den verstorbenen Eltern in Verbindung zu bleiben). Es heißt, Japaner werden als Shintoisten geboren, heiraten christlich und sterben als Buddhisten – und dazwischen schließen sie sich Neuen Religionen an. Eigentlich paßt ihre Neigung zu einem pluralistischen religiösen Leben sehr zur gegenwärtigen Entwicklung des vielschichtigen proteischen Ichs.

Religiösen Pluralismus hat es in Japan schon früh gegeben: Shintoismus und Buddhismus bestehen seit fast zweitausend Jahren nebeneinander, und viele ihrer Praktiken überschneiden sich. So stehen Shinto-Schreine in buddhistischen Tempeln und buddhistische Altäre in Shinto-Schreinen. Im allgemeinen ist der Buddhismus für die Familie und die Ahnenverehrung zuständig und der Shintoismus für das Dorf und die Gemeinschaft. Der Shintoismus hat keinen Gründer und ist aus animistischen Naturvorstellungen hervorgegangen, während der Buddhismus sich aus Leben und Geist eines verehrten Gründers und dessen spirituellen Vorgaben entwickelt hat. So verschieden sie bis heute geblieben sind, haben sie sich doch ebenso wie oftmals verborgene Elemente des Konfuzianismus und Daoismus funktionell im japanischen Denken vermischt. In den vergangenen Jahrhunderten hat diese religiöse Konstellation zu einer Betonung der weltlichen Aspekte des Daseins geführt, doch existiert immer noch die starke alte Tradition einer jenseitigen Spiritualität, wie sie von buddhistischen Asketen, die der Welt entsagt hatten, gelebt wurde. Von Zeit zu Zeit gibt es Versuche, diese inbrünstige Spiritualität wiederzubeleben, wie sich an einigen der heutigen Neuen Religionen, darunter Aum Shinrikyō, ablesen läßt.

Shimazono stellt die herrschende Meinung in Frage, daß Buddhismus und Shintoismus stets die Harmonie in der Gesellschaft und untereinander gefördert hätten. Er betont das Ausmaß an unterdrückter Gewalt und Aggression in der japanischen Religionsgeschichte und weist auf die zahlreichen religiösen gewalttätigen Aufstände hin, die im Laufe der japanischen Geschichte stattgefunden haben. Andere Gelehrte betonen die Bedeutung der einflußreichen buddhistischen Tendai-Sekte der »Kriegermönche«, die im 12. Jahrhundert gegen die regierenden Feudalherren kämpften. In diesem Zusammenhang wird auch Tachikawa Ryū genannt, eine kultartige, stark vom Daoismus beeinflußte, aus dem Shingon-Buddhismus hervorgegangene häretische Gruppe. Die Sekte, die im 15. und 16. Jahrhundert existierte, berief sich auf die Vereinigung der beiden daoistischen Prinzipien Yin und Yang durch verschiedene sexuelle Praktiken und wurde hauptsächlich durch ihren Glauben an den Tod als Weg zur Erleuchtung bekannt. Eines ihrer Transzendenzrituale bestand darin, einen knienden Jünger zu töten, indem man einen langen Speer in seinen Anus trieb.

Shimazono setzt Asaharas Gewaltbereitschaft auch in Beziehung zum allgemeinen buddhistischen Prinzip des Nicht-Anhaftens, das er hier als das Fehlen einer moralischen Schranke vor dem Töten interpretiert. Der Religionshistoriker Manabu Watanabe hat ein potentiell bedrohliches Paradox des Buddhismus herausgearbeitet. Seiner Ansicht nach kann das Verbot, Lebewesen überhaupt zu töten, zur Vorstellung führen, daß das Töten eines Menschen sich prinzipiell vom Töten eines Insekts nicht unterscheidet. An dieser Stelle möchte ich zwei psychologische Möglichkeiten ergänzen. In der Erkenntnis der Unmöglichkeit, dem Ideal absoluter Gewaltlosigkeit zu entsprechen, mögen einige Buddhisten die Vorstellung, einen Menschen zu töten, bereitwilliger akzeptieren. Überwältigt von Gefühlen der Scham und Schuld über ihre Unfähigkeit, rechtfertigen andere vielleicht im Affekt begangene Morde als Bekundungen ihrer »Aufrichtigkeit« oder moralischen Unbeirrbarkeit.

Dem Philosophen Yūjirō Nakamura zufolge hat die Japanisierung des Konfuzianismus zu einer extremen Form der Idee der »Aufrichtigkeit« geführt. Der Begriff wurde mit dem schwer faßbaren mystischen Ziel, »sich nicht selbst zu täuschen«, gleichgesetzt. Dessen Verwirklichung schien von den Anhängern dieser Überzeugung zuweilen eine solche moralische Kompromißlosigkeit zu fordern, daß es erlaubt war, nicht nur zu lügen, sondern auch zu töten. (In diesem Sinne war Asahara »aufrichtig«, da die Erzwingung des Endes mit seinen Überzeugungen übereinstimmte. Dasselbe könnte man von Hitler und der von ihm geplanten Vernichtung der Juden sagen.) Nakamura widerspricht denjenigen, die nur solche Traditionen wie den tibetischen Vajrāyana-Buddhismus als »äußere« Quellen für Aums Verbrechen anführen. Ihm zufolge waren Vajrāyana-Prinzipien, die die Tötung von Menschen rechtfertigen, »der japanischen Kultur in der historischen Vergangenheit gar nicht so fremd«. Die Befürwortung von Gewalt und Mord als Demonstration der Hingabe an einen Guru und vielleicht sogar als Mittel zur Erleuchtung hatten längst Eingang in die japanische Kultur und Religion gefunden. Nakamura erwähnt den großen buddhistischen Mönch Shinran aus dem 13. Jahrhundert, den Begründer der in Japan vorherrschenden Shin-Schule des Reinen Landes. Shinran beschrieb einen »Zustand der Seele, der sich über das gewöhnliche Gut und Böse erhebt«. Nakamura zitiert weiter: »Wenn wir alles nach unserem Willen tun können (das heißt, wenn wir Gefühl und Handeln in Übereinstimmung bringen können), vermöchten wir vielleicht, ohne Zögern Tausende von Menschen zu töten.« Shinran sprach, vielleicht zum Teil als Warnung, von einer extremen Art der »Aufrichtigkeit«. Nakamura erkennt darin eine »Mordthese«, die die Japaner als »überzogene Metapher« zu betrachten gewohnt waren – bis Aum Shinrikyō auf den Plan trat und sie wörtlich nahm.

Ein Vorbild für Aums absolute Ausrichtung auf einen Guru war gewissermaßen zum Greifen nah: der staatlich manipulierte Shintoismus. Bis zur Meiji-Restauration war der Shintoismus eine vieldeutige, ländliche Naturreligion. Danach wurde er vom neuen Regime bewußt und etwas künstlich in eine systematische Staatsreligion umgewandelt. Nach dem Vorbild westlicher Monarchien vergöttlichten die Meiji-Führer den Kaiser und machten ihn zum Mittelpunkt dieser Staatsreligion. Die Idee des Kaisers als Gott, als Abkömmling der Göttin Amaterasu, existierte seit langem, meist jedoch nur in Verbindung mit gewissen Ritualen. Im wesentlichen war die Gestalt des Kaisers unbedeutsam. Nun wurde die Idee des Gottkaisertums herausgestellt und mit einer komplexen nationalen Ideologie verschränkt. Der Kaiser wurde zum Symbol und Akteur in einer mystischen *kokutai* oder einer Reichsidee, die den Japanern das Gefühl einer nationalen Identität in einem sakralisierten Staat gab. Unterschiede zwischen Buddhismus und Shintoismus wurden wieder stärker hervorgehoben. Der Buddhismus wurde gegängelt und unterdrückt (Tempel und Schriften wurden zerstört und Mönche zur Ehe gezwungen, um die buddhistische Tradition zu schwächen), bis er sich dem neuen Kaiserkult unterordnete. Sogar lokale Shinto-Schreine wurden zerstört oder geschlossen: um die neue kaiserliche Staatsreligion besser überwachen zu können, gestattete das Regime nur einen Schrein in jedem Dorf.

Der Schatten des Zweiten Weltkriegs

So bedeutsam diese verschiedenen Einflüsse für Aum auch gewesen sein mögen, keiner hatte eine so nachhaltige Wirkung wie Japans Vernichtung im Zweiten Weltkrieg. Je mehr ich mich mit Aum beschäftigte, desto überzeugter wurde ich, daß diese Sekte nur im Kontext der Auswirkungen des Krieges verstanden werden konnte.

Ein Teil dieser Auswirkungen kam mir Ende 1995 bei einem Erlebnis in Tokio zu Bewußtsein. Ich hatte mit einem engen Freund, einem namhaften Wissenschaftler, den ich seit den fünfziger Jahren kenne, zu Mittag gegessen. Wie immer hatte unser Gespräch weite Kreise gezogen und auch jüngste Ereignisse berührt, die Japan erschüttert hatten, wie das Erdbeben von Kobe und die Aufdeckung der Aum-Verbrechen. Wir sprachen auch über die Schwierigkeiten unser beider Länder in diesem fünfzigsten Jahr nach dem Krieg, wie wir mit dem Erinnern und dem Vergessen umgehen sollten. Als wir das Restaurant verließen, sagte mein Freund plötzlich, er wolle mir ganz in der Nähe etwas zeigen. Da es ein wenig regnete und ich wegen seiner angegriffenen Gesundheit besorgt war, zögerte ich, aber er ließ sich nicht abbringen. Schließlich gelangten wir zu einem kleinen Gedenkpark für die im Zweiten Weltkrieg getöteten Japaner. Anders als der Yasukuni-Schrein, der nationale Schrein für die Gefallenen aller japanischen Kriege, der eine gewisse rechtslastige militärische Nostalgie verströmt, waren hier nur die Namen der Toten (wie auf der Tafel für die Opfer des Vietnamkrieges in

Washington) verzeichnet, und an einem kleinen Teich standen ein paar Betonbänke. Wir setzten uns, und mein Freund erzählte, daß über die Hälfte seiner Kommilitonen im Krieg gefallen seien und er noch immer darüber nachdenke, warum ausgerechnet er das Glück gehabt hatte, einer Einheit in Japan selbst zugeteilt zu werden. Das hatte ihm das Leben gerettet. Wir hatten häufig über die japanischen Kriegsverbrechen und die Schwierigkeiten des Landes, sich dazu zu bekennen, gesprochen, doch an diesem Tag wollte er mir sein persönliches Gefühl angesichts der Leiden und Verluste der Japaner vermitteln. Ich verstand, was er meinte. Als ich 1952 zum ersten Mal nach Japan kam, war ich vielen Familien begegnet, die erst kürzlich einen schweren Verlust erlitten hatten, Studenten, deren Väter oder ältere Brüder im Krieg gefallen waren, die selbst hungerten oder gesehen hatten, wie Menschen in den Feuerstürmen umkamen.

Zu den Verbrechen jedoch, die von den Soldaten oder Zivilbeamten des heiligen Kaiserreiches in Ost- und Südostasien begangen wurden, hat Japan sich nie bekannt. Da waren die »ethnischen Säuberungen«, wie wir es heute nennen – die Schaffung »menschenfreier Zonen« in China; das Nanking-Massaker, bei dem Hunderttausende von chinesischen Zivilisten auf grausamste Art ermordet und Zehntausende von Frauen vergewaltigt wurden. Es gab drei Millionen Zwangsarbeiter, hauptsächlich Koreaner und Chinesen. Zusätzlich zu den weitreichenden Anstrengungen biologischer Kriegsführung wurden groteske Experimente mit Typhus-, Tetanus-, Milzbrand- und Pockenerregern sowie Salmonellen an asiatischen und westlichen Gefangenen durchgeführt. Zwischen 100 000 bis 200 000 »Trostfrauen« wurden meist aus Korea, aber auch aus anderen asiatischen Ländern als Prostituierte für das Militär- und Zivilpersonal des neuen japanischen Imperiums verschleppt. Ab 1931 wurden Zivilisten in chinesischen Städten systematisch bombardiert, ein Vorläufer der massiven »strategischen Bombardierung« deutscher und japanischer Städte durch die Alliierten.

In den ersten Jahren der Besatzungszeit wurden diese Greuel in den Kriegsverbrecherprozessen offengelegt. Viele Japaner waren entsetzt, aber die Prozesse hatten nur geringe Auswirkungen. Zum einen wurden die Ermittlungen gegen angeklagte Kriegsverbrecher nur halbherzig geführt, und einige von ihnen wurden nach der Haftentlassung sehr bald rehabilitiert. Zum anderen entschieden die Amerikaner auf höchster Ebene, den Kaiser, in dessen Namen die Kriegsverbrechen begangen worden waren, nicht vor Gericht zu stellen. Die meisten Japaner waren unterdessen ohnehin mehr mit ihrem eigenen Überleben beschäftigt als mit der Vergangenheit. Die Obrigkeit und die einfache Bevölkerung bemühten sich, auch von den Amerikanern ermutigt, »ein Milieu des bewußten Vergessens« zu schaffen, wie der Historiker Gavin McCormack es genannt hat. Das heißt jedoch nicht, daß diese Greuel nicht in die psychische Erfahrung der Japaner eingedrungen wären. Die Auswirkungen waren weitreichend und nachhaltig. Dennoch wurden sie selten öffentlich eingestanden. Einige Schriftsteller der Nachkriegszeit, darunter Kenzaburō Ōe, brachten das Thema mutig und direkt zur Sprache; ebenso wie der Historiker Saburō Ienaga, der einen jahrezehntelangen unermüdlichen Feldzug durch alle gerichtlichen Instanzen führte, um geschönte Darstellungen des Krieges in staatlichen Schulbüchern richtigzustellen. Das Problem wurde vorwiegend unterdrückt und tauchte in der Populärkultur meist in Form von *manga*-Darstellungen (Cartoons) von spannenden Schlachten, japanischem Heldenmut und dem Endsieg Japans auf.

Doch das Ausbleiben einer öffentlichen Diskussion des Themas nach Beendigung der amerikanischen Besatzungszeit tilgte es keineswegs aus dem Bewußtsein. Auch das Bedürfnis der Kriegsgeneration, sich mit ihren Untaten und dem Krieg, den sie im Namen ihres Kaisers geführt hatten, auseinanderzusetzen, erlosch dadurch nicht. Viele nahmen, um durch einen Prozeß der Trauer der schrecklichen Niederlage einen gewissen Sinn zu geben, einfach eine Opferhaltung ein. Nicht jedoch die von Japanern verursachten Leiden der anderen Asiaten wurden betrauert. Statt dessen beklagte man den Abwurf der Atombomben auf Hiroshima und Nagasaki und die »strategische Bombardierung« japanischer Städte sowie die Grausamkeiten der russischen Armee in den letzten Tagen des Krieges. All diese Leiden hatte es wirklich gegeben, doch indem sie eine Opferrolle einnahmen, wichen die Japaner jedem Gefühl von Verantwortung oder Schuld aus, eine Vermeidungshaltung, die auch die Struktur des Nachkriegs-Ichs prägte. Das »Opferbewußtsein« beeinflußte Darstellungen der Kriegsgeschichte, die der Abstumpfung und dem Vergessen Vorschub leisteten.

Die bekannten deutschen Psychoanalytiker Alexander und Margarete Mitscherlich haben ein ähnliches Phänomen bei vielen Deutschen der Kriegsgeneration beschrieben. Da sie psychisch nicht fähig waren, sich mit den Verbrechen, an denen sie beteiligt waren, oder mit dem Ausmaß der Liebe zu ihrem Führer auseinanderzusetzen, gaben auch sie sich eine Opferrolle, was es ihnen unmöglich machte, echte Trauer zu empfinden und damit auch kollektiv oder individuell »wieder zu leben«. In Japan fand eine weit geringere Auseinandersetzung mit den Kriegsverbrechen der eigenen Soldaten statt als in Deutschland. Von großer Bedeutung war hierfür die amerikanische Entscheidung, dem Kaiser Immunität zu gewähren. Diese Entscheidung führte zu einer »Verkümmerung der Verantwortung bis in die niederen Ränge ... und nach einer gewissen Zeit zu einer völligen Leugnung von Schuld«, wie McCormack schreibt. Zu ergänzen wäre, daß diese Leugnung an sich bereits im System der Kaiserverehrung angelegt ist, das allen Japanern als höchste Pflicht auferlegte, dem Kaiser zu dienen, der als Gottheit keinem weltlichen Anspruch wie Verantwortung unterworfen war, auch wenn er politische Maßnahmen gebilligt hatte, die entsetzliche Greuel zur Folge hatten. Statt dessen wurde der ehemalige Gott des Krieges unter dem Schutz der Besatzungsmacht zu einem Nachkriegssymbol für Frieden und Demokratie gemacht. Zwar ist in Japan ausgiebige Kritik an der extremen Kaiserverehrung während des Krieges und der Liebe zu dieser symbolischen Gestalt (in mancher Hinsicht war er ein psychologisches Äquivalent des Führers in Deutschland) geübt worden, doch eine individuelle, psychische Trennung von ihm blieb für viele bis zu seinem Tod 1989 sehr schwierig. Da das Kaisersystem McCormack zufolge »den Kern der japanischen Identität in der Moderne« bildete, hätte eine Auseinandersetzung mit der Schuldfähigkeit des Kaisers das Gefühl individueller psychischer Unversehrtheit vieler Japaner bedroht.

Das Ergebnis war eine noch stärkere Tendenz, die Verbrechen und Greuel des Krieges zu bemänteln, als es in Deutschland der Fall war. Mitte der fünfziger Jahre ermutigten erste wirtschaftliche Erfolge die Menschen, den Blick auf eine bessere Zukunft zu richten, anstatt auf die quälenden Schrecken eines verlorenen Krieges zurückzublicken. Konservative Politiker, von denen einige selbst Kriegsverbrecher waren, trugen viel dazu bei, ernsthafte Diskussionen zu verhindern und Kriegsereignisse zu entstellen oder sogar zu verfälschen. All dies verstärkte die kulturbedingte Neigung, eine Auseinandersetzung mit der Vergangenheit zu vermeiden, psychische Erfahrungen einzukapseln und sich opportunistisch zu arrangieren. Natürlich sind solche kulturellen Präferenzen keineswegs absolut zu sehen, und erst recht ist eine solche Situation nicht auf Japan beschränkt. Die Vereinigten Staaten stehen beispielsweise vor einem ähnlichen Dilemma angesichts der Umstände des verlorenen Vietnamkrieges. Ohne einen Kaiser, der ihnen dabei im Wege stehen konnte, hat zumindest eine kleine Minderheit von Vietnamveteranen, wenn auch nicht die gesamte Öffentlichkeit, darauf bestanden, sich der unangenehmen Wahrheit der von amerikanischen Truppen verübten Greueltaten zu stellen. Solche Auseinandersetzungen waren notwendig für eine psychische Verarbeitung von Leiden und Verlust und haben gleichzeitig auch ganz wesentlich das historische Verständnis ihrer Nation von diesem Krieg überhaupt beeinflußt.

Kein Volk stellt sich jemals vorbehaltlos seinem eigenen Verhalten, besonders wenn dieses von der ganzen übrigen Welt als zerstörerisch oder verbrecherisch wahrgenommen wird. Doch in Japan ist das Ausbleiben einer solchen Konfrontation – das Ausmaß an nicht geleisteter Trauerarbeit in Verbindung mit dem Zweiten Weltkrieg – besonders ausgeprägt. Diese Art der Vermeidung und Verdrängung hat nicht nur die ehemaligen Opfer in Asien aufgebracht, sondern auch eine umfassende Weitergabe bedrückender Kriegsgeschehnisse an die folgenden Generationen verhindert. (Als der Romancier Haruki Murakami Mitte der neunziger Jahre ein dreibändiges Werk über die tiefe Absurdität ihres dem Kaiser geschuldeten militärischen Gehorsams veröffentlichte, waren viele der von ihm geschilderten Umstände für die meisten Leser neu, obwohl der Schwerpunkt mehr auf den Leiden der japanischen Soldaten lag als auf den Grausamkeiten, die sie verübt hatten.) Bemühungen um eine Auseinandersetzung, schon an sich bewundernswürdig, fanden also nur sporadisch statt und stießen auf starken Widerstand. Sie führten zu ungesunden Abwehrmechanismen gegenüber alten Gefühlen der Demütigung und Niederlage und einer Anhäufung der mit den unaussprechlichen Wahrheiten assoziierten Schuld- und Schamgefühle. Von einer Generation an die nächste weitergereicht, brachte diese psychologische Konstellation eine Bewegung mit dem apokalyptischen Anspruch hervor, alle Konflikte zu lösen und eine kollektive Herrlichkeit wiederherzustellen, sowie eine Reinigung zu vollziehen, die alles Übel wegwaschen würde.

Klone des Kaisers

Aum war natürlich eine Bewegung von genau dieser Art. Die Sekte entstand nicht nur aus dem schwierigen sozialen Klima der Nachkriegszeit, sondern erweckte auch Teile der psychologischen Verfassung zum Leben, in der Japan für seinen Kaiser in den Krieg gezogen war. Dieses gesamte militärische Projekt hatte im Grunde die Form eines Religionskrieges für einen göttlichen Kaiser und seine – und Japans – ewige Göttlichkeit. Der Kaiser war ein göttlicher Guru, den gewöhnliche Untertanen weder zu Gesicht noch zu Gehör bekamen. Der einzelne kämpfte und tötete nicht für sich, sondern für den Kaiser; wenn er dabei Frauen oder Kinder umbringen mußte, so geschah dies im Dienste einer Gottheit. Folglich hatte er nichts Falsches getan. Jeder Soldat war zugleich ein *shinka*, ein Vasall, und ein *sekishi*, ein Landeskind des Kaisers: sein Diener und seine biologische Fortsetzung. Diese Kombination war das psychologische Äquivalent zum Aum-Prinzip eines Klons. Wenn auch kein biologisches Duplikat, so sollte doch jeder Soldat eine spirituelle Manifestation seines Kaisers und der gesamten japanischen Existenz sein.

Zwar wurde die Kaiserreligion von den Meiji-Führern im Dienste des Staatsshintoismus geschaffen, doch war es der Buddhismus, insbesondere der Zen-Buddhismus, der für einen Großteil der psychischen Disziplin und Motivation in der japanischen Kriegsführung verantwortlich war. Die Verbindung von Zen und Gewalt geht auf den chinesisch-japanischen Krieg von 1894–95 und auf die Behauptung eines jungen buddhistischen Gelehrten namens D.T. Suzuki zurück (der später im Westen eine gemäßigte Form des Zen bekanntgemacht hat), daß eine Religion dem Staat in seinem Kampf gegen »aufsässige Heiden« dienen müsse und daß der Dienst auf dem Schlachtfeld seinem Wesen nach ein »religiöser Akt« sei. Suzukis Lehrer Sōen Shaku war ein buddhistischer Geistlicher im chinesisch-japanischen Krieg. Die Worte, mit denen er seinen Soldaten predigte, daß sie das Böse bekämpfen müßten und ihr Tod auf dem Schlachtfeld einer »Wiedergeburt der Seele« und Erleuchtung gleichkomme, erinnern an Shōkō Asahara. Noch weiter ging ein anderer buddhistischer Autor der Zeit mit der Aussage, daß die höchste Form der Bodhisattvaschaft (Erlangung der Buddhaschaft durch die Errettung anderer) »das barmherzige Nehmen von Leben« sei. Das Prinzip des Tötens als eine Form des Mitgefühls, das sich die japanische Propaganda im Zweiten Weltkrieg zunutze machte, stand Aums *poa*-Doktrin sehr nahe.

In den dreißiger Jahren, als Japan über immer größere Teile Chinas herrschte, erklärte ein Zen-Schriftsteller den Kaiser zu einem »Heiligen König, der das Goldene Rad dreht«, nach dem Vorbild eines idealen buddhistischen Herrschers, so daß die Anwendung von Gewalt in seinem Namen ein Mittel zur Bekämpfung von Ungerechtigkeit und Gesetzlosigkeit oder, wie in diesem Fall, »chinesischer Besudelung« sei. »Barmherzige Kriege zu führen« bedeute, »sich selbst wie dem Feind Leben zu spenden«. Dieses Prinzip war Teil des ständigen japanischen Beharrens, daß der Krieg »zum Besten Chinas« sei – man rettete die Chinesen, indem man sie umbrachte.

Zunehmend geriet der Zen-Buddhismus zu einem Instrument des Staates, das den Ehrenkodex des japanischen Kriegers propagierte. Ähnlich wie später von Aum wurde Töten in Nicht-Töten umdefiniert. Kōdō Sawaki, einer der bekanntesten modernen Zen-Meister Japans, schrieb 1942: »Alle Dinge, einschließlich Freund und Feind, sind meine Kinder ... Demzufolge ist es gerecht, die zu bestrafen, die die öffentliche Ordnung stören. Ob man tötet oder nicht tötet, das buddhistische Gebot, das das Töten verbietet [wird eingehalten]. Es ist dieses Gebot, das das Schwert führt. Es ist dieses Gebot, das die Bombe wirft.«

Brian Victoria, ein Zen-Priester unserer Zeit und Kritiker der militärischen Rolle des Zen, versteht diese Worte so, daß das Töten oder Werfen von Bomben zu einem höheren Zweck unabhängig vom Willen einer Person erfolgte. Ein weiteres Implikat besteht meiner Ansicht nach darin, daß die mitfühlende Tötung der »Störer der öffentlichen Ordnung« mit dem buddhistischen Gebot gegen das Töten nicht nur vereinbar ist, sondern daß dieses Gebot am besten in der Weise befolgt wird, daß man jeden Störer (»Freund oder Feind«) an jedem Ort tötet. Damit rücken wir immer mehr in die Nähe von *poa*.

Damals hatte sich eine Art »kaiserliches Reichs-Zen« entwickelt – ein »Soldaten-Zen« –, als dessen vollkommene Verkörperung Gorō Sugimoto galt, ein Major, der 1937 in China auf dem Schlachtfeld fiel. Seine Betrachtungen, die postum in einem Band mit dem Titel *Die Große Pflicht* veröffentlicht wurden, hätten sehr wohl von einem Aum-Jünger stammen können, wenn man das Wort »Kaiser« durch Asahara ersetzen würde: »Aufgrund der Nichtexistenz des Ichs ist alles im Universum eine Manifestation des Kaisers ... Vor dem Kaiser ist ... das Ich leer. Überhaupt nichts anstrebend, sollte man Körper und Geist einfach völlig aufgeben und sich mit dem Kaiser vereinigen ... Es ist der großartigste Weg im Universum, die wahre Wirklichkeit des Kaisers, die höchste Rechtschaffenheit und die reinste Reinheit ... Die Kriege des Reiches sind geheiligte Kriege ... heilige Kriege. Sie sind die Ausübung des allumfassenden [buddhistischen] Mitgefühls. Daher muß die kaiserliche Armee aus heiligen Offizieren und heiligen Soldaten bestehen.« In poetischen Worten verlieh Sugimoto seiner mit dem Kaiser unlöslich verbundenen Unsterblichkeit Ausdruck: »Hegt ihr den Wunsch, meines Anblicks teilhaftig zu werden, lebt ganz eurer Verehrung für den Kaiser! Wo der Geist der Kaiserverehrung herrscht, dort werde ich weilen immerdar.« Sugimoto wurde von Zen-Anhängern nicht weniger als von militärischen Nationalisten als ein »Gott des Krieges« verehrt. Sein Buch wurde von Schulkindern in ganz Japan begeistert gelesen und gegen Ende des Zweiten Weltkriegs bei der Rekrutierung von Kamikaze-Einheiten – Jungen unter zwanzig Jahren – eingesetzt. »Diese blutjungen Burschen«, bemerkt Saburō Ienaga bitter, »wurden in Sondereinheiten verheizt und sprengten sich selbst in die Luft, indem sie sich auf feindliche Schiffe warfen.«

Die spirituelle Selbstzweckmoral, mit der japanische Zenmeister und Denker der Zeit brutale Gewalt rechtfertigten, hätten in Asahara einen Bruder im Geiste gefunden. Einer erklärte zu Japans Verhalten in China (wo japanische Greueltaten an der Tagesordnung waren): »Wohin immer die Kaiserliche Armee vorstößt, herrschen nur Mildtätigkeit und Liebe. Sie könnte nie auf die barbarische und grausame Weise handeln, in der die chinesischen Soldaten vorgehen ... [weil] die Offiziere und Männer der Kaiserlichen Armee ... im Geiste des Buddhismus geschult sind.« Diese Moral wurde bisweilen von einem Prinzip der Ausschaltung aller Sinne gestützt, so daß sämtliche Erfahrungen des Sterbens, Tötens oder Verstümmelns als Illusion gewertet werden konnten. Man tötete wahllos und ohne innere Beteiligung. Gerüstet mit einer Unsterblichkeit verheißenden Vision und einer an den Kaiser gebundenen Reinheit vermochten die Soldaten mit allen ihnen zu Gebote stehenden Kräften zu kämpfen, sich extremsten Entbehrungen zu unterwerfen (starkem physischem Unwohlsein, Schlafentzug und Hunger) und hemmungslos zu töten. Die chinesischen Berichte über die Taten japanischer Soldaten schildern häufig deren dämonische, scheinbar übermenschliche Energie und Grausamkeit. Dieser psychische Zustand hat zweifellos zum berüchtigten Massaker von Nanking beigetragen, das sich in kleinerem Maßstab in ganz China, Ost- und Südostasien und im Pazifik wiederholte.

Ebenfalls an den Buddhismus knüpfte die in den Kriegsjahren verstärkt herrschende Vorstellung an, daß geistige Kraft materielle Härte überwinden könne. Diese Idee, nach der zum Teil aus Überzeugung, zum Teil aus Verzweiflung gehandelt wurde, nahm so extreme Formen an, daß in den letzten Kriegstagen Zivilisten ausgebildet und mit Speeren bewaffnet wurden, um amerikanische Landungstruppen abzuwehren. Hier kann man von »Psychismus«, wie ich es nennen möchte, sprechen, dem Versuch, durch innere oder psychische Beeinflussung Macht über äußere Umstände zu gewinnen. Innerpsychische Bedürfnisse bestimmen ein Verhalten, das keinen Bezug mehr zu der Realität hat, auf die Einfluß genommen werden soll. In der Vergangenheit habe ich diesen Begriff auf einige Verhaltensweisen Mao Zedongs und seiner leidenschaftlichsten Anhänger angewendet, die seinen »Gedanken« die beinahe magische Kraft, die Wirklichkeit zu ändern, zuschrieben, ob es nun um Stahlproduktion oder Nuklearwaffen ging, die er für nur eingeschränkt zerstörerisch erklärte. Die japanischen Führer und Soldaten drückten in ihrem Psychismus einen traditionellen ostasiatischen Glauben an die Überlegenheit des Geistes über die Materie aus, ein Prinzip, das in Sportarten wie Judō, Kendō (Schwertkampf oder auch Stockfechten) und andere Kampfsportarten wie Karate eingegangen ist. Extreme Formen des Psychismus können leicht zu der phantasie-gelenkten Gewalt führen, von der Planung und Verhalten der Japaner im Zweiten Weltkrieg häufig bestimmt waren. Aums ebenfalls ausgeprägter Psychismus manifestierte sich in der Behauptung des Gurus, daß spirituelle Fähigkeiten vor radioaktiver Strahlung in einem Atomkrieg schützten oder das Überleben von Armageddon ermöglichten.

In Japan herrschte während des Krieges zudem ein streng hierarchisches System absoluten Gehorsams, das vom niedrigsten Soldaten oder Reservisten bis zum Kaiser reichte. Innerhalb des Militärs galt absoluter Gehorsam gegenüber dem unmittelbaren Vorgesetzten, dessen Befehle die des Kaisers repräsentierten. Dieses Prinzip nahm gegen Kriegsende derart extreme Formen an, daß einige japanische Soldaten sich weigerten, die Kapitulationserklärung des Kaisers anzunehmen, da sie keinen Befehl zur Einstellung des Kampfes von ihren direkten Vorgesetzten erhalten hatten. Auch innerhalb von Aum standen die Befehle der unmittelbar Höherrangigen für den allmächtigen Willen des Gurus und waren demzufolge sakrosankt. Beide Systeme vertraten das Ideal absoluter Reinheit – wie sie vom Kaiser oder Guru verkörpert wurde –, und die Unfähigkeit, dieses Ideal zu verwirklichen, wurde zu einer Angelegenheit persönlichen wie kollektiven Versagens. In beiden Fällen durchdrang das verabsolutierte Ideal der Reinigung alles und schuf, da unerreichbar, eine Atmosphäre ständiger Angst, die aus dem allgegenwärtigen Gefühl der Beflecktheit herrührte. Als diese Glaubenssysteme zusammenbrachen, entstanden ungeheure Konflikte, verursacht durch Zweifel an der Unfehlbarkeit unmittelbarer Vorgesetzter bzw. der höherrangigen Jünger und letztlich an der Göttlichkeit des Kaisers oder des Gurus. In beiden Systemen spiegelten Ausbrüche von Gewalt die Auflösung und das Bedürfnis wider, sich durch die Macht erneut über Leben und Tod zu behaupten.

Auch im japanischen Krieg gegen die Vereinigten Staaten war ein Aspekt der »Erzwingung des Endes« zu finden. Dieser Impuls war bereits im Dezember 1941 im Angriff auf Pearl Harbor zu erkennen, der einen Krieg auslöste, dessen für Japan katastrophales Ende absehbar sein mußte. Spätestens ab 1943 war eine Niederlage unvermeidlich, und dennoch waren Politiker, Militärs und der Kaiser selbst dann nicht in der

Lage zu Friedensverhandlungen, als ihr Land systematisch in Schutt und Asche gelegt wurde. Fanatische Kaiseranhänger sprachen von Widerstand bis zum letzten Mann und arbeiteten auf ein irdisches Armageddon hin, das in der Vernichtung Japans durch amerikanische Bombenteppiche und dem Abwurf der Atombomben gipfelte. Gleichzeitig weist Japans einzige Kapitulationsbedingung – die Erhaltung des kaiserlichen Throns – darauf hin, daß die Zerstörung zu einer wie auch immer bewußten oder unbewußten Vision einer auf der Kaiseridee basierenden Erneuerung gehörte.

Aum war in meinen Augen die Karikatur einer Karikatur. Asaharas Größenwahn machte sich zur Karikatur nicht des gemäßigten »Friedenskaisers« der Nachkriegszeit, sondern der vergötzten Vorkriegsausgabe, die Sugimotos Zen-Gehorsam inspiriert hatte. Asahara stellte seine eigene Mission als »Christus« der des Kaisers gegenüber, dessen Platz er einzunehmen gedachte: »Es gibt keinen Zweifel, daß ich im Mittelpunkt der Welt sein und bald die Führung übernehmen muß ... Wenn sie Atombomben auf Japan werfen oder Nervengas oder bakteriologische Waffen einsetzen, bedeutet das das Ende Japans. Was geschieht dann mit dem Kaiser, der sich mitten unter den Kriegsverbrechern befindet?« Der letzte Teil von Asaharas Aussage erinnerte an japanische und westliche Kritiker des Kaisers, die in jüngerer Zeit Hirohitos aktive Beteiligung am Krieg und seinen Verbrechen eindrucksvoll nachgewiesen haben. Doch die Karikatur bestand darin, daß Asahara Hirohito sowohl durch seine Behauptungen, göttlich zu sein (Kaiser, Christus, Buddha, Shiva), als auch im Ausmaß seiner Vernichtungsphantasien übertrumpfte. (Hirohito und die kaiserlichen Nationalisten, so großspurig ihre Pläne auch waren, wollten nicht mehr zerstören als ihre asiatischen Rivalen, die westliche Präsenz in Asien und vielleicht auch, wie oben vermutet, ihr eigenes Land.)

Das Kaisersystem selbst beinhaltete Elemente einer Karikatur. Besonders gegen Ende des Zweiten Weltkriegs hatten sein Anspruch auf Göttlichkeit und die Erscheinungsformen des Psychismus eine äußerste Grenze erreicht. Seine Ideologie war, in den Worten Carol Glucks, »überstrapaziert worden«, so daß die »kaiserliche Orthodoxie in so auffälligem Widerspruch zur gesellschaftlichen und nationalen Realität stand ... [und] derart erstarrt war, daß es dem gesunden Menschenverstand zuwiderlief«. Ursprünglich von westlichen Ideen der Monarchie und des Kaisertums beeinflußt, war das System künstlich als Mittel zum Zweck der Verwandlung Japans in einen modernen Staat entwickelt worden. Daher trug es stets Elemente von Künstlichkeit und Übertreibung in sich – und blieb immer eine gebrechlichere Konstruktion, als es allgemein den Anschein hatte, und kompensierte seine Schwäche mit grandiosen Ansprüchen und Plänen. Wenn es mit einer Ideologie zu Ende geht und sie in ihren kompensatorischen Aktionen und Behauptungen so gefährlich wird, wie bedrohlich muß dann eine spätere Ideologie sein, die sich dieser überlebten Phantasie bemächtigt und versucht, sie noch zu übertrumpfen.

Nach Hiroshima

In Hiroshima und Nagasaki ist der Krieg nie zu Ende gegangen. Genauer gesagt, dort hatte sich etwas ereignet, das zwar ein Teil des Krieges war, aber dennoch eine eigene und erschreckende neue Botschaft von der Vernichtung der Welt übermittelte. Ein Überlebender des Atombombenangriffs auf Hiroshima erzählte mir, wie er vorübergehend wegen des Ascheregens nichts erkennen konnte: »Mein ganzer Körper schien schwarz, alles war dunkel, völlig dunkel ... Dann dachte ich: ›die Welt geht unter‹.« Eine andere Überlebende, die Schriftstellerin Yōko Ōta, erinnert sich: »Ich konnte einfach nicht begreifen, warum sich unsere Umgebung von einem Moment auf den anderen so sehr verändert hatte ... Ich dachte, es wäre vielleicht etwas, das nichts mit dem Krieg zu tun hatte, die Vernichtung der Erde, die, wie es heißt, beim Untergang der Welt stattfindet, und von der ich als Kind gelesen hatte.« Ein protestantischer Geistlicher schilderte mir den Augenblick der atomaren Zerstörung mit den Worten der christlichen Apokalypse: »Ich hatte das Gefühl, alle seien tot. Die ganze Stadt war zerstört ... Ich dachte, meine ganze Familie müsse tot sein – es ist egal, wenn ich auch sterbe ... Ich dachte, das sei das Ende von Hiroshima – von Japan – der Menschheit ... Es sei Gottes Gericht über die Menschen.« Dieses Bild von der Zerstörung der Welt nahm in der japanischen Nachkriegskultur einen bedeutenden Platz ein.

Anfangs unterdrückte die amerikanische Besatzungsmacht die japanischen Reaktionen auf den Abwurf der Atombomben, doch später breiteten sie sich in ganz Japan und schließlich über die Welt aus. Viele davon nehmen einen hervorragenden und dauerhaften Platz in der japanischen Kultur ein: persönliche Berichte wie Yōko Ōtas *Stadt der Leichen*, Michihiko Hachiyas eindrucksvoll zurückhaltendes *Hiroshima-Tagebuch* und Takashi Nagais nachdenkliches und erschütterndes Buch *Die Glocken von Nagasaki*, die Gedichte des Überlebenden und Helden von Hiroshima, Sakichi Tōge (»Gib die Menschen wieder«); Romane wie der Klassiker *Schwarzer Regen* von Masuji Ibuse (der den Atombombenabwurf nicht persönlich miterlebt hat, jedoch aus der Präfektur Hiroshima stammt); Kunstwerke wie die riesigen, erschütternden Fresken von Iri und Toshi Maruki (die kurz nach dem Bombenabwurf nach Hiroshima kamen); Dokumentarfilme, die die fast vollständige Zerstörung von Hiroshima und Nagasaki festhielten, und der von Hiroshima inspirierte Film des großen Regisseurs Akira Kurosawa *Record of a Living Being* sowie der Nagasaki-Film *Rhapsodie im August*; und Essays wie die *Hiroshima-Notizen* von Kenzaburō Ōe.

Doch die nachhaltigste Wirkung hatten die Erinnerungen der Überlebenden und die mit ihnen verbundenen apokalyptischen Impulse und Ängste innerhalb der Populärkultur. So veröffentliche Keiji Nakazawa, ein Hiroshima-Überlebender, 1973 den ersten der sieben Bände von *Barfuß durch Hiroshima*, Erinnerungen im beliebtesten aller japanischen Genres, dem *manga*. Dieses kleine Meisterwerk schildert auf einfache, ungekünstelte Weise aus der Sicht eines sechsjährigen Jungen (Nakazawas Alter zur Zeit des Abwurfs) die Erfahrungen einer Familie in Hiroshima, besonders den hilflosen Kummer, den er und seine Mutter über den Tod seines Vaters, der Schwester und des Bruders empfinden. Bei all ihrer Traurigkeit vermittelt die Geschichte doch ein Gefühl der Hoffnung, als es Gen gelingt, Nahrung zu finden und in extremer Not seiner Mutter beizustehen. Manchmal singt er sogar und spielt im Schutt, wie ein kleiner Junge es eben tut. Solch heldenhafte Anstrengungen, um die Kräfte einer totalen Zerstörung abzuwenden, wurden mit der Zeit zu zentralen Motiven eines Großteils der japanischen apokalyptischen Literatur. Die Abenteuer des kleinen Jungen dienten als Vorlage für vier Spielfilme (einer davon ein Zeichentrickfilm) und eine Oper. Gen wurde zu einer Ikone der japanischen Erinnerung. (Er inspirierte auch den amerikanischen Cartoonisten Art Spiegelman, dasselbe Genre zu benutzen, um in seinem Bilderroman *Maus* die Leiden seiner Eltern in Auschwitz zu schildern.)

Für Aum und seine Fixierung auf den Weltuntergang war Japans nukleares Erbe und seine Verarbeitung im futuristischen Reich der Populärkultur von ganz entscheidender Bedeutung. Ein einziger Monsterfilm gab den apokalyptischen Tenor vor. 1954 stürmte Godzilla (japanisch Gojira), ein verstrahltes, dinosaurier-ähnliches Reptil ungeheurer Größe, in den Tiefen des Pazifischen Ozeans durch amerikanische Atomversuche am Bikini-Atoll aufgeweckt, in japanische (und dann amerikanische) Kinos und zerstampfte Tokio zu radioaktivem Staub. Der

Film des Regisseurs Tomoyuki Tanaka, der »aus dem Wunsch, das Entsetzen und die Schrecken auszudrücken, die Japan nach der Bombardierung Hiroshimas und Nagasakis durch die Amerikaner umgaben«, entstanden war, war auch ein Widerhall des landesweiten Entrüstungsschreis über das Schicksal der japanischen Fischer auf dem Boot *Lucky Dragon*, die dem radioaktiven Ausfall der amerikanischen Atomversuche am Bikini-Atoll ausgesetzt waren und verstrahlt wurden, was zu einem Todesfall geführt hatte. Tanaka, ein talentierter Regisseur von Unterhaltungsfilmen, hatte die Idee, als er auf dem Heimweg von Indonesien über das Atoll flog. Den Namen des Monsters schufen er und sein Team aus dem englischen Wort *gorilla* (eine Anspielung auf das amerikanische Filmmonster King Kong) und dem japanischen Wort *kujira*, das Wal bedeutet. Der bösartige Godzilla, der auf der Leinwand wie eine furchterregende Naturgewalt japanische Städte dem Erdboden gleichmacht, vollzieht das Zerstörungswerk der amerikanischen Luftwaffe im vergangenen Krieg nach. Am Ende wird er von einem heldenhaften japanischen Wissenschaftler getötet, der dabei sein Leben opfert. Im Laufe der Jahre entstanden zweiundzwanzig Fortsetzungen (in denen Godzilla sich im Kampf gegen andere böse Monster in eine Macht des Guten verwandelt); ganz zu schweigen von den Bergen von Video- und Puzzlespielen, Comics, Puppen und Spielzeug jeder Art. Godzilla ließ sich endlos vermarkten, da er so wirkungsvoll dazu beitrug, nukleare Angst in Unterhaltung umzuwandeln. Er transferierte diese Furcht in ein Reich der Phantasie, wo ein Melodram von Weltuntergang und Rettung aufgeführt werden konnte. Ob gefährlich oder gutartig, ob er alles in seiner Nähe zerstampfte oder um die Rettung der Welt kämpfte, stets ließ Godzilla seinen Ursprung in einem nuklearen Szenario spüren und war in der Kindheit Asaharas und anderer Aum-Mitglieder zweifellos allgegenwärtig gewesen.

Die sich in *Godzilla* äußernde Atomangst fand bald ihr Gegenstück im Weltall. Wieder diente ein amerikanisches Filmgenre als Vorbild. Japan wird von Invasoren aus dem All heimgesucht. Einige dieser fremden Wesen zeigen sich ernsthaft besorgt über die auf der Erde durchgeführten Atomversuche, wie in dem Film *Spacemen appear in Tokyo* von 1954, während andere – durch radioaktive Strahlung physisch oder geistig beeinträchtigt wie der atombetriebene Roboter in *Electric Man* oder das Nuklearwesen H-Man – der Menschheit nur Feindseligkeit entgegenbringen. Wieder einmal gelingt es, dank des Mutes und der überlegenen Kenntnisse der japanischen Wissenschaftler, die schlimmsten dieser Kreaturen zu besiegen, und das Universum ist gerettet.

Beide Genres verbinden Grauen mit übertriebenen, teilweise ironischen Phantasien. Insgesamt gesehen begründeten sie eine typisch japanische Filmgattung, die die einzigartige Erfahrung des Landes als Opfer eines atomaren Angriffs in Geschichten verwandelte, die als Kassenmagneten wirkten. Außerdem waren sie ein wie auch immer verquerer Ausdruck einer Überlebensmission und auf gewisse Weise sogar das Äquivalent der Populärkultur zum Augenzeugenbericht. Gleichzeitig greifen sie die japanischen Ängste auf, Opfer von Nuklearwaffen zu werden, und banalisieren sie. Ihre Darstellung von der Rettung der Welt durch den Heldenmut und die wissenschaftlichen Kenntnisse der Japaner – Kenntnisse, über die im Zweiten Weltkrieg nur die Feinde verfügten – ermöglichte eine angenehme Kompensierung jüngster historischer Demütigungen.

Während die Aum-Generation aufwuchs, eroberten sich diese Science-fiction-Szenarien immer mehr Raum in der Welt der TV-Cartoons. Diese erfanden immer phantastischere kosmische Rettungsaktionen in immer komplexeren und bedrohteren Zukunftswelten, die häufig ästhetisch glänzend ausgearbeitet waren. Diese bei Kindern und Jugendlichen ungeheuer beliebten Sendungen schilderten in der Regel eine postapokalyptische Situation – eine Welt oder ein Universum nach dem Nuklearkrieg –, in der die Helden entschlossen darum kämpften, menschliches Leben zu bewahren und den Planeten Erde wiederaufzubauen. Ein ehemaliges Aum-Mitglied schrieb, ältere Japaner »würden vielleicht lachen, wenn sie hörten, daß Armageddon bevorstand«, doch für seine Generation habe sich die Frage, »wer an Armageddon glaubte und wer nicht«, wegen dieser Darstellungen der »Weltkatastrophe« überhaupt nicht gestellt.

Der amerikanische Science-fiction-Autor Thomas Disch sieht Aum als die »Apotheose« einer unheilvollen Interaktion zwischen einer »gefährlichen ... millenarischen, quasi-religiösen« Variante des Genres und einem Publikum, das darin letzte spirituelle Wahrheiten sehen will, so daß »es außerhalb von Science-fiction keine Rettung gibt«. »Godzillas Kinder«, wie Disch die Aum-Anhänger bezeichnet, haben Sendungen wie *Raumschlachtschiff Yamato* gesehen, »in denen halb-menschliche Cyborgs schreckliche Verwüstung über die Städte bringen«, und *gekiga* gelesen, »Comics in Buchlänge mit Geschichten, in denen vor einem Hintergrund à la *Blade Runner* drauflos vergewaltigt und gemordet wird«. (Hier spricht Disch eine sadistische Komponente der japanischen Populärkultur an.) Ebenfalls von Bedeutung für Aum war Isaac Asimovs vielgelesener Science-fiction-Klassiker, die *Foundation*-Trilogie. Hideo

Murai zitierte sie sogar als Vorbild für Aum, da hier eine Elite spirituell hochstehender Wissenschaftler beschrieben wird, die in einem Zeitalter der Barbarei gezwungen ist, in den Untergrund zu gehen, um sich auf den mit mathematischer Genauigkeit berechneten Moment vorzubereiten, in dem sie wieder hervortreten, um die Zivilisation wiederaufzubauen.

Der Philosoph Yūjirō Nakamura weist ebenfalls auf die Bedeutung von Science-fiction für die Entwicklung Aums hin, betont aber auch ihre allgemeinere Rolle. »Auch wenn Aum in gewisser Hinsicht vulgär und schematisch wie ein Cartoon war, erfaßte die Sekte doch das breite Unbewußte der Masse und hätte sogar beinahe Intellektuelle für sich gewonnen«, schrieb er. Was war das breite »Unbewußte der Masse«? Ich meine, daß es ein unauslöschliches Hiroshima-Siegel trug, ein kollektives Bild der Vernichtung Japans, das später auf die ganze übrige Welt ausgedehnt wurde. Es geht hier um die für viele Japaner von heute unwiderstehliche Macht der Idee einer Zerstörung der Welt und die komplexe hochtechnisierte futuristische Bilderwelt, mit der die Populärkultur diese Vorstellung ausgestattet hat. Dies war für das japanische – und erst recht das globale – Bewußtsein so zentral, daß man von denen, die auf eine Zerstörung der Welt hinarbeiten, annehmen kann, sie seien im Besitz einer gewissen kosmischen Weisheit. Wir haben gesehen, wie das Verknüpfen von apokalyptischen Visionen mit dem Erleben von »Hochgefühlen« das moralische Urteil beeinträchtigen kann. Die Flut apokalyptischer Fantasy-Literatur hat zweifellos viel dazu beigetragen, Aums »mystischen« Weg zu ebnen, ebenso wie die heroische Verlockung einer populär vermarkteten Apokalypse viele junge Leute zu Aum geführt hat.

Neue Neue Religionen

Die Mitglieder von Aum waren die kulturellen Erben einer spirituellen Verwirrung jeder Form, einschließlich der durch westliche Einflüsse verursachten Verwerfungen, des dramatischen, fast apokalyptischen Zusammenbruchs des imperialen Größenwahns und der schmerzlichen Widersprüche und Verderbtheiten einer höchst unzulänglichen Nachkriegsdemokratie und eines jahrzehntelangen Wirtschaftsbooms. Kein Wunder, daß junge Menschen von einer synkretistischen Religion angezogen werden konnten, die uralte Wahrheiten mit neuesten spirituellen Trends in Japan, den USA und anderen Teilen der Welt zu verbinden schien. Darüber hinaus verfügten Neue Religionen wie Aum über eine reiche japanische Vorkriegstradition, auf der sie aufbauen konnten.

Die Neuen Religionen, die in Zeiten sozialer Unruhe Zulauf fanden, sind in der Regel von Männern und Frauen aus unteren Gesellschaftsschichten gegründet worden, die eine transzendente Vision erlebt hatten und sich dennoch der Linderung der Leiden dieser Welt weihten. Häufig wurden dabei scheinbar divergierende religiöse Elemente aus Buddhismus und Shintoismus, manchmal auch aus dem Christentum, mit innovativen Ritualen und gemeinschaftlichen Übungen verknüpft. Bei einigen der Neuen Religionen, die Ende des 19. und Anfang des 20. Jahrhunderts entstanden waren, standen verschiedene Formen eines »Spiritismus« im Vordergrund. Ihre Anhänger glaubten, die Seelen der Toten nähmen Wohnung in den Körpern der Lebenden. Viele der nach 1970 entstandenen »Neuen Neuen Religionen« (wie Shimazono sie bezeichnet), darunter auch Aum, gelten wegen ihrer starken Hinwendung zu einer Bewußtseinserweiterung und zu Transzendenzerfahrungen als die Erben dieses Spiritismus.

Von den Neuen Religionen der Vorkriegszeit übte Ōmoto (»Der Große Ursprung«) auf Shōkō Asahara den stärksten Einfluß aus. In ihr fanden sich zahlreiche Anklänge an den westlichen Spiritismus. Sie wurde 1892 von einer Frau gegründet, die von einer in Vergessenheit geratenen Gottheit »heimgesucht« worden war. Diese war nach einer ewig langen, ihr von niederen Göttern auferlegten Verbannung auf die Erde zurückgekehrt, um die Welt zu erneuern. Ōmoto wandte exorzistische Methoden an, um böse Einflüsse zu vertreiben, und hatte eine transzendente Paradiesvorstellung, propagierte aber zugleich nachdrücklich eine Neuordnung der Gesellschaft, so daß sie als umstürzlerisch galt. Da Ōmoto sehr populär war und die Praxis der Kaiserverehrung ablehnte, geriet die Religion in den dreißiger Jahren ins Visier der zunehmend autoritären Regimes. 1935, ein Jahr, in dem viele Neue Religionen verboten wurden (besonders wenn sie dem Kaiser keinen Platz einräumten), wurden die Gebäude der Sekte abgerissen. Asahara, der möglicherweise von Ōmoto Idee von einer Erneuerung der Welt beeinflußt gewesen war, identifizierte sich wegen der Verfolgungen, denen Ōmoto ausgesetzt gewesen war, stark (wenn auch ohne Grund) mit der Sekte. Es gelang ihm sogar, einige Religionswissenschaftler dazu zu bewegen, die von ihm behaupteten Gemeinsamkeiten mit Ōmoto zu bestätigen.

Nach dem Krieg lag das spirituelle Ich vieler Japaner ebenso in Trümmern wie ihre Städte. Mit der Radioansprache des Kaisers, in der er am 14. August 1945 die Kapitulation verkündete (nicht nur der Inhalt war schockierend, sondern auch der Umstand, daß die kaiserliche Stimme von gewöhnlichen Ohren vernommen werden konnte), und dem von der amerikanischen Besatzungsmacht geforderten offiziellen kaiserlichen Verzicht auf den Anspruch auf Göttlichkeit am 1. Januar 1946 war der Staatsshintoismus am Ende. Im besetzten Japan kam es zu einem »Andrang der Götter«, wie es damals hieß, als buchstäblich Tausende Neuer Religionen aus dem Boden schossen. Dieser Ausbruch von Spiritualität hielt während der ganzen Nachkriegszeit an, verstärkt durch die radikale Urbanisierung des Landes, durch die zahllose Bürger ihre Bindungen an lokale Gottheiten und Gemeinden verloren. Den Neuen Religionen gelang es, diese Verunsicherung aufzufangen, indem sie improvisierte, eklektizistische Anleihen und flexible Methoden anboten, die Götter aus der Ferne zu verehren, sowie eine aktive Führung und Betreuung von unten. Die Gründer waren im allgemeinen auf eine elterliche Weise fürsorglich und vermittelten eine gewisse tröstliche Androgynität. So behauptete eine Religionsgründerin, ein Gott sei in sie eingegangen.

Die spirituellen und mythologischen Quellen, aus denen sie schöpften, waren praktisch unbegrenzt. So glaubten bestimmte Gruppen, daß der verlorene Stamm Israels nach Japan gelangt, Jesus Christus in Japan begraben oder daß die ursprüngliche Tafel mit den Zehn Geboten von Israel nach Japan gebracht worden sei, wo sie als geheimer Schatz von der kaiserlichen Familie gehütet wurde. Die Neuen Religionen konnten ebensogut nationalistisch gesinnt sein, wie dem Kaiser und der Nation kritisch gegenüberstehen. Sie konnten Spiritualität mit materiellem Erfolg vereinbaren, doch alle betonten die Bedeutung einer wiedergeborenen spirituellen Gemeinschaft.

Zu der Welle der »Neuen Neuen Religionen« in den siebziger Jahren kam in den Worten des Philosophen Michael Grosso das »Potpourri aus Ursachen und Wirkungen, die vom Durchgedrehten bis zur intellektuellen Provokation reichten«, das man als New-Age-Denken bezeichnet. Der Schwerpunkt der ursprünglich in den USA explosionsartig entstandenen Bewegung lag auf individueller Veränderung und Erneuerung. Fundierte (und weniger fundierte) Urteile von Szientismus und Materialismus, die Betonung von Umweltschutz und ganzheitlicher oder alternativer Medizin sowie ein physischer und spiritueller Mystizismus gingen aus dieser Bewegung hervor. Daneben konnten auch die abseitigen Bereiche der UFO-Forschung und der SF-Fantasy dazugehören, »die Weisheit der Runen, Kristalle, des I Ching, der Tarot-Karten« und andere sonderbare Auswüchse des amerikanischen kommerziellen und spirituellen Reichtums.

Die amerikanische New-Age-Bewegung ging ebenso eklektisch vor wie die japanischen Neuen Religionen. Die meisten dieser Vorstellungen verbinden Althergebrachtes und Esoterisches mit den Errungenschaften des Elektronikzeitalters. Moderne westliche Empfindungen wurden durch verschiedene vormoderne spirituelle Systeme (besonders aus der indianischen Tradition) sowie östliche Religionen wie Zen und den tibetischen Buddhismus gefiltert. Apokalyptische New-Age-Tendenzen sind insgesamt gesehen eher harmlos und auf positive Aspekte wie Wiedergeburt und Erneuerung ausgerichtet, wenn auch der Glaube an die Prophezeiungen des Nostradamus auf eine starke Akzeptanz des Weltuntergangsgedankens weist. Gerade die Strukturlosigkeit und Dehnbarkeit der New-Age-Konzepte machen sie dienstbar für jene, die aggressivere, transzendente Veränderungen der Welt anstreben.

Eine Reihe von New-Age-Varianten des Buddhismus fand, begleitet von verschiedenen Importen amerikanisch geprägter Populärkultur, ihren Weg nach Japan zurück, wo sie nun ihrerseits solche japanischen TV-Zeichentrickfilme beeinflußten, die post-apokalyptische Szenarien von Zusammenbruch und Wiedergeburt vorführten. Ebenfalls übernommen wurden New-Age-Umweltbiologie (»Raumschiff Erde« und »Gaia«), Physik (*Das Tao der Physik*) und Psychologie (»Selbstverwirklichung« und die Jungianische mystische Synchronizität). Wirtschaftsunternehmen griffen auf Zen und andere verwandte spirituelle Systeme zurück, um eine Belegschaft aus »Industrie-Kriegern« aufzubauen. Die Japaner wurden die vielleicht eifrigsten New-Age-Konsumenten der Welt.

Dies hängt möglicherweise damit zusammen, daß New-Age-Ideen eine direkte Verbindung zu einer Ebene nicht-rationaler, ganzheitlicher Erfahrung herstellten, die von alters her kulturelle Bedeutung hatten, und sogar Überbleibsel des vormodernen, animistischen Naturglaubens nicht ausgrenzten. Ein japanischer Gelehrter erklärte mir: »Die amerikanische Gegenkultur wurde zur japanischen Kultur.« Die japanisierten New-Age-Strömungen kursierten ungehindert in der Populärkultur und wurden von jüngeren Leuten, die verwirrenden generationsbedingten Veränderungen ausgesetzt waren, häufig als befreiend und energetisch empfunden.

Das gleiche traf auf die Umwandlung japanische religiöser Erfahrungen (via Amerika und Europa) zu. Puristen beklagten die Übernahme des New-Age-Buddhismus, doch für viele Japaner, besonders die jungen, vermittelte er ein Gefühl von Frische und Lebenskraft, das den erstarrten, institutionalisierten Formen fehlte, aber dennoch japanische Bedürfnisse befriedigte. Zeitgleich entstand der »psychologische Mensch«, wie ein Beobachter ihn nannte. Wo einst nur die Regeln der Gemeinschaft gegolten hatten, wurden Fragen der individuellen Identität und der persönlichen Sinnhaftigkeit in einem solchen Maße erforscht, daß man von einem »Zeitalter der Psyche« sprach. Die Neuen Religionen verbanden die Ansprüche von Gemeinschaft und Individuum, und die Vernachlässigung spiritueller Bedürfnisse durch die ältere Generation verstärkte ihre Anziehungskraft auf die Jugend nur noch mehr. Im Zuge einer immer stärkeren Hinwendung der verschiedenen Religionen zu Spiritualität, Mystik und psychischer Individualität wurden die jungen japanischen Wahrheitssucher jedoch zunehmend anfälliger für Praktiken der Manipulation und Gehirnwäsche sowie für extreme Auslegungen von »Aufrichtigkeit« und hermetische Formen des militanten »Psychismus«.

Diese Änderungen vollzogen sich im Klima einer sich ständig ausbreitenden, neuartigen Religiosität, so daß in Japan zum Zeitpunkt des Sarinanschlages in Tokio angeblich über etwa 23 000 religiöse Gruppierungen mit 200 Millionen Mitgliedern existierten (eine Zahl, die die Gesamtbevölkerung um 70 Millionen übersteigt und bezeichnend für den Hang der Japaner ist, mehreren Bekenntnissen gleichzeitig anzugehören). Demnach weist Japans säkulare Kultur eine bedeutende religiöse Kehrseite auf. Die frühere religiöse Unterdrückung hat offenbar zu einem Wiederaufleben seltsamer und wirrer religiöser Impulse und ihrer Kommerzialisierung beigetragen. Dies alles spielte sich in einer Atmosphäre ab, in der zahlreiche Innovationsprozesse gleichzeitig im Gange waren, erhebliche Verwirrung herrschte und beträchtliche Energien frei wurden. Ein großer Teil dieser gleichzeitig verlaufenden Prozesse, der Verwirrung und der Energien waren auf apokalyptische Ziele und Endzeitvisionen gerichtet. Mit anderen Worten, es herrschte ein psychohistorisches Klima, in dem Aum, der »Alptraum japanischer Religion«, sich entwickeln konnte.

Zusammenfügen der Fragmente

Wir haben gesehen, daß die meisten der potentiellen Aum-Jünger der gleichen New-Age-Subkultur ausgesetzt waren wie der Guru, ehe sie ihm überhaupt begegneten, und die Sekte bei einem ihrer esoterischen Hauptprojekte, der Erstellung »wissenschaftlicher« Computerprogramme zur Auswertung astrologischer Tabellen, tief in diese Subkultur eintauchte. Asahara schöpfte auch aus den Erfahrungen anderer New-Age-Gurus, wie Bhagwan Shree Rajneesh, der zuerst im indischen Poona und später auch in Oregon eine große Anhängerschaft angezogen hatte. Die New-Age-Einflüsse trugen viel zur proteischen Methode des Gurus bei, für sein globales Ziel, ein breites Spektrum spiritueller und psychologischer Komponenten in sich zu vereinigen. Er trieb die Fähigkeit Japans, kulturelle Errungenschaften aus dem Osten und aus dem Westen zu übernehmen, auf die Spitze, eine Fähigkeit, die sich bereits stark in der japanischen Tradition der Neuen Religionen ihre Bahn gebrochen hat.

Betrachten wir einmal eine der vielfältigen Dimensionen, die Aums New-Age-Buddhismus wirkungsvoll für sich verwertet hat. Im traditionellen japanischen Buddhismus ist es üblich, daß Mönche und Priester einen buddhistischen Namen annehmen. Aum bezeichnete diesen als »heiligen Namen«. Innerhalb der meisten buddhistischen Richtungen bedeutet der neue Name meist ein Bekenntnis zu den Regeln und gewissen Formen religiöser Übungen der entsprechenden Gemeinschaft. Nur große buddhistische Persönlichkeiten wie Nichiren, Shinran und Saigyō erhielten besondere aus der buddhistischen Überlieferung stammende Ehrennamen. Asaharas Methode der Namensgebung war ebenso pompös wie zweckgerichtet. Er verlieh jedem Novizen einen exotischen heiligen Namen aus dem Sanskrit, Pali oder dem Tibetischen. Für heutige Japaner klingen alle diese Namen nach New-Age, und viele sind der Meinung, daß Asahara diese Praxis direkt von Rajneesh übernommen hat, der seinen Jüngern ebenfalls Sanskrit- und Pali-Namen verlieh. Jedenfalls hatten diese Namen bei Aum eine tiefe Bedeutung, die jedem Novizen das Gefühl einer grundlegenden Veränderung und der Erlangung eines neuen und mächtigen Ichs vermittelte, das geheiligt, kostbar und von seinem früheren profanen Dasein völlig abgekoppelt war. Dieses Ich wurde als eine Kombination von avantgardistischer Spiritualität und uralter Weisheit empfunden. Die Namen waren Kennzeichen der Unsterblichkeit und verliehen Asahara, der sie gewährte und entzog, eine Art Unsterblichkeitskontrolle. Aums »freischwebender« Charakter und das Fehlen jeglicher Verbindungen zu anderen japanischen Institutionen oder Religionen ermöglichte es der Sekte, sich diesen und anderen New-Age-Einflüssen zu öffnen und sie dem eigenen Bedarf entsprechend umzuformen.

Durch die Vermischung von New-Age-Strömungen und aus der Hiroshima-Erfahrung stammender apokalyptischer Vorstellungen mit einem breiten Spektrum japanischer und weltreligiöser Traditionen schuf Asahara eine Sekte, die sowohl proteisch als auch absolutistisch war. In allen Bereichen der Sekte kamen zwei scheinbar gegensätzliche Eigenschaften zum Tragen: die Offenheit des kühnen Erneuerers in einer Welt mit angeschlagenen Traditionen und gleichzeitig die hermetische Denkweise eines herrschsüchtigen Fundamentalisten. Zudem brachten dieser Proteanismus und Totalitarismus die typisch japanische Fixierung auf Technisierung und Technologie und profitorientiertes Unternehmertum in Einklang. Aums Anspruch auf technische und wissenschaftliche Präzision versetzte den Kult in die Lage, phantastische jenseitige Visionen mit höchster Betriebsamkeit in weltlichen Belangen zu verknüpfen. Selbst der hochfahrenden spirituellen Mission wurde im Computerjargon bescheinigt, sie liefere »gute Daten« für die Erneuerung der Menschen. Die Selbstdarstellung war auch wichtig fürs Geschäft, denn die Sekte war ebenso darauf aus, das große Geld zu machen, wie jede andere Firma auch und beutete die Privilegien aus, die ihr ein Status als Unternehmen bot, und finanzierte ihre kostspieligen Projekte mit Hilfe von »Beiträgen« oder Schmiergeldern. Gleichzeitig unterhielt die Gruppe engen Kontakt zu den Medien, in denen sie wertvolle Multiplikatoren ihrer Botschaft und ihres Wirklichkeitsbildes erkannt hatte. Am Ende waren Betrug und Mord durch keinerlei Manipulation mehr zu verbergen, dennoch war der Guru zu einer »prominenten TV-Persönlichkeit« avanciert, die die Medien zu ihrem Vorteil zu nutzen verstand. Sie hatten sogar seinen Sirenengesang an die Jugend übertragen.

Junge Rebellen

Es waren junge, gegen die Gesellschaft rebellierende Erwachsene, aus denen Aum die meiste Energie zog. In jeder Gesellschaft sind es besonders junge Menschen, die auf Verunsicherungen, wie ich sie beschrieben habe, mit leidenschaftlichen Worten und Taten reagieren. Ich habe seit über vier Jahrzehnten mit jungen Japanern gesprochen, und in vielen Gesprächen haben sich ihre komplexen Schwierigkeiten mit bröckelnden Wertesystemen wie Familie, Gesellschaft, Religion und Karriere offenbart. Häufig traten bei ihnen abrupte Verschiebungen ihrer Überzeugungen, Einstellungen und Ideale zu Tage. Beeindruckt war ich stets, wie viele von ihnen solch gegensätzliche Elemente miteinander in Einklang brachten, indem sie sich die verschiedenen Gruppen zunutze machten, die im japanischen Alltagsleben eine so wichtige Rolle spielen.

Gleichzeitig bin ich bei ihnen einer starken Neigung zu einem verabsolutierenden Denken des Alles-oder-Nichts und moralischen Regeln begegnet, die sich in rigiden Formen von Gruppenverhalten ausdrücken lassen. Hierzu möchte ich das Beispiel eines marxistischen Studentenführers anführen, der mir erklärte, daß »wir, um die gegenwärtige Gesellschaft zu verändern, ... irgendwie ihr Fundament zerstören müssen. Das ist heute unsere Aufgabe, aber ich glaube nicht, daß wir die zukünftige Gesellschaft in ihrer Großartigkeit noch erleben werden.« Hierin liegt mehr als nur ein Anflug von Aum-ähnlichem Mystizismus – besonders, wenn man erfährt, daß die Träume und Assoziationen des jungen Agitators eine tiefe Sehnsucht nach einer idealisierten Vergangenheit sowie einer visionären, glückseligen Zukunft offenbarten. Interessanterweise stieß ich auf ähnliche Sehnsüchte bei der geringeren Anzahl der Studenten, die den Wunsch nach einer Rückkehr zu einer absoluten Form der kaiserlichen Herrschaft verspürten. 1961 erzählte mir einer dieser Studenten von alten Prophezeiungen einer Armageddon-ähnlichen »Zeit der Reinigung [vor] den Geburtswehen, die das Kommen des Dritten Weltkrieges anzeigt«. Danach würde die ganze Welt als eine einzige Familie mit dem Kaiser als Oberhaupt leben.

Im Frühjahr 1960 spielten die Studenten eine führende Rolle bei einem ungewöhnlichen politischen Ereignis, den Massendemonstrationen gegen Premierminister Nobusuke Kishi und der Verabschiedung des neuen Sicherheitsabkommens zwischen Japan und den USA. Diese überwiegend gewaltfreien und farbenfrohen Demonstrationen (bei denen elegante Banner wehten und ein bejubelter Zickzack-Tanz aufgeführt wurde) symbolisierten jedoch weit mehr: die Bemühungen der jüngeren Generation, sich von einer düsteren Vergangenheit (Kishi war Kriegsverbrecher) und von fünfzehnjähriger ambivalenter und konfliktbeladener Abhängigkeit von den Vereinigten Staaten zu befreien. Als das Jahrzehnt ohne nennenswerte gesellschaftliche Veränderungen voranschritt, schien sich eine fanatisierende Wirkung einzustellen. Die Gewaltbereitschaft der Studenten wuchs und sektiererische politische Gruppen entstanden, die nach absoluter »Reinheit« und »Aufrichtigkeit« strebten. Damals schrieb ich, daß Japan Anspruch darauf erheben konnte, »die militanteste aller Jugendbewegungen und die gespaltenste und aufgewühlteste aller nationalen Universitätsszenen« zu besitzen. Ich sprach auch von »einer Konvergenz vormoderner nichtwestlicher Muster und postmoderner Tendenzen«. Diese Konvergenz verstärkte sich natürlich während der folgenden New-Age-Welle immer mehr.

Einige der kleinen Terroristengruppen, die in den frühen siebziger Jahren aus den Überresten der Studentenbewegung hervorgegangen waren, repräsentierten zwei ausgeprägte Aspekte in der Psychologie der Japaner, mit denen Aum bereits seine Schatten vorauswarf: Verabsolutierung der Gruppe und eine todesbezogene Männlichkeitsidee. Die extremste dieser kleinen Randgruppen, Rengō Sekigun oder Vereinigte Rote Armee, brachte zwölf ihrer eigenen Mitglieder durch Erschlagen, Erstechen und Folter um. Zu dieser Brutalität hatte nicht zuletzt eine paramilitärische Ausbildung beigetragen, die dem Zweck diente, die Vereinigung zweier extrem linker Studentengruppen zu ritualisieren, die beide bereits an Flugzeugentführungen, Banküberfällen und anderen bewaffneten Aktionen beteiligt gewesen waren. Streitigkeiten – unter anderem erbitterte Konflikte über feministische und sexuelle Fragen – in einer abgelegenen Hütte in den Bergen, die zusammen mit der Angst vor Entdeckung und Tod das gruppendynamische Klima für die Morde bereiteten. Man nannte den Vorgang »kommunistische Umwandlung«, eine vage, in hohem Maße manipulierbare Mischung aus revolutionärer Kritik und Selbstkritik, maoistischer Gehirnwäsche, feministischer Bewußtseinserweiterung und der japanischen Disziplin Kendō, die von Tsuneo Mori, dem Urheber und Leiter dieses Wandlungsprozesses, praktiziert wurde. Immer härtere Maßnahmen wurden gegen diejenigen ergriffen, die nur unzureichende Fortschritte bei der »Überwindung bürgerlicher Einstellungen« machten. Den ersten Toten gab es, nachdem ein Mitglied zu einem Boxkampf mit einem viel stärkeren Gegner gezwungen worden war. Schließlich war der Mann an einen Türpfosten gefesselt und immer wieder geschlagen worden. Am Ende wurde er noch brutaler geschlagen, da er Mori dafür gedankt hatte, ihn geschlagen zu haben, was als Betteln um *amae* oder »Trost durch Abhängigkeit suchen« gewertet wurde.

Als sich herausstellte, daß das Opfer an den Schlägen gestorben war, erklärte Mori, der (wie Asahara) ein besonderes Talent hatte, seine Interpretation der jeweiligen Situation anzupassen, der Tote habe *haibokushi* oder »Tod durch Defätismus« erlitten. Die Soziologin Patricia Steinhoff zitiert Mori: »Der Mann ist am Schock gestorben ... nicht an den Handlungen [der anderen], sondern an seinen eigenen Fehlern. Er hat die Niederlage und den Tod gewählt, da er trotz ihrer Hilfe nicht stark genug war, den Zustand der kommunistischen Umwandlung zu erreichen.« Die anderen hatten sich genötigt gefühlt, sich an den Schlägen zu beteiligen, um ihr eigenes, fortgeschritteneres Stadium kommunistischer Umwandlung unter Beweis zu stellen. Zweifellos hatte (wie bei Aum) jeder von ihnen Schuldgefühle wegen seiner unzureichenden »Umwandlung« und, da sich die Todesfälle häuften, auch beträchtliche

Furcht davor, der nächste zu sein, der den »Tod durch Defätismus« erleiden würde. Mitten in der Mordserie beschwor Mori Steinhoff zufolge »das auf dem Zen-Buddhismus basierende traditionelle Samurai-Ethos, alle physischen Grenzen durch die Verschmelzung von Körper und Geist auf einer höheren Ebene zu überwinden«, eine Gesinnung, die sie mit der Denkweise des japanischen Militärs im Zweiten Weltkriegs vergleicht: »Wahre Revolutionäre konnten alle denkbaren Foltern erdulden, ohne dem Tod zu erliegen.«

Ebenso wie bei Aum war der erste Todesfall unbeabsichtigt und in diesem Sinne ein »Unfall«. Aber auch er wurde durch die endlosen Reinigungspraktiken einer verabsolutierten Gruppe herbeigeführt. Dennoch handelte es sich hier nicht um einen altruistischen Mord im Sinne Aums. Es gab keinen theologischen Anspruch auf eine Unsterblichkeit des Opfers. Die Deutung des Todes hingegen als die Schuld des Opfers entsprach durchaus den Vorwürfen Aums, das Opfer habe unzureichende spirituelle Fortschritte gemacht. Ebenso wie *poa* hatte der »Tod durch Defätismus« die wichtige psychologische Funktion, die Mörder von ihrer moralischen Verantwortung zu entbinden.

Gegen Ende der siebziger und Anfang der achtziger Jahre wurde die japanische Jugend politisch viel ruhiger, aber innere Rebellion und Unzufriedenheit mit der Gesellschaft verschwanden nicht. Sie fanden jetzt andere Ventile in den Neuen Religionen, kleinen Sekten, im persönlichen Ausdruck einer musikalischen oder literarischen Mode oder in bestimmten Formen eines feindseligen oder provozierenden Verhaltens. Als Vorläufer dieser Generation – manchmal als Aum-Generation bezeichnet – gelten in der Regel die unmittelbare Nachkriegsgeneration, die für die Demokratie und den Wiederaufbau Japans geschuftet hatte, die radikal rebellischen, idealistischen und engagierten Achtundsechziger und die »introvertierte Generation«, die Japans gewaltigen Überfluß passiv hinnahm. Merkmale der Aum-Generation sind tiefe Skepsis gegenüber Japans Materialismus (oder »Ökonomismus«), Hunger nach Lebenssinn und Ablehnung des amerikanischen Vermächtnisses, das in der als korrupt verstandenen Demokratie und einer »Friedensverfassung« bestand, die Japan nicht daran gehindert hat, eine starke »Selbstverteidigungsstreitmacht« aufzubauen. Darüber hinaus erlebten viele junge Japaner die weltweit verbreitete kulturelle Entzauberung der Moderne, der angeblichen Errungenschaften von Wissenschaft, Technik und rationalem Denken. Diese Haltung ist eng an ein gespaltenes Verhältnis zum kulturellen Einfluß des Westens gebunden. Natürlich können Aussagen über eine ganze Generation nur stark verallgemeinern, aber viele Angehörige der Aum-Generation schienen wirklich an einem Unbehagen zu leiden, das ein Explosionspotential, Teilnahmslosigkeit und eine Sehnsucht nach jener Energie umfaßte, die von Shōkō Asahara und Aum verheißen und auch meist gefunden wurde.

Der Sprung vom Kiyomizu

Aum nährte sich also direkt aus der zeitgenössischen japanischen Persönlichkeitsstruktur der Gegenwart und ihrem kulturpsychologischen Vermächtnis. Damit meine ich keine festen oder einzigartigen Verhaltensmuster, sondern bestimmte Schwerpunkte, Konstellationen, Denk- und Verhaltensweisen innerhalb eines gemeinsamen Kontexts. Die gleichen hervorstechenden Merkmale des japanischen Ichs, die bei der Vereinigten Roten Armee aufgefallen waren – Verabsolutierung der Gruppe und todesbezogener Männlichkeitswahn – hatten eine besondere Bedeutung für die Entstehung und das Funktionieren von Asahara und Aum.

Zur ausgeprägten Neigung der Japaner, Gruppen zu bilden, haben sich die meisten Beobachter geäußert. In meinen früheren Arbeiten über junge Menschen habe ich den psychologischen Einfluß von Gruppen hervorgehoben, von denen sie sich einerseits angezogen fühlten, die bei ihnen aber auch Abneigung und einen Drang nach größerer individueller Autonomie auslösten. Ich konnte häufig beobachten, wie sie versuchten, diesen Konflikt durch Verwirklichung ihrer Persönlichkeit über die Gruppe zu lösen. War aber der Konflikt zu stark, entstand eine Neigung zu hermetischer Gruppenbildung, das heißt einer Abschottung der Gruppe nach außen, um die eigenen Prinzipien und Interessen zu stärken. Der Ausbruch junger Menschen aus als bedrückend empfundenen Gruppenzusammenhängen (Familie, Schule, Firma) führte zuweilen zu einem Eintritt in neue, sogar noch geschlossenere Gruppen mit noch stärkerem Absolutheitsanspruch. Das Verabsolutieren der Gruppe wie bei Aum kann die Wahrnehmung der Wirklichkeit innerhalb und außerhalb der Gruppe radikal einschränken und Feindseligkeit gegenüber der Außenwelt und sogar Verfolgungswahn hervorrufen. Aggressionen gegen die eigene Gruppe müssen hingegen unterdrückt werden, indem man sich selbst oder der Außenwelt die Schuld daran gibt. Denn am meisten gefürchtet sind Ausschluß oder Ächtung, die psychologisch einer Todesdrohung gleichkommen.

Die Verwirklichung von Männlichkeit durch den Tod – die Mobilisierung außergewöhnlicher Kräfte im Angesicht des Todes, die ihrerseits ganz in den Dienst des Tötens gestellt werden können – haben in Japan eine lange Tradition. Die Literatur des Bushidō, des (ursprünglich vom Buddhismus beeinflußten) traditionellen Ehrenkodex des Kriegers, ist im Grunde eine Meditation über den Tod: »Der Weg des Kriegers offenbart sich im Akt des Sterbens.« »Man sollte den Tod täglich erwarten ... Stirb jeden Morgen im Geiste, und du wirst den Tod nicht fürchten.« Ein »großer Mann« muß bereit sein, »seinen Leib um seines Geistes willen zu opfern ..., [so daß] sein Geist ewig leben möge, auch wenn der Leib verdirbt«. Der Tod wird also mit der Erfahrung von Transzendenz und Erlangung von Unsterblichkeit gleichgesetzt. Ein würdiges Scheitern in der Schlacht vermag sogar mehr Unsterblichkeit zu verleihen als der Erfolg, solange der Tod heldenhaft war. Das Ideal des Samurai, der über seinen heldenhaften Tod meditiert und ihn schließlich erleidet, wurde auf die Soldaten im Zweiten Weltkrieg übertragen, besonders auf die Kamikaze-Flieger gegen Ende des Krieges. Viele der jungen Selbstmordpiloten (nicht alle, denn einige fürchteten sich und wurden gezwungen) erfuhren, so heißt es, eine »Wiedergeburt« noch vor ihrem Tod, wurden ruhig, stolz und mustergültig in ihrem Verhalten, als ob sie bereits zu »Göttern ohne irdische Begierden« (wie es in der Sprache der Zeit hieß) geworden wären.

Wichtige militärische Entscheidungen hängen nicht selten von einer nach dem Heldentod strebenden Männlichkeit ab. Kurz vor seinem Befehl zum Angriff auf Pearl Harbor und dem dadurch ausgelösten aussichtslosen Krieg gegen die USA bemerkte Admiral Hideki Tōjō, der damalige Premierminister, gegenüber einem seiner engsten Berater, daß es Momente gebe, in denen ein Mann die Augen schließen und von der Veranda des Kiyomizu – ein berühmter Tempel in Kioto – in die darunter liegende Tiefe springen müsse. Der »Sprung vom Kiyomizu« ist eine alte Redensart, die einen verzweifelten Sprung ins kalte Wasser beschreibt, mit dem man eine erdrückende Aufgabe, selbst wenn kaum Hoffnung auf Erfolg besteht, um der Ehre willen in Angriff nimmt. Wie bei einem Samurai, der seinem Tod ins Auge sieht, könnte Tōjōs Gebrauch dieser Redensart durchaus eine selbstmörderische Dimension gehabt haben. Vielleicht gab es irgendwo in seinem Denken die Vorstellung, daß er Japan in seine glorreiche Vernichtung führte.

Aums destruktivem Gruppenzwang und todesbezogenem Männlichkeitswahn fehlten vermutlich die kulturelle Prägung und das ideologische Bewußtsein, die das Handeln der Samurai und der Kamikaze-

Flieger gekennzeichnet hatten, doch der Kiyomizu, von dem Asahara sprang, war ein gewaltiger Berg, und unter ihm lag kein Tal, sondern ein bodenloser Abgrund, denn ihm genügte es nicht, einen Krieg gegen eine stärkere Nation anzuzetteln. Er zog gegen die gesamte Menschheit zu Felde.

Zeitgenössische japanische Beobachter haben also durchaus recht, wenn sie sich in Aum wiedererkennen. Doch diese Erkenntnis besagt lediglich, daß apokalyptische Gewalt die Form der spezifischen Kultur annimmt, in der sie auftritt. Wie sich zeigt, haben zerstörerische Ausdrucksformen der japanischen Apokalyptik mit unseren eigenen Versionen vieles gemeinsam.

12.
Das Erzwingen des Endes auf amerikanisch

Nun, da wir einige der wesentlichen japanischen Ursprünge von Aum untersucht haben, könnte es naheliegen, Aum als eine mysteriöse oder gar bizarre Verirrung in einer fremden Kultur und das Problem als gelöst zu betrachten. Der mordlüsterne Guru und seine Schergen sind der japanischen Justiz überantwortet, die Akte Aum kann geschlossen werden.

Solche Schlußfolgerungen sollte man keinesfalls ziehen. Auch wenn es sich bei Aum um eine japanische Sekte handelt, gibt es kaum eine Religion oder geographische Region – von Rußland bis Australien, von Indien bis zu den Vereinigten Staaten –, die Asahara nicht nach Versatzstücken für seine Ideologie, seine Waffensysteme und seine Rechtfertigung für Massenmord durchstöbert hat. Umgekehrt finden sich in allen diesen Ländern und ihren spirituellen Traditionen Ideen, die denen Asaharas eng verwandt sind. Durch die zunehmende Verfügbarkeit von Vernichtungswaffen stellen nationale Grenzen für Endzeitfanatiker keinerlei Hindernis mehr dar. Diese Möglichkeit wird wahrscheinlich sogar von immer kleineren, immer fanatischeren und technisch immer besser ausgerüsteten Gruppen genutzt.

Wir beginnen erst jetzt zu begreifen, wie stark das Gespenst einer globalen Vernichtung seit 1945 das menschliche Bewußtsein und das kollektive Verhalten beeinflußt hat. Doch mindestens ein halbes Jahrhundert lang lag die Macht der Zerstörung in den Händen der Führer der beiden Supermächte Sowjetunion und USA. Nach dem Zusammenbruch einer von ihnen ist in den letzten Jahren die Angst entstanden, skrupellose Führer von »Verbrecherstaaten« könnten sich ausreichend Waffen beschaffen, um ein die ganze Welt bedrohendes Zerstörungswerk in Gang zu setzen. Nun hat Aum Shinrikyō, wenn auch stümperhaft, bewiesen, daß bereits eine kleine fanatische Sekte ein solches Vorhaben realisieren kann.

Daher sollte Aum nicht als Endpunkt, sondern als bedrohlicher Anfang und Ausdruck einer neuen Dimension globaler Gefährdung erkannt werden. Es mangelt der Welt nicht an Gruppierungen, die sich nach absoluter moralischer Klarheit sehnen – nicht nur nach einem Führer, sondern nach einem Guru oder Erlöser – und die zu den extremsten Mitteln greifen, um die ersehnte Veränderung herbeizuführen, weil sie diese als die einzig mögliche ansehen. An potentiellen Gurus und Erlösern besteht in einer solchen Atmosphäre ebenfalls kein Mangel. Diese brauchen wiederum Jünger, um mit ihren eigenen gravierenden Unzulänglichkeiten fertig zu werden. Überall gibt es potentielle Gurus und potentielle Jünger, die sich in den Worten von William James danach sehnen, »eins zu werden«. Ihre Sehnsüchte werden durch Bilder der Vernichtung genährt, durch Bilder vom Krieg oder von der Zerstörung des menschlichen Lebensraums, den wir irreführend als »unsere Umwelt« bezeichnen.

In jeder Gesellschaft existiert eine verborgene »apokalyptische Kultur«, zuweilen an sehr ungewöhnlichen Stellen. Der Religionswissenschaftler Malcolm Bull denkt an das intellektuelle Leben Amerikas von heute, wenn er von der »postmodernen Theorie einer Posthistorie« spricht, die »erstaunlich enge Parallelen ... [zu] einem fundamentalistischen Millenarismus aufweist«. Unsere Terminologie legt im allgemeinen eher ein Ende als einen Neubeginn nahe – oder sogar, wie Jacques Derrida es bezeichnet, »eine Apokalypse ohne Vision« oder »ein Ende ohne Ziel«. Daher sprechen wir gern davon, in einer Ära zu leben, die nicht nur postmodern, sondern auch post-freudianisch, post-marxistisch, post-kommunistisch, post-ideologisch, post-revolutionär, postkolonial, post-historisch, post-narrativ (was die Literatur angeht) und post-figürlich (in der darstellenden Kunst) ist. Weiterhin leben wir in der *Nach*kriegszeit (nach welchem Krieg auch immer) und *nach* dem Kalten Krieg. Im Reich der Postmoderne spricht man von etwas, das man als Post-Autor und Post-Ich bezeichnen könnte. Auch wenn die Vorsilbe »Post« häufig als Sprungbrett für diese oder jene Neuerung dient, verbannt uns diese Wortwahl doch irgendwie in eine Art Nichts, in ein mehr oder weniger dauerhaftes Postmortem. Die Welt wird häufig als bereits tot erlebt und muß eigentlich nur noch vom Schutt gesäubert werden. Diese leblose Welt und ihre Terminologie der Abgestorbenheit kann mit mythischen Vorstellungen von Zerstörung und Erneuerung, mit der apokalyptischen Verheißung radikaler Veränderung verknüpft werden.

Wir haben die potentiellen Gefahren gesehen, die sich ergeben, wenn man aus diesem mythischen Prinzip eine Handlungsgrundlage macht. Der Bericht über die Anhörungen des US-Senats zu Aum Shinrikyō erklärt, die Sekte habe eine Schwelle überschritten, die »das Schreckgespenst von Terroristengruppen, die Massenvernichtungswaffen einsetzen«, Wirklichkeit werden lasse. Hierzu wird auch Bruce Hoffman, ein britischer Experte für politische Gewalt, zitiert: »Ein alptraumhaftes Szenario, über das man sich jahrelang gelassen unterhalten hat, ist Wirklichkeit geworden.« Außerdem kündigt er die Vorhut eines High-Tech-Terrorismus für das Jahr 2000 oder später an. Mit anderen Worten, Aum könnte eine Art Vorreiter gewesen sein, ein Indikator zukünftiger Entwicklungen.

In der weltweiten »Gegenkultur« der potentiellen apokalyptischen Gewalttäter sind die Konturen so verschwommen, daß ein Autor schreibt: »Beinharte intolerante Rednecks sehen heute aus wie die langhaarigen Motorradhippies, die in Filmen wie *Easy Rider* von beinharten intoleranten Rednecks ermordet wurden.« Und eine nahende Jahrtausendwende ist ohnedies eine Zeit, in der manche Menschen ein Gefühl des Niedergangs und Todes verspüren – »einer Götterdämmerung« – und eine besondere Sehnsucht nach Erneuerung. In unserem gegenwärtigen Drama von Tod und Wiedergeburt begegnen wir einer ausgeprägten Version dessen, was ein anderer Autor als das »Nebeneinander von Terror und Glückseligkeit« bezeichnet hat, eine Version, die mit übernatürlicher Weissagung, Vernichtungstechnik und dem Drang zu überleben verknüpft ist.

Es ist höchst unwahrscheinlich, daß sich der Fall von Aum Shinrikyō in Japan oder einem anderen Land einfach wiederholt. Wahrscheinlich hingegen ist, daß noch unbekannte Gruppen mit ähnlichen Merkmalen auftreten, und wir täten gut daran, die Sektenlandschaft der USA und ihre globalen Interaktionen eingehender zu beobachten. Natürlich gibt es keine Gewißheit, daß der nächste Versuch, das Weltende herbeizuzwingen, in den Vereinigten Staaten droht und nicht etwa im postkommunistischen Rußland, im Nahen Osten oder auf dem indischen Subkontinent, aber die Vereinigten Staaten sind immer ein besonders fruchtbarer Nährboden für Sekten gewesen. Die Betrachtung einiger amerikanischer Sekten aus jüngerer Zeit durch das Prisma Shōkō Asaharas kann uns das Verständnis von Sektenphänomenen und Prognosen für die Zukunft erleichtern. Nach den Erfahrungen mit Aum werden sich für die Interpretation der extremsten amerikanischen Sekten – die Charles Manson Family, Jim Jones' Peoples Temple und Marshall Herff Applewhites Heaven's Gate – neue Aspekte ergeben. Dasselbe gilt für das sektenartige Milieu der heutigen extremen Rechten, in der Phantasien vom Einsatz von Massenvernichtungswaffen zur Veränderung und Säuberung der Welt stark ausgeprägt sind.

Charles Mansons Armageddon

Bei Charles Manson und seiner »Family« denkt man gewöhnlich eher an eine Verbrecherbande als an eine apokalyptische Gemeinschaft. Tatsächlich waren sie beides. Mansons Gruppe beging mindestens zehn Morde, wahrscheinlich jedoch noch weit mehr, im Zuge seines Plans, »die bürgerliche Welt« zu zerstören, einen Krieg zwischen den Rassen auszulösen und Armageddon herbeizuführen. Die bekannten Morde wurden 1969 verübt, neun davon in zwei Villen in Los Angeles. In der Villa des Regisseurs Roman Polanski wurden dessen Frau Sharon Tate und sechs weitere Personen ermordet, während im Haus des wohlhabenden Geschäftsmannes Leno LaBianca dieser selbst und seine Frau Rosemarie LaBianca getötet wurden. Bezeichnet man Aum als die häßliche Seite der japanischen Nachkriegskultur, repräsentiert die Manson Family die häßliche Seite der amerikanischen Gegenkultur in der zweiten Hälfte der sechziger Jahre.

Ähnlich wie Asahara stammte auch Manson aus problematischen Familienverhältnissen. Seine uneheliche Geburt, Armut, Mißhandlungen und familiäre Krisen hatten dazu geführt, daß er von einer Pflegefamilie zur nächsten geschoben wurde. Er kam früher und öfter als Asahara mit dem Gesetz in Konflikt und verbrachte den größten Teil seines Lebens hinter Gittern: zuerst als jugendlicher Ausreißer, dann wegen Einbruch, Betrug, Autodiebstahl und Zuhälterei. Wie Asahara sah er sich als Ausgestoßenen der Gesellschaft und erklärte sich zum »Gesetzesbrecher von Geburt«. Mit Mitte Dreißig wandelte er sich innerhalb der toleranten Subkultur um San Francisco und in Südkalifornien zum Guru, indem er sein beschränktes musikalisches Talent (er spielte Gitarre und konnte sechzig Balladen vortragen, von denen er einige selbst geschrieben hatte) einsetzte. Seine ersten »Jüngerinnen« waren sexuelle Eroberungen – die meisten waren Teenager –, die er später (ähnlich wie die Brüder des freien Geistes und die Taboriten im Mittelalter) zu einer Philosophie der absoluten Liebe und einer Form irdischer Vollkommenheit stilisierte.

Wie Asahara und andere Gurus hatte auch Manson schon früh göttliche Visionen. Im Alter von etwa zwölf Jahren hatte er »eine Vision von Jesus«, der ihn durch ein Fenster anschaute, und später im Gefängnis hatte er eine weitere Erscheinung, die er als seine Berufung verstand: »Der Ewige kam einfach in meine Zelle und öffnete meinen Kopf. Er zeigte mir die Wahrheit, aber ich wollte sie nicht wissen. Ich weinte und schrie ihn an: ›Nein, nein. Nicht ich.‹ Aber er zeigte mir die Wahrheit.«

Obwohl Manson ein noch größerer Hochstapler war als Asahara, war er, bestärkt durch seine frühen Erfahrungen mit LSD, zumindest so weit von seinem göttlichen Wesen überzeugt, daß er sich als Guru aufführen und Anhänger gewinnen konnte.

Sein Guruismus war ebenso extrem wie der Asaharas. Gemeinsam mit seiner wachsenden Gruppe (die jedoch nie mehr als fünfunddreißig Personen umfaßte) gab er sich mystischen Erfahrungen hin, die sexuelle und auf Christus bezogene Transzendenz verbanden – daher auch seine herausfordernde Erklärung: »Ich bin der Gott des Fickens.« Wie Asahara entwickelte er sich von einem unwissenden Niemand zum allwissenden Guru. Er sagte von sich, »er sei ein dummer Nichtskönner« gewesen, »der kaum lesen und schreiben konnte ... und nichts anderes als Gefängnisse kannte«. Mehr als Asahara oder die meisten anderen Gurus hob er den Einfluß seiner Jünger auf seinen Werdegang hervor. Er ging sogar so weit, sich direkt als ihre Schöpfung zu bezeichnen: »Ich bin nur das, was ihr aus mir gemacht habt. Ich bin nur euer Spiegelbild ... Was ihr denkt, wenn ihr mich anschaut, ist euer eigenes Urteil über euch selbst und die Welt.« An seiner geradezu magnetischen Anziehungskraft besteht jedoch kein Zweifel. Seine Jünger schilderten seinen Blick als »hypnotisch« und schrieben ihm göttliche Macht zu; er sei ein Heiler, der ihre innersten Gedanken kannte und ihnen eine neue Dimension der Freiheit und des Glücks bot. Für sie war er »die Liebe, die reine Liebe, ihr Vater, ihr Führer, ihre Liebe.« Susan Atkins, eine an der Ermordung Sharon Tates beteiligte Anhängerin, vermittelte etwas von der pathologischen Verwischung der Grenzen: »Die ganze Welt ist wie ein einziger großer Geschlechtsverkehr – alles geht ein und aus – rauchen, essen, abstechen« – ein Mischmasch aus Sexualität, Oralität, Mystischem und Mord also.

Manson und seine Anhänger hielten sich für Christus und seine Jünger. Einer der Anhänger bezeichnete ihn als »Christus und den Teufel in einer Person«, eine Dualität, die Manson anscheinend stolz bekräftigte. Wie Asahara wurde Manson zum Instrument der Vergöttlichung aller. »Wir wurden auf Gott eingestellt – zumindest Charlie – und wir übrigen durch ihn«, erklärte ein Anhänger. Wie bei Asahara war die Verschmelzung von Guru und Jünger beinahe absolut: »Ich wurde Charlie. Alles, was ich war, war Charlie. Von mir war nichts mehr übrig. Und von allen in der Family ist nichts mehr übrig, sie sind jetzt alle Charlie.«

Manson stattete seinen Guruismus mit einer auch für die sechziger Jahre abenteuerlichen ideologischen Mischung aus. Er machte Anleihen bei Scientology und besonders einem ihrer Ableger, der Process Church of the Final Judgement, einer satanistischen Gruppe, die Hitler verehrte, einen grausamen, kurz bevorstehenden Weltuntergang predigte und für sich selbst eine besonders aktive Rolle als auserwähltes Volk bei der Erzwingung des Endes durch Mord, Gewalt und Chaos vorgesehen hatte. Manson bezog auch Hypnose und verschiedene Formen der Populärpsychotherapie, darunter die »Transaktionanalyse« des Psychiaters Eric Berne in seine Lehre ein. Weitere Quellen waren der Science-fiction-Roman *Fremder in einer fremden Welt* von Robert Heinlein (Manson nannte sein erstes Kind nach dem Helden des Romans Valentine, ein telepathischer, sexuell aktiver Marsianer, der fanatische Anhänger anzieht), der Nationalsozialismus (er sprach bewundernd von Hitler und schnitt sich nach seiner Verurteilung wegen Mordes ein spiegelverkehrtes Hakenkreuz in die Stirn, ähnlich dem, das der Process Church als Erkennungszeichen diente); sowie verschiedene gegenkulturelle Praktiken – schrankenlose sexuelle Experimente, ausgiebiger Konsum von LSD, die Verherrlichung aller möglichen Außenseiter und vage östliche spirituelle Einflüsse. Manson erwähnte wiederholt den Begriff Karma und erläuterte seinen Anhängern eine *poa*-ähnliche Sicht des Todes als »nur eine Veränderung«. »Die Seele oder der Geist können nicht sterben«, erklärte er; sie würden in der ein oder anderen Form wiedererscheinen. Er führte den hinduistischen »Linke-Hand-Weg des Tantra« an, bei dem kein Unterschied zwischen dem Tötenden und Getöteten besteht, da »Gut und Böse nicht existieren«.

Für Manson, den Guru, verschwammen nicht nur die Grenzen zwischen Leben und Tod, sondern überhaupt zwischen allem. War Asaharas Vielgestaltigkeit bereits bemerkenswert, so verkörperte Manson buchstäblich einen amoklaufenden Proteanismus: »Ich bin eine Gitarre, eine Tasse Kaffee, eine Schlange, eine Tasche voller Namen und Gesichter. Ich sehe mich selbst als Klapperschlange in der Wüste, als Vogel, als irgend etwas. Ihr steckt in eurer menschlichen Rolle fest. Ich muß kein Mensch sein.« Mit spöttischer, nüchterner Schärfe sagte er: »Ich habe tausend Gesichter, das heißt, ich bin fünfhundert Schizophrene.« (Bei ihm wurde Schizophrenie diagnostiziert, doch im weiteren Verlauf seiner kriminellen Karriere hielten die Psychiater sein antisoziales Verhalten und seine Paranoia für ausschlaggebender.) Ein Psychiater vermutete nach der Untersuchung eines am Tate-Mord beteiligten Anhängers »einen Zustand von *folie à famille*, eine Art gemeinsamer Wahnsinn innerhalb einer Gruppensituation«. Dennoch konnte ein Manson in Hochform seine proteische Veranlagung immer noch äußerst wirkungsvoll einsetzen. Ein ehemaliger Anhänger schilderte, wie er unablässig sein Haar und seinen Bart veränderte, »und in jeder Verkleidung war er ein ganz anderer – Lackaffe, Knastbruder, Rockstar, Guru, Kind, Vagabund, Engel, Teufel, Gottes Sohn«. Nach einer gewissen Zeit jedoch forderte die Notwendigkeit, sich ständig für Jesus, Gott oder Satan zu halten, dem die anderen huldigten, ihren Preis wie anscheinend bei den meisten Gurus, und seine Paranoia und sein Größenwahn verstärkten sich. Wie bei Asahara wurde Gewalt zum wichtigsten Mittel, um die fortschreitende psychische Spaltung aufzuhalten.

Mansons Armageddon fehlten die High-Tech-Visionen Asaharas. Das Arsenal seiner mörderischen Gedanken und Taten bestand aus Messern und Gewehren. Dennoch sollte in seiner Vorstellung die Family den Weltuntergang durch einen brutalen Krieg zwischen den Rassen herbeiführen. Er hatte eine gewaltige Revolution im Sinn, bei der militante Gruppen wie die Black Muslims oder die Black Panthers »aus ihren Ghettos kommen und grausam mordeten, indem sie Menschen niederstachen, töteten, in Stücke hackten, Blut an die Mauern schmierten«, bis die meisten Weißen vernichtet waren. Wie Asahara zog er es vor, daß seine Anhänger die Gewalttaten ausführten, die er plante. Die Absicht hinter den Tate-Morden war, den Schwarzen zu zeigen, wie sie morden sollten. Er instruierte die Mörder, »schwarze« Kampfparolen wie »Schweine« und »Tod den Schweinen« mit Blut an die Wände der Polanski-Villa zu schreiben, um den Eindruck zu erwecken, Schwarze hätten die Morde begangen. Er war überzeugt, daß die Weißen zurückschlagen und damit den Rassenkonflikt auslösen würden. Diese Logik hatte gewisse Ähnlichkeit mit Asaharas fast psychotischem Plan, Armageddon herbeizuführen, indem er die Welt glauben machte, der Sarinanschlag in Tokio sei von einem oder mehreren seiner Feinde verübt worden. Manson stellte sich vor, daß die Schwarzen zwar siegen würden, anschließend jedoch zu schwach wären oder jedenfalls nicht die Fähigkeit hätten zu herrschen und ihn daher als Retter zu Hilfe rufen würden. Danach würde die Family sich unglaublich vermehren und Ausdruck der Erneuerung nach Armageddon werden, »eine reine weiße Herrenrasse«. Die überlebenden Schwarzen würden nur noch niedere Arbeiten ausführen. »Es sollte unsere Welt sein und niemanden mehr geben als uns und die schwarzen Diener«, erklärte ein Jünger. Manson würde natürlich regieren.

Manson gab dem chaotischen Rassenkrieg und der Zerstörung der Welt, wie er sie sich ersehnte, den Namen »Helter Skelter« (ein Ausdruck aus einem Beatles-Song, der »drunter und drüber« bedeutet) und offenbarte in seiner Vision einen Haß auf die Welt, der dem Asaharas in nichts nachstand. Seine Wut wurde jedoch weniger durch geregelte kultische Handlungen kaschiert, lag dichter unter der Oberfläche und brachte seine paranoiden Verlustgefühle expressiver zum Ausdruck: »Diese abgefuckte Gesellschaft nimmt mir eine nach der anderen meine Lieben. Denen werde ich's zeigen! Sie haben uns zu Tieren gemacht – und ich werde diese Tiere auf sie loslassen – ich jage ihnen so eine verdammte Angst ein, daß sie sich nicht mehr aus ihren Häusern wagen.«

Wie Asahara berief sich auch Manson auf die Offenbarung des Johannes und baute Einzelheiten daraus in seine paranoide, größenwahnsinnige Auslegung von Geschichte und Zukunft ein. Wo Asahara seine Prophetie mit seiner Version des Buddhismus und Hinduismus vermischte, verband Manson sie mit Botschaften, die er, wie er glaubte, aus Stücken der Beatles herausgehört hatte, besonders aus ihrem *White Album,* das im Dezember 1968 erschienen war. Manson machte aus dem Stück »Revolution 9« auf dieser Platte »Revelation 9« (das heißt Kapitel 9 der Johannes-Offenbarung) und deutete die Vielzahl der Geräusche in diesem Stück – Rufe, Schreie, Schüsse, die Wiederholung des Refrains »number 9, number 9, number 9« und schließlich das Wiegenlied »Good Night« – als Darstellung Armageddons. Für ihn waren die Beatles Propheten auf der Suche nach Jesus – mit anderen Worten nach ihm, Manson. Er erkannte in ihnen die Geschöpfe aus der Offenbarung 9: »Ihr Antlitz glich der Menschen Antlitz und sie hatten Haar wie Frauenhaar.« Er war überzeugt, daß die Beatles die »vier Engel« waren, die dort an anderer Stelle »den dritten Teil der Menschen« töten (für Manson die Weissagung des Massakers an der weißen Rasse). »Sie hatten über sich einen König, den Engel des Abgrunds«, aus dem sich die Mächte der Zerstörung erheben. Dieser König war zumindest für die Family zweifelsfrei Manson. In »Blackbird«, einem weiteren Stück aus dem *White Album,* lautet eine Zeile: »You are only waiting for the moment to arise«, die Manson (einem Anhänger zufolge) so verstand, daß »die Beatles die Schwarzen programmierten, sich aufzuraffen und loszuschlagen«. Kurzum, die Platte war das prophetische Signal, die Revolution zu beginnen, die Armageddon auslösen würde. In »Revolution 9« gab es sogar eine Hintergrundstimme, die dreimal hintereinander das Wort »rise« – »erhebt euch« – aussprach, und das Mansons Schergen dann auch mit Blut an eine Wand der LaBianca-Villa schmierten. »Kapiert ihr, was die Beatles sagen? Helter Skelter steht bevor. Die Beatles sagen, wie es ist.«

Wie später Aum überschritt auch die Manson Family die Schwelle zum Mord, als ihr Guru wegen ernster interner Querelen (finanzielle

Probleme und Spannungen zwischen ihm und seinen Anhängern) und äußerem Druck (polizeiliche Ermittlungen wegen der plumpen Kriminalität der Gruppe) den Tod seiner Sekte zu fürchten begann. Manson reagierte mit zunehmender Wut, Paranoia und Ausfälligkeit gegen »die Bullen, die Nigger, das Establishment« sowie psychischer Fragmentierung und Dauerpsychose auf den drohenden Zusammenbruch seiner zerfallenden Welt. »Als der Laden nicht mehr lief, schien mir alles zurück in den Schoß zu fallen. Dann fängt alles an sich zu drehen, der Druck verstärkt sich, die Spannung nimmt zu, Enttäuschung setzt ein, und der ganze Scheiß macht keinen Sinn mehr.« So beschrieb er selbst diesen Vorgang.

Wie später Asahara richtete Manson seinen Zorn und seine Gewalttätigkeit zuweilen gegen Mitglieder der Gruppe, während er gleichzeitig von ihnen immer größere Intimität und Loyalität verlangte. Er verspürte den Drang, zu fliehen und seine Jünger im Stich zu lassen (Teil eines lebenslangen Verhaltensmusters, das wahrscheinlich bis zu einem gewissen Grad bei den meisten Gurus vorhanden ist), erkannte aber, daß »etwas in mir sie brauchte, mehr als sie mich brauchten«. In seinen allabendlichen Reden sprach er regelmäßig von Gewalt, Töten und Folter. Er und seine Anhänger begannen, Waffen zu tragen – er ein »magisches Schwert«, das er von Zeit zu Zeit schwang, sie scharf geschliffene Messer. Die engsten Jünger wurden auf eine Art Mordmanöver geschickt, »unheimliche Kriechtouren«, bei denen sie sich aufs Töten konzentrieren sollten, während sie in Häuser einfach einbrachen und dort die Möbel umstellten. Wie bei Aum verstanden die Jünger Mansons dessen Beschimpfungen und Mißhandlungen sowie seine Befehle, Außenstehende zu ermorden, als Prüfungen ihrer absoluten Loyalität und bedingungslosen Hingabe an ihn. Die Planung und Durchführung der Morde wie jener im Hause Polanskis bedeuteten die Überschreitung einer Verhaltensschwelle, die jedoch durch die Mordübungen und die Atmosphäre der Gewalt bereits psychologisch vorbereitet war.

Ob im Falle der mittelalterlichen Sekten, Aum Shinrikyō oder der Manson Family – der Drang, die Welt zu zerstören, speist sich aus vorhandenem Kulturgut und historischem Material. Im Mittelalter gehörten dazu die Macht des Papstes, Feudalstrukturen, Schwerter und Speere und die Auslegung der Johannes-Offenbarung. In der zweiten Hälfte des 20. Jahrhunderts haben Gruppen Zugriff auf einen globalen Speicher von Materialien, die postfreudianische Psychologie, den New-Age-Okkultismus, das aggressive Schrifttum einiger Religionen, die Hinterlassenschaft Hitlers sowie Aspekte des Nuklearismus (bei Asahara und in gewissem Maße auch bei der Manson Family) umfassen. Bezeichnenderweise hat jedoch das Buch der Offenbarung vom Mittelalter bis heute einen starken Einfluß auf die apokalyptischen Ziele und die Bestrebungen verschiedenster Kultbewegungen, »den Tod zu ermorden«, ausgeübt.

Die auserwählten Opfer eines Gurus (Juden, Freimaurer, Weiße oder Schwarze oder überhaupt die meisten Menschen auf der Welt) tragen für ihn ein Todesmal, das sie gefährlich und bedrohlich macht. Es ist, als hätten sie eine ansteckende Krankheit, und diese tödliche Ansteckung enthebt jeden Jünger, der sie tötet, der Schuld, da sie sozusagen schon so gut wie tot sind. Morde dieser Art werden für den Guru und seine Gruppe zum notwendigen Mittel, ihre Macht über den Tod zu bestätigen. Doch Menschen wie Manson oder Asahara werden von ihrem eigenen Todesmal gequält, dem Zeichen ihrer Angst vor dem Tod, dem nur unvollständig unterdrückten Gefühl ihrer Krankheit und ihrer unaufhörlichen Neigung zum Zerfall ihres Ichs und dem Gefühl eines psychischen Todes. Kein Wunder, daß Manson sagen konnte (und dabei fast mehr wie Asahara klang als Asahara selbst): »Die einzige Möglichkeit, auf der Erde zu leben, ist in einer *Welt unter dem letzten Menschen* zu leben. Ich bin die letzte und äußerste Grenze; ihr alle werdet tun, was ich sage, oder es wird *nichts* geben.« Zumindest in der Phantasie, zum letzten Überlebenden zu werden, ist die wirksamste Methode, »den Tod zu ermorden«. Daher muß der Guru sich selbst – ob in eigener Person oder durch seine Anhänger – zum letzten Überlebenden stilisieren.

Mansons Family war eine winzige, schlecht organisierte Sekte mit einem höchst unsystematischen Guru – man könnte sie fast als private Sekte bezeichnen, dennoch zielte sie darauf ab, das Ende herbeizuzwingen. Obwohl Manson nicht einmal daran dachte, dieses Ziel durch den Einsatz von Massenvernichtungswaffen zu erreichen, sind bereits Ende der sechziger Jahre viele Faktoren auszumachen, die auf Aum-ähnliche Vereinigungen in der amerikanischen Sektenlandschaft hinweisen. Präsent sind sowohl die globale Mischung spiritueller Praktiken als auch eine Form des Tötens, die Teil einer Endzeitphantasie mit dem Ziel einer heiligen Reinigung der Welt ist. Vorhanden ist außerdem das Bestreben, einem der Sekte drohenden Tod durch die Ermordung anderer zuvorzukommen.

Revolutionärer Selbstmord – aber auch Mord

Ende November 1978 verbreitete sich die Nachricht von einem Massensterben auf einer Dschungellichtung in Guyana, einem kleinen Staat an der Nordostküste Südamerikas. Erst im vorangegangenen Herbst und Winter hatte Jim Jones, der charismatische Guru einer amerikanischen Sekte namens Peoples Temple, die Mehrzahl seiner Mitglieder aus Kalifornien dorthin auf ein Grundstück gebracht, das er Jonestown nannte und bald »zum besten Himmel, den man auf Erden schaffen kann«, erklärte. Jones' Guruismus war aus bereits existierenden religiösen Strukturen entstanden. Er hatte seine Gruppe 1956 ursprünglich als Pfingstgemeinde in seinem Heimatstaat Indiana gegründet, ging jedoch bald über das Pfingstlertum und dessen Heilpraktiken hinaus, um zum Propheten und Retter der Unterdrückten zu werden. 1965 verlegte er seine Kirche nach Ukiah im nordkalifornischen Redwood Valley, hauptsächlich weil dieses Gebiet im Falle eines Atomkrieges, der, wie er annahm, bevorstand, als »sicherstes in den Vereinigten Staaten« galt. Danach dehnte er seine Kirche auf San Francisco und Los Angeles aus, wo er Eintracht zwischen den Rassen predigte und aus seiner Gruppe eine sektenähnliche Bewegung für soziale Gerechtigkeit machte. Er vergöttlichte den Sozialismus und ließ sich, nachdem er sich gegen die Bevormundung durch den traditionellen »Gott im Himmel« verwahrt hatte, nun selbst als Gott verehren. Von den Medien und ehemaligen Sektenmitgliedern angegriffen, begann er 1975, seine Gefolgschaft in Guyana anzusiedeln, wo er eine utopische Gemeinschaft schaffen wollte und sich gleichzeitig der Idee eines »revolutionären Selbstmords« verschrieb.

Während ihrer Zeit in Indiana hatte die Gruppe hauptsächlich Weiße aus der Arbeiterklasse angezogen; in Ukiah waren es gebildete weiße Studenten und Angehörige der gehobenen Berufe; in San Francisco und Los Angeles meist städtische Schwarze, die die Gruppe bald zahlenmäßig dominierten. Viele Mitglieder waren ältere Frauen, die Sektenoberen hingegen waren grundsätzlich Weiße aus den gebildeteren Schichten. Auf ihrem Höhepunkt in Kalifornien behauptete die Sekte, zwischen drei- und fünftausend Mitglieder zu haben, und Jones wurden zeitweise erhebliche öffentliche Ehrungen zuteil. Er war Vorsitzender der Wohnungsbaubehörde in San Francisco; 1977 erhielt er den Martin-Luther-King-Preis für humanitäre Verdienste; außerdem galt er als politischer Bekannter Rosalynn Carters.

Doch nun war Jonestown ein Friedhof. Aum Shinrikyō existierte noch nicht. Die Manson-Morde lagen beinahe ein Jahrzehnt zurück.

Es dauerte eine Weile, bis alle Toten gezählt waren. Es waren 913 in Jonestown selbst, vier im nahe gelegenen Georgetown sowie Leo Ryan, ein Kongreßabgeordneter, und seine vier Begleiter, die wegen der Vorwürfe gegen die Sekte ermittelten und am Flughafen von Jonestown von Heckenschützen ermordet worden waren. Die meisten Menschen in Jonestown waren an Zyankali gestorben, das sie mit einem Traubensaftgetränk oder durch eine Injektion zu sich genommen hatten. Drei Menschen, darunter auch Jones, waren erschossen worden. In Georgetown hatte eine Anhängerin ihren drei kleinen Kindern und anschließend (mit der Hilfe einer Freundin) sich selber die Kehle durchgeschnitten. Sogar Experten für extremes Gruppenverhalten waren erschüttert.

Ich war damals in Deutschland unterwegs, um ehemalige Ärzte des Dritten Reiches zu interviewen, und das tödliche Gift erinnerte mich an Auschwitz, obwohl dort die Juden mit gasförmiger Blausäure umgebracht worden waren. Dem ersten Reporter zufolge, der die Toten in Jonestown sah, »hielten sich viele noch im Tod eng umschlungen, Männer und Frauen, Schwarze und Weiße, Junge und Alte«. Hier rückt eine weitere Dimension von Jonestown ins Blickfeld: der Traum von einer vollkommenen Harmonie unter den Rassen innerhalb einer utopischen Gemeinschaft. Die Ermittlungen förderten jedoch ein unheimliches Ergebnis zutage: Die Toten von Jonestown hatten sich keineswegs alle selbst getötet. Man wird nie erfahren, wie viele von ihnen ermordet wurden, doch es könnten sehr wohl ein Drittel bis die Hälfte (oder sogar mehr) gewesen sein. 260 kleine Kinder kamen ums Leben, und mindestens 70 Erwachsene starben an Blausäure-Injektionen. Dies legt die Vermutung nahe, daß sie sich geweigert hatten, die tödliche Mischung zu trinken. Ein Überlebender schätzt, daß 30 bis 40 Erwachsene »dagegen waren« und etwa 100 weitere »zögerten«. Insgesamt hat es sich als äußerst schwierig erwiesen, Morde und Selbstmorde zu unterscheiden.

Jonestown war bereits damals erschreckend genug, wird aber noch schrecklicher, wenn man die Geschehnisse im Lichte von Aum Shinrikyō betrachtet. Ungeachtet des selbst herbeigeführten Endes hat Peoples Temple im Wesen und Ausmaß seiner Gewalt große Ähnlichkeit mit Aum Shinrikyō. Ein genauerer Blick auf Peoples Temple ermöglicht uns ein besseres Verständnis der Vorgänge bei Aum und für ähnliche künftige Szenarien dieser Art.

In seinem Guruismus zeigte Jim Jones große Ähnlichkeit mit Asahara. Ebenso wie dieser verband er eine faszinierende spirituelle Begabung mit einem starken Zerstörungsdrang. Wie sein japanisches Pendant (und Manson) kam Jones aus einer verarmten gesellschaftlichen

Randgruppe im ländlichen Indiana. Auch er fühlte sich als Kind zutiefst vernachlässigt, erinnerte sich an einen völligen Mangel an »Liebe und Verständnis« zu Hause und sein Unbehagen bei Feierlichkeiten in der Schule, bei denen »alle ihre Scheiß-Eltern dabeihatten, nur ich nicht«. Das Ergebnis war, wie Jones sagte, daß »ich am Ende der dritten Klasse reif für einen Mord war«. Wie bei Asahara äußerte sich seine Wut in frühen Gewaltausbrüchen, in denen er bei mehreren Anlässen mit scharfer Munition auf andere Kinder schoß. Außerdem hatte er schon als Junge die Begabung, andere zu manipulieren.

Weit deutlicher als bei Asahara gab es frühzeitige Anzeichen für sein glänzendes rednerisches Talent, das er zuerst bewies, indem er mit pfingstlerischem Feuer zu anderen Kindern predigte und besondere Riten für tote Tauben und andere Tiere vollzog. Bereits als Teenager predigte er in weiße Laken gehüllt an Straßenecken. Er entwickelte sich zum begabten Prediger und Heiler, der wie Asahara (und gewisse Pfingstler) auch vor Betrügereien nicht zurückschreckte, um die Anfänge seines Gurutums zu demonstrieren. Er benutzte beispielsweise Eingeweide von Tieren als »Krebsgeschwüre«, die er aus einer Person, die er »heilte«, hervorzog. Seine ersten Jünger behandelte er – ebenfalls wie Asahara – mit großer Hingabe, widmete sich ihren persönlichen Problemen und vermittelte ihnen ein Gefühl von Hoffnung und Sinn, konnte sie aber auch sadistischen Loyalitätsprüfungen unterziehen.

Wie Asahara verkörperte Jones also eine frühe und stabile Kombination von Talenten als religiöser Lehrer, Guru und Hochstapler. Beide unterlagen Schwankungen in der Stimmung und im Verhalten, die sie abrupt von Heiligen in grausame Teufel verwandeln konnten. Alle ihre Handlungen waren jedoch von einem diffusen Zorn gegen die Gesellschaft als solche geprägt. Im Unterschied zu Asahara war Jones ein amerikanischer populistischer Prediger, der freien Umgang mit seinen Anhängern pflegte und seine ekstatische Religion einer fortschrittlichen sozialen Sache – dem Kampf gegen Rassismus und der Schaffung einer integrativen spirituellen Gemeinschaft – geweiht hatte.

Wie Asahara gab sich Jones vom Beginn seiner spirituellen Laufbahn an visionär und großartig. Er »beanspruchte die Kanzel, die Jesus zweitausend Jahre zuvor eingenommen hatte«, wie ein Beobachter bemerkt. Später verkündete Jones, daß »ich in der Person ... Christi die Revolution bringe!« und »ich der einzige Gott bin, den ihr je gesehen habt«. In seinen Predigten schmähte er den überlieferten Gott – »Wenn es einen Gott im Himmel gibt, sage ich: ich scheiß auf dich« –, während seine Anhänger ihn als den Gott verehrten, der er sein wollte. Zwölf Wochen nach der Katastrophe von Jonestown erklärte ein Überlebender, der an der Ermordung des Ryan-Teams beteiligt gewesen war: »Er war ein Gott, den ich berühren konnte.« Auch in seiner Eigenschaft als Gott und Gegengott, als Christus und Antichrist ähnelte er Asahara.

Jones' psychische Schwierigkeiten traten schon früh zutage und verstärkten sich im Laufe der Zeit. Wie Asahara durchlebte er mit etwa dreißig Jahren, fünf Jahre nach der Gründung von Peoples Temple, eine schwere persönliche Krise. Anderen fielen diffuse Ängste und ständige Unruhe an ihm auf. Wie Asahara sah er überall Feinde. Er war zwar sehr mutig bei der Bekämpfung tatsächlicher Vorfälle rassistischer Diskriminierung, inszenierte solche Geschehnisse auch teilweise selbst (so wie er später in Jonestown »Angriffe von Heckenschützen« und sogar die »Entführung« seines geliebten Adoptivsohns vortäuschte). Einmal schlug er ein Fenster von innen ein und erklärte, seine Feinde hätten einen Stein nach ihm geworfen. Einige Male »entdeckte« er plötzlich Glasscherben in seinem Essen (die er offenkundig selbst dort hineinplaziert hatte). Auf solche Weise verstärkte sich seine Neigung zur Paranoia, wie auch ein weiteres Verhaltensmuster, wenn er, unter Druck geraten, plötzlich zusammenbrach und kurzzeitig das Bewußtsein verlor. Einmal behauptete er sogar, die Stimmen von Außerirdischen zu vernehmen.

Wie Asahara (und viele andere Paranoiker) verhielt er sich desto großspuriger, je größer seine Ängste und inneren Konflikte wurden. Auch in seinem wachsenden Größenwahn und seinen beinahe psychotischen Verhaltensweisen glich er Asahara. Wie bei Gurus überhaupt waren seine Kompensationsstörungen und Zusammenbrüche stark von der Angst vor einem Verlust der Kontrolle seiner Jünger geprägt. Um eine Bedrohung ihrer Position als Guru abzuwehren, richteten Asahara und Jones immer größere Forderungen an ihre Anhänger, bis sie schließlich verlangten, die Jünger müßten bereit sein, für ihren Guru zu sterben. Für Jones galt die Übernahme der Doktrin vom revolutionären Selbstmord als letzter Beweis von Loyalität.

Wie Charles Manson sagte Jones Chaos und Rassenkriege in den Vereinigten Staaten voraus, doch im Gegensatz zu diesem stellte er sich auf die Seite der Schwarzen und der rassischen Gleichberechtigung. Auch sah Jones im Rassenkrieg keineswegs einen Weg zu Armageddon und zur Reinigung der Welt. Dorthin führten für ihn Atomwaffen.

Der Soziologe John R. Hall hat Jones und seine Anhänger als »apokalyptische ›Kriegersekte‹« bezeichnet, »die einen manichäischen Kampf mit Hilfe der Macht des Bösen führt«, eine Beschreibung, die genauso auf Aum Shinrikyō zutreffen könnte. In beiden Fällen erzeugten finstere apokalyptische Vorstellungen eine außergewöhnliche spirituelle Intensität und Gewaltbereitschaft. Jones warnte selbst vor der »großen Verwüstung oder der Apokalypse oder Armageddon, die aus der nuklearen Hölle entspringen wird«. Seine Jahrtausendvision verband die Endzeitvorstellungen der Pfingstgemeinden mit diesseitigen politischen und militärischen Katastrophen, zu denen »Bomben, Erdbeben und faschistische Revolutionen« gehörten. Tatsächlich wurde der nukleare Holocaust zu einer so allumfassenden Sorge des Peoples Temple, daß Jones die verschiedenen Aufenthaltsorte seiner Sekte hauptsächlich unter dem Aspekt der potentiellen Sicherheit in einem Atomkrieg aussuchte. (Guyana wurde beispielsweise zum Teil deshalb gewählt, weil dort »keine Strahlung zu uns gelangen kann«.) Man darf nicht vergessen, daß die Amerikaner 1956, als Peoples Temple gegründet wurde, sich mit der nuklearen Bedrohung und der Illusion auseinandersetzten, daß ein Bunker im Vorgarten eine Familie vor dem nuklearen Holocaust bewahren könne.

Ständige Angst vor dem Atomkrieg – das heißt, Angst vor der Ausrottung – nährte Jones' Gefühl, einem dauernden Angriff aller möglichen Feinde in einer feindlichen Welt ausgesetzt zu sein. Jones repräsentierte gewissermaßen in verzerrter Form die Auseinandersetzung der amerikanischen Gesellschaft mit der Furcht vor einer nuklearen Vernichtung.

Seine Beziehung zu Atomwaffen unterscheidet sich jedoch von der Asaharas in zwei bedeutsamen Punkten. Der amerikanische Guru sah sich als potentielles Opfer eines nuklearen Holocausts, niemals als Besitzer oder Beherrscher von Vernichtungswaffen (obwohl auch er sich von einem Atomkrieg gewisse Vorteile für seine Sekte erhoffte). Zudem bereitete Jones vor dem Hintergrund einer bevorstehenden atomaren Vernichtung eine alternative Apokalypse im Kleinen vor – durch kollektiven Selbstmord. Sein aktivistischer Drang, ein Ende zu erzwingen, war ebenso stark wie bei Asahara, bezog sich jedoch nur auf die Sonderwelt, die er geschaffen hatte. Die von eigener Hand herbeigeführte Miniapokalypse stellte eine Möglichkeit dar, die von ihm befürchtete Vernichtung der Welt zu überleben und ihr zugleich zuvorzukommen.

Jones' Haß auf die äußere Welt war beinahe so stark wie bei Asahara.

Das kapitalistische Amerika galt ihm als das absolute Böse: »Das amerikanische System trägt das Zeichen des Bösen, und Amerika ist der Antichrist.« Die nukleare Vernichtung, glaubte er, würde eine kathartische Reinigung bringen, die in »der totalen Vernichtung allen Lebens in Amerika« gipfeln würde. (Asahara stellte sich ein ähnliches Schicksal für Japan vor.) Jones' Erwartung dieses Holocausts war freudig, da die Bombe »die Nixons, Kissingers und die Rockefellers und die DuPonts wegpusten wird«, so daß »ich mich auch gerne wegpusten lasse, nur um zu sehen, wie sie weggepustet werden«. Weiter erklärte er: »Wer im kapitalistischen Amerika, im rassistischen Amerika, im faschistischen Amerika geboren ist, ist in Sünde geboren«, was nicht galt, wenn man »im Sozialismus geboren« war.

Millenarische Erneuerung und Unsterblichkeitsprinzip nahmen die Form eines revolutionären Sozialismus an. Damit war er nicht allein. Mittelalterliche apokalyptische Bewegungen waren häufig revolutionär, und moderne sozialistische und kommunistische Revolutionen haben, wenn auch politisch überformt, starken millenarischen Impulsen Ausdruck verliehen. Was Jones als »apostolischen Sozialismus« bezeichnete, könnte man auch »maoistische Pfingstgemeinde« nennen. Für Jones ging es um die nukleare Verwüstung der Welt im Dienste einer sozialistischen Erneuerung, »nukleare Erlösung zu einem göttlichen Sozialismus«. In Zeiten, in denen er nicht an seiner Angst vor der Zukunft verzweifelte, glaubte er, die einzigen Überlebenden eines Atomkriegs würden Mitglieder von Peoples Temple und Bürger sozialistischer Staaten sein. »Ein Jahr, nachdem die Bomben gefallen sind, werden die Chinesen aus ihren hübschen Höhlen klettern«, erklärte Jones.

Wie Asahara konstruierte Jones eine höchst eklektische Theologie, die Inhalte der Pfingstbewegung mit christlichen Elementen und Inspirationen aus so unterschiedlichen Quellen wie Karl Marx, Father Divine, Stalin, Hitler, Gandhi, Martin Luther King und Fidel Castro verknüpfte. Zudem beschäftigte er sich mit Sensitivitätstraining und wahrscheinlich auch psychologischen Studien über Gehirnmanipulation sowie brasilianischen Sekten wie Macumba (die von westafrikanischen Einflüssen geprägt ist). Seine Forderung nach rassischer Gleichstellung und sozialer Gerechtigkeit erzeugte enorme Loyalität bei den schwarzen Mitgliedern von Peoples Temple, obwohl es keine schwarzen Sektenführer gab. Frauen hingegen (schwarze und weiße) verfügten wie bei Aum über eher mehr Macht, als sie es aus der Außenwelt kannten. Der Tempel verwirklichte seine sozialistische Doktrin in verschiedenen Hilfsmaßnahmen wie Gesundheitsvorsorge und Altenarbeit, und es herrschte ein ausgeprägtes Arbeitsethos. Wie Aum mischte sich Peoples Temple in die Politik ein, doch mehr auf der Suche nach Verbündeten, als um die Regierung zu stürzen. Obwohl die Gruppe im allgemeinen für fortschrittliche Projekte eintrat, war Jones opportunistisch genug, um Kontakte im gesamten politischen Spektrum zu knüpfen. Er freundete sich sogar mit einem Oberhaupt der John Birch Society an, die damals zur extremen Rechten gehörte.

Wie bei Manson (und weit stärker als bei Asahara) stand für Jones Sex im Mittelpunkt seines Guruismus. Für alle drei war Sexualität untrennbar mit dem Mysterium und der Göttlichkeit des Gurus verbunden. Wie die beiden anderen Sektenoberhäupter hatte Jones sexuelle Beziehungen zu mehreren Mitgliedern, meist Frauen (zu denen er dauerhafte Bindungen unterhielt, die zu einer Stabilisierung von Loyalität führten), aber auch zu einigen Männern. Er hielt faszinierende Predigten sexuellen Inhalts, in denen er eine Gossensprache, christliche Bildsprache und ein Prinzip der »revolutionären Sexualität« verknüpfte: »Ihr müßt euren ganzen Körper als lebendiges Opfer darbringen, in seiner Gesamtheit und annehmbar für euren Gott ... Wenn es euch retten kann, der revolutionären Sache oder dieser Bewegung nutzt, gebt eure Vagina, euren Penis, euer Arschloch, wenn's verlangt wird, und wenn ihr das nicht könnt, seid ihr keine echten Kommunisten.« Die sexuellen Vorschriften, die Jones für die Sekte erließ, variierten erheblich. Manchmal ermutigte er die Mitglieder, ihre Sexualität mit vielen anderen zu teilen, während er ein andermal puritanische Regeln einführte, die die Mitglieder an ihre Ehepartner banden oder sogar völlige sexuelle Enthaltsamkeit verlangten.

Mit zunehmender Willkür und Brutalität begann Jones, Anhänger öffentlich wegen ihrer sexuellen Unzulänglichkeiten bloßzustellen, und erklärte sich zum einzig echten Heterosexuellen unter ihnen. Er hatte jedoch auch homosexuelle Begegnungen, bei denen er seine Partner demütigte und sich einen Spaß daraus machte, ihre homosexuellen Neigungen zu enthüllen. Nach einer solchen »Therapie« erklärte einer seiner männlichen Partner: »Daß du mich in den Arsch gefickt hast, war, wie ich jetzt erkenne, notwendig für mich, um mich mit der tief sitzenden Verdrängung meiner Homosexualität auseinanderzusetzen ... Ich bin ganz sicher, daß du der beste Sexualpartner auf der Welt bist, und glaube nicht, daß mir jemals der Gedanke gekommen ist, ich könnte an dich heranreichen.«

Wie jede Sekte verhalf Peoples Temple ihren Mitgliedern zu starken Transzendenzerfahrungen. Solche euphorischen Zustände wurden im Unterschied zu den individuellen mystischen Erfahrungen bei Aum gemeinschaftlich erlebt. Zu den Mitgliedern gehörten viele Familien – Ehepaare mit Kindern, Frauen mit Kindern, Erwachsene mit einem oder beiden Elternteilen. Jones – oder »Dad« – predigte bei großen Zusammenkünften, und die Anhänger lauschten mit Spannung seinen Visionen, die sie in ein »Land der Verheißung« führten. Es gab schwärmerische Augenblicke gemeinschaftlicher Liebe und gemeinsamer Proklamationen des Vorsatzes, die zerstörerischen, rassistischen Tendenzen in der amerikanischen Gesellschaft zu überwinden. Jones versuchte, sein antirassistisches Ideal in seiner Familie lebendig werden zu lassen, der seine Frau, ihr leiblicher Sohn und einige adoptierte Jungen und Mädchen verschiedener Rassen angehörten. Doch seine Labilität führte zu vielen familiären Problemen, und mit den Jahren wurden die Bemühungen seiner Frau Marceline, ihn (trotz Ablehnung seiner sexuellen Aktivitäten) zu schützen und seine Handlungen zu rechtfertigen, immer wieder durch sein bizarres Verhalten vereitelt.

Bizarr verhielt er sich wirklich – zunehmend paranoid, überheblich und despotisch. So schrieb er im September 1988 Präsident Jimmy Carter einen langen blumig-paranoiden Brief mit einem Stempel »Dringend Dringend Dringend«, in dem er sich ausführlich darüber verbreitete, wie er und Peoples Temple von gefährlichen Feinden zerstört würden, die außerdem planten, Brücken zu sprengen und die Wasserreservoirs von Washington, D. C., zu vergiften. Bei öffentlichen Zusammenkünften wurde er immer ausfälliger. Was zuvor Ähnlichkeit mit einer Gruppentherapie (er gebrauchte den Begriff Katharsis) gehabt hatte, geriet nun zur öffentlichen Diffamierung. Jones stellte diejenigen bloß, von denen er sich beleidigt fühlte, beschuldigte sie, »elitär« oder »unsensible Intellektuelle« zu sein, setzte ihre Arbeit und ihre sexuellen Gewohnheiten herab und demütigte sie in aller Öffentlichkeit. Auch körperliche Gewalt nahm zu: Kinder, Teenager und Erwachsene wurden geohrfeigt und verprügelt. Diesem Zweck diente ein kleines Paddel, das die zweideutige Bezeichnung »Board of Education«* trug. Kinder und später auch Erwachsene wurden gezwungen, an Boxkämpfen gegen

* Eigentlich »Ministerium für Erziehung«; in Kleinschreibung bedeutet »board« auch »Brett«.

größere stärkere Gegner teilzunehmen (Wettkämpfe, die verblüffend an Asaharas inszenierte Ringkämpfe in der Blindenschule und an die Praktiken der Vereinigten Roten Armee erinnern). Diese Spektakel hatten bereits in Kalifornien begonnen, doch in Guyana nahmen sie immer brutalere und sadistischere Formen an. In Jonestown wurde eine pseudomedizinische »Betreuungsstation« eingerichtet, wohin potentielle Abtrünnige oder Mitglieder, die gegen die Regeln verstoßen hatten, gebracht und unter Drogen gesetzt wurden, um »wieder in die Gemeinschaft integriert zu werden«. Ab da wurde die Ähnlichkeit mit Aum immer stärker.

Jones begann sein bösartigstes Gift gegen eine Initiative zu verspritzen, die sich »Besorgte Verwandte« nannte und die, von Abtrünnigen ermutigt, in Sorgerechtsfällen selbst militant vorging und alles daran setzte, Jones' Praktiken zu entlarven. Sie bezeichnete Peoples Temple als eine Gruppe von »Drogensüchtigen«, »Perversen« und »Terroristen«. Über den Radiosender von Jonestown rief der Guru seine Anhänger dazu auf, sich in sadistischen Folter- und Tötungsphantasien zu ergehen, was sie mit ihren Verwandten anstellen würden. »Ich würde meinen Vater am liebsten an den Eiern packen und ihm einen glühenden Schürhaken in seinen Arsch stecken, damit er kapiert, was er da macht«, lautete der typische Kommentar eines Jüngers, dessen Vater die Sekte öffentlich kritisiert hatte.

Jones nahm seit Anfang der siebziger Jahre große Mengen von Schmerzmitteln, Tranquilizern und Amphetaminen. Einige Frauen in seiner Nähe waren so um sein Wohlbefinden bemüht, daß sie wiederholt nach Mexiko und Südamerika reisten, um die Drogen zu besorgen, die er angeblich brauchte. Nun verschlimmerten sich seine Süchte, er begann lallend zu sprechen und verfiel geistig und physisch immer mehr. In Guyana sprang er einmal mit einer Waffe in einen Busch, da er sich für einen Gefangenen aus der russischen Revolution hielt, und mußte von seinem Sohn Stephan »gerettet« und wieder beruhigt werden. Bei anderer Gelegenheit lieferten sich Vater und Sohn heftige Wortgefechte. Die Wut des Jungen war so groß, daß Marceline, wenn sie Jonestown verlassen mußte, Stephan ermahnte: »Bring ihn nicht um. Alles wird sich finden.« Jones war häufig »zu krank«, um Versammlungen oder Sendungen zu leiten. Zwar wurde er immer noch von vielen loyalen Anhängern verehrt, die ihr Leben als durch ihn verwandelt und bereichert sahen, aber der Eindruck wuchs, daß inzwischen der Wahnsinn in Gestalt des Gurus angebetet wurde. Sein Einfluß auf die Anhänger wurde schwächer, und seine Sucht entfremdete ihn ihnen.

Ein vergöttlichter Guru neigt stets dazu – häufig aufgrund von Paranoia oder Wahnsinn –, sich psychisch aus der von ihm geschaffenen Gemeinschaft zurückzuziehen. Andererseits stand der Guru als Gottheit schon immer »außerhalb« der Gemeinde. Gott gehört schließlich keiner Gruppe an – zudem fördert die Isolation des Gurus nicht nur seine spirituellen Fähigkeiten, sondern auch seinen destruktiven Größenwahn.

Jones' Haß auf die Welt war untrennbar mit seinem langen inneren Kampf gegen die Verzweiflung verbunden. Obwohl er glaubte, der Geist werde den Tod des Körpers überleben, schien sich für ihn die Anstrengung des Lebens häufig nicht zu lohnen, denn »ich glaube an nichts Liebevolles im Universum«. Er hatte sich selbst und seine Gefolgschaft vom Charakter des amerikanischen Babylon, das sie bewohnten, überzeugt, doch sein »Land der Verheißung« erschien ihnen allen offenbar weit weniger gewiß. »Dad sagt schon seit langem, daß das Leben Scheiße ist«, zitierte ihn ein Jünger lakonisch.

Die funktionierende Gemeinschaft seiner alternativen Welt hielt diese Verzweiflung in Schach. Jeder Verstoß gegen ihre Regeln bedeutete für Jones wie für Asahara eine Bedrohung dieser zerbrechlichen Welt. Abtrünnige stellen stets eine entscheidende Gefahr für verabsolutierte Gruppen dar. Sie informieren nicht nur die antagonistische Außenwelt über Vergehen des Gurus, sondern untergraben auch den Wahrheitsanspruch der Gruppe und die Kraft ihrer Autorität. Für Jones war jeder Austritt aus der Sekte ein Schritt auf den eigenen apokalyptischen Untergang von Peoples Temple zu. Die ersten Aussteiger gab es 1973, als vier junge Paare, Angehörige unterschiedlicher Rassen, aus Ukiah flohen und Jones und seine Führung des Rassismus (da es keine Schwarzen in leitenden Positionen gab) und der sexuellen Heuchelei beschuldigten. Bezeichnenderweise reagierte Jones auf den Austritt dieser achtköpfigen Gruppe mit einer ersten Debatte im engeren Kreis über einen kollektiven Selbstmord. (Jones spielte übrigens bereits seit seiner Kindheit mit dem Gedanken an Selbstmord.) Die funktionelle Paranoia des Gurus wurde bereits durch diesen frühen Verlust der vollen Kontrolle über seine Gemeinschaft untergraben. In seinem Größenwahn erlebte er jeden Austritt als Beschädigung seines Ichs, so daß jeder Abtrünnige für ihn nicht nur zu einem Verräter, sondern zu einem feindseligen Außenseiter wurde.

Dieser Zerfallsprozeß beschleunigte sich in den letzten Jahren der Gruppe durch das Ausscheiden von Führungspersonen, die für Jones' psychische Funktionsfähigkeit noch weit wichtiger waren als einfache Mitglieder und ihm aufgrund ihrer Kenntnisse über das interne Gruppengeschehen tatsächlich gefährlich werden konnten. Als Debra Layton Blakey, die für die Finanzen der Gruppe zuständig war, im Mai 1978 ausschied, hinterlegte sie eine Erklärung bei der amerikanischen Botschaft in Georgetown. Darin äußerte sie die Befürchtung, daß Jones im Fall einer gerichtlichen Verfügung, den vierjährigen John Stoen, den er als seinen Sohn betrachtete und tyrannisch liebte, seiner Mutter zurückzugeben, »seine Drohung, alle Mitglieder der Organisation in Guyana zum Selbstmord zu zwingen, wahrmachen würde«. Sie fügte hinzu: »Ich weiß, daß Pläne zur Durchführung dieses Massenselbstmordes mit Hilfe von einem Gift bestehen, das sich gegenwärtig schon in Jonestown befindet. Ich weiß auch, daß Mitglieder, die sich weigern, freiwillig Selbstmord zu begehen, gewaltsam getötet werden sollen.«

Als sich solche Aussagen und Anklagen häuften, beanspruchte Jones nicht nur die (nie nachgewiesene) Vaterschaft, sondern das Kind wurde zum Kern einer Besessenheit, die den Guruismus Asaharas vorwegzunehmen schien, da er den Kleinen offenbar zu seinem Ebenbild machen wollte. Der Junge trug die gleiche Frisur wie Jones, konnte bereits sozialistische Slogans plappern und wurde sogar dazu angehalten, so zu fluchen, wie Jones es als Kind getan hatte. Für Jones wurde der Junge zu einer Art heiligem Kind, einer wichtigen Komponente seines Größenwahns, die Jones' eigene gegenwärtige und zukünftige Existenz sowie die des Tempels verkörperte.

Wie Asahara reagierte auch Jones auf öffentliche Kritik mit aggressiven Angriffen gegen die Kritiker. In seinem Fall trat die unterschwellige Angst allerdings immer sichtbarer zutage. Er fürchtete das Finanzamt, das FBI, die Medien, Abtrünnige, die Angehörigen von Mitgliedern und vor allem Illoyalität in den eigenen Reihen. Jones' Angst war von Bildern der Auslöschung durchdrungen. In einer nur unzusammenhängenden Philippika in Jonestown wetterte er gegen einen Anhänger, der ihn verärgert hatte: »Leute wie du machen mich fertig ... Du bringst deinen Führer um, [was nicht einmal] die CIA geschafft hat.« Als der Abgeordnete Ryan in Jonestown erschien und darauf bestand, daß sechzehn Aussteiger ihn in die Vereinigten Staaten begleiteten, geriet Jones außer sich und erklärte: »Ich habe versagt« und »Alles ist verloren«. Seine Anwälte rieten ihm, die kleine Gruppe Abtrünniger ohne Widerstand ziehen zu lassen, und erklärten ihm, daß seine Gemeinschaft aus fast tausend Personen dann immer noch intakt bleiben würde. Jones hingegen erlebte die Austritte als den Tod des Tempels und seines Ichs und reagierte mit Gewalt. Die Morde am Flugplatz, ausgeführt von seinen loyalsten Sicherheitskräften, der »Roten Brigade«, wurden entweder auf seinen Befehl oder zumindest mit seinem Einverständnis verübt.

Wie bei Asahara, war auch Jones' Krieg gegen die Außenwelt von zunehmend destruktiven Forderungen an seine Gruppe begleitet, während der Guru dem heimtückischen Pfad vom Helden zu Despoten folgte. Wie Asahara hatte sich Jones immer tyrannisch gebärdet, hatte dabei jedoch einen gewissen Grad der Effizienz bei der Förderung und Verbesserung der Gemeinschaft an den Tag gelegt. Nun wurde er zunehmend despotischer, kapselte sich ab und verlor immer mehr den Bezug zur Realität und seiner zerfallenden Gemeinschaft. Diesen Vorgang hat man als das »Ende des Charismas« bezeichnet, was in unserem Fall den Verlust von Jones' Fähigkeit bedeutete, seinen Jüngern intensive Lebenskraft und ein überschwengliches Gefühl von Unsterblichkeit einzuflößen. Da Jones von dieser Fähigkeit nur wenig geblieben war, erforderte der »revolutionäre Selbstmord« eine beklemmende Mischung aus Überredung, Gewaltanwendung und verordnetem Mord.

»Die größte Entscheidung in der Geschichte«

Revolutionärer Selbstmord wurde für Jones zum einzigen Mittel, um seine Lebenskraft durchzusetzen. Den Begriff hatte er von Huey P. Newton, einem Oberhaupt von Black Panther, übernommen, der damit eine Art revolutionäres Märtyrertum bezeichnet hatte, den unablässigen Kampf im Namen der Revolution, selbst in der Erkenntnis des Scheiterns. Jones legte den Begriff wörtlich aus, indem er einen tatsächlichen kollektiven Selbstmord mit glorreichem revolutionären Widerstand gleichsetzte. Auf diese Weise verknüpfte er mit der Idee und ihrer Ausführung die drei Elemente, die gewöhnlich bei jedem Selbstmord gegeben sind: das Gefühl der Ausweglosigkeit und Verzweiflung, ein »Selbstmordplan« oder eine längere Beschäftigung mit der Möglichkeit, sich selbst zu töten, sowie das Verlangen nach einer offenen, Unsterblichkeit verleihenden »Zukunft«.

Am Neujahrstag 1976, siebzehn Monate, bevor er die Vereinigten Staaten verließ, inszenierte Jones seine erste »Probe«, indem er seiner »Planungskommission« aus angeblich festlichem Anlaß Wein vorsetzte und dann verkündete, daß dieser ein Gift enthalten habe, welches sie innerhalb von 45 Minuten töten würde, und daß ihr Tod einen Protest gegen die Unmenschlichkeit der Welt darstelle. Nachdem einige von Jones' Auserwählten dramatisch zusammengebrochen waren, offenbarte er die

Täuschung als Loyalitätsprüfung und Gelegenheit zur Auseinandersetzung mit dem Thema. Aus Huey P. Newtons Schriften und Diskussionen mit Anhängern schuf Jones eine Selbstmordideologie, in der die gemeinsame Selbstauslöschung einen Akt des Widerstands gegen Verfolgung und gleichzeitig den Anspruch auf Unsterblichkeit bedeute.

In Jonestown wurden solche Suizidübungen in den sogenannten »Weißen Nächten« abgehalten. Es waren Ritualisierungen einer Krise, in denen Jones sich weitschweifig über die Bedrohung durch die Feinde des Tempels und die befreienden Möglichkeiten von kollektivem Selbstmord verbreitete. Anschließend wurde ein angeblich vergiftetes Getränk herumgereicht. Die Weißen Nächte »ließen jede Krise sofort zu einer Angelegenheit auf Leben und Tod eskalieren«, wie der Religionswissenschaftler David Chidester schreibt. Da sie Selbstmordübungen genannt wurden, mußte vielen klar sein, daß die Flüssigkeit nicht wirklich Gift enthielt. Für Jones diente jedoch die Abfolge von Krisen und Übungen dem Zweck, seine Selbstmordtheologie weiter einzuimpfen und zum integralen Bestandteil des Sektenlebens zu machen.

»Seit ich als Kind einen Hund sterben sah, wollte ich Selbstmord begehen«, soll Jones gesagt haben. Die Verbindung von frühen Selbstmordgedanken und jugendlicher Gewaltbereitschaft deutet darauf hin, daß für ihn die Vorstellung, sich selbst zu töten, parallel zu der, anderen zu schaden oder sie zu töten, auftrat. Als Folge seiner langjährigen Beschäftigung mit dem Tod lehnte er später Paulus' biblische Sicht vom Tod als einem Feind Gottes ab und erklärte: »Der Tod ist ein gesegneter Freund für mich.« Sein persönlicher Mythos bestand sogar darin, daß er nur aus altruistischen Gründen am Leben bleibe, nur weil er von anderen gebraucht werde. (»Ich blieb für kleine Tiere am Leben ... später brauchte mich meine Mutter ... dann immer die Schwarzen.«) Während seine fürsorglichen Eigenschaften ihn eigentlich vor Selbstmord hätten bewahren können, war seine Selbstmordtheologie von Anfang erfüllt von Schmerz, Wut und Gewalt – und ließ sich daher problemlos mit seiner wachsenden Paranoia und Megalomanie verknüpfen. Jones offenbarte die grenzenlose Überheblichkeit seiner Entscheidung für den kollektiven Selbstmord, als er auf die Aufforderung seiner Frau, alles zu überdenken, herablassend antwortete: »Meine liebe Frau, wenn du nicht lernst, deine Gefühle zu beherrschen, stellst du womöglich die größte Entscheidung in der Geschichte in Frage.« Zuweilen verglich er den geplanten kollektiven Selbstmord mit dem der tausend jüdischen Zeloten, die sich bei der Belagerung von Massada 73 n. Chr. selbst töteten, mit dem Widerstand der Juden im Warschauer Ghetto und mit den Helden der russischen und chinesischen Revolution sowie der amerikanischen Bürgerrechtsbewegung. Er sei nur deshalb so lange am Leben geblieben, erklärte er seinen Anhängern in Jonestown, »um euch vor Gefängnis, Folter, Konzentrationslagern [und] dem Atomkrieg zu bewahren, in dem euch die Haut in Fetzen vom Rücken fallen wird und die Augäpfel ausgebrannt werden«.

Im Chaos von Jonestown werden tiefreichende Ähnlichkeiten zwischen Jones und Asahara sichtbar. Auch wenn die Gewalt in entgegengesetzte Richtungen ausschlug (Selbstzerstörung statt Vernichtung der Welt) mobilisierten beide wahnwitzige Energien, die ihr mörderisches Projekt speisten und heiligten. Beide boten eine Theologie an – revolutionären Selbstmord oder *poa* –, die Selbstmord oder Mord in einen Akt der Heilung und Erlösung umdeutete. Der revolutionäre Selbstmord versprach Jones' Jüngern »revolutionäre Unsterblichkeit«, wie ich es nennen möchte, einen Zustand, der für sie nur durch den Tod von eigener oder auch fremder Hand erreichbar war.

Jones vereinte Guru und Anhänger in einem Status, der gleichzeitig der der Unterschicht und der Elite war. Weiß und Schwarz waren durch die grausame Verfolgung zu »Niggern« geworden. Sein Massenselbstmord sollte zum egalitären Ereignis werden: »Wenn wir hier zusammen sterben, werden wir alle gleich behandelt.« Gleichzeitig wurden seine Anhänger in seinen Größenwahn einverleibt, zu »einem erwählten Volk [gemacht], der Avantgarde, der vordersten Linie, der ersten Reihe der Revolution« und zu »einem Volk, an dem sich die Enden der Welt treffen«. Ihre Mission war heiliger als der Auftrag Jesu, der Tag ihres Todes »größer als der Tag von Nazareth«. Jones hatte die Mitglieder der Gemeinschaft so stark in seine apokalyptische Vision einbezogen, daß ihr kollektiver Selbstmord zum ersehnten Ereignis des Weltuntergangs wurde, das Vorspiel zu universeller spiritueller und politischer Glückseligkeit. Seine Inszenierungen der Weißen Nächte lassen sich als die Bemühung deuten, seine Anhänger dazu zu motivieren, mit ihm in seinem solipsistischen Drama zu verschmelzen.

Die detaillierte Planung für die Erzwingung seines besonderen Armageddons schritt immer weiter voran. Jones und hochrangige Anhänger horteten nicht nur Zyanid, Beruhigungsmittel und Sedativa (eine letzte Zyanidlieferung traf eine Woche vor dem Selbstmord ein), sondern widmeten sich auch den ausgedehnten Vorbereitungen, die die Durchführung des Planes erforderte. Unter den Mitgliedern von Peoples Temple in Jonestown befanden sich der Arzt Larry Schacht und mehrere Krankenschwestern. Offenbar war Schacht für die Formel sowie für die Überwachung der Zubereitung des Giftes verantwortlich. Das Gift wurde von den Krankenschwestern und anderen Angehörigen des »medizinischen Stabes«, die offenbar auf ihre Rolle bei diesem herausragenden Ereignis vorbereitet waren, oral oder durch Injektionen verabreicht. Da mehr weiße Mitglieder über die erforderliche medizinische Qualifikation verfügten, töteten in Jonestown Weiße Schwarze (oder leiteten sie zumindest bei ihrem Selbstmord an), wobei schwarze Wachen einen »bewaffneten Sicherheitsdienst« mit Pistolen und Armbrüsten stellten, die allen deutlich machten, daß es niemandem erlaubt war, zu gehen oder sich für das Leben zu entscheiden. Wie im Falle Aums wurde der Übergang zur Gewalt durch die aktive Beteiligung der leitenden Mitglieder um den Guru – bei Jones hauptsächlich Frauen – vorangetrieben. Die Triebkräfte waren unterschiedlich: ideologische Begeisterung und Loyalität zu Jones oder die Verzweiflung über ihr Oberhaupt und die Sekte. Stephan Jones zufolge, der überlebte, weil er sich zum entscheidenden Zeitpunkt nicht in Jonestown befand, geschah es, weil sie »seinen Wahnsinn förderten, indem sie seinen Scheiß mitgemacht haben«.

Die letzte Weiße Nacht

Am 10. September 1978 flehte Jones schluchzend seine Anhänger in San Francisco über den Sender in Jonestown an: »Um Gottes willen, findet ein Land, das uns Asyl gewährt ... Um Gottes willen, wir sind müde ... Wir sind müde. Wir sind müde.« Es gibt keinen Grund, die Verzweiflung in diesen Worten in Frage zu stellen. Seine und der Gruppe Energie, das entscheidende Merkmal jeder Gemeinschaft um einen Guru, war erschöpft.

Jones' physischer Zustand spielte ebenfalls eine große Rolle. Er hatte mehrfach über Herzanfälle, Diabetes und Lungenkrebs geklagt und genau wie Asahara häufig erklärt, dem Tod nahe zu sein. Eine Autopsie ergab keine Bestätigung dieser Erkrankungen. Auch Asahara hatte seine Anhänger mit erfundenen Krankheiten unter Druck gesetzt, doch Jones war wegen seiner Drogenabhängigkeit physisch in viel schlechterem Zustand als der japanische Guru. Er hatte ständige Atembeschwerden, Phasen extremer Gewichtsveränderungen, lallte, litt unter Erschöpfung, Schlaflosigkeit, Anfällen von zwanghaftem Bewegungstrieb, Wahnvorstellungen und der bereits erwähnten Verschlimmerung seiner Paranoia und seines Größenwahns. Zweifellos wurde seine Angst vor Krankheit, Verfall und Tod – vor der Auflösung seines Ichs, dessen Fortsetzung

Peoples Temple war, zum letzten wahnhaften Auslöser der Selbstmorde. Schon im Mai 1978, während einer Weißen Nacht – von denen viele aufgezeichnet wurden und aufschlußreiches Material über den Zusammenbruch einer gewaltbereiten Sekte bieten –, erklärte er angetrunken, daß ganz Jonestown »leicht aus dem Leben treten« könne, und sprach verzweifelt von »der letzten Weißen, gottverdammten, beschissenen, verfickten Scheiß-Nacht«. Damit sagte er im Grunde, daß er sich innerlich tot fühlte, psychisch so ausgebrannt, daß er nicht mehr in der Lage war, sich ein weiteres Leben vorzustellen. Später erklärte er, er sei in jener Nacht gestorben. Während sein Körper schmerzhaft weiterexistiert habe, hätten sein Wille und seine Fähigkeit, seinem Volk seine Güte zu übermitteln, aufgehört zu leben.

Derart schonungslose Äußerungen der Verzweiflung waren nach John Hall ein Zeichen, daß das Selbstmordprojekt »als kollektive Buße für ... ein Scheitern gedacht war und zwar das Scheitern der Gruppe, bei ihren Mitgliedern Erfolg und ... innerhalb der übrigen Gesellschaft Bestand zu haben«. Diese Art der Buße legt die Vermutung nahe, daß Jones' Schuldgefühle jenen gegenüber empfand, die er geführt oder betrogen hatte. Schuld und Verzweiflung kennzeichnen auch seine Erklärung, daß »es viel leichter ist, für [sein Volk] zu sterben, als für es zu leben«. Mehrmals ging Jones sogar so weit, den Tod zu seinem transzendenten Sexualobjekt zu machen. Im Februar 1976 verkündete er: »Als letzten Orgasmus würde ich mir den Tod wünschen, wenn ich euch alle mitnehmen könnte.« In einer Weißen Nacht zwei Jahre später sagte er: »Der einzige Fick, den ich jetzt will, ist der Orgasmus beim großen Fick im Grab.« (Diese Mobilisierung sexueller Energie für einen Selbstmord, der der eigenen Unsterblichkeit dienen soll, erinnert weniger an Asahara als an einen anderen japanischen Liebhaber des Todes, den Schriftsteller Yukio Mishima.)

In einem wirren Monolog in der letzten Weißen Nacht, die keine Probeinszenierung mehr sein würde, verkündete Jones, daß das Tötungsprojekt alle Mitglieder der Gemeinschaft einbeziehen würde. Es war eine gequälte Ermutigung, sich dem Projekt anzuschließen, zugleich aber auch eine krause Rechtfertigung seiner Verwirklichung. Jones hob die Schmerzlosigkeit der »medizinischen« Vorkehrungen hervor, forderte Schnelligkeit und Effizienz und sprach wiederholt und mit Unbehagen über die Tötung der Kinder.

Am Anfang des Bands sagt er bekümmert: »Ich glaube nicht, daß wir das mit unseren Babys machen wollen – ich glaube nicht, daß wir das mit unseren Babys vorhatten.« Doch bald bestätigt er die Notwendigkeit, auch sie zu töten: »Wir sollten lieber keines unserer Kinder hier zurücklassen, denn wenn alles vorbei ist, werden sie mit Fallschirmen hier landen.« Die Kinder, warnt er, würden dann »abgeschlachtet«. Er versichert der Gruppe, auch seinen »Kindgott« John Stoen nicht zu verschonen: »Glaubt ihr, ich würde Johns Leben höher einschätzen als das der anderen?« Später, wahrscheinlich als Reaktion auf die Weigerung der Eltern, sich von ihren Kindern (die als erste getötet werden sollten) trennen zu lassen, willigt er ein, daß jeder »das Recht hat, bei seinem Kind zu sein. Ich glaube, es ist human.« Jones wird jedoch offenbar ärgerlich, weil einige der jungen Opfer Angst haben und weinen: »Kann denn niemand den Kindern die Erleichterung erklären, die der Übergang auf die nächste Ebene bedeutet?« Jones und einige andere scheinen instinktiv zu spüren, daß die Tötung von Kindern, die nichts mit einem »revolutionären Selbstmord« zu tun haben, das Projekt moralisch zu untergraben droht.

Obwohl Zyanid kaum als therapeutisches Medikament zu betrachten ist, wurde der Selbstmord als medizinische Behandlung deklariert. Die Anweisungen einer Frau, die als Krankenschwester fungierte, illustrieren den dramatischen Wechsel von Phantasie zu tödlicher Aktion: »Sie müssen weitergehen, und die Leute, die in den Gängen stehen, gehen bitte in den Hof vor dem Senderaum ... Es gibt keinen Grund zur Beunruhigung. Bleiben Sie ruhig und versuchen Sie, die Kinder ruhig zu halten. Alle Kinder, die Hilfe brauchen, die kleinen Kinder, lassen Sie sie hinein und beruhigen Sie sie. Sie weinen nicht vor Schmerzen. Es schmeckt nur ein bißchen bitter.«

Ab und zu drängt Jones in weniger deutlichen Worten auf eine raschere Verteilung des Gifts: »Bitte, geben Sie uns die Medizin. Es ist ganz leicht ... Sie verursacht keine Krämpfe ... Nur, nehmen Sie sie jetzt bitte ein. Bevor es zu spät ist.« Immer wieder treibt er zur Eile an: »Macht schon, macht schon ... wir wollen es hinter uns bringen.« Es hätte sich ebensogut um eine dringende Impfaktion zur Verhinderung oder Heilung einer Krankheit und die damit verbundene, besondere Sorge um die Kinder handeln können. Der Vorgang weist deutliche Parallelen zur Pervertierung von Heilen und Töten bei den Nazis auf und nimmt vorweg, was dann auch bei Aum Shinrikyō geschehen sollte.

Der transkribierte Text beweist, daß es Widerstand gegen das konzertierte Sterben und Töten gab. Die sechzigjährige Schwarze Christine Miller hatte schon in früheren Weißen Nächten Bedenken gegen den kollektiven Selbstmord geäußert. Auf dem Band ist zu hören, wie sie dafür plädiert, lieber Zuflucht in Rußland zu suchen als zu sterben. Als

Jones erklärt, dies sei nicht mehr möglich und sein Weg sei der einzig richtige, beharrt sie mutig: »Ich sehe das nicht so. Ich finde, ... solange es Leben gibt, gibt es auch Hoffnung.« Jones spricht nun ein Machtwort in seiner Funktion als Guru: »Ich sage dir, Christine, ohne mich hat das Leben keinen Sinn. Ich bin das Beste, das ihr je haben werdet.« Danach betont er nochmals die revolutionäre Natur ihres Handelns. Doch Miller läßt sich nicht abweisen. »Ich habe gesagt, daß ich nicht bereit bin zu sterben«, entgegnet sie und weist auf die Kinder hin. »Ich sehe die vielen Kleinen und finde, sie verdienen es, am Leben zu bleiben – verstehst du?« In einem weiteren Wortwechsel beruft sie sich auf ihr Recht zu sprechen und jedermanns »Recht auf sein eigenes Schicksal als Individuum«. Jim McElvane, ein einflußreiches Mitglied, mischt sich ein und wiederholt knapp das grundlegende Prinzip: Die Anhänger müssen ihr Ich mit dem des Gurus verschmelzen. »Christine«, sagt er, »du stehst überhaupt nur hier, weil er zuerst hier war. Deshalb verstehe ich nicht, was du überhaupt mit einem Leben als Individuum meinst.« Als Miller sich wieder zu Wort meldet, weist Jones sie zunächst in seiner Eigenschaft als Guru zurecht: »Wie kannst du dem Führer sagen, was er zu tun hat?« und dann mit gütiger Sorge um sie: »Dein Leben ist kostbar für mich. Ebenso kostbar wie das von John ... und ich habe alles wohlabgewogen.« Miller antwortet: »Das ist alles, was ich zu sagen habe.« Danach ist ihre Stimme auf dem Band nicht mehr zu hören. Ihr Leichnam wurde zusammen mit den anderen aufgefunden.

Eine andere Frau wirkt ungläubig: »Sollen wir sterben?... Soll das heißen, du willst, daß wir sterben?« Andere berufen sich immer wieder auf die Kinder. Ohne das ergreifende, unter Tränen hervorgebrachte Bekenntnis eines Getreuen hätte der Widerstand vielleicht angedauert: »Wir alle sind bereit zu gehen. Wenn du uns befiehlst, unser Leben jetzt zu geben, sind wir bereit – alle Brüder und Schwestern sind bei mir.« Doch weder er noch Jones können die Proteste der Eltern und Kinder zum Schweigen bringen. Jones fühlt sich mehrere Male genötigt, beide direkt anzusprechen: »Seht mal, Kinder, es ist nur etwas, das euch beruhigen wird.« Und: »Oh Gott, Mutter, Mutter, Mutter, Mutter, Mutter, bitte. Mutter, bitte, bitte, bitte ... Tu das nicht. Bring dein Leben mit dem deines Kindes dar. Aber das tue nicht.« Und: »Haltet – haltet eure Gefühle im Zaum ... Kinder, es wird nicht weh tun ... wenn ihr ruhig seid.« Er fordert die Eltern auf, die Kinder zu täuschen: »Würdet ihr vielleicht aufhören, ihnen zu sagen, daß sie sterben? Ihr Erwachsenen müßt mit diesem Unsinn aufhören. Erwachsene, Erwachsene, Erwachsene ...

Ich rufe euch auf, eure Kinder nicht zu ängstigen. Sie legen sich doch nur zur Ruhe.« Jones ist offensichtlich beunruhigt, doch dann spielt er noch einmal einen Trumpf aus: »Sind wir schwarz, stolz und Sozialisten oder was?« Aber er muß doch in die Hände klatschen, um die Aufmerksamkeit der Kinder und wahrscheinlich auch der Erwachsenen auf sich zu lenken: »Hört auf, hört auf, hört auf. Hört alle auf zu weinen.«

Um den Widerstand zu brechen und die Kontrolle zu behalten, setzt Jones seine Autorität als Guru ein. Dabei beruft er sich auf entschiedene, persönliche Loyalitätsbekundungen, die seine Macht bestätigen, und auf die reibungslose Arbeit der Krankenschwestern und der Sicherheitskräfte, die das Sterben und Töten überwachen. Selbst als Jones die Schuld an dem Massenselbstmord dem »Verrat« von Abtrünnigen, besonders Johns Vater, Timothy Stoen, zuschiebt, bekennt er sich zu seinem eigenen Vorhaben: »Er hat nur das getan, was wir auch wollten. Uns zerstören.« In paranoider Erregung und rachsüchtiger Freude nimmt er die Ermordung des Abgeordneten Ryan zur Kenntnis: »Was für ein Vermächtnis!... Die Rote Brigade hat ihnen gezeigt, was Gerechtigkeit ist.«

Seine Verzweiflung und seelische Erschöpfung sind aktive Komponenten einer selbstzerstörerischen Dynamik. Er versucht wiederholt auf dieser Ebene Kontakt zu seinen Anhängern aufzunehmen: »Der Tod hat nichts Furchterregendes. Es ist das Leben, das verflucht ist.« Und »der Tod ist eine Million Mal besser als noch zehn Tage länger zu leben.« Er paraphrasiert Paulus: »Ich bin zur unrechten Zeit geboren, ebenso wie ihr alle – und das beste Zeugnis, das wir ablegen können, ist, diese gottverdammte Welt zu verlassen.« Der Tod beherrscht für ihn alles Leben: »Es ist viel, viel schwieriger, es Tag für Tag zu durchwandern, langsam zu sterben – und von Kindheit an, bis man grau wird, dauert das Sterben.« Er spricht auch direkter, stöhnt und lallt: »Ich habe mich so angestrengt.« Er trifft auch auf Reaktionen, wie er sie sich wünscht. So fordert etwa eine Frau die anderen auf, »glücklich über das« zu sein, und fügt hinzu: »Ich habe gerade an Jim Jones gedacht. Er hat nur gelitten und gelitten ... Ich wünschte, ihr würdet nicht weinen ... Ich hatte ein schönes Leben.«

Jones' Größenwahn äußert sich in an Christus erinnernden Worten: »Ich habe praktisch mein Leben geopfert. Ich bin praktisch jeden Tag gestorben, um euch Frieden zu geben.« Ein Mann antwortet in diesem Sinne: »Ich möchte Dad dafür danken, daß er uns das Leben und auch den Tod geschenkt hat«, und beschließt seine Äußerung mit der etwas unverständlichen und zweideutigen Bemerkung: »Daher möchte ich

Dad für die Gelegenheit danken, Jonestown nicht das sein zu lassen, was es sein könnte, sondern was Jonestown ist.«

Der Begriff »revolutionärer Selbstmord« wird kaum erwähnt, viermal im ganzen transkribierten Text. Obwohl er das Kernstück seiner Ideologie war, scheint Jones zu spüren, daß seine Anhänger eine direktere Sprache brauchen, um ihre Gefühle auszudrücken, wenn das Selbstmordprojekt Erfolg haben soll. Er hat offenkundig selbst mit dem Ereignis und den Szenen zu kämpfen, die sich vor seinen Augen abspielen. Menschen, die Gift nehmen und innerhalb von Minuten sterben; Menschen, die Injektionen erhalten; Menschen, die Widerstand gegen das Gift und den Tod leisten; bitterlich weinende Kinder, die spüren, was geschieht. All dies veranlaßt ihn, gefühlvolle Worte zu benutzen. Doch schon bald erklärt er: »Wir begehen keinen Selbstmord. Dies ist ein revolutionärer Akt.« Später wiederholt er die Aussage: »Dies ist kein selbstzerstörerischer Suizid.« Dennoch erhebt sich die Frage, ob er und zumindest einige seiner Anhänger nicht doch befürchtet haben, daß es einer war. Sein letzter auf dem Band aufgezeichneter Satz ist jedenfalls in einem rechtfertigenden, sogar klagenden Ton gesprochen: »Wir haben keinen Selbstmord begangen; wir haben aus Protest gegen die Zustände einer unmenschlichen Welt einen Akt des revolutionären Selbstmords begangen.«

Suizid, Genozid und Omnizid

Auch das größenwahnsinnigste Bewußtsein ist in gewisser Weise an die Realität gebunden. Um sein Armageddon herbeizuführen, griff Jim Jones zum medizinalisierten Töten, zu der Methode, die ihm zur Verfügung stand. Er wollte die Welt vernichten, und es gelang ihm, zumindest seine Welt stellvertretend für die ganze Welt auszulöschen. Er und seine Führer folgten einem genozidalen Impuls. Sie wollten, daß jedes menschliche Wesen in Jonestown getötet würde.

Gewiß wirkten viele seiner Anhänger daran mit, indem sie seine Selbstmordtheologie – seine Version von *poa* – übernahmen und in der absolutesten Weise durch ihre Selbstvernichtung ihr Einverständnis ausdrückten, im Leben wie im Tod mit dem Guru eins zu sein. Doch diejenigen, die das Projekt durchzogen, insbesondere Jones, wollten – Einverständnis oder nicht – niemanden am Leben lassen. Sie lebten in der Vorstellung, ihre Gemeinschaft nur durch den Tod aller unsterblich machen zu können.

Der Begriff des Genozids trifft hier zu, da eine ganze, wenn auch kleine, durch ihre religiösen und politischen Überzeugungen umrissene Gruppe ausgelöscht werden sollte. Der Umstand, daß das Sterben von den Führern der Gruppe organisiert wurde, legt den Begriff Selbst-Genozid nahe. Nur weil Jones sich nicht vorstellen konnte, daß apokalyptische Waffen, wie sie sich 1978 im Besitz der USA und der Sowjetunion befanden, auch in seine Hände fallen könnten, mangelte es seinem Vorhaben an Ambitionen größeren Ausmaßes. Dies sagt eine Menge über die rasante Entwicklung aus, die unsere Geschichte seit Jonestown genommen hat – und über die ebenso rasche Ausdehnung und den Ursprung von Gewaltphantasien. Eine Idee, die selbst für Jones' Einbildungskraft zu weit hergeholt schien, ist heute in unserer Welt lebendig und wirksam geworden.

Angesichts dessen, was Peoples Temple als eine Bedrohung seiner Existenz durch die Außenwelt wahrnahm, stellten die Morde und Selbstmorde auch einen Versuch dar zu überleben. Durch ein heiliges Opfer an den Gott der Revolution trachtete Jones danach, seinen Namen und den der Gruppe zu verewigen, aber dieser Anspruch auf revolutionäre Unsterblichkeit ging im Chaos unter. Jones' Paranoia und Größenwahn sowie sein seit langem gehegter Selbstmordplan veranlaßten ihn, jene Anhänger zum Selbstmord zu nötigen, die sich trotz ihrer Hingabe an den Guru gegen seine Vision wehrten, zu sterben, um zu überleben. Der genozidale Aspekt der Tat – das Bestehen darauf, daß alle sterben mußten – sollte alle Verwirrung und Verzweiflung tilgen und damit paradoxerweise das revolutionäre Überleben sichern.

Sehr deutlich davon unterschied sich Aums Versuch, das eigene Überleben durch eine radikale Reinigung der Welt zu bewirken. Asaharas Theologie im Zusammenspiel mit seiner Paranoia und seinem Größenwahn trieb die Sekte zu grenzenloser, verabsolutierter Gewalt nach außen. Um selbst zu überleben, mußte Aum zum Omnizid greifen. Doch da Asahara zumindest ansatzweise geahnt haben mußte, daß die entfesselte Gewalt Aum zerstören konnte, läßt sich auch bei Aum eine gewisse Tendenz zum kollektiven Selbstmord aufzeigen. Was den Ausschlag darüber gibt, ob eine Gruppe danach strebt, sich selbst zu zerstören oder die Welt, hängt von ihrer fundamentalen ideologischen Motivation und der psychischen Ausrichtung ihres Gurus ab. Hat sich eine Gruppe jedoch einmal dem Herbeizwingen des Weltendes verschrieben, kann die Gewalt sich nach außen oder nach innen richten oder, was wahrscheinlicher ist, in beide Richtungen ausschlagen. Trotz aller Unterschiede besteht eine bestürzende Ähnlichkeit zwischen Jim

Jones und Shōkō Asahara. Eine Neueinschätzung von Jones vor dem Hintergrund von Aum hinterläßt bei uns den Eindruck, daß es in den Vereinigten Staaten bereits einen Vorläufer Asaharas gegeben hat. Nun müssen wir uns die Frage stellen: Was hätte Jones in Amerika getan, wenn er zur Jahrtausendwende noch gelebt hätte und sein kompromißloses Denken Zugang zu omnizidalen Möglichkeiten gehabt hätte?

13.
Die Gewalt von Aum nach innen gerichtet?

Im März 1997 erfuhr Amerika mit Entsetzen von der Entdeckung von 39 Leichen in einer Villa in Rancho Santa Fe, außerhalb von San Diego. Dort hatte der Gruppenselbstmord einer Sekte namens Heaven's Gate stattgefunden, der größte Massenselbstmord in der Geschichte der USA überhaupt. Zehn Tage zuvor war ich aus Japan zurückgekehrt, wo ich ehemalige Mitglieder von Aum Shinrikyō interviewt hatte. Der Gedanke an den Massenselbstmord von San Diego und Aums Massenmord ließ mich nicht mehr los.

In mancherlei Hinsicht hätten die beiden Gruppen nicht unterschiedlicher sein können. Heaven's Gate war eine friedliche Gruppe, die Mitte der siebziger Jahre entstanden war. Statt in festen Gebäuden befohlene Übungen zu absolvieren und ganz weltliche Waffen herzustellen, war Heaven's Gate eine Wandersekte und vor allem wegen ihrer Behauptung bekannt, daß ihre Mitglieder eines Tages von UFOs abgeholt und in himmlische Gefilde versetzt würden. Weit entfernt von einem aggressiven Angriff auf die Welt, hatte die Sekte eine liebenswerte Form der Gewaltlosigkeit gepredigt und praktiziert.

Bei ihrem letzten Akt war die Gruppe sogar so sanftmütig, sorgfältig und rücksichtsvoll vorgegangen, daß ihr kollektiver Selbstmord beinahe wie ein Kunstwerk anmutete. Alle Toten trugen einen kurzen Haarschnitt, schwarze Kaftane, Hosen und Joggingschuhe der Firma Nike, Armbinden mit der Aufschrift *Heaven's Gate* und *Away Team*. Jeder hatte eine kleine Tragetasche, einen Fünfdollarschein und eine Rolle 25 Centstücke bei sich. Die Brillenträger unter ihnen hatten ihre Brillen ordentlich neben sich abgelegt. Alle außer zwei der Toten waren in lila Leichentücher gehüllt. Die beiden Unverhüllten waren offenkundig die letzte von vier eingeteilten Schichten gewesen. Die erste Schicht nahm Phenobarbital in Pudding oder Apfelbrei und Wodka zu sich; anschließend zogen sie sich Plastiktüten über die Köpfe. Die zweite Schicht räumte auf, legte die Tücher über die ersten, nahm dann selbst Phenobarbital und Wodka zu sich und wurde von einer dritten Schicht mit den Tüchern bedeckt. Die vierte und letzte Schicht bestand nur aus zwei Personen, über die niemand mehr Tücher legen konnte. Der ganze Verlauf ihres kollektiven Sterbens wirkte so ruhig, gewaltlos und planvoll, daß man ihm kaum den Tod ansah. Die Gruppe selbst behauptete ja auch, daß sie gar nicht sterben, sondern nur auf die »Nächste Stufe« transferiert würde. Es gab keinerlei Hinweise auf Widerstand wie in Jonestown oder auf ein Chaos wie beim Sarinanschlag in Tokio.

Sich selbst zu töten, ist etwas völlig anderes als andere zu töten, und zwischen Aums Bestreben, die Welt zu zerstören, und Heaven's Gates hermetischem Selbstopfer besteht eine enorme moralische Kluft. Doch wie sehr man auch das Recht einer Person, sich das Leben zu nehmen, verteidigen mag, man muß dennoch das Gewaltsame dieser Tat und die Triebkräfte berücksichtigen, die dazu führen. Suizid kann vieles bedeuten, aber er beinhaltet immer, wie der Psychiater Karl Menninger sagt, eine »akute, allgemeine, totale Selbstzerstörung«. Die Silbe »-zid« in Suizid wird mit Töten und Mord assoziiert (Genozid, Insektizid, Pestizid), und es überrascht nicht, wenn wie im Falle von Jim Jones häufig Selbstmord- und Mordimpulse nebeneinander bestehen. Neben den kollektiven Selbstmorden von Peoples Temple und der Sekte Sonnentempel, die in den neunziger Jahren in der Schweiz und in Kanada entstand, kam es in diesen Vereinigungen nachweislich auch zu Mord.

Hätten die Mitglieder von Heaven's Gate sich mit Pistolen das Gehirn weggesprengt, dann hätte kaum jemand das Gewaltsame ihrer Tat in Frage gestellt. Ich hingegen möchte behaupten, daß die eigentliche Gewalt im Töten an sich liegt, also im Selbst-Mord, mit welchen Methoden auch immer. Es gibt hier eine Parallele zur Bestrebung, staatliche Hinrichtungen schmerzloser, »humaner« zu gestalten. Doch ob mittels Guillotine, Erschießungskommando, Galgen, elektrischem Stuhl, Gaskammer, tödlicher Injektion oder irgendeiner noch nicht erfundenen Methode, die Todesstrafe bleibt eine Gewalttat, eine Form der Vernichtung von Leben.

Was Heaven's Gate zu einem so trügerischen Phänomen gemacht hat, war die Art und Weise, wie diese Sekte einen extremen Ausdruck der gewalttätigen Impulse unserer historischen Situation mit einer friedvollen äußeren Patina umgab. Wieder sind wir mit einem absoluten Anspruch auf Beteiligung an der Vernichtung der Welt konfrontiert. Wie wir sehen werden, haben die gegen sich selbst gerichtete Destruktivität und die Bereitwilligkeit, mit der die Täter sich selbst zu Opfern machen, viel zur Verschleierung der Gewaltsamkeit nicht nur der unmittelbaren Tat, sondern auch der zugrundeliegenden apokalyptischen Vision beigetragen.

Mit Aum gemeinsam hatte Heaven's Gate die Bereitschaft zum Märtyrertum, zog es jedoch vor, diesen Status durch die Provokation von Gewalt herbeizuführen. Schon 1975 soll Marshall Herff Applewhite, der Guru der Gruppe, seine Anhänger gefragt haben, ob sie bereit seien, »Waffen für diese Sache zu tragen«, um, statt andere zu töten, »die Leute dazu zu bringen, uns zu töten«. Damals sah Applewhite sich und Bonnie Lu Nettles (mit der er die Sekte gegründet hatte), als »die beiden Zeugen« aus der Johannes-Offenbarung, denen es bestimmt ist, getötet zu werden und wieder aufzuerstehen. Nicht lange vor dem gemeinsamen Selbstmord erwarb Heaven's Gate einige Gewehre und Pistolen, aber die Mitglieder fühlten sich so unwohl damit, daß sie die Waffen im Schrank ließen.

Die Kastration von acht Männern der Gruppe, darunter Applewhite, war Heaven's Gates erster gegen sich selbst gerichteter Gewaltakt. Es handelte sich gleichermaßen um einen »physischen« Angriff auf den Körper wie um eine metaphorische Ermordung der Sexualität oder Lebenskraft. Einige Autoren haben die Bedeutung dieser Kastrationen gering eingeschätzt und auf die Verankerung dieses Aktes in der christlichen Tradition hingewiesen. (Meist wurde in diesem Zusammenhang Origenes erwähnt, ein Asket aus dem 3. Jahrhundert, der sich in seinem Streben nach Reinheit selbst kastriert hatte.) Doch auch in der fernen Vergangenheit galt eine Kastration als extremer Akt. Die darin enthaltene Gewalt wirkt im heutigen Amerika sogar noch brutaler, so daß die Sektenmitglieder große Schwierigkeiten hatten, Chirurgen zu finden, die bereit waren, die Operation vorzunehmen.

Guruismus – friedlich, aber absolut

Im Vergleich zu Shōkō Asahara war der Guruismus Marshall Applewhites wesentlich sanfter, wenn auch ebenso allmächtig. Auch seine Paranoia und sein Größenwahn waren milder, aber stets präsent. Applewhite praktizierte sozusagen einen »Tandem-Guruismus« und war davor selbst eine Art Jünger gewesen. Die Krankenschwester und wiedergeborene Baptistin Bonnie Lu Nettles, die seit ihrer Begegnung 1972 bis zu ihrem Tod 1985 im Alter von achtundfünfzig Jahren seine Guru-Partnerin war, hatte sich intensiv mit Astrologie, Metaphysik und anderen esoterischen Themen beschäftigt. Fünf Jahre älter als Applewhite, intelligent und selbstsicher, war sie für ihn und die entstehende Sekte eine Quelle spiritueller Weisheit. Applewhite diente als charismatischer

Übermittler ihrer gemeinsamen Texte. Wahrscheinlich war es ihrer mütterlichen Unterstützung und spirituellen Führung zu verdanken, daß Applewhite psychisch stabil blieb, denn er hatte aufgrund einer tiefen sexuell bedingten Verunsicherung kurz zuvor einen seelischen Zusammenbruch erlitten. Er hatte ein Doppelleben als verheirateter Heterosexueller geführt, der homosexuelle Affären mit Studenten an den Universitäten unterhielt, an denen er Musik und Theater unterrichtete. Seine emotionalen Schwierigkeiten zwangen ihn 1970 dazu, seine Hochschultätigkeit aufzugeben. Sein Verhalten zu jener Zeit wurde als sonderbar und beinahe gestört beschrieben. Möglicherweise stand er am Rande einer Psychose. Hierin lag eine Ähnlichkeit mit Asahara, von dem er sich jedoch durch seine früheren Erfolge als Sänger, Schauspieler, Musiklehrer und Dirigent an verschiedenen Universitäten und Bildungsinstitutionen unterschied. Als Sohn eines Geistlichen hatte Applewhite mehrere Jahre ein Priesterseminar besucht.

Zum Zeitpunkt seines Zusammenbruchs nach dem Tod seines Vaters ein Jahr zuvor hatte Applewhite begonnen, sich intensiv mit den Lehren der Mystik und der Science-fiction-Literatur von Robert Heinlein und Arthur Clarke zu beschäftigen. Nun glaubte er, daß UFOs das waren, was die Menschen einst für Engel gehalten hatten. Während eines Krankenhausaufenthaltes wegen einer Herzerkrankung hatte er, so erzählte seine Schwester, eine Nahtod-Erfahrung. Wie Asahara (und viele anderen Gurus) hatte er seine entscheidende religiöse Vision, als er sich einem seelischen Zusammenbruch nahe glaubte. Er spürte eine »Präsenz«, die ihm »alles Wissen über die Herkunft und das Ziel der menschlichen Gattung« gewährte. Als er diese Vision Nettles mitteilte, erkannte sie in ihm jenes besondere spirituelle Wesen, das Wahrsager ihr angekündigt hatten.

Sein Zusammenbruch, die Nahtod-Erfahrung und die mögliche Einweisung in eine psychiatrische Klinik lassen einen Extremzustand vermuten, in dem Applewhite das Gefühl hatte, mit dem Tod in Berührung gekommen zu sein und überlebt zu haben. In diesem Zustand übernehmen Menschen häufig eine »Überlebensmission«, durch die ihre Begegnung mit dem Tod einen Sinn erhält, und versuchen, andere in dieser Richtung zu beeinflussen. Nettles spielte eine zentrale Rolle bei diesem Prozeß, denn sie behauptete, Gott habe ihn am Leben erhalten, um andere zu führen. Dreizehn Jahre lang waren Applewhite und Nettles unzertrennlich, lebten keusch und teilten ihre Visionen und Phantasien. Ihre Geister verbanden sich so eng, daß Applewhite sich als Figur in einem Roman sah, den Nettles über einen Mann geschrieben hatte, der stirbt und in den Himmel gelangt. Ihre individuelle Eigenliebe verschmolz in der gemeinsamen prophetischen Mission und ihrer Bestimmung als Zeugen der Offenbarung.

Wie Asahara geriet auch Applewhite mit dem Gesetz in Konflikt und wurde wegen Autodiebstahls zu einer Haftstrafe verurteilt. Er hatte sich einen Mietwagen angeeignet und rechtfertigte sein Verhalten mit einem Zitat aus der Offenbarung: »Wenn du aber nicht wachen wirst, werde ich kommen wie ein Dieb«, das besagen sollte, Gott habe ihn autorisiert. Die Zeit im Gefängnis gab ihm Gelegenheit, sein erstes Manifest zu verfassen, in dem er verkündete, daß »Die Zwei« (er und Nettles) einen modernen Jesus darstellten und nach ihrem Tod in einem UFO, ihrer »Lichtwolke«, zu ihrer Auferstehung abgeholt würden. Diese Lehre wurde anschließend von Applewhite – er war immer der Hauptredner – bei Versammlungen, die er und Nettles nun in verschiedenen Teilen des Landes abhielten, gepredigt. Auf diese Weise gewannen sie ihre ersten Jünger. Ihre Behauptung, eine besondere Verbindung zu UFOs zu haben, und die zugehörige Vorstellung vom Himmel als einem realen Ort, an den man mit einem UFO gelangen konnte, wurden zu ihrem besonderen Markenzeichen.

Applewhite und Nettles fühlten sich zu okkulten Phänomenen hingezogen und fanden Jünger mit ähnlichen Interessen. Robert Balch, ein Soziologe, der die Anfänge der Sekte untersuchte, berichtet, daß die meisten, die sich ihr anschlossen, spirituelle Sucher waren, »die eine Weltsicht gemeinsam hatten, in der Reinkarnation, verschwundene Kontinente, fliegende Untertassen und übersinnliche Phänomene als gegeben angenommen wurden«. Im Hinblick auf den östlichen Karmagedanken und die Weisheit in *Die Möwe Jonathan* hatte Heaven's Gate viel mit Aum gemeinsam. Wie bei Asahara verstärkten die Endzeitphantasien von Applewhite und Nettles deren beginnende Paranoia, die noch durch einen »Mordanschlag«, den beide zugleich fürchteten und erhofften, genährt wurde. Im Gegensatz zu Aum beschloß Heaven's Gate, »sich in die Wildnis zurückzuziehen«. Zeitweise verschwanden die beiden Gurus sogar und beauftragen die anderen Mitglieder, in kleinen Gruppen die Botschaft in verschiedenen Gegenden zu verbreiten. Was die sektenoffizielle Geschichte als siebzehnjährige spirituelle Abgeschiedenheit bezeichnet, war in Wahrheit eine rastlose, angespannte, häufig konfuse spirituelle Wanderung der beiden Gurus und ihrer Anhänger.

Als Amerikaner befaßten sich die Sektenmitglieder auch mit dem, was als Norm geistiger Gesundheit galt. Nettles verteidigte die Gruppe einmal mit dem Argument, daß Jesus in der heutigen Zeit »als Fanatiker und Verrückter gebrandmarkt würde«. Und Applewhite erklärte seinen Jüngern: »Nach gesellschaftlichen, psychiatrischen, medizinischen und religiösen Maßstäben haben wir alle längst unsere geistige Gesundheit eingebüßt.« Einer der ersten Anhänger erinnerte sich, wie er zu Applewhite sagte: »Ich weiß, daß ihr keine Schwindler seid. Das bedeutet, entweder ihr seid die, die ihr behauptet zu sein, oder ihr seid vollkommen wahnsinnig.« Worauf Applewhite antwortete: »Das stimmt, Dick. Und was meinst du dazu?« Das Gespräch erinnert an Asaharas Doppelrolle, die er in seinen eigenen Augen als Guru und bis zu einem gewissen Grad auch als Hochstapler spielte. Vermutlich sah sich auch Applewhite manchmal als Wahnsinnigen oder Schwindler, Rollen, die er mit seiner Funktion als Guru überdeckte.

Die Vereinnahmung der Jünger war bei Heaven's Gate ebenso total wie bei Aum, obwohl Heaven's Gate mehr auf einen systematischen Gruppenprozeß hinarbeitete (ohne Aums besondere Konzentration auf individuelle, vom Guru gespendete mystische Erfahrungen) und Selbstbefragung, Beichte und »Umerziehung« in einer Weise in den Vordergrund stellte, die eher an die chinesische Denkreform erinnert. Wie bei Aum konnten sich die Jünger nie ganz von den ihnen zugeschriebenen persönlichen Unzulänglichkeiten befreien, die bei Heaven's Gate »Abhängigkeiten« hießen. Dazu gehörten das Bedürfnis nach Zuneigung, »Egoismus«, Nachlässigkeit und vor allem sexuelles Verlangen. Es gab komplizierte Regeln und eine Liste von »Verfahren«, um »schwerwiegende« und »geringfügige« Verstöße zu ahnden.

Im Umgang mit diesen Regeln und den Gurus herrschte eine scheinbare Lässigkeit (ein ehemaliges Mitglied bezeichnete Applewhite und Nettles als »Elternfiguren oder diese coolen High-School-Lehrer, die nicht gerade deine Kumpel sind, mit denen man aber reden kann«), aber ihr psychischer Einfluß auf die Jünger war deshalb nicht weniger absolut. »Die Bestrafung bestand darin, daß er einem seine Anerkennung verweigerte«, beschrieb es ein weiteres ehemaliges Mitglied. Diese Strafe war vernichtend, da die Jünger ihr Leben dem Guru überantwortet hatten und danach strebten, »ein reines Gefäß« nach seinen Maßstäben zu werden. Ablehnung bedeutete Scham und Furcht, sogar ein Gefühl der Leere. Die freundlichere, offenere, freiwilligere Atmosphäre innerhalb der Sekte (anders als bei Aum durften die Mitglieder die Sekte jederzeit verlassen) läßt sich als amerikanisierte Version einer verabsolutierten Gemeinschaft bezeichnen. Diese Art des Guruismus in Verbindung mit der Verheißung der ersehnten Reise zur »Nächsten Stufe« in einem Raumschiff hielt die kleine Gemeinschaft durch alle Schwierigkeiten und Verluste hindurch fünfzehn Jahre lang zusammen. Falsche Ankündigungen von sich angeblich nähernden Raumschiffen minderten ihre visionäre Erwartungshaltung nicht im geringsten, sie steigerten sie sogar. So hatte Nettles 1975 erklärt, ein Schiff würde zu einem bestimmten Zeit an einem bestimmten Ort auftauchen, und die ganz Gruppe zog los, um es willkommen zu heißen. Als es nicht erschien, gab sie entschuldigend zu, selbst »dumm aus der Wäsche zu gucken«, und alles lief weiter wie zuvor.

Heaven's Gate brach über einen längeren Zeitraum weit häufiger als Aum das Gesetz, teilweise aufgrund der Annahme, daß ihre noblen Ziele die Mitglieder dazu berechtigten, Motelrechnungen nicht zu bezahlen oder Autos zu stehlen, aber auch als Folge von Applewhites Paranoia. Sie bedienten sich falscher Namen in der Öffentlichkeit und fälschten Adressen und Bewerbungsunterlagen.

Weit weniger als Aum war Heaven's Gate darauf aus, aus wohlhabenden Anhängern große Geldsummen herauszupressen. Von Leuten, die beitraten, wurde erwartet, daß sie ihren Besitz hinter sich ließen, nicht jedoch, daß sie ihn der Sekte überschrieben (obwohl der 300000 Dollar-Stiftungsfond eines der Mitglieder wesentlich zum Überleben der Gruppe beitrug). Insgesamt übte Heaven's Gate weniger äußeren Druck auf seine Mitglieder aus. Applewhite schien die Qualität seiner Anhänger wichtiger zu sein als ihre Quantität. Er war bereit, Mitglieder gehen zu lassen, um sich auf diejenigen zu konzentrieren, die seine Botschaft bereitwillig in sich aufnahmen und ihn damit in die Lage versetzten, seinen Auftrag zu erfüllen. Diese Verinnerlichung ging systematisch und kontinuierlich vonstatten, weshalb die Gruppe auch so lange Bestand hatte und sich unter den Selbstmördern Mitglieder befanden, die bereits zehn oder fünfzehn Jahre bei Applewhite waren. Im Vergleich dazu erfolgte die Verinnerlichung von Asaharas Botschaft unmittelbarer und stärker unter Zwang, war häufiger von Gewalt und Drohungen begleitet und gerade deshalb weniger dauerhaft.

Überraschend ist die Verbindung von Unbeschwertheit und Todesgedanken bei Heaven's Gate. Ehemalige Mitglieder sprachen von »viel Spaß« in der Gruppe, so daß ein Neuankömmling »uns vielleicht alle lachend antraf«. Sie schrieben diese vergnügte Atmosphäre Applewhites »großer Begeisterung«, seiner »kindlichen Unschuld« und »Lockerkeit« zu – alles Eigenschaften, die sich sehr von Asaharas strenger, humorloser Würde unterschieden. Der lachende Guru konnte seine selbstmörderische Botschaft anscheinend mit einer Überzeugungskraft übermitteln, die ausreichte, um Menschen wie einen 41jährigen Rancher und Geschäftsmann zu überzeugen, der eine Frau und sechs Kinder zurückließ, und eine 72jährige Großmutter, die der Gruppe seit mehreren Jahren angehörte. (Ihr Schwiegersohn sagte entsetzt: »Großmütter machen sich doch nicht einfach so aus dem Staub!«) Applewhite konnte so bezwingend sein, weil die Bedürfnisse und Erwartungen der anderen so groß waren. »Ich glaube, alle in dieser Klasse«, sagte ein Jünger und verwendete dabei den Begriff, mit dem die Gruppe sich selbst bezeichnete, »wollen mehr, als die menschliche Welt ihnen bieten kann.«

Zumindest in einer Hinsicht war der Guruismus von Heaven's Gate zudem persönlicher: Die neuen Namen, die die Mitglieder erhielten, leiteten sich aus den ursprünglichen Kultnamen von Applewhite und Nettles »Do« und »Ti« (wie auf der Tonleiter) ab, und die Mitglieder hatten (anders als bei Aum) bei der Wahl der Namen ein Mitspracherecht. Jeder Name verfügte über ein zwei- oder dreibuchstabiges Präfix, das entweder von »doti« oder »ody« gefolgt war. (Ein Jünger wurde beispielsweise »Neody« genannt, »Neo«, weil er sich »neu fühlte«.) Die Namensgebung konnte wortspielerischen Humor einschließen, was es bei Aum ganz sicher nicht gab. Doch trotz aller Wortspiele waren Applewhites Verlautbarungen immer Ausdruck seiner Macht über Leben und Tod in der Gruppe: »Der einzige Weg für ein Individuum, die Nächste Stufe zu erreichen, besteht darin, daß es seine Abhängigkeit von seinem Älteren Mitglied [Applewhite] als eine Quelle uneingeschränkten Wachstums und Wissens erkennt. So bleibt jedes bewährte jüngere Mitglied für immer völlig und in allen Dingen von seinem Älteren Mitglied abhängig (und schaut zu ihm auf).«

Applewhites Größenwahn ging so weit, daß die Jünger sich nicht nur an den Guru »binden«, sondern ihm »aufgepfropft« werden sollten. Der Begriff legt nahe, daß der Jünger auch etwas besaß, was dem Guru nützte, wenn es von ihm absorbiert wurde, anders als bei Aums Idee des Klonens, die dem Jünger nur als identische Kopie seines Gurus einen Nutzen zugestand. Die Metapher des Pfropfens suggerierte aber auch, daß der Jünger, nachdem er einmal mit dem Guru vereint war, aufhörte, als individuelles Wesen zu existieren, während die Metapher des Klonens die Möglichkeit implizierte, der Guru zu werden. In jedem Fall sind beide Metaphern gleichermaßen Ausdruck eines guruistischen Größenwahns. Applewhite und Asahara teilten noch andere Ausdrucksformen von Größenwahn. So erklärten sich beide zu einer Art Jesus und damit zum Gebieter über das Ende der Welt. Beide stellten sich vor, die Schwerkraft zu überwinden – Applewhite mit Hilfe eines Raumschiffs, das ihn an einen Ort jenseits des Schwerefelds der Erde bringen würde, der »das Nirvāna zu sein scheint.«

Wie andere größenwahnsinnige Gurus machte Applewhite eher ein Geheimnis aus der Frage, ob er selbst ein Gott war: »Jederzeit hat jedes Mitglied der Nächsten Stufe die Aufgabe, sich unmittelbar an die Menschen zu wenden, da es aus dem Reich Gottes kommt und für sie rechtmäßig ›Gott‹ ist.« Hier und anderswo gebrauchte er Anführungszeichen, um seine besonders befremdlichen Behauptungen hervorzuheben oder Übersetzungen seiner Aussagen in vertrautere Sprache zu kennzeichnen. Aber diese Anführungszeichen wiesen auch auf unausgesprochene Zweifel hin, auf ein unbewußtes Gefühl der Absurdität oder Unwahrscheinlichkeit seiner Behauptungen. Applewhite bediente sich eines fast schizoiden Humors, mit dem er, vermutlich nur zur Hälfte beabsichtigt, seine eigene »Größe« verspottete. Man gewinnt den Eindruck, daß bei Applewhite wie auch bei Asahara eine beträchtliche Portion Schauspielerei dazugehörte, daß beide bewußt an einer überzeugenden Selbstdarstellung als größenwahnsinnige Gurus arbeiteten.

Wie bei Asahara (und Jim Jones) spielte Applewhites körperliches und psychisches Befinden eine wichtige Rolle bei seiner Entscheidung für das apokalyptische Ereignis. Ebenso wie Asahara seinen Jüngern erzählte, daß er physisch krank sei und bald sterben werde, erklärte Applewhite, sein Körper würde »verfallen«. Wie Jim Jones behauptete er, an Krebs zu leiden, obwohl auch bei ihm eine Autopsie keinen solchen Befund ergab. Die einzige Diagnose von einiger Bedeutung war eine Koronararteriosklerose, ein Zustand, der verminderte Vitalität und ein vages Unwohlsein verursacht. Ob diese Erkrankung Applewhites Angst vor dem Tod verstärkte oder ob er eine Krankheit vortäuschte, um in seinen Anhängern ein Gefühl der Dringlichkeit zu wecken, bleibt ungewiß. Zumindest verspürte er nach zwei Jahrzehnten eines sehr anstrengenden Lebens offenbar eine starke geistige Erschöpfung, zu der häufige Reisen, Flucht vor den Behörden, Verlust seiner Partnerin und damit seines persönlichen Gurus, die endlose Betreuung bedürftiger, manchmal widerspenstiger Anhänger, ständige Ablehnung und Spott seitens der Gesellschaft und die Verzweiflung darüber, wie wenig er geleistet hatte, beigetragen hatten. Wie Asahara und Jones (und ebenso wie der Mao Zedong der Kulturrevolution) wollte Applewhite vor (oder bei) seinem Ableben ein transzendentes, vitalisierendes Ereignis herbeiführen.

Ob als Klon oder Pfropfreis gesehen, die Jünger standen unter dem wachsenden Druck, völlig mit dem Guru zu verschmelzen, während das Ende auf sie zukam. Wo bei Aum von Gehorsam und Loyalität die Rede war, lautete das Schlüsselwort bei Heaven's Gate »Vertrauen«. Ein Mitglied schrieb in sein Tagebuch: »Die Rettung ist nah. Steigerung der Spezies durch Ablegung des menschlichen Körpers erfordert Vertrauen. Das ist ein wichtiger Faktor. Do ist wie ein Führer. Wir wollen ganz bei Do und Ti sein.« Und in einem anderen Eintrag: »Unseren Leib abzulegen ist für uns das völlige Gegenteil von Selbstmord. Für uns ist es ein letzter Akt des Vertrauens. Für uns hat sich das Vertrauen bewährt.« Absolutes Vertrauen oder – wie bei Aum – absolute Loyalität bedeutete, sich dem Guru für *alles* bedingungslos zur Verfügung zu stellen, auch für kollektive Gewalt, ob nach außen oder gegen sich selbst gerichtet.

Die Nächste Stufe

Im Gegenzug für ihr absolutes Vertrauen wurde den Jüngern eine Verheißung geschenkt, die ihre gegenwärtige irdische Existenz transzendierte. Peoples Temple versprach »revolutionäre Unsterblichkeit«; Aum verhieß seinen Mitgliedern, daß sie »neue Wesen« oder »neue Menschen« würden; Heaven's Gate schien weiter zu gehen und plante »das Abwerfen ... der Eigenschaften menschlicher Geschöpfe [oder Säugetiere]« zur Vorbereitung auf die »Nächste Stufe« (oder die »Stufe über dem Menschen«, die sowohl spirituell (das »Reich Gottes«) und biologisch (das »nächste evolutionäre Reich«) war – »ein tatsächlicher und physischer Himmel«, erreichbar mit einem Raumschiff für diejenigen, die richtig vorbereitet waren.

Zu Applewhites religiöser Mythologie gehörten zweitausend Jahre alte »Seelenspeicher« aus dem Himmelreich, die ihn mit Jesus und seine Anhänger mit dessen Jüngern verbanden. So verwickelt sein spiritueller Mythos auch erscheinen mag (Sektenerzählungen bedürfen unweigerlich komplizierter Mystifikationen), er war immer noch einfacher als Asaharas und Aums Geschichten von Vorleben, komplexen künftigen Reinkarnationen und vielschichtigen himmlischen Sphären, die alle letztlich unter dem *poa*-Prinzip zusammengefaßt waren. Beide Gurus behaupteten jedoch ähnlich entschieden, die einzigen Hüter höherer Stufen zu sein und als einzige den Weg dorthin zu kennen. Beide verleiteten ihre Anhänger zu einem gleichgeschalteten Gewaltakt, den sie als einzigen Zugang zu jenem übermenschlichen Stadium deklariert hatten.

Applewhites kosmischem, evolutionärem Plan zufolge stellte die zweitausendjährige Zeitspanne zwischen Jesus und ihm selbst die Frist dar, innerhalb derer eine Zivilisation wie die der Erde zerfiel. Die Seele an sich, die im Körper, einem »vorübergehenden Gefäß«, wohnte, dient auch nur »als Behausung oder Behältnis für den Fötus des neuen Geschöpfes der Nächsten Stufe, das allmählich das menschliche Element in dem Gefäß ablöst« und eine »Abtreibung des menschlichen Geistes« hervorruft. Doch das Erreichen der Nächsten Stufe erfordert einen »letzten Akt der Metamorphose«, eine »Loslösung« oder »Trennung vom Menschenreich ... [und] vom menschlichen physischen Gefäß oder Körper«. Applewhite erkannte die Schwierigkeit, die Menschen bei solchen Schritten haben; sie entstanden, weil »wir hier sind und die meisten Menschen durch und durch ihrer Menschlichkeit ›verhaftet‹ sind«. Sich auf das Christentum berufend, bezeichnete Applewhite die »Vertreter einer Richtung, die am Menschen als Säugetier festhalten«, als »Antichristen«, während er zugab, daß »wir für sie der Antichrist sind und immer sein werden«.

Applewhites Denkweise, in der sich Gewandtheit und Intelligenz mit paranoiden Wahnvorstellungen verbanden, erinnert an Asahara. Applewhite konnte jedoch in seine Grandiosität ein spielerisches Element bringen, das häufig eine schizoide Albernheit widerspiegelte (zum Beispiel, wenn er und Nettles von sich als »Meer und Schweinchen« sprachen, weil »Gott uns als Experiment hierher gesandt hat«.)

Während sich Asahara spirituelle Lehren zu eigen gemacht hatte, die das Töten von Menschen rechtfertigen, beschwor Applewhites Theologie der Nächsten Stufe ein christliches Verbot, Gewalt gegen andere anzuwenden: »Die Menschen haben von Anfang an als ›oberstes Gebot‹ die Weisung erhalten, keine anderen Menschen zu töten.« Applewhite verurteilte ausdrücklich den Gebrauch von Waffen: »Waffen, die zum Töten von Menschen gemacht sind, sind unentschuldbar. Es gibt viele Mittel, einen gewalttätigen Menschen im Zaum zu halten, ohne ihn zu ermorden.« In diesem Zusammenhang äußerte er jedoch einen Gedanken, der an *poa* erinnert: »Die Ironie besteht darin, daß jeder Mörder sein Opfer genau dorthin schickt, wohin es eigentlich möchte (in seinen erwählten Himmel).« Der Widerspruch ist nur zu offensichtlich, denn obwohl Applewhite nach außen gerichtete Gewalt verurteilte, wandte er sich dem Märtyrertum zu und damit dem Prinzip »Du sollst nicht töten«, aber »Du sollst getötet werden«. Wo Aum durch die Ermordung anderer Unsterblichkeit in der vollkommenen Welt nach Armageddon suchte, strebte Heaven's Gate danach, seine Unsterblichkeit der Nächsten Stufe durch den Mord an sich selbst entweder von eigener Hand oder durch andere zu verwirklichen.

Wie Aum verabscheute Heaven's Gate die gegenwärtige Welt und sah sie im letzten Stadium ihres Niedergangs. Man könnte sagen, daß Aum und Heavens's Gate vom erwarteten Tod aller außer ihnen selbst lebten. Doch wo Aum die unreinen Bewohner der Welt als befleckt und verderbt betrachtete, sah Heaven's Gate sie als schädliches oder abgestorbenes Blattwerk: »Das Unkraut hat den Garten überwuchert und seine Nutzbarkeit unwiderruflich zerstört.« Alles war »Verfall und Zerstörung«. Gewöhnliche Menschen, die keine »Seelenspeicher« der Nächsten Stufe hatten, waren einfach nur »Pflanzen«, die beim »Umpflügen« der Erde mit dem restlichen Laub absterben würden. Diese apokalyptische Ökologie stützte sich ebenfalls auf das Buch der Offenbarung, denn Applewhite setzte seine »Erntezeit« mit den »Letzten Tagen« und der »Wiederkunft« gleich. »Endlich ist es soweit!« erklärte er. Er setzte die auf der Welt existierende Gewalt zum »Unterpflügen« menschlicher Pflanzen in Beziehung: »Unkraut entledigt sich des Unkrauts – durch Bandenkriege und ethnische Säuberungen. Sie sind nur Teil des natürlichen Erneuerungsvorgangs, der einer Wiederherstellung des Planeten als Vorbereitung für das Entstehen einer neuen Zivilisation vorangeht.«

Wie Aum seine Juden und Freimaurer, so kannte auch Heaven's Gate eine Urquelle alles Bösen, die »Luziferianer«. Zuweilen wurden sie als Angehörige einer bösartigen Rasse von »Außerirdischen« beschrieben, dann wieder als »technisch weit fortgeschrittene Menschenwesen«. Jedenfalls waren die Luziferianer »ehemalige ›Schüler‹ des Himmelreichs – ›Engel‹ in spe –, die ›durchgefallen‹ waren«. Wie die meisten teuflischen Wesen paktierten auch die Luziferianer mit irdischen Regierungen, um im Austausch gegen geheime Informationen über Raumfahrt und telepathische Kommunikation biologische Experimente durchführen zu können. (Hier machte sich Applewhite Berichte über angeblich von UFOs entführte Personen zunutze.) Ebenso wie sich für Aum die bösen Freimaurer der unreinen Menschheit in der Herbeiführung von Armageddon anschlossen, verbündeten sich die Luziferianer am Ende des Zeitalters mit den verfaulenden menschlichen »Pflanzen«, um sich schließlich »gegenseitig zu vernichten«.

Der Daseinsgrund bestand für Heaven's Gate in der entschlossenen Suche nach dem »Last Exit«, dem »endgültigen Abgang«, wie sie es nannten. Nachdem 1994 die Hoffnung auf ein für sie bestimmtes Raumschiff schwand, sprach Applewhite von der Möglichkeit, einen anderen Weg einzuschlagen: »Vielleicht müssen wir die Dinge selbst in die Hand nehmen.« Die Astronomen erleichterten ihm diese Aufgabe, als sie im Juli 1995 den Kometen Hale-Bopp entdeckten. Dieses Ereignis änderte die psychologische Situation der Gruppe mit einem Schlag. Zuerst gab es ein Internet-Gerücht, dem zufolge Hale-Bopps kleiner leuchtender Schweif nichts anderes sei als ein dem Kometen folgendes Raumschiff. Zweitens konnte der Komet selbst als eindeutiges Vorzeichen für die bevorstehende Vernichtung der Erde verstanden werden, da Kometen von alters her mit Katastrophen, himmlischer Magie und göttlichen Botschaften in Verbindung gebracht werden. Jedenfalls traf der kollektive Selbstmord der Gruppe mit dem Zeitpunkt der größten Nähe des Kometen zur Erde im März 1997 zusammen. Zweifellos hätte die Sekte ohne Hale-Bopp ein anderes Signal ausfindig gemacht, da wachsende Probleme die Gruppe unaufhaltsam auf einen »letzten Abgang« zudrängten.

Applewhite hatte anscheinend kurz vor dem gemeinsamen Selbstmord einem Mitglied zugeredet, die Gruppe zu verlassen, da der Mann bei einer Filmfirma arbeitete und die Geschichte von Heaven's Gate verfilmen wollte, ein Projekt, das Applewhites Zustimmung fand. Mit anderen Worten, auch wenn der Planet dem Tode nahe war, so gab es auf ihm offenbar doch noch einen Ort, der so lebendig war, daß die Geschichte von Heaven's Gate in einem Film erzählt werden und bei einem Publikum Widerhall finden konnte. Neben dem zukünftigen Regisseur hatte auch die übrige Gruppe Interesse an einem filmischen Nachleben und machte vor dem Selbstmord noch eine Reihe von Videoaufnahmen. In einer davon vermittelt die Aussage einer jungen Frau, wie sehr der Guru und seine Anhänger das Leben auf dieser Erde ablehnten: »Sie besaßen eine Formel, mit der man das Menschenreich auf eine übermenschliche Stufe versetzen kann. Da habe ich mir gesagt: ›Das ist es, was ich mir wünsche. Das habe ich gesucht.‹ ... Ich lebe seit einunddreißig Jahren auf diesem Planeten, und es gibt hier nichts für mich.« Obgleich alle auf dem Video sehr entspannt wirken, legt die Existenz der Videos an sich die Möglichkeit nahe, daß ihr kollektiver Selbstmord – wie derjenige in Jonestown – von einem latenten Gefühl der Unmöglichkeit, die Realität des Todes durch den Tod zu transzendieren, begleitet war, sowie von einem Drang zum Weiterleben, der die kommende Welt noch immer in Frage stellte.

Sterben und Nicht-Sterben

Für die Mitglieder von Heaven's Gate bedeutete ein Selbstmord natürlich nicht den Tod und schon gar nicht die Tötung ihres Ichs, sondern ein privilegiertes Überleben. Ein ehemaliges Mitglied hat es so ausgedrückt:

»Selbstmord ist eigentlich nicht das richtige Wort dafür... Es war eher..., als hätten sie sich in dem Wissen schlafen gelegt, daß sie zwar lebendig, aber nicht mit demselben Körper aufwachen würden.« Ihr kollektiver Selbstmord war das Mittel, sich einen Platz unter den Unsterblichen zu sichern. In Orwellscher Umkehrung der Bedeutungen publizierte die Gruppe sogar einen Artikel mit dem Titel »Unsere Haltung gegen den Selbstmord« im Internet, in dem sie darauf hinwiesen, daß »›Selbstmord‹ im Grunde bedeutet, sich gegen die Nächste Stufe zu wehren, wenn sie angeboten wird.« Mit anderen Worten, nicht die Sektenmitglieder, die Barbiturate und Wodka zu sich nahmen, waren Selbstmörder – wir übrigen Menschen waren es.

Der sorgfältig durchgeführte kollektive Akt des Selbstmords und die hinterlassenen Abschiedsbriefe geben großen Aufschluß über die Gesinnung der Mitglieder von Heaven's Gate. Ihre »Uniformen«, die Taschen und die bescheidene Menge Geldes, die sie bei sich trugen, lassen an den Ausflug einer sehr ordentlichen, wohlerzogenen und gleichgeschalteten Gruppe denken. Alle starben an einer Kombination aus Kreislaufversagen durch das Barbital und Ersticken durch die über den Kopf gestülpten Plastiktüten. Der friedliche Anblick der Szene ließ sie nur noch grotesker erscheinen. Als ein ehemaliges Mitglied nach der Bedeutung der einheitlichen Kleidung gefragt wurde, nannte er sie »einfach eine Art Uniform, ... irgend etwas, das den Übergang auf die Nächste Stufe symbolisiert, frisch und sauber zu sein.« Man spürt eine seltsame Unschuld gegenüber dem Tod – die auf ihre Weise erneut an Orwell erinnert –, einen wohlgeordneten Pragmatismus, der ganz nüchtern die Unordnung bedachte, die das Sterben dennoch hinterlassen würde, und eine Art Pedanterie in der Idee, der Reihe nach aufzuräumen, sich zu bemühen, die »Uniform« nicht zu beschmutzen und »frisch« für die Ankunft zu bleiben. Wie bei den Videobändern entsteht hier der starke Eindruck einer visuellen Botschaft für die Nachwelt.

Die Erklärungen in den Videoaufzeichnungen waren, wie ein Beobachter meinte, weniger Anmerkungen zum Selbstmord als Teil einer »Selbstmord-Pressemappe«, die auch Briefe, Disketten und eine große Anzahl von Internet-Essays und Kommentaren enthielt. Viele individuelle Videobänder drücken Freude über die Aussicht aus, die Nächste Stufe zu betreten (»wir könnten über das, was wir vorhaben, nicht glücklicher sein«). Dennoch blitzen immer wieder rasch unterdrückte Selbstzweifel oder Fragen auf (»Die Leute, die dachten, ich hätte nicht alle Tassen im Schrank – sie haben unrecht. Ich hätte keine bessere Wahl treffen können«). Manche sprechen auch vom Höhepunkt einer spirituellen Reise, da die gesamte unstete Wanderung der Gruppe sich nun als eine Suche nach dem richtigen Zeitpunkt und Ort für ihre Selbstzerstörung deuten ließ. Vor der endgültigen Entscheidung zum Selbstmord waren die Erwartungen der Mitglieder von Angst und Verwirrung gezeichnet. Ein ehemaliges Mitglied beschrieb es so: »Wir wußten nicht, ob wir vom FBI aufgespürt würden oder ob es ein zweites Waco geben, oder ob jemand alle erschießen würde, oder ob jeder es selbst machen müßte.«

Als die Entscheidung schließlich getroffen war, »alle Brücken abzubrechen«, verbreitete sich allgemeine Erleichterung, und die Gruppe machte Ausflüge, um sich zu »amüsieren«, sah sich *Star Wars* an, fuhr zu UFO-Events, besuchte Naturparks, Restaurants und Eisdielen. Auch bei Menschen, die sich aus persönlichen (statt aus kultischen) Gründen zum Selbstmord entschlossen haben, kann eine Art Euphorie eintreten: die Entscheidung ist gefallen, der Kampf ist zu Ende. Für Heaven's Gate wie für Jim Jones und Peoples Temple erzeugten das Gefühl, in der Falle zu sitzen und innerlich tot zu sein, der langfristige Selbstmordplan und die Suche nach künftiger Unsterblichkeit einen wachsenden Druck. Wenn diese drei Elemente zusammenwirken und sich gegenseitig verstärken, kommt es meist zu einer intensiven Verfolgung des Selbstmordplans. Energisch wird nach einem geeigneten Zeitpunkt gesucht. Ist die Entscheidung einmal getroffen, läßt der Druck nach, und die letzten Momente des Lebens können plötzlich von Vitalität und Selbstsicherheit erfüllt sein.

Die verstorbenen Mitglieder erklären auf dem Videoband, daß die Gruppe für die Welt im Grunde schon längst tot gewesen sei. »Wir haben alle Selbstmord begangen, als wir unsere alten Leben zerstörten«, erklärt einer. Ein anderer bemerkt, daß ihre Körper bereits sexuell und auch sonst leblos seien: »Wenn man seinem Körper zwanzig Jahre lang die Sinne verschlossen hat ... ist dieser Körper einem nicht mehr so wichtig ... Er wird zu einem Kleidungsstück, einem Behältnis.« Ein Mann betrachtet seine Kastration, die er sehr hoch schätzt (»Ich kann Ihnen nicht sagen, wie befreit ich mich seitdem fühle«), als hilfreiche Vorstufe zum Selbstmord: »Ich kann in diesem nächsten Schritt, auf den ich mich vorbereite und freue, nichts weiter sehen als eine klinische Operation.«

Natürlich hatte der Selbstmord auch einen klinischen Aspekt. Auch Aum und die Nazis betrieben eine medizinalisierte Tötung von Menschen; die Anhänger von Peoples Temple brachten andere und sich selbst um. Die Mitglieder von Heaven's Gate griffen zu einer medizinalisierten Form des Selbstmords. Aum und die Nazis betrachteten die von ihnen Getöteten unter medizinischen Gesichtspunkten als »lebensunwertes Leben«. Dies war auch die Einstellung der Mitglieder von Heaven's Gate zu ihrem eigenen Leben, zumindest zu ihrem menschlichen Leben.

Wie Asahara forderte Applewhite andere auf, seinem Heilsplan zu folgen. Heaven's Gates fachmännisch gestaltete Web Site beweist, daß die Gruppe sich technisch auf der Höhe der Zeit befand, während die Worte selbst auf die Konkretheit ihres letzten Wahns hinweisen: »Während eines kurzen Zeitfensters werden einige vielleicht den Wunsch verspüren, uns zu folgen ... Sollten Sie sich dafür entscheiden, wäre es vernünftigerweise am besten, wenn Sie diesen Abgang irgendwo im Westen oder Südwesten der Vereinigten Staaten machten ... Sie müssen die Namen von Do und Ti anrufen, damit sie Ihnen beistehen ... Wir raten jedem, der dies ernsthaft vorhat, sich an einen möglichst ruhigen Ort zu begeben und mit aller Kraft zu bitten, zu schreien.« Dies war also der Aufruf der Sekte an andere, am »revolutionären Selbstmord«, an ihrer Version von *poa* teilzuhaben. Die Botschaft der Unsterblichkeit durch Selbstmord – ein »elektronischer Aufruf zur Auslöschung«, wie ein Autor es bezeichnet hat – wurde über das Internet in der ganzen Welt verbreitet.

Sektiererische Gruppen mit einer Selbstmordideologie berufen sich, wie Jim Jones, häufig auf Massada. Auch Applewhite beschwor das Ereignis: »Eine fromme jüdische Sekte« habe angesichts von drohender Vergewaltigung, Folter und Tod beschlossen, »ihre Körper durch eine würdige und weniger qualvolle Methode zu verlassen«. Für ihn war dies ein Beispiel für »Nichtselbstmord« und hatte daher Vorbildcharakter für seine Gruppe, die ebenfalls »Nichtselbstmord« begehen wollte und sich »innerlich vorbereiten« mußte. Natürlich kann man anführen, daß Heaven's Gate nicht von Feinden umringt und mit Mord und Folter bedroht war, doch psychisch lebten Applewhite und seine Jünger in dem Gefühl einer solchen Bedrohung. Ihr Massada bestand im erwarteten Tod des Planeten.

Wir haben gesehen, daß Aum, Peoples Temple sowie Heaven's Gate aus Verzweiflung und einem tiefen Gefühl der Bedrohung heraus gehandelt haben, daß alle einen langfristigen Gewaltplan verfolgten und danach strebten, den Tod zu überwinden und Unsterblichkeit zu erlangen. Während Aums Pläne von Anfang an auf Gewalt nach außen gerichtet waren, strebte Heaven's Gate eine Flucht aus dem irdischen Dasein an, die immer mehr die Bedeutung eines Entkommens aus dem vergänglichen irdischen Leib durch dessen Zerstörung annahm. Beide versuchten im Einklang mit ihrer Ideologie, ihrer Deutung der Welt und ihrem Ideengebäude das Ende herbeizuzwingen.

Technophantasie

Trotz aller Gegensätze zwischen Aum und Heaven's Gate bestand doch in ihrer Beziehung zu Technophantasien und New-Age-Visionen eine enge Verwandtschaft. Heaven's Gate schuf eine phantasievolle Welt mit UFOs und Raumschiffen. Ähnlich wie Asahara sich der Wissenschaft und Science-fiction zuwandte, um seinen Anspruch auf spirituelle Transzendenz zu verwirklichen, stützte Heaven's Gate sich auf UFOs. Das Muster war von Anfang an vorhanden, wie Heaven's Gates erstes Poster aus dem Jahre 1975 belegt:

»UFOs
Warum sie hier sind.
Wegen wem sie hier sind.
Wann sie aufbrechen werden.

Kein Vortrag über die Beobachtung von UFOs oder UFO-Phänomenen.

Zwei Personen erklären, sie seien von der Über-Menschlichen Stufe geschickt und würden die Menschliche Stufe bald wieder verlassen und physisch innerhalb weniger Monate in einem Raumschiff (UFO) auf jene nächste evolutionäre Stufe zurückkehren!

›Die Zwei‹ werden darüber sprechen, wie der Übergang von der Menschlichen Stufe zur Nächsten Stufe vollzogen wird und wann dies geschehen kann.

Es handelt sich nicht um eine religiöse oder philosophische Organisation, die Mitglieder wirbt. Dennoch haben die Informationen bereits zahlreiche Menschen dazu veranlaßt, ihre gesamte Energie in den Dienst dieses Übergangs zu stellen. Wenn Sie je darüber nachgedacht haben, ob eine reale, PHYSISCHE Ebene jenseits der Grenzen der Erde existiert, wird diese Veranstaltung Sie interessieren.«

Heaven's Gate trat im Zuge des allgemeinen Sektenbooms Mitte der siebziger Jahre als eine von vielen »UFO-Sekten« an die Öffentlichkeit. Schon 1972, als Applewhite Nettles kennenlernte, glaubte sie, als Medium mit »Brüdern aus dem All« zu kommunizieren. Die Raumschiff-Theologie ermöglichte es Heaven's Gate, das rein Technologische mit dem lockeren Spirituellen zu verknüpfen: Jesu »Lichtwolke« ließ sich als UFO deuten; »Seelenspeicher« für die irdischen Körper wurden durch »inszenierte Raumschiffbrüche« geliefert.

Die Mitglieder von Heaven's Gate sprachen von ihrer Umgebung häufig in einer Science-fiction-Terminologie, die großteils aus alten *Raumschiff Enterprise*-Episoden oder aus den *Star Wars*-Filmen stammte. Wie Robert Balch schreibt, war bei frühen Ausflügen beispielsweise der Parkplatz die »Andockrampe«; es gab eine »Dekontaminierungszone«, in die man sich zurückzog, wenn man schlechte Laune hatte; Lager wurden zu »Sternhaufen«, und man sprach von einem »Mutterschiff«, »Schiffen«, »Holodecks«, »der Crew«, »Bordpässen«, »Außerirdischen« und »beamen«. Die Sehnsucht nach dem Auftauchen von Raumschiffen schwappte in Weltraumphantasien über. Bei jeder irgendwo auf der Welt auftretenden Katastrophe fragten sich die Mitglieder: »Ist das das Zeichen? Holen sie uns jetzt?« Weder Sehnsucht noch Aufmerksamkeit ließen jemals nach. Aus diesem Grund teilte die Gruppe den Tag auch in Abschnitte von je zwölf Minuten ein, da es von jedem Ort des Geländes etwa zwölf Minuten dauerte, zu einem nahe gelegenen Feld zu laufen, um an Bord eines Raumschiffs zu gehen. Die Begriffe »Weltraum« und »Raumschiff« ermöglichten es den Mitgliedern, sich »aus dieser Welt buchstäblich ›herausgehoben‹« zu fühlen.

Diese transzendente Science-fiction-Bilderwelt gab den Sektenmitgliedern ein Gefühl moralischer Einzigartigkeit, das dem, das die Aum-Mitglieder durch ihre mystischen Erfahrungen für sich beanspruchten, sehr ähnlich war. Applewhite gestattete sich zuweilen die Vorstellung, daß ihm diese moralische Einzigartigkeit große Macht über die Geschicke der menschlichen Spezies schenken würde, daß Tausende von Menschen sich ihm auf seiner Reise ins All anschließen würden oder daß ein UFO auf dem Rasen des Weißen Hauses landen würde und der Präsident den Befehlen der Besatzung gehorchen müßte. Dies waren gewiß eher harmlose Phantasien – besonders im Vergleich zu Aums gewalttätigem Vorhaben, das Parlament zu besetzen und genug Sarin freizusetzen, um den Dritten Weltkrieg auszulösen. Dennoch vermitteln sie etwas vom Ausmaß von Applewhites Größenwahn.

Diese Phantasiegebilde und der Anspruch auf moralische Einzigartigkeit hingen mit einem besonderen Umgang mit Science-fiction zusammen, der in seiner psychologischen Konsequenz dem von Asahara und Aum sehr ähnlich war. Am Anfang stand das starke Interesse an einer

Überschreitung irdischer Grenzen; später entstand daraus erhebliche Verwirrung darüber, was Wissenschaft (und technisch möglich) und was Fiktion war. Am Ende stand die völlige Aufhebung dieser Unterscheidung und die Einfügung einer Science-fiction-Idee in die Theologie der Sekte, die den Unsterblichkeitsanspruch dieser Theologie bestätigte.

Diese Vermischung der Bereiche kulminierte in den rührenden und absurden »Away Team«-Armbinden, die die Mitglieder von Heaven's Gate trugen, als sie sich umbrachten. Bis unmittelbar vor ihrer Tat diskutierten die Mitglieder ernsthaft mit Außenstehenden über Einzelheiten von *Star Trek* und *Star Wars*. Ein Reporter, der einige von ihnen interviewte, erinnerte sich, daß Gespräche über *Star Trek* »das einzige waren, bei dem ihre Mienen sich aufhellten und sie lebendig wurden. Sie strahlten förmlich.« Die Faszination und die Verwirrung steigerten sich noch durch den Umstand, daß ein Mitglied, das am gemeinsamen Selbstmord teilnahm, der Bruder von Nichelle Nichols war, der Schauspielerin, die in der ursprünglichen Serie *Raumschiff Enterprise* Lieutenant Uhura gespielt hatte. Nachdem die Gruppe von einem ihrer letzten Filmbesuche zurückgekehrt war, bemerkte Applewhite: »Es ist doch komisch, daß wir über den Weltraum sprechen und aus dem Weltraum stammen. Und erst heute abend, als wir uns im Kino *Star Wars* angeschaut haben, haben wir sein [Nichols] Fahrzeug in einem Buch abgebildet gesehen, und ratet mal mit wem – mit jemandem [seiner Schwester] vom *Raumschiff Enterprise*.« In Applewhites abwegigem, aber relativ stabilem Denken benutzten seine Vorgesetzten von der Nächsten Stufe *Star Trek* und *Star Wars* dazu, auserwählten Menschen wie ihm Mitteilungen zu machen. So erklärte er seinen Jüngern, daß Luke Skywalker, der leidgeprüfte Held aus *Star Wars*, Do in seinem Kampf gegen die Luziferianer darstellte.

Solche Absurditäten wurden Teil eines gemeinsamen Wahns, der im Abschiedsvideo eines Mitglieds lebhaften Ausdruck findet: »Wir sehen uns häufig *Star Trek* und *Star Wars* an ... Für uns ist es wie ein Holodeck [bei *Star Trek* die Bezeichnung für einen virtuellen Unterhaltungsbereich, der herbeigewünschte Szenen als Realität erscheinen läßt]. Wir haben auf einem Holodeck trainiert ... Jetzt ... ist das Spiel vorbei. Es ist Zeit, daß wir das was wir gelernt haben, in die Praxis umsetzen. Wir nehmen den VR-Datenhelm ab ... und gehen vom Holodeck in die Realität zurück, wissen Sie, um uns den anderen Mitgliedern auf dem Schiff im Himmel anzuschließen.« Es klingt wie der Übergang von einem militärischen Manöver zur wirklichen Schlacht, in der alles auf dem Spiel steht. Eigentlich wollte er sagen, daß er und die anderen, anstatt die *Star*

Trek-Welt nur zu imitieren, dabei waren, diese Welt zu betreten und sich mit ihr zu vereinen – wozu sie aber zuerst Selbstmord verüben mußten. Die geäußerte Entschlossenheit diente zweifellos dazu, innere Bedenken hinsichtlich dieser Auslegung von Realität zu überdecken (der Gebrauch des »wissen Sie« läßt eventuell auf solche Bedenken schließen). Die Aum-Mitglieder unterdrückten ihre Einwände auf ähnliche Weise, als sie von einem theoretischen Armageddon zu praktischer Gewalt übergingen.

Warum fühlte sich Heaven's Gate so stark von *Star Trek* und *Star Wars* angezogen? Der *Star Trek*-Prolog, fast ein Mantra, erklärt, daß das Raumschiff und seine Crew den Auftrag hat, »neue Welten zu erforschen, in neues Leben und neue Zivilisationen und in Galaxien vorzudringen, die nie ein Mensch zuvor gesehen hat«. *Star Trek* verspricht also, den menschlichen Erfahrungsbereich zu überschreiten. Hier liegt ein typisches Motiv des Fantasy-Genres des 20. Jahrhunderts vor – die Reise in unbekannte Gefilde, die alle Barrieren von Zeit, Raum und Unerforschtheit überwindet. Sowohl in der Fernsehserie als auch in den *Star Wars*-Filmen begegnen wir Menschen aus ferner Vergangenheit oder Zukunft, menschlichen und nichtmenschlichen Gesellschaften in Gefahr, von Roboterwaffen oder Vernichtungsmaschinen bedrohten Planeten. Beide weisen ausgeprägte apokalyptische Elemente auf: die ewige Wiederkehr des Kriegs zwischen Gut und Böse, die fast völlige Vernichtung von Gesellschaften oder Welten, gefolgt von Erneuerung und Fortsetzung der Mission. Die Angehörigen der Protagonisten sind in aller Regel nicht präsent, denn es handelt sich um Elite-Teams, die in sich selbstgeschaffene, technologisch transzendente Familien bilden.

Die wichtige Rolle, die *Star Trek* und *Star Wars* für Heaven's Gate spielte, deutet ebenso wie die enorme Bedeutung japanischer Raumschiff-Trickfilme für Aum darauf hin, in welcher Weise narrative Elemente der Populärkultur bestimmte Sekten nicht nur beeinflussen, sondern sogar eine Mentorfunktion für sie übernehmen. Applewhite und seine Anhänger fanden in ihnen Vorbilder für ihre Lebensführung. Doch ein von Science-fiction-Vorbildern geprägter Guru braucht Anhänger, die sich zu denselben extremen Visionen dieses Genres hingezogen fühlen, so daß selbst die kühnsten Phantasiegebilde vertraut und natürlich wirken. Dies war bei Heaven's Gate und auch bei Aum der Fall. Die phantastischen, romantisierten Science-fiction-Erzählungen mobilisierten die Energien der Sektenmitglieder für ihre seltsam konkreten apokalyptischen Szenarien.

»Wissenschaft« und Metamorphose

Wie Aum begriff Heaven's Gate ihre Sichtweise als wissenschaftlich und therapeutisch. Die Mitglieder konnten sich nur durch eine abgeschlossene »Metamorphose« für die Besteigung des Raumschiffs qualifizieren. Sie sprachen von einem »metamorphen Klassenzimmer«, in dem sie lernten, menschliche Gewohnheiten abzulegen und »ihr Bewußtsein und Verhalten zu verändern ..., so daß es zu der fernen Kultur [der Nächsten Stufe] paßt, von der sie gekommen sind«. Ein ehemaliges Mitglied beschreibt dies so: »Das Wichtigste, das sie uns einzuimpfen versuchten, war die Aufgabe aller bisherigen Denkweisen und Ansichten und die Annahme einer völlig neuen Art zu denken ... Man könnte es als Gehirnwäsche bezeichnen, aber es hat allen Schülern Spaß gemacht.« Ein anderer fügte hinzu: »Wir wollten unsere Gehirne waschen lassen« – und bekräftigte seine Äußerung, indem er sich zwei Wochen nach dem kollektiven Selbstmord auf dieselbe Weise wie die anderen umbrachte.

Applewhite und Nettles waren trotz ihrer umgänglichen Art doch fordernd und machten sehr deutlich, daß es sich nicht um eine »frivole« Angelegenheit handelte. Wie Asahara gebrauchten sie das Wort »Umprogrammierung«, das den Abbruch aller Bindungen an Familie, Freunde, aller vorherigen Aktivitäten und die Überwindung aller menschlichen »Laster«, besonders der Sexualität, bedeutete. Sich von dieser Geißel zu befreien, war eine zentrale Aufgabe in der Metamorphose und wurde »Das Fahrzeug unter Kontrolle bringen« genannt, als wäre das therapeutische Ziel ein roboterartiges Geschöpf ohne unbotmäßige Leidenschaften. Die heftige Ablehnung der Sexualität erinnert an Aum Shinrikyō, mit dem wichtigen Unterschied, daß Applewhite und Nettles selbst keusch lebten. Doch nur Heaven's Gate ließ tatsächliche Kastrationen in Form von chirurgischen Eingriffen vornehmen.

Viele sektiererische Umerziehungsprozesse legen den Schwerpunkt auf das Sexualverhalten, um sich seine gewaltigen Energien einzuverleiben, sie zu beherrschen, zu unterdrücken oder freizusetzen. Bei Aum wie bei Heaven's Gate galt sexuelle Reinigung als unerläßlich für die Erreichung eines übermenschlichen Zustands. Bei beiden machte diese Reinigung einen großen Teil des therapeutischen Prozesses aus. Eine Weile tranken die Heaven's-Gate-Mitglieder regelmäßig einen »Meister-Reiniger«, eine Mixtur aus Limonade, Cayennepfeffer und Ahornsirup, um ihre »Fahrzeuge« zu reinigen, während bei Aum Patienten und Anhänger Mullbinden und andere Dinge schluckten, um sich zu erbrechen.

Aum und Heaven's Gate waren gleichermaßen begeistert von Computertechnik. Doch als amerikanische Sekte, die noch zwei Jahre nach dem Sarinanschlag in Tokio weiterexistierte, nutzte Heaven's Gate das Internet viel intensiver, so daß einige die Gruppe als »Internet-Todessekte« bezeichnet haben. Auf jeden Fall waren die Mitglieder die ersten, die Selbstmord-Botschaften oder »Exit-Nachrichten« über das Netz verbreiteten. Zusätzlich zu ihrer eigenen Web Site verschickten sie zahlreiche E-mails, darunter im September 1996 eine ungewöhnlich deutliche Ankündigung ihrer Todespläne in ungewöhnlich drastischer Endzeitterminologie: »Zeit für Gott zu sterben! Ob es uns gefällt oder nicht, Armageddon – die Mutter der Heiligen Kriege – hat begonnen und wird andauern, bis das Umpflügen vollendet ist.« Heaven's Gate verschickte Briefe an neue Gruppen, führte Anwerbungs»chats« mit potentiellen Mitgliedern und durchforstete das Internet nach Informationen über gesichtete UFOs. Man gründete auch eine Firma (mit dem bezeichnenden Namen Higher Source Contract Enterprises), die Web Pages erstellte, um das nötige Geld für den Unterhalt der Gruppe zu verdienen. Die Firma warb mit dem (unfreiwillig komischen, aber zutreffenden) Slogan: »Higher Source ist weitgehend abgestimmt auf den gegenwärtigen Impuls und die zukünftige Richtung der Technik.«

Ebenso wie Aum bediente sich Heaven's Gate bei der Durchsetzung seiner theologischen Ziele der Errungenschaften der Technik. Obwohl diejenigen, die an dem kollektiven Selbstmord teilnahmen, vermutlich gerade erst begannen, die Dimensionen des Internets zu begreifen, nutzten sie dessen Kapazitäten ausgiebig, um höchst bizarre und unausgegorene Ideen in Sekundenschnelle weltweit zu verbreiten. Das Internet könnte sogar zu ihrer Entscheidung zum Selbstmord beigetragen haben, indem es ihre Überzeugung, einen Akt auf dem Wege zur Unsterblichkeit zu vollziehen, verstärkte.

Am deutlichsten zeigte sich jedoch die Bindung der Gruppe an die Wissenschaft in ihrer Reaktion auf das »Raumschiff«, das angeblich dem Kometen Hale-Bopp folgte. Kurz nachdem die Mitglieder ein Teleskop gemietet hatten, um das Raumschiff mit eigenen Augen zu sehen, brachten sie es auch schon wieder zurück und beschwerten sich über seine zu geringe Leistungsfähigkeit, denn »wir haben zwar den Kometen entdeckt, konnten aber nicht erkennen, ob ihm irgend etwas folgt«. Die Wissenschaft (oder empirische Beobachtung) zählte für sie nur, wenn sie ihre Theologie bestätigte. Für Heaven's Gate wie für Aum wurde die Wissenschaft selbst zu einer Phantasie, die man mit weiteren Phantasien verknüpfen konnte, ein Mittel, Phantasien in tödliche Projekte umzusetzen.

Die Mitglieder von Heaven's Gate wurden von einigen, die sie kannten, als »sehr fröhliche Menschen« beschrieben, und die Medien bezeichneten sie als die »Sekte von nebenan«. Ihr sanfter Guru wirkte gütig und liebenswert, wenn auch ein wenig sonderbar. Einige haben die letzte Aktion der Gruppe mit dem Hinweis auf das Recht des einzelnen, über sein Leben zu entscheiden, verteidigt. Gewiß steht ihr Handeln auf einer anderen moralischen Stufe als Aums brutale Morde an unschuldigen Außenstehenden.

Dennoch hatten die beiden Gurus, wie wir gesehen haben, vieles miteinander gemeinsam. Nach zwanzig Jahren in der »Wildnis« traf der »gütige« Guru Applewhite seine Entscheidung, das Ende zu erzwingen – das Ende seiner eigenen Reise, seines größenwahnsinnigen Ichs und der kleinen Sekte von »aufgepfropften« Anhängern, aus der seine ganze Welt bestand. Mit der Zerstörung dieser Welt zerstörte er alles. Seine verbalen Angriffe auf die Erde und ihre Bewohner lassen sich mit denen Asaharas vergleichen. Er unterschied sich jedoch von dem japanischen Guru durch die Annahme, daß die Erde sich selbst zerstören würde und er nur seine winzige Gruppe zu vernichten brauchte, um sein apokalyptisches Ziel zu erreichen – um einige Überlebende von einem in Auflösung befindlichen Planeten zu retten. Vermutlich glaubte er auch, daß er den Weltuntergang auf diese Weise beschleunigte. Wie »klein« sein Akt auch ausfiel, seine Bedeutung war allumfassend und trotz der »Leichtigkeit«, mit der seine Jünger starben, waren sie Opfer eines modernen Weltvernichtungsprojekts.

Ungeachtet seiner technologischen Visionen führte Heaven's Gate den Tod mit technisch sehr einfachen Mitteln herbei und erinnert darin eher an die Manson Family und Peoples Temple als an Aum. Diese drei amerikanischen Sekten machen jedoch ausreichend deutlich, daß es in den vergangenen dreißig Jahren auch in Amerika Gruppen mit apokalyptischen Zielen und Endzeitbestrebungen gegeben hat, die Aum durchaus vergleichbar sind.

Nun müssen wir uns einem weiteren amerikanischen Schauplatz zuwenden, um aum-ähnliche Träume von einer Techno-Zerstörung der Welt durch modernste und sogar apokalyptische Waffen zu analysieren.

14.
Amerikas Apokalypse

»Der zerstörerischste terroristische Akt, der jemals auf amerikanischem Boden stattgefunden hat«, geschah am 19. April 1995. An diesem Morgen zündete Timothy McVeigh mit Hilfe seines Freundes Terry Nichols in der Nähe des Alfred P. Murrah-Bundesgebäudes in Oklahoma City eine Bombe, die 168 Menschen tötete. Soweit wir wissen, gehörte Timothy McVeigh weder einer Sekte noch einer besonderen Religion an, noch hatte er einen Guru. Außer einer extremen Wut und seinem Zerstörungsdrang schien er keine Gemeinsamkeiten mit Aum Shinrikyō zu haben.

Dennoch fühlte er sich offenbar bereits seit seiner Jugend stark zur komplexen Märtyrerideologie einer »Randgruppe der rassistischen Rechten mit apokalyptischen Zielen«, wie sie der Politologe Michael Barkun bezeichnet, hingezogen, ein amerikanisches Milieu, das sich aus Survivalists, Paramilitärs, Neo-Nazis, weißen rassistischen Millenaristen und einer Vielzahl von Verschwörungstheoretikern zusammensetzt. Gruppen, die mit einer als »Christian Identity« bekannten Religion in Verbindung stehen, der McVeigh zwar nicht angehörte, bildeten die aggressive, staatsfeindliche, chiliastische Subkultur, auf die er sich aber bezog. Vor allem jedoch hatte er sich statt in einen Guru oder eine Sekte in einen Text verliebt, die *Turner Diaries* (»Turner-Tagebücher«), einen apokalyptischen Neo-Nazi-Roman, der auf dramatische Weise eine Revolution der Weißen in den USA schildert, die zu einem globalen nuklearen Holocaust führt, in dem alle Juden und Nichtweißen vernichtet werden. McVeigh begeisterte sich so für dieses Buch, daß er es nachdrücklich seinen Kameraden in der Armee empfahl und es bei Waffenmessen und anderen Zusammenkünften verkaufte. Angeblich lag es sogar immer unter seinem Kopfkissen. Dank der *Tagebücher* brauchte er keine Sekte und auch keinen Guru aus Fleisch und Blut. Das Buch verschaffte diesem Amerikaner Zugang zum Äquivalent einer radikalen Sektenerfahrung.

Timothy McVeigh wurde 1968 im Bundesstaat New York geboren und wuchs als Arbeiterkind in einer Kleinstadt auf. Schon in sehr jungen Jahren nahm er rechtsextremes Gedankengut auf. Ein Nachbar erzählte, daß er mit vierzehn Jahren Survivalist war und Nahrungsmittel und Werkzeug hortete, um auf einen Atomkrieg vorbereitet zu sein. Mit zwanzig erwarb er gemeinsam mit einem Freund ungefähr vier Hektar Land südwestlich von Buffalo, wo er beabsichtigte, einen Bunker zu bauen. McVeigh fühlte sich schon seit längerem zum amerikanischen Waffenkult hingezogen und lebte nach einem privatisierten nationalen Kriegerethos, das sich nach dem Vietnamkrieg auf dem fruchtbaren Boden der Niederlage zunehmend ausbreitete.

Traditionell haben Feuerwaffen auf die amerikanische Psyche starke Macht ausgeübt. Der Historiker Richard Hofstadter, der sich sein ganzes Leben lang mit amerikanischer Geschichte beschäftigt hat, sagte mir einmal, ihn beunruhige vor allem die Unfähigkeit unseres Landes, zu einem vernünftigen Verhältnis zu Waffen zu gelangen, und ihre Verbindung zu der aggressiven Subkultur, die er in seinem klassischen Aufsatz »The Paranoid Style in American Politics« beschrieben hat. Durch ihre fast kultische Bedeutung füllt die Pistole, wie ich glaube, einen Teil des psychologischen Vakuums aufgrund fehlender Kulturtradition in Amerika aus. Das Erstarken paramilitärischer Gruppen in den letzten Jahren wird tatsächlich als Reaktion auf politische Bemühungen um wenn auch nur minimale Kontrolle des Verkaufs und Besitzes von Feuerwaffen gesehen. Soweit Gott in der paramilitärischen Szene auftaucht, wird er mit Waffen in Verbindung gebracht. Die Handbücher privater Milizen betonen, daß »Jesus Christus kein Pazifist war«, daß Regierungen, die »die Bürger mißhandeln oder ... das Böse am Leben erhalten«, und nicht bewaffnete Bürger, die sich gegen dieses Verhalten wehren, Gegner Gottes und Jesu seien. »Unser Gott ist kein Schwächling. Er ist der Gott der Gerechtigkeit und des Zorns.«

McVeigh war nicht nur ein früher Survivalist, sondern auch spätestens seit seinem Abgang von der High-School ein Waffennarr, der viele Stunden auf dem Schießplatz verbrachte. Eine seiner ersten Arbeitsstellen hatte er bei einer Firma für gepanzerte Fahrzeuge. Ehemalige Kollegen berichteten, er sei »wie Rambo angezogen« zur Arbeit gekommen. 1989 trat er in die Armee ein. Das Soldatenleben gefiel ihm besser als den meisten, und seine Leistungen waren gut. 1990 wurde seine Einheit an den Persischen Golf entsandt, wo er als Angehöriger eines Panzerbataillons an einer schaurigen Aufräumaktion nach dem Hundert-Stunden-Bodenkrieg beteiligt war. Riesige Schneepflüge wurden auf amerikanische Panzer montiert, um die Körper von Irakern – tot oder lebendig – in den eigenen Schützengräben zu begraben. McVeighs Aufgabe war es, jeden Iraker zu erschießen, der aus den Gräben zu flüchten versuchte. Er prahlte damit, einmal einem irakischen Soldaten mit seinem Geschütz auf 1100 Meter den Kopf abgeschossen zu haben. Derartige Erfahrungen können zu starken Überlebenskonflikten führen, bei denen Selbstvorwürfe durch psychische Fühllosigkeit und aggressive Rechtfertigungen des Tötungsaktes abgewehrt werden. McVeighs Begegnungen mit dem massenhaften Tod während des Golfkrieges wirkten zweifellos brutalisierend und abstumpfend, scheinen jedoch auch ein Bedürfnis nach Sinn und Transzendenz in ihm geweckt zu haben. Er fühlte sich, wie Charles Strozier vermutet, wie ein Überlebender auf der Suche nach einer erhebenden Erfahrung.

McVeigh galt als ausgezeichneter Soldat, aber auch als ungewöhnlich rassistisch und zunehmend besessen von dem Gedanken an eine nukleare Katastrophe, einen kommunistischen Angriff sowie von seiner immer größer werdenden Sammlung von Feuerwaffen, die »jederzeit einsatzbereit« war. Als er sich nach dem Golfkrieg bei den Green Berets bewarb, die man als die Paramilitärs in der US-Army bezeichnen könnte, hielt er die Eignungsprüfungen für die Vorauswahl nur zwei Tage durch. Möglicherweise wurde er wegen der Ergebnisse der psychologischen Tests abgelehnt, vielleicht auch wegen seines Rassismus. Er selbst behauptete, es habe nur an den starken Blasen gelegen, die er sich in seinen neuen Stiefeln gelaufen habe. Vermutlich war diese Ablehnung ein schwerer Schlag für ihn. Er war niedergeschlagen, als er zu seiner Einheit zurückkehrte, und verpflichtete sich entgegen seiner früheren Absicht nicht weiter. Wahrscheinlich erlebte er diesen Fehlschlag als Negierung seiner Männlichkeit, was ihn zu einer Kompensierung durch seine ohnehin ausgeprägte paramilitärische Schwärmerei getrieben haben mag. Ein instabiler Charakter mit paranoiden Neigungen wird nach einer Kränkung seines männlichen Stolzes, die in vielen Fällen als Todesangst erlebt werden kann, eher als andere zu Gewalt und Mord greifen.

Jedenfalls äußerte er seine staatsfeindliche Haltung in Briefen, die er Anfang 1992 an eine Zeitung schrieb und in denen er den Niedergang Amerikas beklagte. Ärgerlich schloß er: »Müssen wir Blut vergießen, um das jetzige System zu verändern? Ich hoffe nicht, daß es dazu kommt! Aber man muß damit rechnen.« Er nahm auch an einigen Versammlungen einer Bürgerwehr teil. Gleichzeitig geriet er immer mehr unter den Einfluß der *Turner-Tagebücher*. Schließlich waren ihm die von ihm aufgesuchten Bürgerwehren zu zahm, und er begann als »kleine Zelle« jene Art von Gewalt auszuüben, die zunehmend durch Doktrinen der extremen Rechten legitimiert wird. Inzwischen war McVeigh in seiner eigenen Vorstellung zu einem Revolutionär, »zu einem ausrückenden Krieger« geworden, der sich wahrscheinlich als Held seiner eigenen Version der *Turner-Tagebücher* und potentiellen Märtyrer der Bewegung sah. Die Sprengung eines Regierungsgebäudes durch ihn würde, davon war er zweifellos überzeugt, einen gewaltsamen Prozeß in Gang setzen, dessen »Endergebnis«, wie Strozier schreibt, »Wiedergeburt, Erlösung, Hoffnung, Freiheit, ja sogar ein neues Zeitalter sein würde«.

Märtyrerideologie findet bei der extremen Rechten immer starken Widerhall. Als Märtyrer gelten die Personen der Bewegung, die für die Sache (wie auch immer definiert) gestorben sind, außerdem Menschen außerhalb der Bewegung, die von Vertretern der amerikanischen Regierung getötet wurden, und Mitglieder von historisch bedeutsamen Gruppen, deren Todestage zum entstehenden Märtyrerkalender der extremen Rechten gehören. Einer dieser Märtyrer ist Robert Mathews, ebenfalls ein Bewunderer der *Turner-Tagebücher*, der eine antisemitische, weiße, rassistische Gruppe, die sich »Order« – Orden oder Ordnung – nannte, gegründet, Raubüberfälle begangen und Menschen getötet hatte, bevor er vom FBI erschossen wurde; Gordon Kahl, der der Christian Identity angehörte und in Norddakota zwei Vollzugsbeamte umgebracht hatte, ehe er in Arkansas von den örtlichen Behörden getötet wurde. Andere Märtyrer der radikalen Rechten sind Randy Weaver, seine Frau und sein 14jähriger Sohn, die 1992 während einer Belagerung ihres Hauses in Ruby Ridge, Idaho, von den Bundesbehörden erschossen wurden, und die »Branch Davidians«, eine bewaffnete, doch nicht gewalttätige, kleine apokalyptische Sekte, angeführt von David Koresh. Viele von ihnen wurden 1993 von FBI und BATF (Bureau of Alcohol, Tobacco, and Firearms) in einem tragischen Kurzschlußangriff nach einer langen Belagerung in Waco, Texas, getötet. Zudem brachte die extreme Rechte selbst eine ganze Flut von Märtyrergestalten hervor. Das Datum der Explosion in Oklahoma City am 19. April gilt beispielsweise inzwischen als der Tag eines heiligen Märtyrers. Am gleichen Tag zwei Jahre zuvor hatte das BATF Mount Carmel, das Gelände der Branch Davidians, gestürmt. Ebenfalls an diesem Tag sollte Richard Snell, eine führende Persönlichkeit mehrerer rechtsgerichteter Gruppen, wegen Mordes an einem schwarzen Staatspolizisten bei einer routinemäßigen

Straßenkontrolle und einem Pfandleiher, den er irrtümlich für einen Juden gehalten hatte, hingerichtet werden. Verschiedene andere historische Ereignisse sind diesem heiligen Datum phantasievoll zugeschrieben worden: am 19. April 1775 erhoben sich die Freiwilligen in Lexington, um britische Truppen daran zu hindern, die Kolonisten zu entwaffnen; am 21. April 1836 fand die Schlacht von San Jacinto statt (der 21. gilt auch noch als heiliges Datum); am 19. April 1943 »brannte Warschau«, daß heißt, die Nazis zerstörten das Warschauer Ghetto, und am 19. April 1992 versuchte die Staatspolizei, in Randy Weavers Haus einzudringen (getötet wurde die Familie erst zwei Monate später).

Das spezifische, für die extreme Rechte und McVeigh entscheidende Ereignis an einem 19. April war der Angriff auf die Branch Davidians, bei dem vierundsiebzig Menschen getötet wurden. McVeigh pilgerte nach Mount Carmel und wählte als Zeitpunkt für seinen Anschlag in Oklahoma zweifellos bewußt den zweiten Jahrestag des Vorfalls. Sogar der gefälschte Führerschein, den er bei seiner Verhaftung bei sich trug, war auf das Datum des Anschlags ausgestellt.

Revolutionäre Bewegungen neigen dazu, sich aufgrund ihrer starken Überzeugung und des Wissens um die propagandistische Wirkung für ihre Sache auf Märtyrer zu berufen. Beide Motive waren in der Verehrung der Nazis für die »Gefallenen« des Ersten Weltkrieges als Märtyrer der Nation und Rasse wirksam. Auch Asahara stilisierte sich mit seiner Behauptung, er werde wie Christus verfolgt und sei durch die Anschläge seiner Feinde fast getötet worden, zum Märtyrer. Märtyrertum kann ansteckend wirken. Die Verehrer der Märtyrer können ihre eigenen Konflikte im Streben nach Märtyrertum lösen und dadurch »Authentizität« und endgültigen Lebenssinn erfahren. In der extremen Rechten kann die Identifikation mit Märtyrern zu gewalttätigen Missionen führen, bei denen die Wahrscheinlichkeit sehr hoch ist, daß die Täter selbst getötet, verletzt oder gefangengenommen werden. Timothy McVeigh hatte sich offenbar zum Erben von Waco und Ruby Ridge (das er vielleicht auch besuchte) erklärt und sah seinen Anschlag vermutlich als Racheakt und Teil einer tapferen Mission, die ihm zu Unsterblichkeit verhelfen würde, da er durch sie zum revolutionären Helden und Märtyrer aufstieg. Er spielte diese Rolle nach seiner Verhaftung kurzzeitig weiter, indem er sich zum »Kriegsgefangenen« erklärte. Offenbar fehlte es ihm jedoch an Kraft oder Überzeugung, sie aufrechtzuerhalten, und schließlich kooperierte er, wenn auch erfolglos, mit seinen Anwälten, um einer Mordanklage und der Todesstrafe zu entgehen.

Niemand weiß genau, warum McVeigh das Bundesgebäude von

Oklahoma City für seinen Anschlag ausgewählt hatte, aber es hat sich herausgestellt, daß das Gebäude bereits zwölf Jahre zuvor von einer Christian-Identity-Gruppe als mögliches Angriffsziel in Betracht gezogen worden war. Ob McVeigh davon wußte oder nicht, ist nicht bekannt. Auf jeden Fall galt Oklahoma City bei einigen rechtsradikalen Ideologen als eines der Zentren der Verschwörung einer Organisation verbrecherischer Reicher (meist als Juden und manchmal pauschal als der Antichrist bezeichnet), die eine »neue Weltordnung« herbeiführen wollten. Die Verschwörer verfügten nach diesen Theorien über ausländische Truppen der Vereinten Nationen, die amerikanische »Patrioten« in von einer fremden »Besatzungsmacht« errichtete Konzentrationslager bringen würden. Diese Besatzer setzten ungekennzeichnete schwarze Hubschrauber für Transport und Überwachung ein. Anfang der neunziger Jahre galt Oklahoma City als Dreh- und Angelpunkt dieser Verschwörung, als Hauptumschlagplatz für den Abtransport patriotischer Gefangener und Ort eines gefürchteten Konzentrationslagers mit einem Krematorium, in dem pro Tag 3000 Leichen verbrannt werden könnten. Es ist denkbar, daß auch McVeigh an diese Verschwörung glaubte. In einem Bericht steht, er habe sich für das Opfer von Verschwörern gehalten, die insgeheim einen Mikrochip in seine Gesäßbacke implantiert hätten, um ihn identifizieren zu können.

Ebenso wie Aum Shinrikyō war Timothy McVeigh, der zornige Rächer, der lediglich einer nur vage bestimmbaren Subkultur von Waffenfanatikern angehörte, vom Drang beseelt, die zerstörerischste Waffe einzusetzen, die er sich vorstellen konnte, um eine Auseinandersetzung zu erzwingen, die möglicherweise das Ende einer korrupten Welt einleiten und eine reine und revolutionäre neue Gesellschaft hervorbringen würde. In Amerika ist es die extreme Rechte, die davon träumt, eigene private Vernichtungswaffen einzusetzen. McVeigh baute seine Bombe aus allgemein zugänglichen Materialien und mit Hilfe einer Anleitung aus den *Turner-Tagebüchern*. Die dort beschriebene Bombe bestand in der Hauptsache aus Düngemittel und wurde in einem vor dem Hauptquartier des FBI in Washington, D. C., geparkten Lastwagen zur Explosion gebracht. Wegen seiner ausführlichen Beschreibung terroristischer Techniken und Waffen aller Art gilt der Roman auch als Handbuch für Terroristen. Von größerer Bedeutung ist jedoch der Umstand, daß die *Turner-Tagebücher* sich als heilige Schrift präsentieren, die erzählt, »wie Heldenmut und Opferbereitschaft unsere Rasse in der Zeit ihrer höchsten Gefahr errettete und das Neue Zeitalter hervorbrachte«. McVeighs intensive Beschäftigung mit den Märtyrern der Bewegung war so sehr mit seinem millenarischen »heiligen Terrorismus« verknüpft, daß der Text selbst zu seinem Guru wurde. Nachdem er die *Turner-Tagebücher* zu seinem Evangelium gemacht hatte, war McVeigh nicht mehr allein.

Der Text als Guru

Der Autor der *Tagebücher* ist Andrew MacDonald, das Pseudonym für William Pierce, einem ehemaligen Lehrbeauftragten an der State University of Oregon, der in Physik promoviert hatte. Als Leiter einer nazistischen Jugendgruppe, die er in National Alliance umbenannte, veröffentlichte Pierce seinen Roman in Fortsetzungen in der Zeitschrift *Attack!* dieser Gruppe. Er hat ihn erklärtermaßen als bezwingende Vision eines Märtyrertums der Bewegung und als Aufforderung zu gewalttätiger revolutionärer Aktion konzipiert.

Die *Turner-Tagebücher* schildern die Vision eines an Aum erinnernden hoch spiritualisierten Weltvernichtungsprojekts. In der Form futuristischer, utopischer Fiktion geschrieben (eine Form, die auch Asahara bevorzugte), erinnern sie in ihrer unheilvollen Mischung aus mörderischem Rassismus und mystischer Beschwörung des Tausendjährigen Reiches an Hitlers *Mein Kampf*, sind aber zugleich eine sehr amerikanische Vorstellung von der Apokalypse als Rassenholocaust. In Pierces böswilliger Phantasie kommt es zu einer Revolution, als die korrupte Regierung ein vom »Judentum« inspiriertes Gesetz, den »Cohen Act«, verabschiedet, der alle weißen Bürger dazu verpflichtet, ihre Waffen abzuliefern, während die Schwarzen davon ausgenommen bleiben. Das Ergebnis ist der Aufstieg einer weißen revolutionären Gruppe, genannt »die Organisation«, mit einem Elitekern, dem »Orden«.

Im Zentrum der Handlung steht die heroische Gesinnung eines 35jährigen Elektroingenieurs namens Earl Turner, der sich der Organisation anschließt und für den Orden auserkoren wird. Er begeht Fehler, die er jedoch in einer Selbstmordmission, bei der er eine kleine Atombombe über dem Pentagon abwirft, um den Sieg der weißen Revolution zu sichern, bravourös wiedergutmacht. Der Autor verbreitet sich stolz und liebevoll über die technischen Kenntnisse und das unerschütterliche Rassenbewußtsein, die erforderlich sind, um ein Projekt auszuführen, das einem globalen Omnizid nahekommt. Als erstes gibt es eine große »Säuberung« Amerikas von Schwarzen, Juden und weißen »Rassenverrätern« durch eine Serie von Massakern, die in Atomangriffen auf die amerikanischen Innenstädte gipfeln. (Mit raffinierten Manövern verwickelt die Organisation die Sowjetunion in diese Atomschläge.) Anschließend wird die Säuberung auf die gesamte nichtweiße Bevölkerung der Erde ausgedehnt, bis schließlich ein Utopia der weißen Rasse eingeläutet werden kann. Obwohl in diesem Szenario nur 25 Prozent der amerikanischen Weißen überleben, ist das ein wesentlich höheres Kontingent von Überlebenden, als Shōkō Asahara es sich für seine von Aum regierte utopische Zukunft vorgestellt hatte.

Pierces mörderischer Impuls, wie er sich in der Führung der Organisation manifestiert, schließt einen größenwahnsinnigen (an Asahara erinnernden) Impuls ein, die Wirklichkeit zu transformieren – anfangs durch Weltuntergangsphantasien, die später in mörderischen Aktionen in die Tat umgesetzt werden. Die Wut der Organisation auf weiße »Verräter«, die angeblich das Überleben der eigenen Rasse gefährdeten, erinnert an Asaharas (und Jones') unbändige Wut auf Abtrünnige. Darüber hinaus identifiziert Pierce – wie Asahara – eine absolute Reinigung mit der Rettung der Welt, sanktioniert Massenmord und erklärt diejenigen, die ihn ausführen, für unsterblich.

Für Pierce wie für Asahara wird der Massenmord an sich zu einem Objekt der Verehrung und bleibt nicht die bloße Vorstufe zu einer vollkommenen Welt, sondern ist ein heiliges, erneuerndes Unterfangen. Er ist auch kein Mord mehr, denn alle, die getötet werden, sind zu befleckt (Aum) oder tragen ein rassisches Todesmal (Pierce); sind zu sehr wie »Blattwerk« oder »Unkraut« (Heaven's Gate) und daher »lebensunwertes Leben« (wie die Nazis es nannten). Pierce erzwingt das Ende – wenn auch nur im Roman –, indem er eine Aktionsprophetie für Armageddon erstellt, die zwar politisch und säkular, aber auf der anderen Seite nicht weniger mystisch ist als die Prophetie Aums.

Wie Asahara fühlt sich auch Pierce zu Technophantasien und einem romantischen Szientismus hingezogen. Sein Held Turner ist eine Art amerikanischer Hideo Murai, der sich ganz der Erfüllung auch der absurdesten wissenschaftlichen und technischen Forderungen seiner Bewegung hingibt. Als Romanfigur hat Turner natürlich alle Vorteile auf seiner Seite. Während Murai sich häufig als wissenschaftlicher Stümper erwies, erstrecken sich Turners Fähigkeiten als Elektroingenieur vom Aufbau komplizierter Fernmeldeeinrichtungen bis hin zur detaillierten Planung unterirdischer Abschußrampen für nukleare Waffen. Murai ist der wahnsinnige Wissenschaftler, während Turner ein kreativer amerikanischer Techniker ist, der auf wunderbare Weise für jede neue tödliche Mission die nötigen technischen Mittel bereitstellen kann.

Die Technophantasien der *Tagebücher* reichen wie bei Asahara bis zur absoluten Kontrolle über das menschliche Gehirn. »Wir sind wissenschaftlich«, verkündet Turner stolz, »wohingegen das System [die korrupte Regierung und Gesellschaft] einfach nur brutal ist.« Pierce läßt seine Elitegruppe, den Orden, einen »Loyalitätstest« entwickeln, der die angeblich unfehlbaren Methoden der klinischen Psychologie einsetzt, zu denen die Aufzeichnung und Überprüfung der Reaktionen des Probanden durch »an verschiedenen Körperteilen angebrachten Elektroden« und ein »helles pulsierendes Licht« gehören. All dies erinnert stark an Aums »S-Checks«. Im Buch gelingt es, einen fiktionalen Anspruch auf Vollkommenheit zu erfüllen. Aum erhob den gleichen Anspruch, war jedoch allen Fehlerquellen der Realität ausgesetzt. Wie bei Aum kann das Nichtbestehen des Loyalitätstests des Ordens zum Tode führen.

Pierces Anspruch auf eine heilige Wissenschaft findet seinen extremsten Ausdruck in einer grandiosen pseudowissenschaftlichen Theorie, die er »Kosmotheismus« nennt und über die er an anderer Stelle geschrieben hat. Auch wenn sie in den *Tagebüchern* nicht erwähnt wird, durchzieht sie doch wie ein Leitmotiv den gesamten Roman. Der Kosmotheismus gibt vor, eine Evolutionstheorie zu sein, ist jedoch in Wahrheit aggressive Rassenmystik. Sie beschreibt einen vorherbestimmten Evolutionsprozeß, in dem die weiße Rasse genetisch dazu bestimmt ist, Göttlichkeit zu erlangen. Pierces Kosmotheismus erhebt zwar Anspruch auf Wissenschaftlichkeit, stützt sich aber im wesentlichen auf einen Gnostizismus (wie auch die Nationalsozialisten, Aum, Heaven's Gate und bis zu einem gewissen Grad Jim Jones und Charles Manson), vor allem in ihren Vorstellungen von einem erzählten »Wissen«, das Individuen mit einem göttlichen Potential ausstattet, und einer radikalen Unterscheidung zwischen den »Erleuchteten« und den »Unwissenden«. In Pierces Kosmotheismus dienen diese gnostischen Prinzipien einem mythischen Rassismus, für den er natürlich wissenschaftliche Gültigkeit beansprucht.

Pierce und Asahara entwickelten starke emotionale Bindungen zu den Waffen, die das Ende herbeizwingen sollten. Auf Pierce übten Waffen und praktisch jedes Objekt, das sich potentiell als Waffe eignete, eine enorme Anziehungskraft aus. Daher auch seine fiktionale Liebkosung von Waffen jeglicher Art – die amerikanische Waffenverliebtheit in Reinkultur. Asahara hatte erst mit der Zeit Geschmack an Waffen gefunden, doch für Pierce waren sie seine große und lebenslange Liebe. Dennoch teilen die beiden Visionäre einen Nuklearismus, der untrennbar mit ihren Weltuntergangsphantasien verbunden ist, und eine damit zusammenhängende Fixierung auf Massenvernichtungswaffen jeder Art, die der angestrebten Umwälzung dienen könnten.

In den *Tagebüchern* verwenden Turner und andere Mitglieder der »Organisation« Pistolen, Gewehre, Schrotflinten und Stricke zum Aufhängen, um Juden und Schwarze, aber auch Weiße, die ihnen im Wege stehen, zu »erledigen«. Erfinderisch greifen sie auch zu allem anderen, was ihnen in die Hände fällt – Messer, Beile, Seifenstücke und Einmachgläser. Auf mehr Begeisterung stoßen größere, wirkungsvollere Waffen wie selbstgebastelte Bomben oder Mörser, obwohl die apokalyptische Phantasie ihren letzten Ausdruck natürlich in Massenvernichtungswaffen findet. Es gibt einen ekstatischen Augenblick, als Turner Zugang zu einem riesigen geheimen Lager »ungeheurer Mengen aller nur vorstellbaren Kriegswaffen« erhält: »Automatische Gewehre, Maschinengewehre, Flammenwerfer, Mörser und buchstäblich Tausende von Kisten mit Munition, Granaten, Sprengstoff, Zündkapseln, Boostern und Ersatzteilen.« »Vor Überraschung stockt ihm der Atem«, und er »fragt sich, wie der Boden das alles trägt.«

Anfangs stellen Turner und seine Freunde Bomben aus dem Düngemittel Ammoniumnitrat her, da ihnen ein effektiverer Sprengstoff nicht zur Verfügung steht. Vermutlich war McVeigh von Turners detaillierten und liebevollen Beschreibungen von der Herstellung bis zum Einsatz solcher Waffen (wie man beispielsweise eine Bombe zusammenbaut, plaziert und den Zünder so einstellt, daß genügend Zeit zur Flucht bleibt) und seiner schöpferischen Verwendung aller möglichen Materialien sehr bewegt. Man fühlt sich beinahe an die hingebungsvollen Basteleien amerikanischer Jugendlicher an alten Autos erinnert. Entscheidend für diesen innovativen Geist, wie Turner ihn in den *Tagebüchern* verkörpert, und wie McVeigh ihn vielleicht tatsächlich erfahren hat, ist die transzendente Hingabe an eine Bewegung (die gleiche Art der Hingabe, die auch den Hintergrund der Waffenherstellung bei Aum bildete). Turner nutzt seine elektrotechnischen Kenntnisse, um sein Wissen über Sprengstoffe in alle Richtungen zu erweitern, und veranstaltet »Seminare« für ausgewählte Aktivisten der Organisation, die in der Zerstörung einer städtischen Telefonzentrale gipfeln. In solchen Szenen ahnt der Leser den erlebten Machtrausch, wenn eine präzise gesteuerte technische Apparatur zu gewaltigen Schäden für die gesamte Gesellschaft führt.

Turner betritt eine neue Welt der Waffen, als die Organisation ihn beauftragt, eine riesige Kernkraftanlage »auszuradieren«. Sein völliges Aufgehen in der Welt der Atomwaffen – und in Pierces apokalyptischen

Nuklearphantasien – erfolgt jedoch, als der Guerillakrieg in Kalifornien die Organisation in die Lage versetzt, den Luftwaffenstützpunkt Vandenberg zu besetzen, wo Turner innerhalb von vier Tagen lernt, wie nukleare Sprengköpfe funktionieren. Die Organisation droht dem »System« mit Vergeltung, sollte es einen Erstschlag gegen die »gehärteten« (durch Erde oder Beton geschützten) Abschußrampen in Vandenberg unternehmen. Sodann ergreift sie die Initiative, indem sie in Miami und Charleston Atomwaffen zündet. Turner erkennt, daß das Land sich »mitten im atomaren Bürgerkrieg« befindet. Voll Staunen und Erregung über den Atompilz und die flächendeckende Zerstörung wird er Zeuge der Vernichtung von Baltimore.

Vom »System« (aufgrund des Einflusses der jüdischen Fraktion) mit ihrer Vernichtung bedroht, entwickelt die Organisation brillant eine erfolgreiche Gegenstrategie: Sie feuert den Großteil ihrer Raketen auf Israel und die Sowjetunion ab und zwingt damit das Pentagon zu einem sofortigen Atomangriff auf die Sowjetunion, um einem Vergeltungsschlag zuvorzukommen. Durch die Auslösung eines amerikanisch-sowjetischen Atomkriegs, so rühmt sich Turner, schädigt die Organisation das System und das ganze Leben in Amerika weit gravierender als bei einem Abwurf eigener Bomben auf amerikanische Städte. Hier bildet die Phantasie, Atomwaffen zu kontrollieren, eine verblüffende Parallele zu Asaharas Plan, mit Hilfe des Einsatzes von Sarin einen Atomkrieg auszulösen, der die Welt zerstören und Armageddon herbeiführen würde. Beide Nuklearphantasien beziehen wesentliche Elemente aus den Vorstellungen der Ära des Kalten Krieges zwischen den USA und der Sowjetunion und könnten sogar als deren Karikaturen verstanden werden.

Beide – Asahara und Pierce – sind glühende Verehrer Hitlers. Pierce ist sogar mehr als das. Im Epilog zu den *Tagebüchern*, schreibt er, daß 1999 »der Traum von einer Weißen Welt endlich Gewißheit geworden ist«, »nur 110 Jahre nach der Geburt des Großen«. Adolf Hitler wurde 1889 geboren, und auf der vorletzten Seite des Romans erfahren wir, daß die kosmische Großtat der globalen rassischen Säuberung im Hintergrund doch von einem Guru geleitet wurde. Stellt also Pierces Text für die extreme amerikanische Rechte eine Art Guru dar, so ist der Guru des Textes selbst der tote Hitler. Geisterhaft, aber noch immer als allmächtiger Führer, findet Hitler so seinen Weg in den Extremismus unserer Gegenwart.

Mindestens ein rechtsradikaler Aktivist nahm die *Turner-Tagebücher* beim Wort und verstand sie als spirituelle Anleitung zur Revolution. 1983 gründete Robert Mathews, ein Anhänger von Pierce, der aus der Anti-Steuerbewegung (Gruppen, die die bundesstaatlichen Steuern als illegitim betrachten und ihre Zahlung verweigern) und neonazistischen Organisationen kam, eine Gruppe mit dem Namen »der Orden«, deren Treuegelübde ganz im Geiste der *Turner-Tagebücher* lautete: »Ich als freier Arier schwöre bei den grünen Gräbern unserer Väter den unauflöslichen Eid, ... daß ich die heilige Pflicht habe, zu tun, was immer notwendig ist, unser Volk vom Judentum zu befreien und die arische Rasse zum totalen Sieg zu führen. Ich als arischer Krieger ... bezeuge vor euch, meine Brüder, daß ich jeden Feind, der euch Schaden zufügt, bis ans Ende der Welt verfolgen und ihm den Kopf vom Rumpfe trennen werde, und weiter bezeuge ich vor euch, meine Brüder, daß ich, sollte ich diesen Eid jemals brechen, für immer auf den Lippen unseres Volkes verflucht sein will.«

Mathews und dreißig bis vierzig seiner Anhänger betätigten sich als Geldfälscher und begingen bewaffnete Raubüberfälle, um an Geld für ihre Revolution zu kommen. Sie ermordeten Alan Berg, den kämpferischen jüdischen Gast einer Radio-Talk-Show in Denver, ehe Mathews selbst 1984 bei einer Schießerei vom FBI getötet wurde. Seine kleine Gruppe stellte buchstäblich die Verwirklichung der *Turner-Tagebücher* dar. Mathews führte aus, was sein Guru – der Text – propagierte, obgleich Pierce bald öffentlich erklärte, daß sein Buch die fiktive Idee einer gewaltsamen, in den Vereinigten Staaten noch nicht durchführbaren Erhebung sei. Mathews' »Orden« war ein potentieller Vorläufer von Aum, dem jedoch Asaharas ausgeprägter Guruismus sowie dessen Organisationstalent und die Fähigkeit fehlten, extreme Phantasiebilder mit realer Technik zu verschmelzen.

Mathews' Gruppe war in anderer Hinsicht bedeutsam. Zu ihr gehörten etliche Mitglieder der Bewegung Christian Identity, einer sonderbaren, aber einflußreichen Religionsgemeinschaft, die einen großen Teil der extremen Rechten durchdrungen und mit einem millenarischen Mythos ausgestattet hat, dem zufolge eine »Drangsal« stattfinden wird, die in einem letzten tödlichen Kampf zwischen rechtgläubigen Ariern und teuflischen Juden besteht. Obwohl Christian Identity Gruppierungen einschließt, die sich auf gewaltlose Formen des Survivalism angesichts des nuklearen Holocausts konzentrieren, könnte ihr Mythos andere Gruppen in die Richtung einer »militarisierten Apokalypse«, wie Michael Barkun es formuliert, drängen – das heißt zu einer Erzwingung des Endes. Mathews' eigene religiöse Überzeugungen waren offenbar eklektisch mit Bezügen zum »Odinismus«, der sich auf vorchristliche altnordische Völker berief, doch er kannte die Inhalte der Christian Identity-Bewegung und sympathisierte mit ihnen. Zweifelsohne sind ihre Anhänger die enthusiastischsten Leser der *Turner-Tagebücher* (obwohl Pierce ein Kritiker von Christian Identity war), wenn auch bei wenigen die Begeisterung so weit ging wie bei Mathews.

Christian Identity (und die *Turner-Tagebücher*) liefern der extremen Rechten einen »philosophischen Schwerpunkt«, wie Barkun es nennt, so daß überlappende Gruppierungen, die sonst wechselnde Positionen beziehen und sich überschneiden würden, eine bislang fehlende »ideologische Kohärenz« in Gestalt der Unsterblichkeit verheißenden Vision einer antisemitischen und rassistischen Apokalypse erhalten. Diese Vision, die für sich beansprucht, auf die Ursprünge der Menschheit zurückzugehen und sich auf eine ewige von Weißen beherrschte, christliche Zukunft zu erstrecken, erfüllt praktisch alle paramilitärischen Organisationen der Rechten, darunter die Bürgerwehrbewegung, der Ku Klux Klan und verschiedene Neonazi-Gruppen.

Dennoch ist das gurulose Umfeld der teilmilitarisierten Rechten amorph geblieben, was zum Teil dem Einfluß Louis Beams zuzuschreiben ist, einem redegewandten ehemaligen Ku-Klux-Klan-Mitglied und Förderer von Identity-Gruppen, dessen vielgelesener Essay *Führerloser Widerstand* 1992 in der rechtsextremen Zeitschrift *Seditionist* erschien. Er lehnt das Turner-Modell als in den Vereinigten Staaten undurchführbar ab und propagiert statt dessen die Schaffung von »Phantomzellen«, die zum Teil so klein sein können, daß sie nur aus einer Person bestehen. Bei einem führerlosen Widerstand wird es die Aufgabe jeder Zelle oder Person, terroristische und revolutionäre Aktionen vorzubereiten, wie Beam andeutet. Die Koordination mit anderen besteht lediglich in der gemeinsamen Weltanschauung. Beam argumentiert, daß es dem Staat immer gelinge, Widerstandsorganisationen wegen ihrer konventionellen Befehlsstrukturen zu infiltrieren und zu zerschlagen, während ein führerloser Widerstand den Staat mit einem »Alptraum für den Geheimdienst« konfrontieren würde. Unter Berufung auf das Vorbild der Committees of Correspondence der amerikanischen Revolution lehnt er das Prinzip einer gewaltsamen Revolution nicht ab. Vielmehr beschreibt er eine Strategie, die durch die kleine Zahl und die begrenzten Mittel der radikalen Rechten begründet ist. In einem späteren Roman *Hunter*

(»Der Jäger«) entwickelt Pierce eine ähnliche Theorie und verwirft den organisierten Kampf gegen den Staat zugunsten individueller Gewalttaten. Obwohl er später den Anschlag von Oklahoma als planlosen »chaotischen Terrorismus« kritisiert, hält er es offenbar für möglich, daß eine Gruppe aus lauter hingebungsvollen Earl Turners, ausgestattet mit den entsprechenden Mitteln, die Regierung stürzen könnte.

Die Phantomzellen in Beams führerlosem Widerstand legen die Idee eines Phantomgurus nahe, einer unsichtbaren und immateriellen Quelle unantastbarer Weisheit für die Aktivisten. Diese Form des Widerstands setzt nach Barkun Gesetzesbrüche oder Gewalttaten auf lokaler Ebene voraus, wie der Anschlag in Oklahoma City gezeigt hat, der von einer Phantomzelle aus zwei oder möglicherweise drei Menschen, die sich innerhalb einer größeren Gruppe Gleichgesinnter bewegten, ausgeführt wurde. Beams Konzept könnte McVeigh sehr wohl dazu verleitet haben, aus den Schranken gemäßigterer Gruppen auszubrechen und aus eigenem Antrieb einen dramatischen Beweis seiner zerstörerischen Macht zu liefern. Diese Form einer amorphen Führerlosigkeit erschwert zwar koordinierte, großangelegte Operationen, gleichzeitig aber auch die Möglichkeiten, den rechtsradikalen Terrorismus zu kontrollieren.

In diesem neuen gewalttätigen Umfeld sind die *Turner-Tagebücher* zu einem Klassiker der extremen Rechten geworden und bleiben eine Quelle der Anregung für deren unterschiedliche Anhänger, haben vielleicht jedoch etwas von ihrer guruistischen Macht eingebüßt. Inzwischen existieren kleine und größere Gruppen im Überfluß: »Milizen« (einige unter dem Einfluß von Christian Identity) wie die Freemen von Montana, die Michigan-Miliz und die Bürgermiliz von Chemung County, New York. Christian-Identity-Gruppierungen rangieren von der gewaltlosen Church of Israel bis zur militanteren »Christian-Patriots Defense League« und zur aktionsprophetischen Gruppe »Covenant, Sword and Arm of the Lord«. Dazu kommen traditionellere rechtsgerichtete Gruppierungen wie der Ku Klux Klan und die American Nazi Party – ganz zu schweigen von den Phantomzellen, über die kaum etwas bekannt ist. Sie alle existieren in einer Welt voller Visionen von einem erzwungenen rassistischen Armageddon und von Unsterblichkeit verleihenden Projekten eines Massenmords durch allmächtige Vernichtungswaffen.

Alarmierend war in den letzten Jahren der Erwerb von kleinen Mengen potentieller Agentien für die Herstellung biologischer Waffen durch Rechtsextremisten. Ebenfalls zu beobachten ist die ausgedehnte Nutzung des Internets durch rechtsradikale Gruppen in der Absicht, Größe und Macht vorzutäuschen und sich national und global zu vernetzen. Es ist unmöglich vorherzusehen, ob oder wann in dieser unübersichtlichen Landschaft eine dieser Gruppierungen mit dem nötigen technisch-wissenschaftlichen Knowhow hervortreten wird, um ihre Phantasien und Impulse in die Tat umzusetzen. Sicher ist jedoch, daß Phantomgurus, ob sie sich im Cyberspace verbergen oder auf anderem Weg anonyme Aufrufe verbreiten, ihre Gegenwart spürbar machen werden. Künftige Phantomzellen werden über kurz oder lang Zugang zu komplexeren Techniken und schlagkräftigeren Waffen als Bomben aus Düngemitteln erhalten.

Aums Guru war alles andere als ein Phantom, dennoch könnte man Aum als Phantomzelle betrachten – einige hundert Aktivisten versuchen, die Welt zu vernichten. Es ist nur zu offensichtlich, daß Shōkō Asaharas Pläne nicht einmalig sind und in den Vereinigten Staaten eine zwar andere, jedoch verwandte Form angenommen haben und auch zukünftig annehmen können. Eine Analyse vor dem Hintergrund Aums wird es uns erleichtern, amerikanische apokalyptische Tendenzen zu untersuchen und ihnen Einhalt zu gebieten. Ihre Quellen müssen erforscht werden, um Gewalttaten zu verhindern und Vorsichtsmaßnahmen zu unserem Schutz zu ergreifen. Charles Manson und Jim Jones waren charismatische Gurus mit der Fähigkeit, auf ihrer apokalyptischen Suche ihre Anhänger zu Mord oder Selbstmord anzustiften, dennoch hatten sie oder ihre Gruppen noch nicht die Vorstellung, Armageddon durch Massenvernichtungswaffen herbeizuführen. Andere Gurus wie David Koresh oder die Anführer von Survivalistgruppierungen haben sich für eine Armageddon-Schlacht bewaffnet, ohne jedoch selbst das Ende erzwingen zu wollen. Neue Gruppen könnten in der Lage sein, wie es bei Aum der Fall war, einen apokalyptischen Guruismus mit Vernichtungstechnik zu verbinden.

Bei eingehenderer Erforschung der sozialen und psychischen Wurzeln eines kollektiven Bestrebens, die Welt zu vernichten, werden wir vermutlich diese Gruppen als eine dunkle Kehrseite oder einen »kulturellen Untergrund« unserer Gesellschaft erkennen. Wir werden aber auch entdecken, daß alles, was unsere Gesellschaft anständiger und materiell gerechter macht, dem absoluten Impuls, alles zu zerstören, entgegenwirkt. Da dieser Impuls jedoch niemals verschwinden wird, müssen wir ihn weiter erforschen, um Mittel zu finden, seinen Verlockungen zu widerstehen und seinen zerstörerischen Projekten Einhalt zu gebieten.

Nachwort

Obwohl ich mich in der Vergangenheit mit einem Verhalten beschäftigt habe, das unvergleichlich mörderischer war als das von Aum, war dieses hier sicherlich mein seltsamstes Projekt. In den drei Jahren, in denen ich Shōkō Asahara studiert und seine Jünger interviewt habe, bin ich auf Schritt und Tritt bizarren Phantasien begegnet, die in ebenso bizarre, häufig mörderische Aktionen umgesetzt wurden. Während der Interviews bin ich auch auf eine eigenartig prosaische Seite von Aum gestoßen. Hier existierte eine Gruppe, deren grenzenlose Visionen sie zum außergewöhnlichsten Verhalten verleitete, das ich in meinem ganzen Berufsleben erforscht habe. Gleichzeitig überraschte mich die vertraute Durchschnittlichkeit der meisten Mitglieder und des Alltagslebens der Gruppe und vor allem ihrer häufig fehlgeschlagenen Aktionen.

Darüber hinaus mußte mich als Wissenschaftler auch der bemerkenswerte Balanceakt des Gurus verblüffen, der fast zehn Jahre lang das Globale und das Lokale, das mystisch Spirituelle und das konkret Gewalttätige, Tradition und New-Age, Askese und Geldgier, disziplinierte Sektenroutine und das Chaos der »Erzwingung des Endes« unter einen Hut gebracht hatte. In allen Interviews, die ich geführt habe, war eine Mischung aus jenseitiger Fremdheit und diesseitiger Unmittelbarkeit gegenwärtig und findet sich, ich glaube, auch in jedem Kapitel, jedem Abschnitt dieses Buches wieder.

Vor meinem geistigen Auge bewegt sich ein Kaleidoskop seltsam nachwirkender Bilder von Asahara und Aum, die – was nicht überrascht – in mehrere Richtungen gleichzeitig streben. Als erstes fallen mir meine sehr jungen Interviewpartner ein. Abgesehen von ihrer tiefen, aus der Aum-Erfahrung resultierenden Verwirrung erinnerten sie mich stark an andere junge Japaner, mit denen ich mich im Lauf der Jahre unterhalten habe – aufgeweckt, nachdenklich, neugierig, zum Teil auf vielen Gebieten bewandert, gesprächsbereit und unsicher, wie sie ihre Ideale und Hoffnungen mit dem Alltagsleben in Einklang bringen sollten. Dennoch unterschieden sich die ehemaligen Aum-Mitglieder in einer ganz wesentlichen Hinsicht: Sie waren dem Bösen begegnet, waren auf gewisse Weise ein Teil davon geworden und kämpften nun darum, sich dieser schwierigen Wahrheit zu stellen und ihr nicht aus dem Wege zu gehen, während sie zudem größte Probleme hatten, sich von einem Guru zu lösen, der noch immer in ihren Gedanken präsent war.

Auch ich mußte einen Balanceakt vollbringen, um einerseits für keinen Moment das Verbrecherische von Aum aus den Augen zu verlieren, während ich gleichzeitig für viele dieser intelligenten jungen Leute Sympathie empfand. Auf ihrer spirituellen Suche hatten sie sich in das extremste denkbare Projekt, das eines apokalyptischen Guruismus verstrickt. Meine eigenen Schwierigkeiten während dieser Interviews haben sogar mein Verständnis dafür vertieft, wie es möglich ist, daß anständige junge Menschen – überhaupt mehr oder weniger normale Menschen in Japan, in den USA und überall auf der Welt – von etwas Bösem angezogen werden, das in der Maske vollkommener Tugend auftritt. Nach meiner Beschäftigung mit Aum Shinrikyō bin ich mehr denn je überzeugt, daß wir, auch wenn wir natürlich auf der Verantwortung des einzelnen für seinen Taten bestehen, unbedingt Wege finden müssen, die psychologischen und historischen Bedingungen zu ändern, die zu Destruktivität und Kriminalität führen, wie wir ihnen bei Aum begegnet sind.

Auch Eindrücke von Shōkō Asahara, einem Mann, dem ich nie persönlich begegnet bin, sind mir geblieben. Ich halte ihn inzwischen – ich denke übrigens häufiger über ihn nach, als mir lieb ist – für einen Selfmademan, dessen einzige wirkliche (allerdings beträchtliche) Begabung darin bestand, ein Guru zu sein. Bei der Erörterung seiner »Kaiser«-Psychologie habe ich ihn als die Karikatur einer Karikatur bezeichnet. Doch während ich seiner Beziehung zu Massenvernichtungswaffen nachging, sah ich ihn mehr und mehr auch als die Karikatur von etwas anderem, etwas, das uns allen näher und gefährlicher ist. Nun kommt es mir so vor, als wäre er eine Karikatur heutiger politischer Führer zahlreicher Länder – nicht mehr nur der Supermächte –, die über Massenvernichtungswaffen verfügen und daher einer explosiven psychischen Mischung aus Furcht, Machtwillen und phantastischem Denken unterworfen sind, die uns alle vernichten könnte.

Ohne ein Staatsgefüge oder autorisierte Strategen und Politiker, ohne die »Rationalität« nationaler Sicherheitserklärungen oder Bemühungen um militärische Abrüstung – mit faktisch nur einem einzigen größenwahnsinnigen Guru und seiner kleinen Sekte – werden bestimmte Dinge viel klarer. Betrachten wir Asaharas Verhältnis zu Massenvernichtungswaffen: Es begann mit den Schrecken und Alpträumen eines Weltuntergangs im Zusammenhang mit Hiroshima, es folgte die Obsession mit Massenvernichtungswaffen und ein alles durchdringender Nuklearismus, zu dem Allmachtsphantasien von einer Beherrschung und Zerstörung der Welt gehörten, und schließlich die konkrete Produktion verschiedener Versionen einer »Atombombe des kleinen Mannes« und Träume von immer phantastischeren, wenn auch noch nicht existenten Massenvernichtungswaffen. Wenn man es nur mit einem wahnsinnigen Guru und seinen Anhängern zu tun hat, ist es wesentlich einfacher zu erkennen, wie die Anschaffung von Massenvernichtungswaffen von Anfang an eine psychische Dynamik annimmt, die entweder zu einer gegen die eigene Gruppe gerichtete Selbstauslöschung oder zur Vernichtung der ganzen übrigen Welt führen kann, es sei denn, wir anderen strengen alle unsere Kräfte an, um dem Nuklearismus ein für allemal eine Absage zu erteilen.

Wenn uns Asaharas Werdegang nur allzu vertraut erscheint, dann liegt das bedauerlicherweise daran, daß sein Wahn ein helles Licht auf weite Teile unserer übrigen Welt wirft. Dieser wahnsinnige Guru ist für uns besonders wertvoll, denn an ihm läßt sich die Absurdität nuklearer Waffen und der Endzeitprojekte erkennen, mit denen diese Waffen unweigerlich verbunden werden. In den Händen »gefestigterer« Führer und Gruppen können Projekte, die auf dem Einsatz von Waffen beruhen, die Illusion von Vernunft erzeugen. Eine Karikatur kann dazu dienen, solche Illusionen zu entlarven, aber sind wir auch in der Lage, aus dem vorliegenden Beispiel Nutzen zu ziehen?

Am meisten bewegt mich der Gedanke, daß Asahara und Aum die Welt verändert haben, und zwar nicht zum Besseren. Eine Schwelle ist überschritten worden. Durch ihren Guru hat Aum eine Grenze überquert, von deren Existenz die meisten nicht einmal etwas ahnten. Aums Mitgliedern gebührt das zweifelhafte Verdienst, die erste Gruppierung in der Geschichte zu sein, die einen rückhaltlosen Fanatismus mit Massenvernichtungswaffen kombinierte, um die Welt zu zerstören. Glücklicherweise waren sie der unbescheidenen Aufgabe, die sie sich gestellt hatten, nicht gewachsen. Doch trotz aller Fehlschläge haben sie diese Schwelle überschritten, und die Welt wird nie mehr ganz dieselbe sein, weil Aum Shinrikyō, ob es uns gefällt oder nicht, uns mit über diese Schwelle genommen hat.

Wir können nicht mehr so tun, als gäbe es eine solche Schwelle nicht oder als wäre eine andere, selbst eine kleine Gruppe zu einem ähnlichen apokalyptischen Fanatismus nicht in der Lage. Die nächste Gruppe von

Anhängern eines Gurus mit apokalytischen Zielen ist vielleicht noch größer als Aum und stellt sich geschickter an oder ist weniger stark durch die eigenen Wahnvorstellungen beeinträchtigt. Sie könnte, von Aums Vorbild geleitet, danach streben, alles besser zu machen. Dieses Vorbild ist nun auf der ganzen Welt bekannt, auch den verrücktesten Phantasten zugänglich, und diese Zugänglichkeit in all ihrer neuen Bedrohlichkeit ist für mich das wichtigste Ergebnis meiner Erforschung Aums und seiner Weltsicht.

Diese düstere Schlußbetrachtung soll jedoch keinesfalls als Resignation gewertet werden. Vielmehr ist sie ein Plädoyer dafür, die Augen offenzuhalten. Wir müssen erkennen, daß Aum und Asahara die Welt für uns alle verändert haben. Diese Veränderung bewußt wahrzunehmen, bedeutet einen Wandel in unserer Vorstellung, der sich sogar als wünschenswert und lebensbejahend erweisen könnte. Man blickt in den Abgrund, um über ihn hinweg sehen zu können. Nachdenkliche Beobachter von Aum haben begonnen, weiter zu blicken, wie hoffentlich auch die Leser dieses Buches. Der Schritt, den Aum getan hat, muß uns in höchstem Maße beunruhigen. Doch das Bewußtwerden der Veränderung, die dieser Schritt für unsere Welt bedeutet, ist seinerseits ein Schritt anderer Art. Zu diesem Schritt sollte die Entschlossenheit gehören, jedem Anspruch auf absolutes Wissen und absolute Herrschaft über Leben und Tod entgegenzutreten. »Wer nicht alles weiß«, sagt Camus, »kann nicht alles töten.« Indem wir unser ganzes Vorstellungsvermögen einsetzen, um die Geschichte von Aum in uns aufzunehmen, werden wir der neuen Gefahr, die Aum darstellt, vielleicht besser begegnen und ein Bewußtsein entwickeln können, das auch die Lebensweisen und Bedürfnisse von Menschen außerhalb unserer unmittelbaren Bezugsgruppen berücksichtigt. In einer solchen bewußten Wahrnehmung liegt der Beginn neuer Hoffnung.

Nachwort für die deutsche Ausgabe: Aum an der Schwelle zum neuen Jahrtausend

Seit der erstmaligen Veröffentlichung dieses Buchs in den Vereinigten Staaten sind die Prozesse gegen Aum-Mitglieder weitergegangen, haben weitere Einzelheiten der Morde zutage gefördert und vernehmlichere Forderungen nach der Todesstrafe ausgelöst. Gleichzeitig hat die Sekte große Anstrengungen unternommen, sich zu erneuern und die Harmlosigkeit ihrer Ziele zu beteuern.

Die allgemeine Öffentlichkeit hat ihre von Ängsten genährte Abneigung gegen Aum in verschiedener Weise zum Ausdruck gebracht. Mehrere Städte haben sich geweigert, Aum-Mitglieder in das Melderegister aufzunehmen (so daß sie nicht für ein Amt in Schulen oder einem sozialen Dienst kandidieren können); Anwohner haben dagegen demonstriert, daß Aum-Mitglieder sich in bestimmten Gegenden erneut niederlassen, und haben versucht, Aum-Immobilien aufzukaufen. Für viele Japaner sind die Aum-Mitglieder zu einer neuen Klasse von gefährlichen »Unberührbaren« geworden. Ohne Sympathisanten von Aum zu sein, haben sich Bürgerrechtsaktivisten gegen einige dieser Aktionen gewandt, vor allem gegen die verfassungswidrige Weigerung, japanische Bürger ins Melderegister aufzunehmen, doch die Proteste dauern an.

Im November 1999 hat das japanische Parlament zwei gegen Aum gerichtete Gesetze verabschiedet: Das eine ermöglicht eine strenge polizeiliche Überwachung jeder Gruppe, die »in den letzten zehn Jahren in willkürlichen Massenmord« verstrickt war; das zweite macht solchen Gruppen zur Auflage, ihre Vermögenswerte auszuhändigen, so daß diese an die Opfer verteilt werden können. Während an der möglichen Verfassungswidrigkeit dieser Gesetze ebenfalls Kritik laut wurde, stand kaum in Zweifel, daß sie einer verbreiteten Stimmung in der Öffentlichkeit entsprachen. Daraufhin bot Aum zum ersten Mal eine Entschuldigung für ihre Taten in der Vergangenheit an und versprach weitere Entschädigungen für die Opfer des Sarinanschlags in Tokio. Gleichzeitig beschwerte sich die Sekte aber auch, die Gesetze verletzten die Grundrechte ihrer Mitglieder.

Am 29. Dezember 1999 wurde Fumihiro Jōyū, einer der prominenten Sprecher von Aum, aus dem Gefängnis entlassen. Wie erwartet, übernahm er sogleich eine Führungsposition in der Sekte, und sein Ruf als »Organisationsgenie« und »charismatische« Persönlichkeit gab den verbreiteten Befürchtungen neue Nahrung. Unter der Führung Jōyūs war Aum bemüht, sich zu verändern oder zumindest ihr Image in der Öffentlichkeit friedlicher erscheinen zu lassen, indem sie sich »einer Art organisatorischer Reform und einer spirituellen Revolution« unterzog, wie Jōyū es ausdrückte. Aum änderte ihren Namen in Aleph, und in einem medienfreundlichen Interview mit der *New York Times* erläuterte Jōyū, dieser Name (der erste Buchstabe des hebräischen Alphabets) bedeute einen Neuanfang. Die Gruppe war bemüht, sich von den Verbrechen Asaharas zu distanzieren, für die sie erneut um Verzeihung bat, sprach jedoch gleichzeitig verehrungsvoll von ihm als ihrem »erhabenen Führer« und einem »spirituellen Wesen«, das »ein Genie auf dem Gebiet des Yogas und der buddhistischen Meditation« sei.

Derartige Ansprüche auf eine neue und freundlichere Aum-Sekte werden durch die Machtkämpfe in ihrem Innern Lügen gestraft, die zwischen Jōyū und Asaharas Familie (seine Frau und seine Kinder) und innerhalb dieser Familie selbst geführt werden. Diese gingen so weit, daß sogar Asaharas siebenjähriger Sohn von einer Gruppe unter der Führung von zwei seiner Töchter im Alter von sechzehn und achtzehn Jahren entführt wurde. Und es bestehen zweifellos noch weitere verborgene Spannungen innerhalb von Aleph/Aum. Jedenfalls wurden die Bemühungen Aums, sich neu zu erfinden, allgemein als durchsichtiges Manöver betrachtet, die neuen Gesetze zu umgehen. Viele waren überzeugt, die neue Sekte werde bald am Ende sein.

Doch Aum hielt für die japanische Gesellschaft noch einen weiteren Schock bereit. Obwohl das erfolgreiche und ausgedehnte Computergeschäft der Sekte allgemein bekannt war, sollte ihre weniger gut sichtbare Computertechnik die japanischen Behörden in neue peinliche Verlegenheiten bringen. Ende Februar und Anfang März 2000 kam heraus, daß mehrere Unternehmen im Besitz von Aum für viele Regierungsbehörden des Landes, darunter die Ministerien für Bau, Post und Telekommunikation und das Bildungsministerium, komplexe Software-Systeme entwickelt und geliefert hatten.

Außerdem hatte Aum Computersysteme für die Verteidigungsbehörde und die Stadtpolizei Tokios geliefert, was bedeutete, daß die Sekte daran mitwirken konnte, die Streifenstrecken derselben Polizeibehörde festzulegen, von der sie eigentlich überwacht werden sollte. Da die Software sich auch auf NTT erstreckte, die größte Telekommunikationsgesellschaft Japans, war bereits sorgenvoll von einem »Cyberangriff« Aums die Rede. Ein Zeitungsartikel mit der Schlagzeile »Vom Sarin zur Software« befürchtete Schlimmes von dieser Verbindung und erging sich in Vermutungen darüber, daß die Sekte nach wie vor modernste Technik für ihre zerstörerischen Absichten einsetzen wolle. Selbstverständlich machten sich sämtliche Behörden und Unternehmen, in deren Computersysteme Aum eingedrungen war, sogleich daran, ihre Computer neu zu konfigurieren und sich von diesen anrüchigen Quellen ihrer Programme zu distanzieren. Dessen ungeachtet blieb in vielen Japanern das beklemmende Gefühl zurück, daß trotz des geschwächten Zustands der Sekte ihrem phantasievollen Talent, schwere Schäden anzurichten, anscheinend keine Grenzen gesetzt waren.

Aum ist jedoch nicht nur einem starken sozialen Druck ausgesetzt, sondern zudem gefangen in einem verhängnisvollen Widerspruch zwischen einer fortdauernden Verehrung für ihren Guru/Gründer und ihrem erklärten Verzicht auf dessen verbrecherisches Verhalten – eine gesteigerte Version innerpsychischer Widersprüche, wie sie von einzelnen ehemaligen Aum-Mitgliedern geäußert wurden. Doch was immer mit der Gruppe geschehen wird – ob sie sich auflöst oder weitermacht –, die *Idee* von Aum und ihre bizarren Übertretungen könnten sehr wohl für die zutiefst Unzufriedenen und alle, die zu endzeitlichen Gewaltphantasien neigen, ob in Japan oder anderswo in der Welt, als Sammelpunkt dienen. Je besser wir diese avantgardistische Sekte verstehen, desto besser werden wir in der Lage sein, einer künftigen sektiererischen Gewalt und den tiefen sozialen Konflikten, aus denen sie entsteht, zu begegnen.

1. Mai 2000

Dank

Entscheidend zu dieser Arbeit beigetragen haben Susumu Shimazonos frühzeitige und großzügige Beratung sowie unsere lebhaften Gespräche über Aum Shinrikyō, die japanische Kultur und die amerikanisch-japanischen Beziehungen. Manabu Watanabe hat sowohl in Japan als auch den Vereinigten Staaten in fast jeder Phase meiner Studie eng mit mir zusammengearbeitet und sie mit seinem erstaunlichen Wissen, seiner Energie und Einsicht geprägt.

In unserem Center of Violence and Human Survival haben Charles Strozier und ich durch unseren Austausch über das Wesen und die Vielschichtigkeit apokalyptischer Gewalt unsere Freundschaft weiter vertiefen können. Michael Flynns anregende Bemerkungen und seine erstaunlichen bibliographischen Kenntnisse waren von größtem Wert für meine Studie. Cindy Ness hat als unermüdliche und produktive Forschungsassistentin einen unschätzbaren Beitrag geleistet. Bereichernd waren die Erörterungen zur Psychohistorie von Mary Catherine Bateson, Norman Birnbaum, Margaret Brenman-Gibson, Cathy Caruth, Wendy Doniger, Daniel Ellsberg, Kai Erikson, Carol Gilligan, James Gilligan, Judith Herman, Robert Holt, Sudhir Kakar, Bessel van der Kolk, John Mack, Norman Mailer und David Tracy bei unseren Zusammentreffen in Wellfleet, ebenso wie die mit Erik Erikson in früheren Jahren geführten Gespräche. Danken möchte ich auch Martin Bergmann und Larry Shainberg in New York und Wellfleet, Shūichi Katō und Kenzaburō Ōe für die an verschiedenen Orten geführten Gespräche. Auch dem Dialog mit westlichen Wissenschaftlern über die Kultur und Religion Japans, darunter Ian Reader, Mark Mullins und David Goodman, habe ich viel zu verdanken. Eine endgültige Durchsicht des Manuskripts erfolgte durch Strozier, Watanabe und Michael Barkun, die mir wichtige Hinweise gegeben haben.

In Japan wurde mir entscheidende Unterstützung zuteil von Lico Maekawa, Kazuhiro Watanabe und Mikimasa Maruyama; in den Vereinigten Staaten von Yasuhiro Makimura, Nagomi Matsumoto, Reiko Tomii,

Naoko Watanabe und Ioannis Mentzas, der das Manuskript auch korrigiert hat. An der langwierigen Bearbeitung des Manuskripts beteiligt waren Susan Dunlap, Sandra R. Friedman, Shelly Pettigrew, Michael Schoenfeld und besonders Tamir Halaban. Lucy Silva, meine Assistentin am John Jay College, hat wieder einmal mit ihrer üblichen und einmaligen Kombination aus Charme und Effizienz die gesamte Erstellung des Manuskripts organisiert.

Für die Unterstützung meiner Forschungsarbeit danke ich der Japan Foundation, besonders Mikio Katō, Botschafter Hisashi Owada, Generalkonsul Yoshio Karita und Matsuo Amemiya; ebenso der Suntory Foundation und Masakazu Yamazaki; der New York Times Company Foundation und Arthur Gelb; sowie dem John Jay College und Präsident Gerald Lynch.

Tom Engelhardts kreative Auseinandersetzung mit dem Manuskript erwies sich als wahrhaft unschätzbar; sein Gefühl für das Thema und die englische Sprache haben mir viel geholfen, mich besser und präziser auszudrücken. In der letzten Phase der Veröffentlichung war mir Rosalyn Schloss ein Born der Klarheit und Genauigkeit. Sara Bershtel leitete den gesamten Verlauf der Veröffentlichung mit sicherer Hand, indem sie den liebevollsten und unwiderstehlichsten Druck ausübte, den man sich nur wünschen kann. Lynn Nesbit und Tina Bennett, meine Agentinnen, haben ihre Fähigkeiten und ihr Einfühlungsvermögen für die Durchführung des Projekts eingesetzt.

Wie bei all meinen Projekten war meine Familie unweigerlich betroffen und ist sich der mir geleisteten seelischen Unterstützung vermutlich noch nicht einmal bewußt. Das schließt Ken und Michelle Lifton und ihre Töchter Kimberly und Jessica ein; Natasha Karen Lifton, der dieses Buch gewidmet ist, und Daniel Itzkovitz. Betty Jean Lifton weiß um ihre Unterstützung, denn sie hat mich auf all meinen Reisen, auch nach Japan, begleitet und jeden Augenblick meiner Bemühungen um diese Arbeit geteilt.

Anmerkungen

Viele Zitate und Informationen über Aum Shinrikyō stammen von ehemaligen Mitgliedern der Sekte, die ich interviewt habe. Die unter Shōkō Asaharas Namen veröffentlichten Schriften (zum Teil nicht von ihm selbst verfaßt), von denen viele ins Englische übersetzt wurden, waren natürlich ebenfalls von großer Bedeutung. Da nähere Einzelheiten über die Vorgänge innerhalb von Aum erst während der Zeit meiner Arbeit an diesem Buch an die Öffentlichkeit gelangten, habe ich mich ausgiebig auf einschlägige Berichte in japanischen Tageszeitungen gestützt, zumeist im japanischen und englischen Internet. Zu diesen gehörten die drei größten japanischen Tageszeitungen *Asahi, Yomiuri* und *Mainichi* sowie die in englischer Sprache erscheinenden *Japan Times, Asahi Evening News, Mainichi Daily News* und *Daily Yomiuri.* Diese Zeitungen brachten mehrere ausführliche Serien und zusammenfassende Artikel, die für mich besonders hilfreich waren. Eine sehr wichtige Quelle war die Dokumentation der japanischen Staatsanwaltschaft zu den Anhörungen über die Anwendung des japanischen Gesetzes zur Bekämpfung staatsfeindlicher Aktivitäten und zu den Prozessen gegen Shōkō Asahara und mehrere seiner führenden Jünger sowie die Aussagen dieser Männer vor Gericht. Des weiteren habe ich wissenschaftliche Literatur zu Aum und zur japanischen Religion und Gesellschaft herangezogen; besonders erwähnen möchte ich in diesem Zusammenhang Susumu Shimazono, Manabu Watanabe, Ian Reader und Helen Hardacre (mit denen ich zum Teil ausführliche Gespräche führen konnte). Eine wertvolle Hilfe waren mir schließlich die journalistischen Berichte und Darstellungen der Aum-Spezialistin Shōko Egawa (mit der ich ebenfalls ein ausführliches Gespräch führen konnte), Murray Sayle, David Kaplan und Andrew Marshall sowie D.W. Brackett.

Einleitung: Ende und Anfang

S. 11 »Nuklearismus«: Vgl. R. J. Lifton, *Die Psychologie des Völkermords*, Stuttgart 1992, S. 83 ff.

S. 12 »dreißigtausend Anhänger in Rußland«: Die Aktivitäten von Aum in Rußland und die große Zahl ihrer dortigen Anhänger ist eine Geschichte für sich und wird hier nicht näher behandelt.

S. 15 Zitat Glover: Edward Glover, *War, Sadism, and Pacifism*, London 1946, S. 274.

1. Der Guru und seine Sekte

S. 18 Ich-System/Ich-Prozeß: »Ich-System« (*self-system*) wird von dem US-amerikanischen Psychoanalytiker Harry Stack Sullivan gebraucht, um die komplexen Interaktionen innerhalb des individuellen Ichs zu bezeichnen; »Ich-Prozeß« (*self-process*) ist mein eigener Terminus zur Bezeichnung der fortwährenden Bewegungen und Veränderungen innerhalb des Ichs.

S. 18 »Gurutyp«: Anthony Storr, *Feet of Clay: Saints, Sinners and Madmen: A Study of Gurus*, New York 1996, S. xii und 48.

S. 19 »Dimension von Leben und Tod«: R. J. Lifton, *Der Verlust des Todes*, München, Wien 1986.

S. 20 »magnetische Anziehungskraft« oder »bloße Fähigkeit, Zustimmung zu wecken«: Charles Lindholm, *Charisma*, Cambridge, Mass. 1990, S. 5f.

S. 22 »Oberhaupt eines Roboterreichs«: Shōko Egawa, *Kyuseishu no yabo* (»Der Ehrgeiz eines Erlösers«), Tokio 1991.

S. 24 »Eines Tages hörte ich auf ...«: Shōkō Asahara, *Beyond Life and Death*, Shizuoka 1993, S. 25–33.

S. 25 »wunderbare und außergewöhnliche Ereignisse«: Ian Reader, *Religion in Contemporary Japan*, Honolulu 1991, S. 209 und 109.

S. 26 »Gott des Lichtes«: Manabu Watanabe, »Religion and Violence in Japan Today: A Chronological and Doctrinal Analysis of Aum Shinrikyō«, *Terrorism and Politcal Violence* 10 (1998), H. 4, S. 83. Viele der folgenden Details stützen sich auf diesen Aufsatz sowie auf die bereits genannten allgemeinen wissenschaftlichen und journalistischen Veröffentlichungen von Aum.

S. 28 »ins Dasein entlassen«: Wendy Doniger, Referat und Diskussion auf einer Konferenz der Wellfleet Psychohistory Group, September 1997.

S. 28 Die drei Typen von Gurus: *Das Tibetische Totenbuch*, hg. von W. Y. Evans-Wentz; übersetzt und eingeleitet von Louise Göpfert-March, Zürich 1953, S. 235f.

S. 32 Zu einer Diskussion eines »ideologischen Totalitarismus« (*ideological totalism*) s. R.J. Lifton, »Cults: Religious Totalism and Civil Liberties«, in: *The Future of Immortality and Other Essays for a Nuclear Age*, New York 1987, S. 209–219. S.a. ders., *Thought Reform and the Psychology of Totalism: A Study of »Brainwashing« in China*, Chapel Hill 1989, S. 419–437.

S. 43 »*poa*-Lehrgang«: Shōkō Asahara, *The Law of Karma (The Teachings of Truth,* Bd. 5), Shizuoka 1993, S. 109.

S. 51 »Handbuch der Furcht« und die Kriegserklärung an die Juden: David Goodman, »Antisemitism in Japan: Its History and Current Implications«, in: Frank Dikötter (Hg.), *The Construction of Racial Identities in China and Japan,* 1999; vgl. a. D. Goodman und Masanori Miyazawa, *Jews in the Japanese Mind: The History and Uses of a Cultural Stereotype,* New York 1995.

2. Die Vision vom Weltende

S. 53 Die Schriften des Nostradamus: Ian Reader, »A Poisonous Cocktail? Aum Shinrikyō's Path to Violence«, Kopenhagen (Nordisches Institut für Asienstudien) 1996, S. 14; Robert Kisala, »1999 and Beyond: The Use of Nostradamus' Prophecies by Japanese Religions«, *Japanese Journal of Religious Studies* 23 (1996), H. 2, S. 143–157.

S. 54 »Die Reise des Raumschlachtschiffs Yamato«: s. hierzu Helen Hardacre, »Aum Shinrikyō and the Japanese Media: The Pied Piper Meets the Lamb of God«, East Asian Institute, Columbia University November 1995.

S. 54 »Lotusdörfer«: Watanabe, »Religion and Violence«, S. 86.

S. 55 die Rolle des »blinden Erlösers ...«: Satoshi Tamura und Kenju Komatsu, *Asahara ossan jigoku* (»Asahara – Die Hölle eines schmutzigen alten Mannes«).

S. 57 Aussprüche eines dubiosen japanischen Propheten der Jahrhundertwende: Susumu Shimazono, »In the Wake of Aum: The Formation and Transformation of a Universe of Beliefs«, *Japanese Journal of Religious Studies* 22 (1995), H. 3/4, S. 381–415. Ich verdanke diesem Aufsatz zahlreiche allgemeine Informationen über Aum.

3. Das Ende erzwingen

S. 68 »Die Lehren des esoterischen buddhistischen Tibets«: Watanabe, »Religion and Violence«, S. 84f.

S. 69 »Um die Welt zu retten ...«: Stella Kramrisch, *The Presence of Shiva,* Princeton 1992, S. 439.

S. 70 »eine neue Form der Materie«: Dokumente der Staatsanwaltschaft, erster Prozeß gegen Asahara.

S. 71 »Wutgefühle«: Aussage Inoues vor Gericht, 21. März 1996.

S. 72 »die Einheit von Leerheit und Leuchten«: *The Encyclopedia of Eastern Philosophy and Religion,* Boston 1994, S. 213.

S. 74 »Herbeizwingen des Endes«: Gershom Scholem, *The Messianic Idea in Judaism,* New York 1971, S. 56f. Scholem spricht von einer »tief eingewurzelten Abneigung gegenüber den ›Erzwingern des Endes‹, wie diese Menschen im Hebräischen genannt werden, welche die Ankunft des Messias nicht erwarten konnten und sie durch eigenes Handeln beschleunigen wollten.«

S. 74 »Es war unsere praktische Aufgabe ...«: Aussage Inoues vor Gericht.
S. 74 »Shiva will ...«: Aus der Dokumentation des Staatsanwalts.
S. 75 »Angenommen, es gibt jemanden ...«: Watanabe, »Religion and Violence«, S. 88.
S. 75 *poa* als spirituelle Übung für das »Verlegen« in eine höhere Sphäre: *Tibetanisches Totenbuch*, S. 90f.; *Encyclopedia of Eastern Philosophy and Religion*, S. 271 und 248f.; *A Handbook of Tibetan Culture*, Boston 1994, S. 359 (Stw. »Phowa«).
S. 76 Die Nazis behaupteten von sich: R. J. Lifton, *Ärzte im Dritten Reich*, Stuttgart 1988, S. 509ff.
S. 77 »Der Keim der Höchsten Wahrheit«: Aussage Inoues vom 8. November 1996.
S. 77 »Deshalb müssen wir ... alle töten«: Erklärung der Staatsanwaltschaft zur Chronologie von Aum.
S. 78 Zitat Watanabe in: ders., »Salvation of the Other in Aum Shinrikyō: An Impossible Endeavour«; Referat auf der Jahresversammlung 1997 der International Association for Asian Philosophy and Religion, S. 12.
S. 79 »Wann können wir den Kampf ernsthaft aufnehmen«: Aussage Inoues vor Gericht.
S. 79 Ein hochrangiger Jünger schilderte: Aussage von Shigerō Sugimoto vor Gericht am 3. Juli 1996.
S. 79 [Die] Verwirklichung »des Erlösungsplans von Aum Shinrikyō«: Erklärung der Staatsanwaltschaft zur Chronologie von Aum.
S. 99 »Ich werde allen Missetätern *poa* geben«: Hidetoshi Takahashi, *Aum kara no kikan* (»Die Rückkehr von Aum«), Tokio 1996, S. 162f.
S. 99 »Wenn du den Guru triffst«: Watanabe, »Salvation of the Other«, S. 11.

4. Klone des Gurus

S. 126 Zustand der »wahren Seligkeit und überströmenden Freude«: Storr, *Feet of Clay*, S. 185.
S. 127 Zitate William James: *Die religiöse Erfahrung in ihrer Mannigfaltigkeit*, Leipzig 1914, S. 60 und 327.
S. 127 »ekstatische Verschmelzung von Führer und Anhänger«: Lindholm, *Charisma*, S. 63.

5. Die ekstatische Wissenschaft

S. 130 »Mit Hilfe von Instrumenten ...«: Shōkō Asahara, *The Bodhisattva Sutra*, Shimazono 1994, S. xi.
S. 132 NS-Ärzte und Himmler: R. J. Lifton, *Ärzte im Dritten Reich*, S. 312ff.
S. 133 Tesla und die Vernichtung der Menschheit: Margaret Cheney, *Tesla: Man Out*

of Time, New York 1983, S. 246 und 116. S. a. Nikola Tesla, *My Inventions: The Autobiography of Nikola Tesla*, Austin 1982.

S. 135f. »Schlachtruf[*Otakebi*]-Kulturfestival«: *Asahi Shimbun*, Serie über Aum, TK. Ein großer Teil der Informationen über Murai stammt aus dieser Serie.

S. 138 Richard Bach, *Die Möwe Jonathan*, Frankfurt/Wien/Berlin 1972.

6. Töten, um zu heilen

S. 152 Das »medizinalisierte« Tötungsprojekt der Nazis: R. J. Lifton, *Ärzte im Dritten Reich*, S. 1–171.

S. 153 »Aum Shinrikyō kennt Drei Erlösungen ...«: Ryūzū Saki, *Aum hōtei renzoku bōchōki* (»Der Prozeß gegen Aum«), 2 Bde., Tokio 1996, Bd. 1, S. 40f. Ein Großteil des in diesem Kapitel verarbeiteten Materials stammt aus dieser Chronik oder aus der Dokumentation der Staatsanwaltschaft.

S. 157 »hätte Aum Shinrikyō kein Problem«: Shōkō Asahara, *Disaster Approaches the Land of the Rising Sun. Shōkō Asahara's Apocalyptic Predictions*, Shizuoka 1995, S. 188f.

S. 159 Doch in einem Buch, das er nach dem Prozeß schrieb ...: Ikuo Hayashi, *Aum to watakushi* (»Aum und ich«), Tokio 1998, S. 19.

S. 159f. Absicht, »... Satori zu erlangen«: Saki, Bd. 1, S. 39.

S. 160 »Als Arzt, als Asket«: ibid., S. 195f.

S. 160 seine Selbstkasteiung: Hayashi, *Aum to watakushi*, S. 114 und 310.

S. 160 »Minderwertigkeitsgefühl«: Toshi Maeda, *Japan Times*, 26. Mai 1998.

S. 161 alles Mühen würde »nutzlos« sein: Hayashi, a. a. O., S. 143, 264, 309f. und 471.

S. 161 hochtechnisierte medizinische Errungenschaften ... »im kommenden letzten Krieg«: Asahara, *Disaster Approaches*, S. 168f.

S. 162 die Arbeit D. Ewen Camerons: Hayashi, a.a.O., S. 287. S. a. Harvey M. Weinstein, *Psychiatry and the CIA: Victims of Mind Control*, Einl. R. J. Lifton, Washington, D. C. 1990.

S. 164 daß sie »die Aum-Idee der ›Liebe‹ weitergaben« ... die erste Probe des geglückten Produktionsversuchs: Saki, Bd. 1, S. 233f., und Bd. 2, S. 148f.

S. 164 Pakete mit Sarin: David E. Kaplan und Andrew Marshall, *Aum – Eine Sekte greift nach der Welt*, Berlin/München 1996, S. 266; D. W. Brackett, *Holy Terror: Armageddon in Tokyo*, New York 1996, S. 107; »Aum Planned Sarin Attacks in US Cities, Cultist Says«, *Japan Times*, 22. März 1997; »Japanese Cults Said to Have Planned Nerve-Gas Attacks in US«, *New York Times*, 23. März 1997.

S. 164 »Ich hätte mich der Sekte nicht angeschlossen«: Saki, Bd. 1, S. 61.

S. 165 Zur Herstellung von Gegenmitteln gegen Sarin, dem Gebrauch von *pam* und dem Verhalten und den Symptomen Hayashis s. Saki, Bd. 2, S. 17–31 und 52–57.

S. 166 »das Vermächtnis eines Mörders« ... unwiderruflich entschieden«: Hayashi, *Aum to watakushi*, S. 388ff.

S. 166 »jemand, der … sehen kann« … »es wäre feige gewesen, es nicht zu tun«: Saki, Bd. 2, S. 52.

S. 166 »ich will das nicht tun« … »ich werde das nicht tun«: Hayashi, a.a.O., S. 388–390.

S. 166–168 »innerer Konflikt« … die mit bloßen Händen die Sarinbeutel … entfernt hatten: Saki, Bd. 2, S. 78. Zitate, die sich auf Hayashis Verurteilung und Strafe beziehen, stammen aus Berichten der *Japan Times*.

S. 168 »Ken'ichirō Katahira ist ein Mensch«: Saki, Bd. 2, S. 149.

S. 169f. »berufliche Wahrheiten und Moralgrundsätze« … »die *poa*-Handlung mit ganzem Herzen«: Hayashi, a.a.O., S. 341f. und 426.

S. 170 Nakagawa als »Krieger«: Saki, Bd. 2, S. 125.

S. 174 »Warum bin ich nicht verhaftet worden?«: Saki, Bd. 2, S. 113.

S. 175 »Ich möchte gern, daß die Aum-Anhänger sich der Tatsache stellen«: ibid., S. 135f.

S. 176 »als wollte er sich totstellen« … »großer, vollkommener, absoluter Guru *Shonshi* Asahara«: Saki, Bd. 1, S. 128f.

S. 176 »begannen Tsuchiyas Augen zu leuchten«: *Japan Times*, 9. Dezember 1977.

S. 177 halbgeschlossene Augen und ein heiterer Gesichtsausdruck: Saki, Bd. 2, S. 83f.

S. 177 »Mehrere Beschuldigungen«: *Mainichi Daily News*, 25. Januar 1995.

S. 179 »Patientin A«: Der Bericht und alle Zitate, sofern nichts anderes vermerkt, aus den Akten der Staatsanwaltschaft zum Prozeß gegen Asahara, 25. April 1996.

S. 180 »Da er sowieso sterben muß«: Saki, Bd. 2, S. 135.

7. Größenwahn

S. 183 kann »sich für Christus … halten«: *Psychiatric Dictionary*, New York 1960, S. 448f.

S. 183 »eine der größten heiligen Persönlichkeiten«: Tathagata Abhidhamma (Das stets gewinnende Gesetz wahrer Sieger), Shizuoka 1991, Bd. 1, und *The Teachings of the Truth*, Bd. 3, 4 und 5, Shizuoka 1992f.

S. 184 »Zustand eines Buddhas«: Asahara, *Bodhisattva Sutra*, 172.

S. 184 der verkündete Christus: Asahara, *Declaring Myself the Christ*, Shizuoka 1992, S. 17.

S. 185 »die meisten meiner engen Jünger«: Asahara, *Teachings of the Truth*, Bd. 3, S. 76.

S. 185 »frühere Leben in den Vereinigten Staaten«: Asahara, *Disaster Approaches*, S. 299.

S. 186 »Ich halte es nicht für abwegig«: *Disaster Approaches*, S. 272.

S. 188 in einem enthüllenden Buch: Tamura und Komatsu, *Asahara ossan jigoku*.

S. 191 »Wie könnte ein Blinder wie ich«: Brackett, *Holy Terror*, S. 160f.

S. 192 »Ich wurde … getäuscht«: Aussage Sugimoto, 3. Juli 1996.

S. 192 Im Herbst 1996: Die Schilderungen des Verhaltens von Asahara vor Gericht stammen größtenteils aus Berichten der *Japan Times* im Internet. *Psychiatric Dictionary*, New York 1960, S. 448f.

8. Vernichtungswaffen und ihre Faszination

S. 199 Als erste hatten die Nazis Sarin hergestellt. Später wurde es auch von den Großmächten gelagert und Ende der 80er Jahre vom Irak zum Mord an der kurdischen Minderheit und im Krieg gegen den Iran eingesetzt. Die irakischen Sarinlager haben unter Umständen Gesundheitsschäden bei amerikanischen Soldaten verursacht. Es gibt Anhaltspunkte, daß eine Reihe von Krankheitssymptomen bei Golfkriegsveteranen durch bei der Sprengung der irakischen Lager freigesetztes Sarin verursacht wurden.

S. 200 »Uncle Fester«: U.S. Senate Permanent Subcommittee on Investigations, *Staff Statement*, Anhörung zur globalen Verbreitung von Massenvernichtungswaffen: Eine Fallstudie zu Aum Shinrikyō, 31. Oktober, 1995, S. 37.

S. 201 »unreines Sarin besser als gar keins«: Brackett, *Holy Terror*, S. 125.

S. 202f. Die Lieder sind grotesk. Ihr Hintergrund wird in folgenden Artikeln beschrieben: *Mainichi*, 28. Mai 1995; *Mainichi* (Sonntagsausgabe), 25. Juni. 1995; *Takarajima* (»Schatzinsel«), August 1995.

S. 204 »außergewöhnliche Menge von Pepton«: U.S.Senate, *Staff Statement*, S. 42f.

S. 205 »Erregern von Infektionskrankheiten«: Peter Williams/David Wallace, *Unit 731: Japan's Secret Biological Warfare in World War II*, New York 1989.

S. 205 »Selbst bei Profis«: Judith Miller/Sherill Wudunn, »How Japan Germ Terror Alerted World«, in: *New York Times*, 26. Mai 1998.

S. 206 Am 15. März 1995: David E. Kaplan/Andrew Marshall, *AUM. Eine Sekte greift nach der Welt*, Berlin/München 1996, S. 81f., 313f.

S. 207 »Atom- und Wasserstoffbomben wie Spielzeug« ... »so furchtbar sind«: Asahara, *Disaster Approaches*, S. 265, 305f.

S. 208 Eine Aum-Delegation: U.S. Senate, *Staff Statement*, S. 32f.

S. 208 »Waffen, die mit Licht und elektromagnetischen Wellen arbeiten« ... »alles Leben im Umkreis von ... vernichten kann«: Asahara, *Disaster Approaches*, S. 258, 265f., 305.

S. 211 »Nuklearismus«: R. J. Lifton/Richard Falk, *Indefensible Weapons: The Political and Psychological Case Against Nuclearism*, 1982, New York 1991, S. xix, 80-99.

S. 212 »... keine Chance«: Asahara, *Disaster Approaches*, S. 258f.

S. 212 »Symposien«: Asahara, *Disaster Approaches*, S. 125ff., 131, 258.

S. 213 »Meditation«: Die folgenden Zitate stammen aus Asahara, *Disaster Approaches*, S. 133, 140, 143f., 185, 194.

S. 217 »Es ist unklar«: Dieses Zitat und die folgenden stammen aus U.S. Senate, *Staff Statement*, S. 65ff., 91. Vgl. auch Kaplan/Marshall, *AUM. Eine Sekte greift nach der Welt*, S. 167f.

S. 218f. Daniel Paul Schreber: Sigmund Freud, »Psychoanalytische Bemerkungen über einen autobiographisch beschriebenen Fall von Paranoia (Dementia Paranoides)«, in: *Zwang, Paranoia und Perversion,* Studienausgabe, Bd. VII, Frankfurt 1973, S. 133–201; Daniel Paul Schreber, *Denkwürdigkeiten eines Nervenkranken,* Frankfurt 1985, S. 180ff., 198f. Elias Canetti, *Masse und Macht,* S. 267–328, S. 273f. R. J. Lifton, *Der Verlust des Todes,* München, Wien, 1986, S. 309, 311f.

9. Eine Schwelle wird überschritten

S. 221 Die Hinduismus-Forscherin Wendy Doniger, Vortrag vor der Wellfleet Psychohistory Group, September 1997, und Doniger, *The Laws of Manu.*

S. 221 »nur ein Symbol«: Kramrisch, *Presence of Shiva,* S. 83.

S. 222 Das *poa*-Konzept: Susumu Shimazono, *Gendai shukyō no kanōsei: Aum Shinrikyō to bōryoku* [»Möglichkeiten moderner Religionen: Aum Höchste Wahrheit und Gewalt«], Tokio 1997.

S. 222 Die indischen Thugs: David C. Rapoport, »Sacred Terror: A Contemporary Example from Islam«, in: Walter Reich (Hg.), *Origins of Terrorism, Psychologies, Ideologies, Theologies, States of Mind,* New York 1990, S. 121.

S. 224 das »Gesamtgermanentum ...«: Hans Buchheim u.a. (Hg.), *Anatomie des SS-Staates,* München 1994, (1) 1967, S. 280, zit. n. Felix Kersten, *Totenkopf und Treue,* Hamburg 1952, S. 188; Lucy S. Dawodowicz, *Der Krieg gegen die Juden 1933–1945,* München 1979, S. 39.

S. 226 Analyse des Genozids durch die Nazis: R. J. Lifton, *Ärzte im Dritten Reich,* Stuttgart 1988, S. 541–587.

S. 229 Die bedrohliche Existenz nuklearer Waffen: R. J. Lifton, *Der Verlust des Todes,* S. 351–443.

S. 231 »je größer der Haufen der Toten«: Elias Canetti, *Masse und Macht,* Frankfurt 1996, S. 271f.

10. Die Überlebenden von Aum

S. 232 Sie weisen viele der psychischen Muster ... auf: R. J. Lifton, *Das Ende der Welt. Über das Selbst, den Tod und die Unsterblichkeit,* Stuttgart 1994.

S. 235 die ehemaligen Nazis: R. J. Lifton, *Ärzte im Dritten Reich;* vgl. R. J. Lifton, Einführung zur amerikanischen Ausgabe Alexander und Margarete Mitscherlich, *The Inability to Mourn* [*Die Unfähigkeit zu trauern*], New York 1975, S. vii–xiii.

S. 238 »den Geist eines Buddha«: zit. n. *Supreme Initiation* [Aum-Veröffentlichung], Tokio 1988. Asahara behauptet, der Dalai Lama habe ihn auf die Notwendigkeit, in Japan den »wahren Buddhismus zu verbreiten«, hingewiesen. In diesem Zusammenhang habe er gesagt: »Sie sind dazu geeignet, denn Sie haben Bodhichitta ... [was] bedeutet den Geist eines Buddha.« »Seine

Heiligkeit« befände sich »auf einer so erhabenen Stufe ... daß er wahrzunehmen vermochte ... daß ich befreit und erleuchtet bin.« S. 10f.

S. 238 Albert Speer: R. J. Lifton, *Ärzte im Dritten Reich*, S. 578.

S. 242 Weichheit und Abhängigkeit ... »ständig ihre Bestätigung und Zuneigung suchte«: Isoda und Iwai verwendeten das Wort *amaeru* (oder davon abgeleitete Formen). Es bedeutet, sich vertrauensvoll auf die Liebe eines anderen zu stützen, hat aber im besonderen mit der kulturellen Bedeutung der Abhängigkeit eines Kindes von seinen Eltern in Japan zu tun. Takeo Doi, ein namhafter japanischer Psychiater, von der »Welt des *Amae*« als bestimmend für die japanische Gesellschaft. Vgl. *Amae – Freiheit in Geborgenheit. Zur Struktur der japanischen Psyche*, Frankfurt 1982.

S. 244f. »mir selbst ins Gesicht zu sehen« ... »nie wieder Opfer oder Täter«: Inoues Aussagen vor Gericht im Oktober 1995, März und April 1996.

S. 245 »Gefühl, daß dieser verrückte Guru«: Sugimoto, Aussage vor Gericht am 3. Juli 1996.

S. 245 »Verehrung«: Ishii, Aussage vor Gericht am 16. Mai 1997.

S. 247 zweitausend Aum-Mitglieder: Diese Zahl hat Manabu Watanabe mir in einem persönlichen Gespräch mitgeteilt.

S. 247 »Ich glaube, die Zeit wird kommen«: »Aussagen von Aum-Mitgliedern, die blind an Matsumotos Predigten glaubten«, Dokumente der Staatsanwaltschaft, Anhörung zum Anti-Terrorgesetz am 15. Mai 1996. Die aneindergereihten Aussagen dienten der Illustration der noch bestehenden Gefahr, die von Aum ausging. Sie sollten nicht als typisch für diejenigen angesehen werden, die mit der Sekte zu tun hatten, dennoch repräsentieren sie einen loyalistischen Flügel.

11. Ein japanisches Phänomen?

S. 251 Kazuaki Okazaki: Die Gerichtsbarkeit bezeichnete Okazakis Todesurteil als »selbstverständlich«, und der Richter erklärte, »es fehle ihm an Menschlichkeit«; zit. n. *Japan Times* vom 23. Oktober 1998.

S. 251 Grundschullehrerin: *Daily Yomiuri* vom 6. März 1996.

S. 252 In den Nachwehen: Der Bericht über die TBS-Affäre stammt aus *Mainichi Daily News* vom 22. Juli 1995; *Japan Times* vom 17. Mai 1996 und Brackett, *Holy Terror*, S. 11, 17.

S. 253 Programm zur »Destabilisierung Japans«: *Mainichi Daily News* vom 4. Juni 1995.

S. 255 »Donnerkeile« ... »Übermaß an Veränderung«: Carol Gluck, *Japan's Modern Myths: Ideology in the Late Meiji Period*, Princeton 1985, S. 20, 27, 17–41. Vgl. a. R. J. Lifton, *The Protean Self*, Chicago 1999.

S. 255 psychologischer Preis: In einer Studie sechs herausragender Persönlichkeiten des modernen Japan haben Shūichi Katō, Michael R. Reich und ich herausgefunden, daß alle sechs für ihre außergewöhnlichen Leistungen mit einem beträchtlichen inneren Konflikt bezahlt haben. Vgl. *Six Lives, Six Deaths: Por-*

traits from Modern Japan, New Haven 1979. Eine ähnliche Disposition stellte ich bei Studenten fest, die ich in den sechziger Jahren befragte. Vgl. R. J. Lifton, »Emergent Youth: The Japanese Example«, in: *History and Human Survival,* New York 1970, S. 23–111.

S. 255f. »zwischen zwei entgegengesetzten Polen der Zweideutigkeit« ... ethische Präsenz unter anderen Völkern: Kenzaburō Ōe, Nobelpreisrede, gehalten in Stockholm am 7. Dezember 1994, zit. n. Frankfurter Rundschau, 10. Dezember 1994, übers. v. Uli Aumüller.

S. 256 Albert Camus, *Der Mensch in der Revolte,* Hamburg 1969, S. 263.

S. 257 Das Christentum hat man in seinen Ursprüngen: Bernard McGinn, »Apocalyptic Spirituality: Approaching the Third Millenium«, in: Charles B. Strozier/Michael Flynn, *The Year 2000: Essays in the End,* New York 1997, S. 73–80. Vgl. auch McGinns dokumentarische Sammlung *Apocalyptic Spirituality* und seine Einführung zu diesem Band.

S. 257 »millenarischen Sog«: Norman Cohn, *Die Sehnsucht nach dem Millenium. Apokalyptiker, Chiliasten und Propheten im Mittelalter,* Bern 1998, S. 2f.

S. 258 Brüder des freien Geistes: N. Cohn, *Die Sehnsucht nach dem Millenium,* S. 59, 163–179, 234f.

S. 259 »gespaltene Gesellschaft«: Elaine Pagels, *Satans Ursprung,* Frankfurt 1998, S. 247.

S. 260 »latenten Alptraum«: Shimazono, *Gendai shukyō no kanōsei.*

S. 261 Susumu Shimazono, Vortrag im Center of Violence and Human Survival, John Jay College am 5. Mai 1996; Gespräche mit Shimazono und Manabu Watanabe.3

S. 262 Dem Philosophen Yūjirō Nakamura zufolge: ders., »Evil and Sin in Japanese Culture«, Vortrag auf der Eranos-Konferenz 1996.3

S. 264 hat Japan sich nie bekannt: Iris Chang, *Die Vergewaltigung von Nanking,* Zürich 1999, S. 7.

S. 265 Die bekannten deutschen Psychoanalytiker: Alexander und Margarete Mitscherlich, *Inability to Mourn* [*Die Unfähigkeit zu trauern*] und R. J. Lifton, Einführung.

S. 266 die amerikanische Entscheidung, dem Kaiser Immunität zu gewähren: McCormacks Argument gleicht dem des bekannten Philosophen Masao Maruyama, der die auf den Kaiser konzentrierte Struktur als »ein System der Unverantwortlichkeit« bezeichnet hat. Vgl. Masao Maruyama, *Denken in Japan,* Frankfurt 1995, sowie in einem persönlichen Gespräch mit dem Autor.

S. 266 stärkere Tendenz ... als es in Deutschland der Fall war: McCormack, *Emptiness of Japanese Affluence,* S. 229–234; Ian Buruma, *Erbschaft der Schuld. Vergangenheitsbewältigung in Deutschland und Japan,* Hamburg 1996.

S. 266 eine kleine Minderheit von Vietnamveteranen: R. J. Lifton, *Home from the War,* New York 1973.

S. 267 Haruki Murakami, *Mister Aufziehvogel,* Köln 1998.

S. 268 Zen und Gewalt: Bei der Darstellung der Rolle des Zen-Buddhismus auf diesen Seiten habe ich mich auf Brian Victoria, *Zen at War,* New York 1997, S.21–27, 35–37, 86–100, 166–133, bezogen.

S. 270 »Psychismus«: R. J. Lifton, *Die Unsterblichkeit des Revolutionärs. Mao Tse-Tung und die chinesische Kulturrevolution,* München 1970, S. 51, 133– 167.

S. 272 »überstrapaziert worden«: Gluck, *Japans Modern Myths,* S. 284.

S. 273 Ein Überlebender des Atombombenangriffs: R. J. Lifton, *Death in Life: Survivors of Hiroshima,* Chapel Hill 1968, S. 22, 399–478.

S. 273 Die persönlichen Berichte stammen aus: John Whittier Treat, *Writing Ground Zero: Japanese Literature and the Atomic Bomb,* Chicago 1995.

S. 274 *Barfuß durch Hiroshima*: Keiji Nakazawa, *Barfuß durch Hiroshima,* Hamburg 1982.

S. 275 »aus dem Wunsch, das Entsetzen«: Nachruf für Tomoyuki Tanaka, *New York Times* vom 4. April 1997.

S. 275 *Godzilla*: zum Film vgl. Donald Richie; »*Mono no Aware* – Hiroshima im Film«, in: Robert Hughes (Hg.), *Film: Book Two,* New York 1962, S. 67–86; Anderson/Donald Richie, *The Japanese Film,* Rutland 1959.

S. 276 »würden vielleicht lachen«: Hidetoshi Takahashi, *Aum kara no kikan* [»Rückkehr von Aum«], Tokio 1996, S. 159.

S. 276 »Apotheose«: Thomas M. Disch, *The Dreams Our Stuff Is Made Of: How Science Fiction Conquered the World,* New York 1998, S. 141ff.

S. 277 »Auch wenn Aum«: Yūjirō Nakamura, »The Japanese Religious Mind Reconsidered: The Problem of Brain Death and the Aum Shinrikyō Case, Manuskript S. 12.

S. 278f. Japans Neue Religionen: Bei meinen Betrachtungen über Aum als »Neue Neue Religion« beziehe ich mich auf: Mullins/Shimazono/Swanson, *Religion and Society,* S. 221–300; Reader, *Religion in Contemporary Japan,* S. 194–243, und ausführliche Gespräche mit Shimazono, Reader und Manabu Watanabe, besonders mit Watanabe über die Aum-Variante von »New-Age-Buddhismus und die Psychologie der Japaner«.

S. 279 »Potpourri aus Ursachen und Wirkungen«: Michael Grosso, *The Millenium Myth,* Wheaton 1995, S. 213, 215.

S. 283f. R. J. Lifton, »Emergent Youth«, S. 40–57, 60–80, 81–103.

S. 285 Vereinigte Rote Armee: Der Bericht über die Morde stammt aus: Patricia G. Steinhoff, »Death by Defeatism and Other Fables: The Social Dynamics of the Rengō Sekigun Purge«, in: Takie Sugiyama Lebra (Hg.), *Japanese Social Organization,* Honolulu 1992, S. 195–224.

S. 288 »Der Weg des Kriegers«: *Hagakure,* zit. n. Ivan Morris, *Samurai oder von der Würde des Scheiterns. Tragische Helden in der Geschichte Japans,* Frankfurt 1989, S. 30, 384.

S. 288 Ein würdiges Scheitern: Ivan Morris, *Samurai oder von der Würde des Scheiterns,* Frankfurt 1989.

S. 288 Der »Sprung vom Kiyomizu«: Robert J.C. Butow gibt den Inhalte dieser Geschichte in *Tōjō and the Coming of the War,* Princeton 1961, S. 267, wieder.

12. Das Erzwingen des Endes auf amerikanisch

S. 291 »eins zu werden«: William James, *Die Vielfalt religiöser Erfahrung*, Frankfurt 1997, S. 415.

S. 291 »postmodernen Theorie einer Posthistorie« ... »ein Ende ohne Ende«: Malcolm Bull, *Apocalypse Theory and the Ends of the World*, Oxford 1995, S. 4ff., 207.

S. 292 Bruce Hoffman: U.S. Senate, *Staff Statement*, S. 2.

S. 292 »Beinharte intolerante Rednecks«: John Weir, zit. n. Damien Thompson, *The End of Time: Faith and Fear in the Shadow of the Millenium*, Hanover, NH, 1996, S. 308.

S. 292 »einer Götterdämmerung«: Helmut E. Gerber, zit. n. Frank Kermode, in: Bull, *Apocalypse Theory*, S. 258.3

S. 292 »Nebeneinander von Terror und Glückseligkeit«: Thompson, *End of Time*, S. 58.

S. 292 das sektenartige Milieu: Der britische Soziologe Colin Campbell führte diesen Begriff ein, um ein Netz von Menschen und Praktiken zu charakterisieren, das um das »verschmähte Wissen« einer Gesellschaft entsteht und innerhalb dessen sich Gruppen bilden, auflösen und sich unter anderen Namen wieder bilden. Sie konstituieren einen »kulturellen Untergrund«, dessen Weltsicht Spiegel der Gesamtgesellschaft sein kann. Vgl. Barkun: *Religion and the Racist Right: The Origins of the Christian Identity Movement*, überarbeitete Ausgabe, Chapel Hill 1997, S. 247–278.

S. 293 »Vision von Jesus«: Nuel Emmons, *Manson in His Own Words*, New York 1986, S. 125.

S. 293 »Der Ewige«: Lindholm, *Charisma*, S. 129.

S. 294 »ein dummer Nichtskönner« ... »euch selbst und die Welt«: Lindholm, *Charisma*, S. 128–131.

S. 294 »großer Geschlechtsverkehr« ... »rauchen, essen, abstechen«: Vincent Bugliosi, *Helter Skelter: The True Story of the Manson Murders*, (1) 1974, New York 1995, S. 117, 107, 129.

S. 294 »Wir wurden auf Gott eingestellt«: Lindholm, *Charisma*, S. 132.

S. 294f. »Ich wurde Charlie« ... »Die Seele oder der Geist«: Vincent Bugliosi, *Helter Skelter*, S. 331, 301.

S. 295 »Linke-Hand-Weg des Tantra«: R. C. Yaehner, *Our Savage God: The Perverse Use of Eastern Thought*, New York 1974, S. 9–52.

S. 295 »Ich habe tausend Gesichter«: Lindholm, *Charisma*, S. 131.

S. 295 »einen Zustand von *folie à famille*«: Bugliosi, *Helter Skelter*, S. 623.

S. 296 »und in jeder Verkleidung«: Lindholm, *Charisma*, S. 131.

S. 296 »aus ihren Ghettos kommen« ... »die schwarzen Diener«: Bugliosi, *Helter Skelter*, S. 331, 301.

S. 297 »eine nach der anderen«: Emmons, *Manson*, S. 199.

S. 297 *White Album*: Mansons Deutungen stammen aus Bugliosi, *Helter Skelter*, S. 323–331.

S. 298 »Als der Laden nicht mehr lief« ... »mehr als sie mich brauchten«: Lindholm, *Charisma*, S. 134.

S. 299 ein Todesmal: R. J. Lifton, *Der Verlust des Todes.*
S. 299 »Die einzige Möglichkeit«: Lindholm, *Charisma,* S. 130.
S. 301 »hielten sich viele noch im Tod«: Jonathan Z. Smith, *Imagining Religion: From Babylon to Jonestown,* Chicago 1982, S. 117.
S. 302 »Liebe und Verständnis«: Tim Reiterman, *Raven: The Untold Story of the Rev. Jim Jones and His People,* New York 1982, S. 16f. Zahlreiche Einzelheiten in diesem Abschnitt stammen aus diesem Buch.
S. 302 »beanspruchte die Kanzel«: John R. Hall, *Gone from the Promised Land: Jonestown in American Cultural History,* New Brunswick, NY, 1987, S. 31.
S. 302f. »der einzige Gott« ... »ein Gott, den ich berühren konnte«: James Reston Jr., *Our Father Who Art in Hell,* New York 1981, S. 56, 25.
S. 304 »apokalyptische ›Kriegersekte‹«: Hall, *Promised Land,* S. 299.
S. 304 »der großen Verwüstung« ... »keine Strahlung zu uns gelangen kann«: David Chidester, *Salvation and Suicide: An Interpretation of Jim Jones, the Peoples Temple, and Jonestown,* Bloomington 1988, S. 113–115.
S. 305 »Das amerikanische System« ... »die Chinesen aus ihren hübschen Höhlen klettern«: Chidester, *Salvation and Suicide,* S. 112f., 72.
S. 306 »revolutionären Sexualität«: Chidester, *Salvation and Suicide,* S. 103.
S. 306 »Daß du mich in den Arsch«: Reiterman, *Raven,* S. 117.
S. 307 Brief an Jimmy Carter: Reiterman, *Raven,* S. 445f.
S. 308 »Drogensüchtigen« ... »damit er kapiert, was er da macht«: Reiterman, *Raven,* S. 428.
S. 308 Jones nahm seit Anfang: zu Jones' Drogensucht und den Reisen der Frauen, um ihm Drogen zu beschaffen, vgl. Mary McCormick Maaga, »Triple Erasure: Women and Power in Peoples Tempel«, Dissertation, 1996 Drew University, S. 90.
S. 308 »Bring ihn nicht um« ... »zu krank«: Reiterman, *Raven,* S. 426f.
S. 309 Ein vergöttlichter Guru: Maaga vertritt die Ansicht, Jones' Krankheit, seine Drogensucht und seine Paranoia hätten dazu geführt, daß er immer mehr »zum Außenseiter in seiner eigenen Gemeinschaft« wurde, »während die Frauen um ihn, die Führungspositionen in der Gruppe innehatten, zunehmend seine Aufgaben wahrnahmen.« Vgl. Maaga, »Loyalty and Freedom, a Deadly Potion: A Consideration of the Jonestown Suicides«, Vortrag vor der New Religious Movements Group of the American Academy of Religion, 19. November 1995.
S. 309 »ich glaube an nichts Liebevolles im Universum«: Chidester, *Salvation and Suicide,* S. 125.
S. 309 »Dad sagt schon seit langem«: Reston, *Our Father,* S. 265.
S. 310 »seine Drohung, alle Mitglieder«: Hall, *Promised Land,* S. 244.
S. 310 Er fürchtete das Finanzamt: Reiterman, *Raven,* S. 285f.
S. 310 »Leute wie du machen mich fertig«: Reston, *Our Father,* S. 267.
S. 310 »Ich habe versagt« ... intakt bleiben würde: Hall, *Promised Land,* S. 273ff.
S. 311 drei Elemente, die gewöhnlich bei jedem Selbstmord: vgl. R. J. Lifton, *Der Verlust des Todes.*

S. 312 »jede Krise sofort zu einer Angelegenheit«: Chidester, *Salvation and Suicide*, S. 145.

S. 312 »Seit ich als Kind« ... »dann immer die Schwarzen«: Reston, *Our Father*, S. 263.

S. 312 »Meine liebe Frau«: Reston, *Our Father*, S. 135.

S. 313 »um euch vor Gefängnis, Folter ... zu bewahren«: Chidester, *Salvation and Suicide*, S. 126.

S. 313 »revolutionäre Unsterblichkeit«: R. J. Lifton, *Die Unsterblichkeit des Revolutionärs*, vgl. auch R. J. Lifton, »The Appeal of the Death Trip«, in: *New York Times Magazine* vom 7. Januar 1979.

S. 313 »einem erwählten Volk« ... »der Tag von Nazareth«: Chidester, *Salvation and Suicide*, S. 117.

S. 314 bei Jones hauptsächlich Frauen ... »indem sie seinen Scheiß mitgemacht haben«: Vgl. die Erörterung in Maaga, »Triple Erasure«.

S. 315 Später erklärte er: Reston, *Our Father*, S. 272, 282.

S. 315 »als kollektive Buße«: Hall, *Promised Land*, S. 134.

S. 315 »es viel leichter ist«: Reiterman, *Raven*, S. 370.

S. 315 »Als letzten Orgasmus«: Hall, *Promised Land*, S. 135.

S. 315 »Der einzige Fick, den ich jetzt will«: Chidester, *Salvation and Suicide*, S. 146.

S. 315 den Schriftsteller Yukio Mishima: Lifton/Katō/Reich, *Six Lives, Six Deaths*, S. 231–274.

S. 315 In einem wirren Monolog: zit. n. Maaga, »Triple Erasure«, Appendix 2, Transkript der Aufzeichnung auf Band. Maaga identifiziert einige der Sprecher und fügt diesem wertvollen tragischen Dokument erläuternde Anmerkungen bei.

S. 320 »Der Begriff des Genozids«: Die Völkermordkonvention der Vereinten Nationen beschreibt den Begriff als die Ermordung oder ernsthafte Bedrohung einer »nationalen, ethnischen, rassischen oder religiösen Gruppe.« Vgl. R. J. Lifton/Eric Markusen, *Die Psychologie des Völkermords: Atomkrieg und Holocaust*, Stuttgart 1992.

13. Die Gewalt von Aum nach innen gerichtet?

S. 322 Im März 1997: In diesem Kapitel beziehe ich mich auf Artikel der *New York Times* und Berichte amerikanischer Wochenzeitschriften. Die meisten Informationen über die Gruppe und die Zitate stammen aus der Heaven's Gate Web Site im Internet.

S. 323 »akute, allgemeine, totale Selbstzerstörung«: Karl Menninger, *Selbstzerstörung. Psychoanalyse des Selbstmords*, Frankfurt 1978.

S. 323 Selbstmord- und Mordimpulse nebeneinander bestehen: Es gibt Be-weise, daß ein wichtiges Mordmotiv in der Aussicht auf eine Hinrichtung durch den Staat bestehen kann. Vgl. dazu auch George F. Solomon, »Capital Punishment as Suicide and as Murder«, in: *American Journal of Orthopsychiatry* 45, 1975, S. 701–711.

S. 324 »Waffen für diese Sache zu tragen«: *Time*, 14. April 1997, S. 44.

S. 326 »eine Weltsicht gemeinsam hatten«: Robert W. Balch, »Waiting for the Ships: Disillusionment and the Revitalization of Faith in Bo and Peep's UFO Cult«, in: James R. Lewis (Hg.), *The Gods have Landed: New Religions from Other Worlds*, Albany 1995, S. 145.

S. 328 Falsche Ankündigungen ... minderten ihre visionäre Erwartungshaltung nicht im geringsten: Die klassische Studie von Leon Festinger/Henry W. Riechen/Stanley Schachter, *When Prophecy Fails*, Minneapolis 1956, bestätigt dieses Verhalten. Dieser Studie (die sich auch mit einer »Fliegenden-Untertassen-Sekte« auseinandersetzt) zufolge führt die irrtümliche Prophezeiung eines Weltuntergangs für einen bestimmten Zeitpunkt keineswegs zu Desillusionierung, sondern zu Zulauf. Als Grund geben die Autoren die Unfähigkeit der Mitglieder an, »kognitive Dissonanz« zu ertragen. Ich würde jedoch das Bedürfnis, das kultische Ich und das mit ihm in Beziehung stehende Gefühl von Transzendenz und Unsterblichkeit aufrechtzuerhalten, in den Vordergrund stellen.

S. 336 eine Art Euphorie: Dieses Muster wird von Ludwig Binswanger in seiner Studie über Ellen West beschrieben, die als Klassiker der existentialistischen Psychiatrie gilt. West war lange Zeit von Tod und Selbstmord besessen. Als Binswanger sie aus dem Krankenhaus entließ (da er glaubte, ihr nicht helfen zu können), faßte sie den Plan, sich zu töten und wurde »ruhig, fröhlich und friedlich«, ehe sie ihn ausführte. Vgl. »The Case of Ellen West: An Anthropological-Clinical Study«, in: R. May/E. Angel/H. Ellenberger, *A New Dimension in Psychiatry and Psychology*, New York 1958, S. 237–264.

14. Amerikas Apokalypse

S. 345 »Der zerstörerischste terroristische Akt«: Barkun, *Religion and the Racist Right*, S. 256.

S. 345 »Randgruppe der rassistischen Rechten«: Barkun, »Racist Apocalypse: Millenialism on the Far Right«, in: Strozier/Flynn, *The Year 2000*, S. 190.

S. 345 *Turner Diaries*: Andrew McDonald [William L. Pierce], *The Turner Diaries*, 1978, New York 1996.

S. 346 1968 im Bundesstaat New York geboren: Charles Strozier and Eric Nadler haben mir großzügig von ihnen zusammengetragene Zeitungs- und Zeitschriftenartikel zu McVeigh und verwandten Themenbereichen zur Verfügung gestellt. Zwei in diesem Zusammenhang besonders wichtige Artikel sind: Robert D. McFadden, »A Life of Solitude and Obsessions«, in: *New York Times*, 4. Mai 1995, und Dale Russakoff/Serge F. Kovaleski, »Two Angry Men«, in: *Washington Post National Weekly Edition*, 24.–30. Juli 1995.

S. 346 in seinem klassischem Aufsatz: Richard Hofstadter, *The Paranoid Style in American Politics and Other Essays*, New York 1965.

S. 346 daß »Jesus Christus kein Pazifist war«: Barkun, *Religion and the Racist Right*, S. 275.

S. 346f. an den Persischen Golf entsandt … ein Bedürfnis nach Sinn und Transzendenz: Charles B. Strozier, »Apocalyptic Violence and the Politics of Waco«, in: Strozier/Flynn, *The Year 2000*, S. 107f.

S. 347 »jederzeit einsatzbereit«: Russakoff/Kovaleski, »Two Angry Men«.

S. 347f. »Müssen wir Blut vergießen« … »sogar ein neues Zeitalter«: Strozier, »Apocalyptic Violence«, S. 108f.

S. 348 Märtyrerideologie findet … starken Widerhall: Die Einzelheiten über die Martyrologie der extremen Rechten auf diesen Seiten stammen aus: Barkun, *Religion and the Racist Right*, S. 266ff.

S. 350 eines der Zentren der Verschwörung: Barkun, *Religion and the Racist Right*, S. 260.

S. 350 »Heldenmut und Opferbereitschaft«: Vorwort, *Turner Diaries*.

S. 351 »heiligen Terrorismus«: Brad Whitsel, »›The Turner Diaries‹ and Cosmotheism: William Pierce's Theology of Revolution«, in: *Nova Religio*, 1:2, 1998, S. 184.

S. 353 »Wir sind wissenschaftlich«: *Turner Diaries*, S. 92.

S. 354 »ungeheurer Mengen«: *Turner Diaries*, S. 122f.

S. 355 »Traum von einer Weißen Welt«: *Turner Diaries*, S. 210.

S. 356 »Ich als freier Arier«: Barkun, *Religion and the Racist Right*, S. 229.

S. 356 gewaltlose Formen des Survivalism: Geoffrey Kaplan, *Radical Religion in America: Millenarian Movements from the Far Right to the Children of Noah*, Syracuse 1997, S. 47f.

S. 357 »philosophischen Schwerpunkt«: Barkun, »Racist Apocalypse«, S. 200.

S. 357f. führerloser Widerstand: Diese Zusammenfassung von Beams und Pierces Ideen stützt sich auf: Barkun, *Religion and the Racist Right*, S. 271, 278–281.

S. 359 »kulturellen Untergrund«: Barkun, *Religion and the Racist Right*, S. 247.

Namenregister